启思录

QI SI LU

邵宁文集

Shao Ning Wenji

邵 宁/著

中国经济出版社
CHINA ECONOMIC PUBLISHING HOUSE
北 京

图书在版编目（CIP）数据

启思录：邵宁文集／邵宁著．
—北京：中国经济出版社，2019.6
ISBN 978－7－5136－5738－9
Ⅰ.①启… Ⅱ.①邵… Ⅲ.①国有企业—企业改革—中国—文集
Ⅳ.①F279.241－53

中国版本图书馆 CIP 数据核字（2019）第 113741 号

责任编辑　李煜萍　陈宇慧　李若雯
责任印制　巢新强

出版发行　中国经济出版社
印 刷 者　北京力信诚印刷有限公司
经 销 者　各地新华书店
开　　本　710mm×1000mm　1/16
印　　张　31.25
字　　数　480 千字
版　　次　2019 年 6 月第 1 版
印　　次　2019 年 6 月第 1 次
定　　价　98.00 元
广告经营许可证　京西工商广字第 8179 号

中国经济出版社 **网址** www.economyph.com **社址** 北京市西城区百万庄北街 3 号 **邮编** 100037
本版图书如存在印装质量问题，请与本社发行中心联系调换（联系电话：010－68330607）

你的任务已经完成了

自 序

2013年8月，国务院发文免去我国务院国资委副主任的职务。虽然按规定还不算退休，但工作岗位已转到全国人大财经委了。这是我人生又一个重大转折。这意味着什么呢？一位前些年已转到全国人大工作的老同志找我谈话：“免去你一线的职务任命到人大来，说明你的任务已经完成了。”看来，这次转折是一个句号，而不是一个分号了。

我们这一代人命运坎坷，生活的道路上有太多的偶然性，也有许多重大的方向性选择。但我一路走到今天，冥冥之中似有一种力量在导引。把我从很远的地方一步一步引导过来，又悄然把我引导出去。一切都似有安排。

“文革”开始时我在北京二中上初二。早年毕业于西南联大、新中国成立后一直在纺织工业部搞技术工作的父亲未能躲过“文革”这一关，被戴上“漏网右派”的帽子，家门口贴满了大字报，我也随之成为一名“可教育好子女”。1969年初，我们班大部分同学响应号召到陕北延安县插队，正式的户籍身份变成了农民。至此，我的社会地位和政治地位都到了社会底层。这是我经历的第一次重大的命运转折。

离开北京去插队当时对我是一种政治上的解脱，质朴的陕北老乡给了我平等的温暖。但陕北实在太艰苦，最大的问题是吃不饱、无法自己养活自己。平均一年300斤毛粮应付重体力劳动根本不够，馍馍里加麸子、糠皮是经常的，老乡们日常的干粮基本以糠窝窝为主。我们村四个知识青年最多时一年出了1000多个工，挣了8000多工分，年终算下来总共分了24元钱，不够一个人回一次北京的单程路费。

插队是我们这一代人的宿命。大多数人的结果是当地招工，少数幸运者有可能被推荐成为工农兵大学生，但出身不好的人是没有机会的。在这种情况下我开始自学，我至今还清晰地记得在陕北的窑洞里、昏暗的油灯下看书学习的情景。这种自学当时并没有明确的目的，也许是和命运赌气，也许是一种无奈中的自我安慰。受父亲专业的影响，我从初、高中课程补起，方向是大学机械类的课程。到1977年小平同志拨乱反正、恢复高考时，我已基本修完大学二年级机械类的专业基础课，无意中为抓住机遇做好了准备。1977年"文革"后的第一届高考，我考入清华大学机械工程系。这是我人生第二次重大的也是最为关键的转折。

在清华上学的几年是我一生中最阳光的时期，从个人到国家都充满正能量。我们这一代人能上大学实在是珍惜得不得了，勤奋努力自不必说，整个国家也开始在改革开放的道路上欣欣向荣。四年半的本科读下来，我各科考试平均成绩在93分以上，加上任系团委副书记等社会工作，毕业时被评为清华大学优良毕业生。本科没有学够，我又考上于震宗、童本行两位老师的硕士研究生，研究方向是造型材料。研究生期间除课程学习外，课题研究也取得了重大进展，我的硕士论文当时在清华是最"厚"的，导师评价完成了两个半硕士的工作量。研究生临近毕业时，学校给我确定的去向是：先留校取得教师身份，担负一定量的学生工作，同时读在职博士。于震宗教授作了具体安排：用一个硕士的工作量应付硕士答辩，剩下一个半硕士的工作量再加一些内容，博士学位就拿到手了。

应该说，学校对我的安排是非常好的。一个插队知青能成为清华大学的教师，这是在黄土高原上我做梦都不敢梦到的事情。但此时，我正谋划着改行搞经济工作。熟悉那一段历史的人会理解，当时中国正处在改革开放初起的大潮中，经济领域是主战场。对于我们这些在社会底层浸润日久且又书生气十足的人来说，能够为国家和人民做“大”一些的事情，是更加令人向往的选择。清华园之外风起云涌的改革大势显然比书斋生活更有吸引力，尤其是时任国家经委综合局副局长的朱镕基 1981 年在清华的一次演说让我们跃跃欲试、激动不已。而且当时自己的一个认识是：理工科需要实验条件，自学不易，而文科是可以自学的。

这是我人生道路上又一个大的转折。现在回想起来，这一步是跨大了，很有些不知深浅。转行搞经济工作我既无知识的准备，也没有人脉的背景，是完全没有把握的选择。好在当时各方面都需要人，并不太在意你是学什么的。我离开清华第一站是国家经委，先在办公厅、后到综合局，这是当年镕基同志工作过的机构，但此时他已被提拔为国家经委副主任了。当时的国家经委主任吕东倡导成立了一个青年研究小组，组长是研究室副主任任克雷，我是成员之一。这个小组是当年企业承包经营责任制的主要研究者和提倡者，这是我第一次接触国有企业问题。

1988 年政府机构改革，国家经委撤销，各业务局按职能分别划归计委、体改委、外经贸部、物资部等。我和国家经委综合局的四位同志进入了国家计委综合司。国家计委综合司是一个非同一般的机构，有人说是中国政府第一司。计划经济时期，年度计划编制和最终平衡在这个司；转向市场经济后，以计划执行为载体的宏观调控政策制定也在这个司。由于职能重要，配备的干部大都是精兵强将，日后被提拔重用的机会也多。我进入综合司时司长是王春正同志，他后来成为国家发改委常务副主任、中央财经领导小组办公室主任。

国家计委综合司的主要业务工作是年度计划编制、经济运行分析、提出相关的政策建议等，我所在的预测处是主要的分析单位之一。计委综合司的工作压力很大，要求也非常高，定期向国务院上报的经济形势分析报告大都出于这个司之手，加班加点是经常的事。一个搞经济工作的人，有机会在这样一个核心业务部门工作，锻炼会是很大的。但时间不长我就发现一个问题：我把搞经济工作看得太简单了，我在经济方面的知识完全不足以满足综合司的业务要求，长此以往将是一个坐吃山空、越掏越空的结果。于是，在综合司工作了 11 个月之后，我提出了调往国家计委经济研究中心的申请。

从计委第一重要的业务司到二线的研究机构坐冷板凳，是我进入经济领域后一个不大不小的转折。事实证明这个选择是对的，因为我有时间补课了。我在经研中心工作的 7 年等于重新上了一次大学，周围有王梦奎、林兆木等老一辈专家，也有郭树清这样的青年学者，有问题可以随时请教。这期间我主要的研究方向是短期经济运行分析和中长期发展战略研究，这是为国家计委的工作服务的。除此之外，我尽可能拓宽研究领域，包括农业经济、产业政策、财政、企业集团等。在国家计委经研中心的这段经历使我受益匪浅，其宏观视野、结构意识在别的地方是学不到的。以后我在研究处理具体企业问题时，就有了更深入、更具全局性的视角。

1996 年，刚刚组建不久的国家经贸委希望加强国有企业改革战线的力量。作为原国家经委的“老人”，我是被推荐的主要人选。当年8月，我以国家计委宏观经济研究院综合研究部副主任的身份平调到国家经贸委企业局任副局长，时任局长是蒋黔贵同志，分管主任是陈清泰同志。一年后，蒋黔贵同志升任国家经贸委副秘书长，我接任企业局局长。至此，我经历了人生道路上又一个重大转折。从事国有企业改革是我职业生涯最终的归宿，在这个领域我工作了17年。

我调入国家经贸委时，正是国有企业最困难的时期。1997年国有独立核算工业企业中，亏损企业的亏损额达到831亿元，比1987年上升了12倍；盈亏相抵后的实现利润只有428亿元，比1987年下降了42%。作为“二国有”的集体企业情况则更糟。当时发不出工资、发不出退休金的困难企业到处都是。困难职工闹事此伏彼起，各级政府疲于应付、焦头烂额，国有经济已出现了全面瓦解和溃败的苗头。当时大家的一个共同感觉是，国有企业怕是没有办法、没有希望了。问题的严重性还在于，由于之前国有和集体企业并没有做实质性的退出，大体上还维持着上百万家企业、1亿职工的规模，这个庞大的经济体系如果轰然倒下，经济、社会和政治后果不堪设想。

1997年下半年，时任国务院副总理的朱镕基同志在东北视察时提出国有企业三年改革脱困的设想。随同视察的陈清泰副主任回京后向我们进行了传达。坦率地讲，当时我们的反应是“愕然”。国有企业几十年积累的诸多问题要在三年中解决，大家都认为是一项不可能完成的任务。尽管并不理解，但作为具体的工作机构，我们仍在陈主任主持下写出了实现三年两大目标的第一个初步方案。

1998年国务院又进行了一轮力度很大的机构改革，10个工业部撤销，转为国家经贸委管理的国家局。国家经贸委的班子和内设机构也进行了调整：王忠禹同志升任国务委员、国务院秘书长，盛华仁同志接任国家经贸委主任；陈清泰副主任升任国务院发展中心党组书记，郑斯林同志短期过渡后蒋黔贵同志接任分管改革的副主任。盛华仁主任上任后第一项工作就是抓三年两大目标，他称之为第一位的任务。为加强工作，委主任办公会要求我再组建一个临时机构——企业脱困工作办公室并兼主任。我从委外请了两位有研究能力的官员——周放生和熊志军任副主任参与筹建，其余20多人都是借调的。国家经贸委企业改革司司长兼企业脱困工作办公室主任——以致一位同事和我开玩笑：如果三年两大目标实现不了，第一个应拿谁是问是最清楚不过的。

党的十五届一中全会正式提出的国有企业改革和脱困目标是："从1998年起，用三年左右的时间，通过改革、改组、改造和加强管理，使大多数国有大中型亏损企业摆脱困境，力争到本世纪末大多数国有大中型骨干企业初步建立起现代企业制度。"这个提法是定性的，各方面关注的是"大多数"需要摆脱困境的亏损企业如何具体化。这一问题在国家经贸委内部的争论就很大。有一种意见非常激进，提出要使国有企业的亏损面下降到20%，并曾正式上报国务院。当时国有企业不计潜亏的亏损面是39.1%，其他所有制企业大约为30%。记得我在会上和这种意见发生了激烈的争论，我说要把国有企业的亏损面压到比其他所有制企业还低，除非大规模做假账否则是完成不了的，这样不留余地的目标设定的实际效果是给领导设"套"。经过上上下下、反反复复的沟通，最后在吴邦国副总理的主持下，明确了脱困的具体目标。所谓"大多数国有大中型亏损企业"是指1997年底亏损的6599户国有及国有控股企业中的大多数。这个目标尚有一定的弹性和余地。

目标确定后，作为第一线的工作机构，我们的责任是要把工作做实。具体是这样几个方面：一是把普适性改革措施的效应尽可能放大。当时这类改革措施包括国有中小企业改革、国有困难企业关闭破产、下岗职工再就业工作、企业内部“三项制度”改革、加强管理等。通过总结、推广各地的好经验、好做法放大效果。二是单项政策尽可能对准。当时为支持三年改革脱困国家出台了一系列有针对性的政策，如纺织压锭、行业下放、债转股、减员增效、技改贴息等，是解决特定企业、特定行业问题的。这些单项政策要摸清适用范围并对准目标。三是脱困责任要尽可能落实。困难企业自身当然是脱困的责任主体，但政府也要承担帮扶责任。我们在与各级政府协商的基础上，为每一户重点脱困企业都明确了一个政府部门作为帮扶责任主体，同时每个季度向全国通报一次脱困进度。应该说，在当时的政策条件下，这样一套工作体系把脱困工作“砸”得比较实了。

三年改革脱困工作的过程异常艰难，因为这一组改革非常伤人，加上改革成本准备不足、补偿有限，对社会稳定的冲击很大。企业破产会造成职工全部下岗，尽管后面还有再就业工作接续，对职工生活的影响仍然很大；即使是企业改制，要从国有体制转到非国有体制，职工也是不情愿的。因而操作过程中不断出现群体性事件。那些年，各级政府为解决企业和社会稳定问题做了大量工作。第一批上去疏导的工作组基本都会被围困，多少个小时不能吃饭、不让上厕所，打不能还手骂不能还口，耐心做政策解释工作。当时我们都非常理解，职工可能需要“闹”一次，等他们情绪宣泄过后再做工作效果会好一些。当时，全国上下都在“挺”，“挺”过改革的阵痛。大家都理解：改革必然涉及利益调整，痛苦是不可避免的；而且大家都相信，这种痛苦将是一次性的。

三年改革脱困是一场改革的攻坚，过程很痛苦，但措施很有效，因而经济效果非常明显。到2000年末，全国国有和国有控股工业企业实现利润恢复到2000亿元以上，亏损面下降到27.2%；包括纺织行业在内的五个重点行业整体扭亏；重点锁定的6599户亏损企业中有4799户通过多种途径摆脱了困境。年底盛华仁主任向全国人大报告："经过三年的艰苦努力，国有企业改革和脱困取得了明显成效，中央提出的三年目标已基本实现。"宣布后主流媒体的反应当然是正面的，但社会上仍有不少质疑声，认为是数字造假。最后是时间说明了一切。随着2000年后国有企业经济效益的持续好转，质疑声没有了。大家开始意识到，三年改革脱困实现了中国国有企业改革的一个重大转折，并为以后的改革打下了一个好的基础。现在回想起来，镕基总理确实伟大，他敢于在自己的任期内把矛盾都挑开，把解决问题的责任和风险留给自己，把改革的成果留给后人，展现出一位伟大政治家的胸怀和风范。

三年改革脱困工作的成效被社会逐步认可，但各方面对这项工作本身的看法并不一致。一种典型的说法是：三年改革脱困是政府用行政手段强力推动的，应该更多地采取市场化的办法。实际上，对于中国这样一个组织力量强大而市场发育不足的国家，这恰恰是一副对症的良药。三年改革脱困为中国的国企改革创造出三个方面的条件：第一，它使国企改革从一项分管领导主持的部门工作，变为各级党委、政府必须向中央交账的"一把手工程"，工作位置不一样了。第二，各级党政"一把手"上到改革一线后，各个相关部门会主动跟进制定配套政策，改革的政策环境大大改善。第三，各级党委、政府的号召和推进，各层级的积极响应，创造出一种理解和支持改革甚至可以为改革做出必要牺牲的舆论氛围。这三点对于改革的大规模推进都是必不可少的条件。

国有企业改革脱困这几年，是我工作压力最大、工作最紧张的时期，但也是工作最舒畅的一段时间。能够在镕基总理的领导下直接参与国有企业改革、亲手解决国有企业面临的难题，是人生一大幸事，周围的同志都非常有成就感。这一段也是工作推动比较顺畅的时期。当时在管理体制上可以指挥国有企业的部门不少，但在巨大的困难面前，大家都不会主动介入。在“死马当活马医”的时候，各方面的宽容度是最高的、相互掣肘是最少的。在改革的具体操作层面，特别要提到国有企业改革的工作团队。这个团队形成并稳定了近二十年，从而保持了改革方针和具体工作的连续性和稳定性。陈清泰主任应算是这个团队第一代负责人，蒋黔贵主任是第二代，我算是第三梯队了。有意思的是，我们三个人都是工科出身。许许多多经济学家在研究国有企业改革，但在第一线负责操作的是一批学工科的人。这是一件很值得玩味的事。也许工科思维更适合做操作方案设计和组织实施工作，我们确实像做工科实验一样筹划改革的推进。由于没有先入为主的理论或模式，我们对改革实践充满敬畏感，更多地从改革一线寻找解决问题的办法，总结、推广地方和企业行之有效的改革措施是最主要的工作方式。自然科学的态度有助于增强实施方案的可靠性和可行性。

镕基同志任国务院总理的五年，是中国国有企业改革推进力度最大、企业状态变化最大的时期，之前和之后完全是两个局面。这轮大力度的改革很可能使我们的国家避免了一场由国有企业问题而引发的社会危机。到2003年改革的形势逐渐清晰：国有中小企业改革和国有困难企业关闭破产都到了扫尾阶段，余下的国有企业主要是状态尚好的大型企业。由此，中国的国有企业改革进入以国有大企业改革为重点的阶段。

当时国有大企业的管理体制有两个特点：一是政府的管理非常直接，尤其是行业管理部门；二是政府的管理是多头的，管人、管事、管资产分属不同系统。当年我们解剖过一家陷入困境的大型中央企业，发现其有正式管理职能的正部级党政机构至少有8个，大都是重要的强力部门，因此当时有“九龙治水”之说。这样的管理体制造成的后果：一是两层责任都说不清楚。企业的经营责任说不清楚，因为企业的重大事项都是政府定的；政府的管理责任也说不清楚，因为许多部门都在参与管理。二是多个部门共管一项工作，谁也协调不动谁，相互掣肘、彼此牵制，大家都做不成事。三是各个部门对改革的认识不一致，对企业提出的要求各不相同，企业无所适从。概言之，这是一个政企深度不分的管理体制，是非常不科学、不合理的。

从改革阶段性衔接的角度，党的十六大决定启动国有资产管理体制改革是非常及时的。党的十六大报告中有一段经典论述：“国家要制定法律法规，建立中央政府和地方政府分别代表国家履行出资人职责，享有所有者权益，权利、义务和责任相统一，管资产和管人、管事相结合的国有资产管理体制。”这是中央文件第一次清晰地描述待建立的国有资产管理体制，即集中统一监管的体制模式。我始终不知道当年是谁给中央提出了这个重大建议，因为事先对国资管理体制的讨论很少，这样的改革涉及中央、国务院各部门权力布局的重大调整，涉及权力的事大家都不好多讲。我只能说上面确有“高人”。

国务院国资委是按党的十六大精神组建的国有资产出资人机构，组建后从各部门手中转移、集中了大部分对国有企业的出资人权利。当然，这种集中不是简单地相加，而是经过了梳理和改革，把应由企业行使的权利交还给企业，把国资委的职能定位在公司法中国有独资公司股东会的职能上，这实际在政企分开、政资分开的方向上迈出了重大步伐。国资委成立后，政府对国有企业监管的工作格局发生了重大变化。主要的效应是：第一，国有企业的改革发展工作在政府层面第一次有了明确的责任主体，而责任明确是做好工作的第一步；第二，集中统一监管体制排除了部门间的掣肘、内耗，创造出一个能够做事的环境；第三，对国有企业的行政干预减少，而且不再是多头指挥、多方向的要求，国有企业的外部关系简单化了。当然，这也是一项“伤人”的改革，国资委集中的是别的部门原有的权力，属于“动了人家的奶酪”。这会给以后的工作留下隐患。

国务院国资委由四个系统组建而成：中央企业工委全部、国家经贸委大部分业务局、财政部管理国有资产的两个司、中组部有关国有企业干部管理的半个局。创始阶段两位主要领导人是李荣融和李毅中，都是有长期企业工作经验的业务型干部。两个人风格不一样，但能力都很强，都足以担当大任。荣融主任精明、干练，思维超前、大胆；毅中书记沉稳、持重，思维务实、缜密。国资委组建前，蒋黔贵主任已转到全国人大任职，我被任命为国资委副主任，分管企业改革局、企业改组局、企业分配局、维稳办，毅中书记调离后又把规划发展局交给了我。国资委成立时，国资监管工作是一片空白，如何开展工作谁也没有经验，国资委在一张白纸上做了一系列重要的开创性工作。第一个工作方向是建立经营性国有资产管理和对国企经营者的激励约束制度。具体工作包括：清产核资、摸清家底，明确主业、制定发展战略，建立年度和任期的业绩考核制度，依据考核结果建立年薪制，实行职工收入总水平管理，规范国有产权转让管理，加强外部监督，建立国有资本经营预算制度，等等。第二个工作方向是围绕企业整体改制上市的目标，加快国有企业的改革和结构调整。具体工作包括：推动企业改制并在境内外资本市场上市，启动规范的董事会建设，推动企业内部三项制度改革，通过企业之间的重组完善功能、加强大集团，推动企业内部重组优化资源配置，主辅分离、辅业改制，国有资产经营公司试点，分离国有企业办社会职能，推进企业各层面领导人员的公开招聘、竞争上岗，等等。

应该说，国资委在国资监管制度建设、市场化改革和结构调整方向上所做的工作内容非常丰富，每一项工作都对应着一类需要解决的特定问题，是一种全方位的推进。之所以能做这么多工作，基础是管理格局理顺了，消除了部门之间的掣肘。这些工作积累起来的总体效应是两个方面：第一，企业和管理团队受到方向非常明确的激励，要把企业改革好、发展好；第二，企业在体制和结构上向市场化的方向迈出了大的步伐。正因为如此，这一系列改革措施的经济效果非常明显。2002—2012 年，也就是国资委成立之后的 10 年间，中央企业的营业收入从 3.36 万亿元增加到 22.5 万亿元，年均增长 20.9%；实现净利润从 1622 亿元增加到 9247 亿元，年均增长 19.0%；上缴税金从 2927 亿元增加到 1.9 万亿元，年均增加 20.6%。地方国有企业的经营状态也是同样的趋势。有人曾说过，国有企业改革是一项可测度的改革，测度的依据就是这些企业的市场表现。国资委成立后国有企业的主要经济指标说明，这一时期的改革是富有成效的。

当然，对这一时期国有企业的表现有些人批评是“国进民退”。事实上，“国进民退”并没有统计上的依据，这一时期国也“进”了、民也“进”了。国有企业市场表现的改变主要是因为改革和结构调整，国有企业开始适应市场经济，在市场竞争中初步站得住脚了。这一时期，国家没有出台任何针对国有企业的优惠政策或保护措施，国有企业是靠改革、靠竞争站住了脚。这对于国家来说是一件大好事。民营企业是中国的企业，国有企业也是中国的企业，中国的企业搞好了，中国经济的国际竞争力提高了，是国家之幸、人民之幸。在国有企业这一段大发展的过程中，我国一些有国际竞争力的重要产业主要是以国企为载体的，如核电、高铁、航天、军工、基础设施建设等。这期间国有企业对社会的贡献也在增大，2002 年中央企业上缴的税金占全国税收总收入的 16.7%，到 2012 年这个比重上升到 18.9%。在一些重要、关键时刻，如地震、雨雪冰冻灾害、海外人员危机撤离等，国有企业的动员能力和对政府号召的执行力都给人留下深刻印象。事实证明，通过改革把国有企业搞好了，是中国经济社会发展的正面能量。

中国的国有企业改革还没有结束，还有大量任务需要完成，国资委自身的工作也存在不足和遗憾，需要不断调整完善。但在目前的改革深度上，前景已经可以看得比较清楚了。下一阶段国有大企业的改革很可能是从分类改革入手，明确不同类型的国有企业的功能定位及与市场经济最终的融合方式。具体地讲，目前承担公共服务责任的公益性国有企业，很可能通过改革加监管的路径，最终成为市场经济中受到专门法律约束和社会监管的特殊企业；那些处于竞争领域的商业类国有企业，很可能通过资本市场改制上市的方式，实现国有企业的多元化和国有资产的资本化，最终成为市场经济中规范的公众公司。我们离这样的目标已经不是很远了。在一些经济较发达、改革和结构调整推进较快的地区，如上海、浙江、深圳等地，国有企业改革已接近了上述目标。

国有企业改革一直被认为是一个世界性难题，对原计划经济国家来说尤其如此。经过近 40 年不懈的探索、艰难的努力，中国的国有企业一部分退出去了，一部分初步实现了与市场经济的融合，从经济发展的包袱、社会稳定的隐患变为国家经济社会发展的积极因素。这是一个了不起的成就。中国的国有企业改革完全是从国情出发、从企业的具体情况出发的，体制的改革、结构的调整、人员的分流安置是结合在一起进行的，大量丰富的实践筑就一条具有中国特色的、自己的改革道路。在目前的改革阶段上，我们甚至可以认为，如果下一阶段的改革举措得当，中国完全有可能成为世界上第一个完整地解出这道难题的国家。

但对于我个人来说，已经没有时间了。2013 年 8 月国务院发文免职时，我已经超期服役一年，应该是退出舞台的时候了。真是要感谢命运的安排：在事业需要的时候，把我从很远的地方一步步地引导过来，并放在能够发挥作用的位置上；在适当的时候，又悄然把我引导出去，给了我急流勇退的机会。一个曾在黄土高原上躬耕劳作、吃不饱肚子的知识青年，历经多次人生道路的选择，能够如此深度地介入事关国家和民族命运的改革大业之中，已经是非常幸运了。任何个人能做的事都是有限的、阶段性的，从这个角度讲，我可以说我已经尽力了，我能够完成的任务已经完成了。

邵宁

2016 年 3 月

目录
CONTENTS

上　篇

中　篇

下 篇

启思录

QI SI LU

上篇

本篇收录了作者在国家经委、国家计委工作期间的部分文章

试论承包经营责任制在改革中的意义*

摘要： 作者首先从搞活全民所有制大中型企业的基本思路和经济体制改革的现实条件等方面阐述了承包经营责任制的意义；继而对承包经营制中存在的一些重要问题发表了自己的见解；最后对如何进一步完善承包经营责任制提出了几点看法。作者认为，在全民所有制的前提下实现两权分离，需要我们一方面重视经营权的彻底让渡，另一方面重视所有权的真正实现。因此，全民所有制企业经营机制的完善包括了两项同样重要的改革任务：一是企业经营方式的改革，一是政府管理方式的改革。承包经营责任制使全民所有制的所有权开始由虚变实、由分散变为集中，并且造就了政府的财产管理职能，这是一个意义重大的突破。

今年以来，承包经营责任制开始在全民所有制大中型企业普遍实行，这标志着我国以增强企业活力为中心的经济体制改革进入了一个新的发展阶段。

当前，在实行了各种形式承包经营责任制的企业取得了明显效果的同时，一些同志也对这项改革措施提出了一些不同看法和疑问，例如争基数、吵比例问题，消费基金膨胀问题，包盈不包亏问题，政府对企业的行政干预问题，国家对企业管理的不规范问题，给下一步改革设置障碍问题，等等。有些同志据此断言，承包经营责任制是在经济关系没有理顺、价格体系严重扭曲的情况下，为调动企业积极性、增加国家财政

* 原文发表于《中国工业经济研究》1987 年第 6 期。

收入不得已而为之的办法，因而具有强烈的过渡性质。

一方面是成效卓著，另一方面是异议颇多，这对于一项已经全面出台的改革措施来说，是应该引起重视并进行深入探讨的，这不但是当前承包经营责任制在全国范围健康实践的需要，也是整个经济体制改革不断发展和深化的需要。

一、搞活全民所有制大中型企业的基本思路

搞活企业，特别是搞活全民所有制大中型企业，是我国经济体制改革面临的首要任务。随着城市经济体制改革的深入，各种企业改革方案纷纷问世。这些方案虽然数量众多，但其基本思路可以分为两种：一种是两权分离的思路，对经营者和生产者实行利益约束，如各种经营责任制、租赁制等；另一种是两权合一的思路，对经营者和生产者实行财产约束，如股份制、企业所有制等。

两权合一的思路会不会改变企业的所有制性质、能不能保证国有财产的安全与增殖且作别论，就其实现企业行为长期化、合理化的初衷能否成为现实也还有很大疑问。从理论上讲，企业所有制的所有权最终还要人格化在全体职工身上，因为经营者是由职工代表大会确定的，企业收益如何分配也要由职工代表大会决定。认为全体职工或是每一个职工必然地不倾向于眼前利益而倾向于长远利益的观点，是没有根据的。在现实的经济生活中，我们的集体企业已经表现出比全民企业更强烈的消费倾向；在其他社会主义国家，工人自治企业面临的也是重消费、轻积累造成后劲不足的问题。因此，两权合一不是解决企业行为合理化最理想的思路，为搞活全民所有制大中型企业，我们应该坚持全民所有制，走两权分离的道路。

在全民所有制的前提下实现两权分离，需要我们一方面重视经营权的彻底让渡，另一方面重视所有权的真正实现。以往我们的注意力大都

集中在前一个方面，现在越来越多的同志开始注意后一个方面存在的问题了。正如许多同志指出的，目前我国全民所有制经济在运行中暴露出来的主要问题是所有权虚置，所有权所包括的对经营者的选择权、收益分配权、财产处理权等都分散在主管部门、财政部门、税务部门、劳动人事部门、银行、党政部门等机构手中，结果是谁也不能完整地代表所有者行使职权，谁也不对国有财产承担责任。所有权虚置的必然结果是所有者的利益受到损害，这突出地表现在企业自有资金的使用上，企业宁愿把这部分只有使用权而无占有权的资金消费掉，也不愿为所有者添置些固定资产，而所有者对此却表现得十分软弱无力。

全民所有制所有权的真正实现，需要把所有者的各项权力从分散变为集中，并且从政府的一般社会管理职能中分解出来，以明确谁是国有财产的代表、谁应对国有财产的安全与增殖负责。一些同志基于这种认识，提出了在各级财政部门之外设立“国有资产管理局”或“国有资产管理委员会”的设想。这种设想当然还要进一步解决国有财产的管理机制问题，如各级国有财产管理机构的设置、职权的划分以及对国有财产管理者的利益约束或行政约束问题，但其基本思路无疑是正确的。

所以，全民所有制企业经营机制的完善实际上包括了两项同样重要的改革任务：一是企业经营方式的改革，二是政府管理方式的改革。对于前者来说，目前主要应解决经营权的落实问题，使企业具有相应的责、权、利；对于后者来说，目前主要应解决所有权的实现问题，以强化对国有财产的管理和对企业的行为约束。这两方面的改革必须配套、同步，必须得到同样的重视。我们以往搞活企业的努力之所以没有收到预期的效果，重要原因之一就是在进行企业经营方式改革时忽视了政府管理方式的改革。以往我们的政府部门往往是企业改革的“靶子”，是讨人嫌的“婆婆”，似乎只要上级部门把手中的权力统统交出来，企业自然而然就被“放活”了。实际上，我们的政府部门确实管了许多不该管的事情，但也放弃了许多应该行使的权力。在所有权虚置、无人代表所有者利益的情况下，片面强调简政放权，片面强调国家应对企业实行间接管理，其结果必然是企业的行为得不到约束，国有财产得不到保护，使国家处于既不能放也不能收的两难境地。

总而言之，搞活全民所有制大中型企业比较理想的思路是：在全民所有制的前提下，走所有权与经营权适当分离的道路，一方面进行企业经营方式的改革，另一方面进行政府管理方式的改革，在生产经营层次上使两权彻底分开，在财产管理层次上形成所有权对经营权的科学制约，从而实现企业经营机制在整体上的完善。

二、承包经营责任制的意义

我们在改革中经常碰到的一个问题是理论与实践的矛盾：一些很好的目标模式或改革思路上得了报刊却出不了台，其原因一是与现行体制衔接不上，二是风险太大、社会难以承受。企业改革也是如此。一些在理想状态下经过反复论证的模式在试点中变了形，被发现很难在近期内普遍推广，像设立“国有资产管理局”这样无疑是正确的设想，也因为涉及政府机构改革而迟迟未能有所动作。难处是显而易见的：模式离现实远了一些，而搞活大中型企业的任务又逼得太近。

但对于那些在经济工作第一线的同志，搞活全民所有制大中型企业不但是一个值得深入探讨的理论问题，而且是一个回避不了的现实问题。大中型企业不活，财政收入上不去，市场短线补不了，哪一级领导也不好交代。在这种情况下，各地在力所能及的范围内自发地采取一些措施来搞活大中型企业就是很自然的了。承包经营责任制就是在这种背景下走入改革实践的，它是许许多多经济管理部门和企业的同志实践、总结、发展的结果，并经过了政策与对策间反复较量的考验，因此具有现实意义。既然承包经营责任制已经在一些地区和企业中表现出了明显的效果和生命力，我们就应该认真分析一下，这项改革措施在搞活全民所有制大中型企业方面，究竟给我们提供了哪些有价值的思路。

（一）承包经营责任制对企业经营方式的改革

在企业经营方式改革方面，承包经营责任制吸收了以往企业改革的大量成果，保持了改革的连续性，同时又以新的内容使之更加完善和配套。其一，承包经营责任制明确了企业的经营责任和经营权力，承包合同经公证后其责与权又有了法律保障。其二，承包经营责任制通过把竞争机制引入经营者选择程序，再加上厂长负责制和经营权的法律保证，企业经营指挥系统的素质和效能有了进一步的提高。其三，在国家与企业间的利益分配上，承包经营责任制调动了企业增盈的积极性。承包合同所体现的责权利相一致的原则，又把这种积极性具体化在经营者和生产者身上。其四，承包合同的指标体系中一般都包括技术改造和固定资产增殖指标，这是必须执行的。而且企业可以通过自身努力积累资金，使企业有可能扩大再生产，不断更新、改造技术和设备，增强企业的竞争力和后劲。

（二）承包经营责任制对政府管理方式的改革

首先，承包经营责任制使全民所有制的所有权开始由虚变实，由分散变为集中。例如，吉林市经济承包领导小组由市长任组长，经委、计委、体改、财政、物价、劳动、物资、银行、税务、主管局等部门参加。这个小组的职能和性质是很明确的：它就是所有权的代表者，是一个地区中全民财产的管理人。从这种承包的组织实施方法中，我们可以很清楚地看到全民所有制的所有权从各有关部门集中并明确起来的趋势。其次，承包经营责任制造就了政府的财产管理职能向政府职能分解迈出第一步。承包过程中的算账、谈判、讨价还价程序对于所有者管理财产、委托经营来说是十分必要的；承包经营一般都对企业分成利润的用途进行了严格控制，从而体现了所有者对收益分配的控制权，从外部建立起对企业行为的约束机制。同时，各级政府在承包工作中都强调，在企业承包后政府部门要多服务、少干预。通过实行承包经营责任制，我们的政府部门弱化了应该弱化的职能，强化了应该强化的职能，积极主动地把自身的改革和企业改革结合起来，这不能不说是一个意义重大的突破。

对于承包经营责任制在我国经济体制改革中的地位和作用，我们应该有足够的认识。它包括了企业经营方式的改革，初步实现了在企业生产经营活动中的两权分离；它也包括了政府管理方式的改革，初步明确了所有者的位置和职能，并在资产管理和收益分配上形成所有权对经营权的制约。这两方面的改革以承包的方式联结起来，由所有者对经营者实行委托经营、利益制约，从而为搞活全民所有制大中型企业找到了一条现实的途径。

对于改革的实践来说，承包经营责任制的意义还在于：它较好地解决了改革过程中新旧体制的衔接问题，并且通过旧体制原有职能的逐渐转化来实现新体制的最终确立；它较好地解决了改革与经济建设的矛盾，其成功的实践说明改革与经济发展应该也是可以结合起来并相互促进的。

三、对承包经营责任制中几个问题的看法

（一）关于争基数、吵比例问题

争基数、吵比例问题在当前企业承包工作中比较普遍，对这个问题应从两方面分析。从所有者进行委托经营的角度看，算账、谈判、讨价还价都是正常的，所有者与经营者不可能对企业、市场、政策等复杂的具体问题完全认识一致。既然是法律上平等的甲乙方关系，通过谈判达成一致是正常途径。即使在西方股份制企业中，董事会的盈利目标和经

理的经营目标也不可能在一开始就一拍即合。另一方面，双方分歧过大、谈判难度过高，也确是应该解决的问题。产生这类问题的原因，一是政府部门在作为所有者管理财产方面水平还不高，或是算不过企业，或是目标确定得不合理；二是我们还没有形成一支稳定的、具备一定职业道德的经营者队伍，不排除某些企业领导者有意压低承包基数或比例；三是在经营者选择上竞争机制还没有充分发挥作用。这三方面问题的解决需要一个过程，但随着承包经营责任制实践的发展，目前“争”“吵”的强度必然呈逐渐减弱的趋势，最终成为一种能为人们所接受的、正常的承包谈判程序。

（二）关于消费基金膨胀问题

一些同志认为，承包会增强企业对消费倾向的自我约束力，因此不会引起消费基金膨胀，并以一些承包试点企业为例。我们认为，消费基金膨胀是一个综合性的社会问题，全民所有制大中型企业不应对其产生承担主要责任，现在应该进行坚决的综合治理，以减轻它们所承担的消费压力。但以试点企业的情况说明承包必然不会造成消费基金膨胀，也是论据不足的。试点企业本身的素质，上级部门的刻意关照、“左邻右舍”的众目睽睽，这一切足以造成一种强大的约束力，全面推行后情况就不一样了。承包经营责任制对企业消费基金的控制，一方面来自企业的长远观点和自我约束，更主要的是依靠政府部门的监督。作为全民财产的代理人，保证自己所管理的财产不被分光吃净是一项不能推诿的基本责任。所以，主持企业承包工作的政府部门一方面要在承包合同签订环节堵住消费基金膨胀的口子，比如合理确定挂钩比例、明确企业留利的使用方向；另一方面要加强承包合同执行过程中的日常财务监督，防止企业在工资和奖金之外扩大消费。如果我们的政府部门不重视这项工作，或者做不好这项工作，消费基金失控的局面并不是不可能发生的。

（三）关于包盈不包亏问题

包盈不包亏实际上包括两个问题：一是只包盈利企业，不包亏损企业；二是真正包亏了，完不成承包合同怎么办？第一个问题很好解决，不同的企业有不同的包法，亏损企业也可以实行减亏承包。第二个问题则相当复杂：目前企业签订的承包合同中都有完不成上缴任务用自有资金抵补的条款，这对于保证国家财政收入、体现自负盈亏的原则来说是必要的；但如果真是把企业的自有资金补了财政上缴，企业以后的日子就很不好过了，全民企业搞垮了，负担还是国家的。换句话说，国家从企业拿走了一小笔原本属于自己的财产（往往是流动资金），但却使自己的一大笔财产（企业固定资产）处境更加危险。因此，搞过几年承包制的地区在执行这一条款时往往打了很大折扣。问题的实质是，全民所有制企业能不能自负盈亏、怎样自负盈亏？

从理论上讲，真正能够自负盈亏的只能是所有者。但这个所有者不一定是最终的所有者，而可以是一个经过一定构造的所有者财产的管理体系。在政府职能分解之后，形成的国有财产管理机构应是一个多层次管理、多层次核算的体系。它的每一个基层机构都管理着一部分国有财产，并对所管理的企业行使所有者的财产管理职能。基层机构之间可以相互竞争和渗透，直至进行企业买卖；基层机构自身对其管理的国有财产自负盈亏、歉收自补，并以总的盈亏额向上级或中央国有财产管理机构负经济的、行政的责任。这样的国有财产管理体系我们已经可以从地方财政“自费改革”中看出一些端倪了。所以，在现阶段的企业承包工作中，我们应该着重强调和兑现责权利一致的原则和经营责任，对经营者和生产者实行严格的利益约束；如果企业财力允许，不致影响企业后劲，也可以执行歉收自补的办法；同时把严格意义上的自负盈亏问题，留到下一步国有财产管理机制的改革中去解决。

（四）关于规范化问题

规范化有两重含义：一是国家对企业管理方式上的规范化，二是国家与企业分配关系上的规范化。在管理方式上，承包经营责任制实际上向规范化迈进了一大步，因为它要求政府部门转变工作方法，从不规范的生产经营管理向比较规范的财产管理过渡。在分配关系上，承包制确实不如第二步利改税规范。但一方面正如许多同志曾指出的，这种不规范是在特定的历史和现实条件下形成的；另一方面，国家与企业的分配关系和方式在今后的改革中也面临着某种改变。国家的一般社会管理职能与国有财产管理职能分解之后，国家从国营企业取得收入也必然要分解成两个渠道。作为一般的经营者，国营企业和集体企业、私人企业一样要通过税收渠道向国家缴税，这一部分大致相当于目前流转税的范围，是相当规范的。作为全民财产的委托经营者，国营企业还要通过另一个渠道向所有者上缴收入，这一部分大致相当于目前国营企业所得税和调节税的范围。这条资产收益上缴渠道在国家和国有财产管理机构之间可能是比较规范的，在基层国有财产管理机构与企业之间可能是不规范的，但这种不规范所带来的调节余地却是管理经营国有财产所必需的。

这种国家与国营企业间分配关系与方式的分解是改革的大势所趋，因为相对于国家社会管理职能的税收渠道的任务是“聚财”，而相对于国家全民财产管理职能的收益上缴渠道的任务不但要“聚财”，而且要“生财”。不同功能的混同必然要产生矛盾。比如，现在我们的一些同志抱怨财政部门“聚财”有道而“生财”不积极，但实际上，使用同一支队伍、通过同一个机构、执行同一个章程，要达到两种完全不同的目的，是相当困难的。

（五）关于与其他各项改革的衔接问题

各项改革措施之间，既有相互衔接问题，也有围绕改革主战场进行配套的问题。企业是经济结构中最基本的单元，我国经济体制改革的中心环节是增强企业活力。所以，其他各项改革措施在内容和时序上围绕企业改革进行配套，是保证改革整体性的必然要求。

承包经营责任制作为一项企业改革措施已向其他领域的改革提出了配套的要求，如政府职能和机构的改革、财税体制的改革、干部管理制度的改革等等。承包经营责任制提出的配套要求与这些改革单项设计的思路并无矛盾，相反却提供了一个突破口，因此这些方面的改革应尽快启动并与企业改革相衔接。另一方面，承包经营责任制也没有给其他方面的改革设置障碍。例如大的价格改革措施出台，承包指标本身是可以进行调整的；而且由于指标调整时政府部门要仔细测算企业的成本变动和产品价格变动以确定指标的调整幅度，在客观上防止了企业乱涨价的行为，从而有利于价格改革的平稳进行。

四、要进一步完善承包经营责任制

（一）企业承包亟须一套统一的规则

目前承包经营责任制在全国范围推行得很快，但还没有一套统一的规则，这很不利于进行管理和指导。现在亟须在调查研究的基础上明确以下问题：政府部门对企业承包的组织实施办法，各种允许的承包形式及适用范围，承包基数、递增率、期限的确定原则，承包的指标体系设计，承包者的组织形式，职工收入的挂钩及经营者的奖惩办法，企业分成利润的返还方式及用途控制，经营者的竞争选择程序，对承包企业的审计制度，承包所必需的法律形式，等等。在所确定的原则之内，企业可以有选择权，但不能越出此范围自行其是。

除了承包经营责任制组织落实中的问题以外，目前还有两个过程控制问题需要进一步研究，一是对企业日常的财务监督问题，二是对企业投资的导向问题。承包既要明确保证企业的经营自主权，又要明确保证政府部门对企业的财务监督权，对企业的日常财务监督要逐渐制度化，以防止企业在工资奖金之外开消费基金的口子。对企业的投资国家应尽快制定产业政策进行引导，各级政府要落实控制的手段。

（二）企业经营方式的改革要继续深入

承包经营责任制丰富了企业经营方式的改革，现在的问题是要把这些改革措施真正落实并完善化。一是切实把经营权落实到企业。经营权不落实经营责任就难以追究。我们以往虽然制定了一些企业扩权的规定，但落实得不好，主要原因是外部条件不具备以及改革不配套。政策本身包括了一些不能兑现的内容，使得其中能够落实的条款也没有约束力了。所以目前应结合企业承包工作对以往的扩权规定进行一次实事求是的清理，一时不具备条件的不要强求，企业承包所必需的也具备落实条件的要坚决兑现，以从政策上明确承包的企业应享有哪些基本的自主权。二是搞好承包者的组织。对于全民所有制企业来说，全体职工是承包主体；经营者集团代表职工向国家承包并对经营结果负有责任，是责任承包者。厂长、经营者集团、承包主体之间的关系，互相承担的责任和拥有的权利，应该有制度的规定和保证。三是完善经营者选择中的招标竞争办法。经营者选择过程中引入竞争机制是一项意义深远的改革，但目前各方面都缺乏经验，需要在总结经验的基础上初步制订出一套从资格审查到评选聘任的比较规范的程序。同时，需要对现行干部管理制度进行相应的改革以鼓励人才的竞争，尤其应鼓励大企业的干部去参加本行业较小企业的承包竞争。

（三）政府管理方式的改革要跟上形势的发展

承包经营责任制全面推行之后，能不能得到预期的效果，会不会出现大的问题，很大程度上取决于政府部门作为国有财产管理者的工作水平。企业承包意味着政府经济工作内容和方法的实质性转变，从用行政办法直接管理企业的生产经营活动转移到服务、测算、监督上来，这对我们政府部门的机构组织和人员素质都提出了很高的新要求。

第一，政府部门要重视人员的培训。直接参与和企业进行承包谈判的人员必须进行再学习，学会理财本领，学会算企业的账，学会分析市场情况，以逐渐改变政府算不过企业的状况。我们的国家不仅需要懂经营、会管理的企业家，也需要会算账、善理财的国有财产管理专家。

第二，政府部门要切实保证承包的外部条件。一是要在不干预企业生产经营活动的同时加强服务与监督。一方面帮助企业落实经济责任制、加强基础管理、疏通供销渠道，尽可能为企业完成承包任务创造条件；另一方面加强对企业日常经营活动的监督，防止企业违法经营，防止企业通过乱涨价盈利，防止企业乱发奖金、实物，保证企业将分成利润用于技术改造或其他规定的用途。尤其是主管局机构，在所属企业承包之后，要把绝大部分精力放到服务、测算和监督上去。二是采取措施解决摊派问题。现在从当地政府到街道办事处都有向企业摊派的手段，这对企业承包工作是极为不利的。目前应结合企业承包工作将企业承担的所有摊派科目清理一次，用途合理的从地方财政中逐一解决资金来源，其余的一概禁绝。在这方面，地方政府既要以身作则，又要为企业撑腰。

第三，要逐步为政府的职能分解创造条件。目前各地负责企业承包工作的机构大都是临时性的，合同签完后各回原单位，这显然不利于工作水平的提高和对承包企业的监督管理，应逐渐向常设化过渡。常设机构的任务一是主持对企业的测算及承包谈判；二是主持经营者的竞争选聘；三是主持对承包企业的日常监督；四是对各部门有关企业的政策进行协调，以防止部门打架，企业为难。

（四）加强审计监督是当务之急

承包经营责任制全面推行之后，审计监督的作用就更加突出了。政府部门作为国有财产的管理者，其对企业经营过程的日常监督和对最终经营效果的评价都应建立在审计结果的基础之上。通过固定资产审计、货币资金审计、专项拨款审计、生产费用和产品成本审计、经济效益审计等审计项目，政府对企业的几个主要控制环节和主要评价指标都能有客观的、定量化的依据。从承包经营责任制的发展看，审计的对象不仅仅是企业，也包括国有财产管理部门，以评价它们管理国有财产的效能高低。所以，承包经营责任制全面进入正常运行的前提之一是审计部门对经济活动的全面监督。当前，我们一方面要坚持已经实行的厂长离任审计制度，并争取在承包期终审计的基础上加入某些项目的定期审计；同时下大力气加强审计队伍，尽快改变审计部门机构薄弱、人员数量少、素质低的状况，以适应承包经营责任制全面实行和商品经济迅速发展的需要。

承包经营责任制在全国范围内普遍实行是我国经济体制改革中的一件大事。虽然目前这项改革措施还很不完善，还存在大量的问题需要我们进一步研究、解决，但它是有生命力的。在改革的理论与实践的结合上，在改革的理想与现实的结合上，承包经营责任制体现了一条搞活全民所有制大中型企业的正确道路，并为整个经济体制改革的深化打开了突破口，这就是承包经营责任制巨大意义之所在。

建立与改革、开放相适应的新经济秩序*

摘要：在改革的总体设计上，我们有必要把建立新的经济秩序作为一项重要目标加以考虑，并在改革的时序安排上使其适当超前，使这项改革成为整个经济体制改革顺利进行的保证。当然，在我们这样一个商品经济还不够发达、经济活动信用化程度较低的国家，要监督、规定千千万万个经济行为，要使全体公民逐渐适应新秩序、遵守新秩序，难度是相当大的。但只要我们搞社会主义商品经济，建立新经济秩序这一关迟早要过，这个问题的解决拖得越长，习惯的阻碍、利益的抵触就越大，我们要付出的代价也就越高。因此，无论从当前稳定经济的需要出发，还是从改革顺利发展的长远考虑，我们都应该把建立与社会主义商品经济相适应的新经济秩序立即提上议事日程。

经过九年来的经济体制改革，我们的国力大大增强，人民生活有了明显的改善，整个国民经济呈现空前繁荣活跃的局面。但是，在看到改革巨大成果的同时，我们也应注意到经济生活中出现的一些不健康的现象。例如：流通领域内倒买倒卖、投机违法活动猖獗，生产和销售假冒商品甚至有毒有害商品的事件时有发生；在产品推销和原材料采购活动中，乃至在正常的运输、水电供应等“左邻右舍”的协作环节，敲诈勒索、行贿索贿的现象越来越严重；合同约束趋于软化，一方面表现为合同纠纷增加，利用合同诈骗预付款的案件增多，另一方面也表现为合

* 原文发表于《经济日报》，1988 年 6 月 14 日。

同的履约率不高；逃避监督的行为普遍，收入分配的透明度降低，许多个体经营者不建账，一些集体企业乃至全民所有制企业造假账，虚盈实亏，个人收入不申报；银行和税务部门难以对经营者进行有效的经济监督，偷税漏税数额巨大，国家难以对悬殊的个人收入进行调节；政策纪律、财经纪律松弛；乱摊派、乱涨价等问题屡禁不止；不少企事业截流私分利润、滥发奖金实物、开具假发票；等等。

上述种种现象说明，在搞活经济中，我们还没有形成一套大多数人能够自觉遵守的经济行为规则，被改革释放出来的活力还没有完全归束到一个正确的方向上去。概括地讲，我们的经济生活中还缺乏一个适应社会主义商品经济新体制运行的经济秩序。当前，在深化改革，重点搞好物价和工资改革的形势下，研究和讨论如何建立与发展社会主义商品经济相适应的经济秩序问题，是十分重要的任务。

经济秩序表现为经济主体按照一定的规则从事经济活动，这些规则是由经济体制的性质所决定的。从另外一个角度讲，经济体制是在经济秩序中运行的，任何一种模式的经济体制都需要一种与之相适应的经济秩序作为其正常运转的依托和保证。

在计划经济体制下，计划的权威性是经济秩序的核心，企业必须按国家的指令性计划组织生产，产品必须由国家统一调拨分配，企业的利润必须按规定向国家上缴。可以设想，如果没有这些最基本的秩序，企业想生产什么就生产什么、想生产多少就生产多少，计划体系内部便无法衔接，计划经济体制就不可能正常运转。同样，社会主义商品经济也需要一个与自己相适应的经济秩序，如经营者进入市场必须符合一定的条件，遵守必要的规章制度，竞争和经营手段必须合法；经营者必须接受经济监督并依法纳税；等等。如果没有一个正常的秩序，商品经济同样会搞乱，同样无法正常运转。

在我们改革的一定阶段上，经济秩序一时不能适应经济体制变化的要求是难以避免的，但是我们不能对此漠然视之，而要积极加以解决。

如果听任经济秩序上已经出现的问题继续发展蔓延，就会带来明显弊端。

其一，经济秩序不正常严重削弱国家对经济的宏观控制能力，威胁经济的稳定。近几年来，消费基金膨胀一直是困扰我国经济发展的重大问题之一。尽管国家一再重申消费的增长不能快于生产的增长，也采取了诸如“紧缩银根”以及“双紧”等控制措施，但膨胀的局面一直没有得到扭转。之所以出现这种局面，是因为我国目前经济生活中存在着大量的秩序混乱现象。消费基金虽表现为总量失控，根子却在于微观失控，在于存在着诸如滥发钱物、乱摊费用、贪污受贿等许许多多流失渠道。

其二，经济秩序不正常抵消了改革的成果，增大了改革的难度和风险。我们进行改革的主要目的之一是利用市场竞争优胜劣汰，以提高效益、实现资源的优化配置。但在经济秩序不正常的环境中，市场机制的积极作用会受到严重扭曲。改革以来，我们一直希望有一个买方市场的环境使竞争机制的作用充分发挥，但现在无论哪一种产品形成了买方市场，都带来了请客送礼的竞争，以致屡屡出现名牌敌不过杂牌、优质品积压而伪劣品畅销的反常现象，这样的结果显然有悖于我们引入竞争机制的初衷。此外，经济合同是商品经济中一切经济联系的纽带，合同约束软化、合同的严肃性和约束力得不到保证，其对整个经济运行将带来什么样的危害也是值得我们认真思考的。

其三，经济秩序不正常给我们端正党风和社会风气造成了极大的困难。在经济领域存在着大量不正当竞争和以权谋私行为的情况下，谁也找不到一个“世外桃源”。无论哪一个企业要保持自己的原材料采购和产品销售渠道畅通，要避免在种种协作环节上被卡住，不顺应“潮流”都是行不通的。按规章办事碰壁，坚持原则的人遭打击、处境孤立，这种事情已经发生得很多了。这样一种不正常的经济秩序对党风和社会风气起着一种强制性腐蚀的作用。

经济秩序虽然最终表现为大多数经济行为自觉地遵循着一系列特定

的规则，但实际上是人们根据经济体制的需要有意识地设计并管理出来的。经济秩序的形成过程就是对经济行为有效管理的过程。

要确立一种经济秩序，必须首先创造三个基本的前提条件：一是微观经济运行具有一定的透明度，以使各种微观经济活动可以核查；二是有一套比较完善的行为规则体系，以使各种经济行为有所遵循；三是建立一个有效的管理系统，以保证对各种经济行为的控制能力。

我们进行经济体制改革的目的是确立有计划的商品经济的运行机制。从产品经济到商品经济，我们面临的问题不但有国家的经济职能需要转变、市场体系需要建立、企业的经营机制需要改革，而且有如何在我们的经济生活中建立适应于社会主义商品经济运行的经济秩序问题。在商品经济发达的国家中，适应于商品经济运行的经济秩序是随着商品经济的长期发展逐步形成并完善的，而我们要在较短的时间里把如此庞大的经济体系从计划运行变为计划指导下的市场运行，新的经济秩序就只能靠国家在改革的过程中有意识地、积极地建立。

严格地讲，建立社会主义商品经济的新秩序是我们几项大的改革措施各自深化后相互延伸的结果。国家经济管理职能的转变最终将形成对各种经济行为的间接控制体系，市场体系和组织的完善最终将确立各种经济行为必须遵守的规则，企业经营机制的改革最终也将导致企业经营行为的合理化。但是，由于经济秩序对经济体制正常运行的“依托”和“保证”作用，也由于我们的改革不可能一步到位，新体制中任何一个部分的诞生都要求有一个相应的经济秩序供其运转。因此，在改革的总体设计上，我们有必要把建立新的经济秩序作为一项重要的改革目标分离出来单独考虑，并在改革的时序安排上使其适当超前，使这项改革成为整个经济体制改革顺利发展的保证。当然，在我们这样一个商品经济极不发达、经济活动信用化程度较低的国家，要监督、规正千千万万个经济行为，要使全体公民逐渐适应新秩序、遵守新秩序，难度是相当大的。但问题在于，只要我们搞商品经济，建立新经济秩序这一关迟早要过，这个问题的解决拖得越长，习惯的阻碍、利益的抵触就越大，我们要付出的代价也就越高。因此，无论从当前稳定经济的需要出发还是从改革顺利发展的长远考虑，我们都应该把建立与社会主义商品经济相适应的新经济秩序立即提上议事日程，作为当前稳定经济深化改革的突破口。

建立新的经济秩序是经济体制改革中重要的建设性工作之一，包括许多复杂而具体的工作。联系到当前我国的实际情况，应着重抓好以下几点：

第一，进行大规模的宣传、教育活动，使广大人民群众理解建立新经济秩序的意义，熟悉新经济秩序的内涵，进行思想准备。同时，严厉查处一批重大经济案件及抗拒经济监督的事件，从正反两个方面为建立新经济秩序造成声势。

第二，建立或完善一系列必要的制度，逐步使微观经济活动尤其是资金运行、个人收入透明起来。如建立个人收入申报和审核制度，完善发货票及其他原始凭证的管理制度，发展注册会计师事业、对企业财务收支实行会计师事务所审查制度，建立对企事业单位的定期审计制度，等等。

第三，加快立法和各种政策条例的制定工作，以解决经济行为的规则问题。商品经济中的经济行为规则是一个庞大的体系，既包括经济法规，也包括某一行业或某一职业的管理条例。当前应着重抓紧有关经营行为管理的有关法律、条例的制定，如市场管理法、商法、会计法、审计法、关于回扣的管理条例以及对私有经济的管理办法等。

第四，大力加强经济监督机构，提高国家对经济行为的控制能力。我国目前经济立法不完善是事实，但更严重的是有法不依、执法不严。这种状况与我们的经济监督部门过分薄弱有关，使得国家对大量的经济活动算不清、核不准、查不出问题。当前应采取切实措施加强税务、审计、工商行政管理、经济司法等部门，充实力量、提高素质，并解决对监督者的监督问题，防止执法者犯法。

第五，严肃政策纪律与财经纪律。目前政策纪律与财经纪律松弛的问题如任其蔓延，很可能出现一个失控的局面。在目前的双重体制下，在经济主体尚未形成自我约束机制的阶段上，用行政办法管理经济尤其是管理消费是必要的；改革必须执行中央的统一部署，在改革的过程中必须强调政令畅通。当前亟须把我们的有关政策、制度进行一次全面清理：已不适应形势的废止；经确认有效的必须严格执行，违反者必须处理，防止有人以改革的名义破坏国家的政策和制度，确保国家调控手段在改革阶段的有效性。

90 年代我国农业的发展与改革*

一、80 年代我国农业发展中的两种趋势

80 年代是我国农村改革和农业发展成就卓著而又充满矛盾的十年，总结与反思这一时期农村改革的丰富实践和农业发展的曲折历程，将决定 90 年代我国农业发展与改革的道路。

80 年代我国农业发展中最引人注目的是连续五年的蓬勃发展和接踵而来的五年停滞。这种明显而长期的形势逆转，仅仅用 1984 年对农业形势判断失误来解释是勉强的，其根本原因在于，我国农业内部在 80 年代中存在着两种性质相反的发展趋势。

趋势之一：改革对农村生产力的解放

我国农村改革的成就是举世公认的。农村改革对农村社会生产力的解放主要基于两个方向上的突破：第一，家庭承包责任制在我国农村生产力实际发展水平和农民文化、管理水平都较低的条件下，实现了劳动者与生产资料更有效的结合，从而调动了生产力中最活跃的要素，使农村经济发展具备了最基本的内在动力；第二，在我国人多地少、单一种植业的经济结构已无法为农村生产力的发展提供足够空间的国情条件下，改革破除了生产要素流动的壁垒，市场机制导向下的要素流动导致了多元化的农村经济发展格局的形成，使农村经济获得了新的发展领域。正是改革从农村生产力发展的内在动力和外部空间两个方面突破了

---

* 原文发表于《经济研究》1991 年第 2 期。

原有经济体制对生产力的束缚，促进了改革后我国农业和农村非农产业的大发展。

具体到农业自身而言，有两个因素是至关重要的：首先是农民的生产积极性在责权利高度统一的经营体制下空前高涨，并作用于改革前已大大改善的农业生产物质基础，使农业的生产潜力得到了充分发挥；其次是国家大幅度提高农产品收购价格使农民有可能增加对农业的物质投入。农民生产积极性提高和物质投入增加两个因素，构成了 80 年代我国农业增加产出的趋势。

趋势之二：农业生产条件退化和农业资源环境条件恶化

即使在 80 年代前期我国农业大发展期间，两个不利于农业发展的因素也在不断增强。第一个因素是农业生产条件逐步退化。我国大规模的农田水利基本建设从 70 年代末已近停顿，在整个 80 年代全国灌溉面积、机电灌溉面积、机耕面积都基本没有增长，原有农田水利设施老化失修、破坏严重；由于对农田的有机肥施用大幅度减少，我国大部分耕地有机质含量降低，土壤肥力下降。第二个因素是农业资源和生态条件逐步恶化。1980—1989 年我国耕地净减少 5000 多万亩，到 1989 年我国人均耕地面积已下降到 1. 29 亩；森林资源的破坏 10 年来也相当突出，毁林开荒、滥砍滥伐致使森林面积减少 5730 万亩；除此之外，还有耕地水土流失（5. 2 亿亩）、草原退化（7. 7 亿亩）、农田污染（6000 万亩）、耕地沙化（每年约 1000 万亩）等一系列严峻的资源和生态问题。

农业是对资源生态条件依赖性极强的产业，而我国是一个人均农业资源相当贫乏的国家。灌溉条件和耕地质量降低直接影响农业的抗灾能力和农作物单产，耕地过量减少使我们难以全面兼顾粮食和其他经济作物的种植面积，生态环境的破坏加速了水土流失和土壤沙化，水土流失又造成农田水利设施的淤积及其使用效益的降低。农业生产条件退化和农业资源环境条件恶化两个因素，构成了 80 年代我国农业基础逐步被削弱的趋势。

在整个80年代中，我国农业内部两个性质相反的发展趋势都在发挥作用。在80年代前期增加农业产出的趋势居主导地位，而1985年开始的农业徘徊标志着形势的逆转。在1985年以后的四年中，尽管国家的粮食收购价格进一步提高了73%，单位面积耕地的化肥施用量进一步增加了40%，但在粮、棉作物的单产上已看不到增产效果了。换句话说，我们不得不用越来越多的物质投入来抵消农业基础逐步削弱的减产效应。在我国农业资源总量不足、后备资源严重缺乏的约束条件下，农业生产条件退化和资源、环境条件恶化，必然导致农业进入徘徊停滞状态。1984年的农业形势判断失误及政策失当也许加速了这一过程，但也只是助推了总的趋势。据有关部门测算，目前我国农业综合生产能力停留在40000万吨粮食、400万吨棉花的水平上，与近几年的实际产出相差无几，这也说明我国农业的徘徊停滞不是偶然的。

总之，80年代我国的农业增长表现出两个最显著的特点：第一，80年代我国的农业增长并不是基于农业生产条件和资源环境条件的改善，而主要是依靠原有农业生产潜力的发挥；第二，80年代我国农业增长的外部动因主要是不断提高收购价格和不断增加物质投入，这使农业发展日益带有高价格推动和高资源消耗的特征，农业增长的成本越来越高。这种以挖掘原有农业生产潜力和价格刺激加物质投入为特征的农业增长方式，尽管在80年代前期成效斐然，但本身存在重大缺欠，长期沿着这条路子走下去不但农业自身可能陷入资源衰竭、生态失调的困境，而且农业的发展将与国民经济整体的发展形成越来越尖锐的矛盾。因为不断提高农产品收购价格和增加物质投入，意味着越来越大的国民收入份额和越来越多的资源将转向农业，考虑到目前我国国民收入分配已绷得很紧的既得利益格局和工业结构调整同样面临的巨大资金缺口，似乎已不具备继续向农业大规模转移资源和收入的宏观条件。实际上，1985 年开始的农业徘徊和 1989 年出现的工农产品价格走势逆转，已证明这种农业增长方式确实难以长期维持。

二、我国农业的发展阶段及其内在要求

（一）农业转变时期的内在矛盾

目前，我国农业正处于由传统农业向现代农业转变的时期。在这一时期中，农业发展存在不稳定因素。表现在这一时期农村经济中始终存在着农业生产要素在市场机制导向下向非农产业的流动，因而农业本身不可避免地处于一种不稳定的状态之中；加之，由于比较利益和多种潜在择业机会的存在，这一时期农业经营者的经营行为也很难稳定。造成这种现象的根本原因就在于在一个多元化的农村经济格局中，农业中传统部分的劳动生产率以及由此决定的劳动者收益相对低下。

除了农业转变时期农业发展存在的一般性内在矛盾外，我国农业在转变时期还面临着一些国情条件所决定的特殊困难。

其一，我国农村剩余劳动力过多，不但农业转变时期将十分漫长，而且劳动力转移和扩大农业经营规模的任务相当艰巨。向现代农业转变的关键在于提高农业的劳动生产率，至于通过什么方式则要取决于国情条件。要把我国农村到本世纪末将达到两亿的剩余劳动力转移出去，并同步扩大农业的经营规模，将是一项长期而艰巨的任务。

其二，我国人口多、人均农业资源不足，国民经济对农业波动的承受能力比较脆弱，回旋余地十分有限。如果在农业转变过程中发生萎缩性农业波动，或对自然资源、生态环境造成过于严重的损害，经济后果和社会后果将非常严重。因此在我国农业转变的过程中，必须同时兼顾近期和远期、农业自身和农业发展环境等一系列的多重目标。

其三，我国是在大工业发展并未进入良性循环的情况下开始农业转变过程的。在大工业吸收能力不足、城市容纳能力有限的条件下，一种

发展乡镇企业就地转移劳动力的独特方式出现了。但这种方式一方面会造成农村非农产业发展对农业资源更直接、更强烈的吸收，另一方面很容易造成兼业型农业，使耕地难以集中，农业中的现代因素发育困难。同时，大工业效益不高造成的另一个限制条件是，在农业转变时期大工业在资金、资源方面对农业的支持能力有限，农业发展所需的投入必须主要立足于自身的积累。

（二）农业转变时期对我国农业发展提出的要求

传统农业向现代农业转变是我国现代化道路上的一个关键性的台阶。这个台阶上得好，我国的现代化建设就有了坚实的基础；如果转变不顺利，我国经济发展将出现巨大的波折。农业转变时期的内在矛盾和我国国情对这一时期农业发展提出的总要求是：顺应农业转变时期的发展趋势，积极稳妥地加快农村剩余劳动力转移的步伐，以促进农业现代化的进程；同时要采取多方面的保障措施，确保农业的稳定和发展，主要立足于国内解决粮食问题。主要的具体目标如下：

第一，在大力发展农村非农产业、转移农村剩余劳动力的同时，扩大农业的适度经营规模，以提高农业的劳动生产率，促进农业中现代因素的发育。

第二，按照现代商品农业发展的规律和要求，确立对农业实施管理和调控的政策的和组织的体系，使已经发育的现代农业因素能够巩固和发展。

第三，建立分层次的、职责分明的农业投入保障制度，使大工业和农村非农产业对农业保持一个合理的资金回流水平，并使回流的资金运用合理。

第四，以劳动投入和技术投入为主、资金投入为辅，不断改善农业生产条件。

第五，节约并合理地利用耕地等农业资源，注意环境保护和生态平衡，在农业发展过程中解决好资源、环境、人口等经济和社会协调发展问题。

三、对当前我国农村改革和农业发展若干问题的探讨

以上述总体要求和具体目标为衡量标准，目前我国农业发展各相关环节存在的问题是很明显的，这说明改革有待深化。我们进行农村改革和其他相关领域的改革，就是要确立一个符合我国国情的、能够实现上述要求和目标的经济体制和运行机制。

（一）微观经济体制：农业的规模经营和劳动投入问题

我国农村的微观经济体制除应保证农业的生产经营有旺盛的内在活力外，还必须能够在微观层次上解决农业的规模经营和有效地增加劳动投入问题。

剩余劳动力转移是我国农业转变过程中的一个核心问题，但如果劳动力转移了而耕地不能集中，这种转移对农业自身来说是无效的。近几年来相对于劳动力的转移规模，我国农村耕地集中方面的进展十分不理想，推进土地适度规模经营的努力受到种种制约。如果这种状态今后仍不能改变，那么农村工业化只能越来越多地造就兼业农户，而不能促成现代农业因素的发育和发展。这种趋势将使兼业农业的一系列弊端日益明显：农业劳动生产率难以提高，精壮农业劳动力难以稳定，土地投入减少和粗放经营难以避免，农业的稳定将越来越多地依靠提高价格转移收入来维持。日本是典型的兼业农业国家，目前其粮食生产成本比美国高六七倍，国内的大米收购价格比国际市场高六七倍，但还不能使农业完全稳定下来，这种补贴沉重、成本高昂的农业兼业化前景是需要我们认真考虑的。

农业的发展必须尽可能多地依靠劳动积累，这是我国国情条件的

内在要求。增加劳动投入的一种方式是组织农民进行农田水利基本建设，这种方式虽然近年来运用不力，但还是相对容易做到的，难点在于如何增加农民对承包耕地的劳动投入。现在令人担心的是，农民对承包耕地的投入已出现了以资金替代劳动的倾向，具体表现是我国单位面积耕地化肥施用量大幅度增长而劳动日投入大幅度下降，耕地有机肥施用不足已成为非常普遍的问题。这种倾向不但会造成全国性的地力减退，而且将使我国农业过早地走上发达国家石油农业的道路，成为一个日益依赖农资供给的高资源消耗产业，这显然是不符合我国国情的。

目前我国农业规模经营推进困难、劳动投入不足主要受制于农民的短期行为，为此一些同志主张通过改变农村土地所有制来解决这一矛盾。但土地国有化不但存在农民是否接受的问题，也存在国家如何直接管理两亿农户承包土地的操作问题；土地私有化固然可以通过一部分农民失去土地而实现耕地集中，但国家将更难以控制耕地的不合理占用，也无法承担大量无地农民的社会保障责任和由此带来的社会后果。在我国的国情条件下，农业规模经营和劳动投入问题很难通过宏观层次的国家管理或市场调节解决，只能依靠微观层次上的体制制约。我国农村目前实行的是家庭经营与集体经济相结合的双层经营体制。这样的微观经济体制只要有效，是可以做到耕地的合理流动集中并保障劳动投入的，因为土地集体所有制包含了农村集体对耕地实施管理、对土地投入实施监督的明确职责，一些集体经济仍较巩固的乡村在实践中也确实做到了这一点。问题是目前相当一部分农村集体经济遭到了过大的削弱，集体的土地所有权虚化，难以履行上述职责。因此，解决农业的规模经营和劳动投入问题，将归结到一个发展和完善双层经营体制、使集体土地所有权得以实现的问题。除此之外我们可能找不到其他的选择。

（二）对农业的宏观管理和调控：资金回流和农业生产的体制保障问题

农村改革使我国农村经济运行机制发生的最深刻变化是市场机制作用的增强。从十年来农业内部的结构调整和农村非农产业的迅速发展中，我们都可以看到市场机制的调节作用。但是，由于在农业转变的整个过程中，不可能消除因农业劳动生产率低而形成的比较利益差别，因而市场机制总的调节方向是吸引生产要素从农业流向非农产业，农业自身则必然受到经营者行为不稳定和资源流失的影响。在这个特定的农村经济发展时期，我们可以利用市场机制促进劳动力转移，但要利用市场机制来保障农业的稳定和发展是不可能达到目的的。因此，加强农业资源流动管理、保持合理的农业资金回流水平以防止农业资金和资源的过度流失，是宏观管理必须解决的问题。

农业转变时期的重要过程之一，是自给自足的小农经济向专业化商品农业的转化。商品农业的稳定和发展对其生产经营的外部环境提出了新的要求，包括生产、流通服务和价格、金融支持等。对农业的价格、金融支持政策是世界各国对农业发展进行宏观调控的通用手段，而生产、流通服务的实现方式则决定于商品农业本身的发育程度。商品农业发达国家对农业的生产流通服务主要由微观经济组织承担，即各类商业性的农业服务公司或农户的购销合作组织。而我国农业目前小规模、低收益的状况既维持不起一个有效的购销合作组织，也难以使商业性的服务机构有利可图，即使是组织得很好的村级集体服务组织也只能承担部分产中服务项目，不可能担负起连接小生产与大市场的职责。因此，优化农业生产外部环境所涉及的多项职责，也主要只能在宏观上由政府部门来承担。

资金回流和农业资源流动管理、价格和金融支持政策、生产和流通服务等方面的宏观管理和调控职责，实质是要求在农业转变时期，国家和各级政府部门在农业发展中必须发挥主导和保障的作用，以抵消市场机制对农业可能造成的逆调节效应，并维护尚在发育过程中的商品农业的稳定和发展。在上述农业生产经营外部环境和相关的体制保障方面，目前我国农业还存在相当多的问题。具体表现是：国家和农村集体对农业的投资比重大大低于合理水平，非农产业发展占用、毁坏耕地过多，仓储设施不足屡屡造成农产品卖难，农产品收购资金不足而且管理不严、流失严重，粮棉收购价格调整不足以补偿农业生产资料涨价损失，等等。这些问题的存在表明，如何在政策体系和组织制度建设上充分体现和发挥国家和各级政府部门对农业发展的主导和保障作用，是深化和完善改革的一个重要方向。

（三）农村的社会管理：农村基层政权建设和农村集体经济问题

近年来，我国部分农村地区之所以发生了较严重的资源、生态破坏问题，与农村社会管理弱化有很大关系，与此相联系的还有人口失控问题。在资源、环境、人口这些战略层次的问题上，农村社会管理与农村经济发展结合在一起了。如果我们不能搞好农村的社会管理，长期看我国农业同样是没有出路的。

我国的社会主义制度和相对狭窄的生存环境都决定了，我国农村必须是一个组织得很好、管理得很好的社会。但是，依靠国家直接管理八亿农民是不现实的，必须把农民组织起来自我管理和教育。而农村的社会管理又必然存在一个经济基础问题——农村集体经济的存在、巩固和发展问题。

由于改革前的人民公社制度存在吃大锅饭等弊端，农村集体经济的名声不大响亮。但是否定集体生产并不等于否定集体经济。如果把集体的生产、分配职能从现阶段集体经济的整体概念中剔除出去，我们就会发现我国农村集体经济的其他职能，如土地和公共财产管理职能、社会保障职能、生产和流通服务职能等，是不能够否定的。国外农业发展也给我们一个很有意义的借鉴：把农业合作经济搞到生产环节中去的试验几乎无一成功，而流通环节的购销合作组织却有着旺盛的生命力。

我国的社会制度和基本国情决定了农村集体经济存在和发展的必要性和必然性。其一，我国现阶段农村土地制度只能是集体所有制，这就需要由集体来组织管理和维护耕地及农田水利设施，并监督土地投入、主持耕地的合理流动与集中。其二，在我国当前经济发展水平上，国家无力承担八亿农民的社会保障责任，只能依靠集体经济组织对失去劳动能力的农民实施救济，从而安定农村社会。其三，分户经营的农民已产生了大量服务性需求，在我国目前的经济发展水平和农业商品化程度上，政府的服务组织难以包揽村级服务，商业性服务组织将无利可图，只能由集体经济组织承担村内服务职能。其四，我国农村社会管理和基层政权需要有集体经济为依托。虽然集体经济与农村行政管理不属于同一个范畴，但在我国目前的农村社会条件下，行政权力依附于经济力量恐怕也是一个难以改变的现实。在一些集体经济薄弱的落后地区，已出现了村级政权向宗族势力和富裕大户倾斜的迹象，这种趋势发展是需要我们认真考虑的。

四、90 年代我国农业的发展与改革

90 年代我们需要确立一种与 80 年代不同的农业增长方式，这必须实现两个转变：第一，农业的发展必须立足于创造新的农业生产能力，在改善农业生产条件和农业资源环境条件的基础上求得产出的增长；第二，我们必须从一轮又一轮提高收购价格、增加物质投入的循环中解脱出来，使农业的增长尽可能多地依靠劳动投入，尽可能少地消耗资源。

为实现上述转变，我们必须完善和深化农村改革和相关领域的改革。一方面在政策体系和组织制度建设上强化国家和各级政府对农业的管理、服务和调控能力，为农业发展创造良好的外部条件；另一方面完善双层经营体制，强化集体经济“统”的层次和基层政权建设，使农

村经济和社会发展有良好的微观基础。在此基础上实现农业增长方式转变所要求的以下具体目标：增加长期性的农业资金和劳动投入，加强农业资源和生态管理，以维护好现有农业生产基础，并创造新的农业生产能力；推进农业的规模经营，并通过完善的服务条件和稳定的经营环境使之巩固下来，用稳定的现代农业因素逐步替代不稳定的小农业；用劳动投入和科技投入替代一部分资金和资源投入，尤其是增加有机肥投入，提高耕地自身肥力。实现这一目标的主要政策措施是：

第一，在加强管理的基础上，积极发展农村非农产业，随劳动力转移同步推进农业的规模经营，在发展商品农业的方向上实现突破。各级政府应对农村非农产业的发展实行计划指导下的规范化管理，一方面加强国家产业政策的指导，防止盲目办厂必然造成的损失，并完善乡镇企业的分配体制、积累机制；另一方面通过行政、法律和经济手段防止劳动力转移过程对耕地、环境和矿产资源可能造成的破坏。

第二，优化农业生产的外部环境，创造以下条件调动农民务农的积极性：有良好的配套服务条件，基本不承担市场风险，收益稳定并存在扩大经营规模增加收入的预期。制定主要农产品的价格支持政策，价格总水平应使农民在合理的经营规模上能得到与农村其他产业劳动者相近的收入，在此基础上盯住生产成本和通货膨胀率每年调整，使农民出售等量农产品得到不少于上年的实际收入。农村金融应逐步实行政策性金融与商业性金融分离的政策，目前至少应实现农产品收购资金和调销农产品结算资金分账专户管理，防止资金流失，各级政府近期应投资建设一批仓储、运销设施，以解决农副产品收购打白条和主要农产品卖难问题。组织县、乡、村三级相互支持和协作的农业服务组织体系，目前应特别重视县级政府服务组织建设，使县级服务组织能完整地承担系列化的配套服务。

第三，增加各个渠道对农业的投入，建立符合我国国情的农业投入体制，不同层次的农业投入形成合理的分工，突出劳动投入与科技投入的作用。中央和地方政府对农业的投资应在明确投资职责的基础上测算比重，并用立法的形式固定下来由各级人民代表大会监督执行；农村集体所有制单位尤其是乡镇企业的支农资金，应在全面清理乡镇企业支出负担的前提下确定一个合理的比例，由上一级农业管理部门监督执行。农民个人对农业的投入应以劳动投入为主，应坚持并完善农村劳动力的农田水利建设义务工制度，县级范围的农田水利建设应主要依靠农民义务工完成；农民对承包耕地的劳动投入以土壤改良和有机肥施用为主，由村级集体经济组织监督完成。对农业的科技服务和科技成果推广应成为县乡级服务组织进行农业产中服务的核心内容，应结合县乡级农业服务组织建设恢复原有的农技推广网，改变农技人员待遇低、工作条件差的状况。

第四，强化农村经济、社会管理，保护好农业资源和生态环境，落实计划生育政策，搞好农村的精神文明建设。县乡级政府的社会管理部门应与村级基层政权结合起来，进行多种形式的土地管理、资源保护、计划生育及法制方面的宣传、教育工作，并严格执法，切实增强政府对农村经济、社会发展的管理效能；同时要端正党风、政风，杜绝对农民的乱摊派，减轻农民的负担。

启动消费品市场：现实性与合理性*

我国市场疲软问题已一年有余了。这期间国家和地方政府陆续采取了一些启动市场的措施，如增加信贷投放、适当扩大投资规模、降低存贷款利率、加强工业品下乡等等。但就消费品市场而言，上述措施的启动效果是不明显的，1990 年 1—9 月全国社会商品零售额仍比上年同期下降 0.6%。这说明我们目前所面临的消费品市场疲软可能不是一个短暂的现象。本文拟对市场状况和相关的政策效应进行一些分析。

一、农村消费品市场：疲软可能不是短期的

改革以来，我国农村市场的旺盛是整个国内市场繁荣的主导性因素。1978—1989 年，我国农村社会商品零售额增长了 4.64 倍，年均增长 17.0%，到 1989 年我国农村社会商品零售额已占社会商品零售总额的 56.4%。农村市场的动向对整个国内市场的发展趋势有着举足轻重的影响。

1989 年下半年市场疲软问题出现后，农村市场的疲软程度相对更为严重。同年城镇社会商品零售额增长 9.8%，而农村只增长 8.2%，1990 年 1—9 月城镇社会商品零售额增长 3.4%，而农村却下降了 5.1%。农村市场疲软固然有产品结构问题、工业品下乡渠道问题等多方面的原因，但根本性的问题还在于农民收入和商品购买力增长趋缓甚

* 原文发表于《商业经济研究》1991 年第 2 期。

至降低。事实上我国农村商品购买力的增长幅度从1984年开始，已低于城镇商品购买力。1989年农民人均纯收入扣除价格因素实际下降1.6%，1990年1—9月实际下降3.7%。农民实际收入降低必然导致农村市场的疲软。以1989年为例，即使当年农民一分钱也不储蓄，把当年的储蓄增加额全部用来购买商品，农村社会商品零售额扣除价格因素后依然是负增长。从市场启动的潜力看，农村市场也大大低于城镇市场。到1989年止，农户储蓄年底余额与当年农村社会商品零售额之比为0.31，而同期城镇居民储蓄年底余额与城镇社会商品零售额之比则为1.06。考虑到农民生活消费中住房、养老、医疗费等的支出均要由个人负担，要使农民动用存款购买商品从而启动市场是相当困难的。

农民收入和农村商品购买力增长趋缓甚至降低，有着深刻的宏观经济背景。改革以来，农民收入的大幅度增长主要是因为国家多次提高农副产品收购价格和乡镇企业大发展两大因素，而这两个农民增收因素由于宏观经济形势的变化在近期内都难以继续发挥大的作用。1978—1989年期间，我国农副产品收购价格提高了1.8倍，其中粮食收购价格提高了2.5倍，大大高于同期零售物价和农业生产资料价格的上涨幅度。1978—1988年的十年间，我国农业创造的国民收入按当年价格计算增长了2.87倍，而按不变价格计算仅增长了0.73倍，即使按总的国民收入平减指数计算，这十年间通过价格途径向农业转移国民收入也达4877亿元。国家通过价格调整向农业转移国民收入是缩小工农产品剪刀差、改善农民生活所需要的，但转移规模受到国家财力和各方面利益格局的限制。实际上，近年来国家向农业转移收入的能力已呈现不断减弱的趋势，1978—1984年期间我国农副产品收购价格指数与零售物价指数的比值为1.306，1985—1988年期间比值下降到1.085，而1989年这一比值已逆转为0.976。决定上述趋势的背景因素是，国家财政状况日益紧张、工业经济效益不高以及城镇居民收入水平刚性上涨。考虑到这些因素在近期内很难有实质性的变化，因而进一步提高农副产品收购价格虽然不可避免，但幅度将是有限的。由于农民的收益受到农副产品收购价格提高的可能性和生产成本因物质投入增加而上升的双重挤压，我们可以预见，在今后几年中农民通过出售农副产品较大幅度地增加收入是不大可能的。

乡镇企业的大发展是改革以来农民收入大幅度增加的另一个重要因素。近十年中农民通过乡镇企业得到收入约在5000亿元左右。但是，我国乡镇企业的大发展是在总需求过旺、经济过热的环境下实现的，带有不正常的成分。乡镇企业从总体上看，它的技术装备水平、产品档次都不是很高，这一弱点使它即使在供需缺口较大、产品好销的形势下经济效益也在逐步下滑。按当年价格产值计算，全国乡镇企业的产值利税率1985年为15.4%，1988年为12.7%，1989年为11.5%，产值利润率1985年为10.4%，1988年为7.8%，1989年为6.8%。宏观环境的变化和经济效益降低必然影响乡镇企业职工的收入，1985—1988年全国乡镇企业职工工资总额年均增长高达26.8%，而1989年仅为7.5%，这意味着1989年农民从乡镇企业得到的收入扣除价格因素后也是负增长。随着我国社会总需求的过快增长被抑制，尤其是在出现市场疲软现象之后，乡镇企业也面临严峻的竞争环境。在这种经济形势下，乡镇企业要继续发展无非是两个办法：或是转入内涵发展，通过技术改造提高企业的技术水平，使产品上质量、上档次，提高竞争力；或是更多地采用“灵活”的推销手段提高竞争力。但是无论采用哪种办法都是要减少可分配收益的：前者需要增加投入和积累；后者要增加推销费用，相应要减少企业利润。因此，随着宏观经济形势的改变，尽管乡镇企业依靠其独特的经营机制，可能会达到比国营工业更高一些的发展速度，但要像80年代那样使农民大幅度增加收入是比较困难了。

综合上述情况，我国农村市场目前的状况是，市场容量很大，无论是基本生活用品还是耐用消费品都存在巨大的需求，但因农民的收入和购买力增长趋缓甚至降低，农村消费品市场疲软是必然的。而且，由于农村商品购买力的现状和趋势是由许多近期内难以改变的宏观经济因素所决定，因此农村消费品市场的疲软可能不是短期的。

二、城镇消费品市场：供给与需求间的错位

对城镇消费品市场目前状况的基本判断：一是城镇市场整体上不存在面对居民收入和商品购买力增长趋缓甚至降低的问题。近两三年来由于通货膨胀、一些企业停工或开工不足，部分居民的收入水平确有所降低，但从总体来看，城镇居民收入的增长仍超过经济的增长。1989 年我国当年价格国民生产总值增长 12.1%，职工工资总额增长 13.1%，抽样调查的城镇居民人均收入增长 16.4%，商品购买力增长则高达 21%；1990 年 1—9 月，在工业增长速度仅为 3.1% 的情况下，职工工资总额扣除价格因素实际增长 9%，职工收入超过经济增长的幅度比 1989 年还要高一些。从启动市场的潜力看，1989 年我国城镇居民储蓄年底余额与当年城镇社会商品零售额之比高达 1.06，由于城镇居民消费中负担的住房、养老、医疗费等的支出极为有限，其存款的稳定性比农户储蓄要低，城镇居民动用储蓄购买商品不应有较大的障碍。上述判断的推论是，当前我国城镇消费品市场疲软的原因不在于商品购买力不足，需要通过进一步增加城镇居民的收入来启动市场。二是城镇市场的疲软主要是穿、用商品的结构性疲软。国家统计局对城镇居民家庭抽样调查资料表明，1981—1988 年期间向城镇居民平均每人生活费支出中，食品、衣着商品和日用品支出的年均增长率分别为 11%、12.4% 和 19.1%，而 1989 年这三类商品支出的增长率分别为 16.4%、-2.6% 和 -9.9%，食品支出的增长幅度相当大。1990 年上半年，商业部统计的 28 种主要消费品中有 26 种销售量下降，增销的是猪肉，增长了 13.8%，水产品增长了 12.5%。根据上述情况的推论是，帮助群众处理好过紧日子与适度消费之间的关系对

于启动市场可能意义不大。

从城镇居民购买衣着类商品的实际情况看，高峰期是在1984—1986年期间，以后是下降的趋势。这种情况意味着，我国城镇居民对衣着类商品的需求已趋于稳定，当然由于商品的质料、档次的提高也会相应地增加一些销售额。

用的商品中耐用消费品是一个大类，目前用的商品销售疲软也主要是耐用消费品销售疲软。究其原因，一是1985年以来我国城镇居民家庭耐用消费品普及很快，洗衣机的拥有量已趋于饱和，彩电、冰箱的普及率也相当高。按照常规，普及率在达到一定水平之后其增长速度要放慢。普及速度的放慢，意味着销售量要减少。事实上我国一些大中城市主要耐用消费品的拥有量已近饱和，其销售量的下降便是必然的。二是我国城镇居民家庭耐用消费品购置过于集中，使购置与更新相脱节。耐用消费品的设计寿命一般为10年，如以1987年为销售高峰期，那么更新高峰期应在1997年前后，这意味着我国主要耐用消费品在城镇购置量下降到更新高潮到来之间存在着三年左右的间隔。在这种情况下，即使我们采用降价、有奖销售等优惠办法增加了耐用消费品当前的销售量，也只不过使今后几年的正常需求前移，从而使耐用消费品工业在今后几年中可能面对更加疲软的市场环境。

综合上述情况，我国城镇消费品市场不存在整体性的市场疲软，而是结构性的市场疲软。出现结构性的市场疲软，固然有抢购的滞后效应、储蓄保值转化了部分购买力等原因，但根本性的问题还在于供给规模与需求规模、供给结构与需求结构之间存在错位。在特定的产品层次上供给规模扩张得很大，而需求规模已趋于缩小；对于结余的消费需求，又没有合适的供给结构与之对应。从总体上看，我国城镇消费品市场目前的状况基本是正常的，表现出城镇居民在物价稳定的形势下正常的消费心理和合理的消费行为。在目前局限在吃、穿、用商品的消费层次上，只要居民的消费心理不发生异常波动，我国城镇消费品市场可能会保持一种低幅度稳定增长的态势，但不大可能重现80年代那种程度的市场繁荣。

三、消费品市场疲软的进一步探讨

我国当前消费品市场出现的疲软现象，既有供给方面的原因也有需求方面的问题。它的出现是我国经济发展和经济体制中一系列矛盾长期积累的结果。

（一）农民消费：受制于农业增长方式的缺欠

农村改革以来，我国农业有了长足的发展，农民生活水平显著提高，农村市场繁荣活跃。但80年代我国农业从增长实绩和增长方式上也暴露出一些突出的问题，与农村市场直接相关的是农业投入方面的变化。其具体表现是，农民组织起来进行大规模的农田水利建设，在改革的前八年中基本上处于停顿状态，农民对耕地的有机肥投入大幅度降低，而化肥、农药、农膜等资金、物质的投入却大幅度增加。增加资金物质投入固然是增加农作物产量最便捷的办法，但如果没有大量劳动投入来改善灌溉条件、提高耕地自身的肥力，资金、物质投入的效益不但会加速递减，而且会形成对物质投入的过度依赖，不越来越多地增加资金、物质投入，农业产出就维持不住。而过分依赖资金、物质投入的结果，又会使农产品的成本不断上升，要求国家一轮又一轮地提高农产品价格。但是，提高农产品价格，因受着国家财力、工业消化能力、消费者承受能力等一系列因素的限制，一旦国家因某种原因提价不及时或幅度不够，农民收入就要受到影响。1989年我国农业丰收而农民减收，原因主要就在这里。目前在农村有剩余劳动力1亿多人的现实条件下，为减少劳动投入而过分依靠资金、物质投入来支持农业增长是不符合我国国情的。这种农业增长方式对农村市场的影响，使农民收入没有稳定增长的可靠基础，因而农村市场也难以维持长期持续的繁荣。

（二）城镇居民消费：超前消费的后果日益明显

所谓“超前消费”，是指居民的消费水平超过了国家的经济发展水平。具体来说是居民的消费结构脱离了国内经济发展水平所决定的供给结构。我国城镇居民“超前消费”现象产生于居民收入过快增长和消费领域过于狭窄两个因素的共同作用。1979—1989 年我国按当年价格计算的人均国民生产总值年均增长 12.9%，同期农民人均纯收入年均增长 14.6%，城镇居民人均收入增长也在 14% 以上，城乡居民收入的增长均超过了经济的增长。与农民的消费相比，城镇居民很少需要或不需要负担住房、养老、医疗费等方面的消费支出。例如我国城镇居民房租支出占全部生活费支出的比重 1981 年为 1.4%，1989 年仅为 0.7%，同时在服务性消费支出也很有限（1989 年我国城镇居民服务性消费支出比重仅为 9%）的情况下，过快增长的居民收入集中于实物消费领域，并使这一消费领域的消费结构迅速升级，而且升级后形成的新的消费层次又过快地被“注满”。

消费过热、消费结构升级过快，对国民经济发展的影响是双重的。从短期看，消费结构升级扩展了国内市场，只要生产结构跟得上，必然是需求旺盛、市场繁荣、经济高速增长。但从长期看，可能会带来一个“过度利用国内市场”的问题。我国毕竟是一个发展中国家，我国的经济发展水平和国情条件所能提供的国内市场还是有限的。例如，在彩电、冰箱、洗衣机这一代耐用消费品在 90 年代前期趋于饱和之后，我们即使有条件继续大规模引进，也会发现更新一代支柱商品尚缺乏条件支持：发展家用空调将面临供电问题，发展家用小汽车会遇到道路条件和供油问题，比较现实的是商品房，但还有待于住房制度改革的全面推行。

“超前消费”问题早已为人们所认识。仅就当前的消费品市场疲软而言，“超前消费”的影响在于：国内现有生产结构所对应的需求过快“退潮”，而新的、符合国情的供给结构一时难于形成，结果是市场疲软与巨额结余购买力同时出现，用现有的供给能力很难把它消化掉。

（三）结构矛盾：重复建设与结构升级内力不足

80 年代的消费过热拉动了我国消费品工业的大发展。但由于经济体制不完善和宏观控制不力，我国消费品工业发展中存在相当严重的重复建设现象。80 年代中期我国自行车、缝纫机、电扇等行业已发生过布点过多、生产能力过大的问题，目前彩电、冰箱洗衣机的生产能力均又超过了市场正常需求量的一倍左右。这种结构性的生产能力过剩是当前消费品市场疲软在供给方面的主要原因。在供给能力超常的背景下，刺激需求去适应畸形的供给规模是不合理的。

我国产业结构中另一个与消费品市场疲软有关的问题，是我国整个工业体系中各相关行业在技术结构上发展不均衡。近年来我国工业的投资是地方和企业热衷于搞消费品工业，国家则竭力保能源、交通、原材料短线，机电工业是被相对“冷落”的。1980—1988 年我国轻工业固定资产净值增长了 3. 2 倍，采掘工业增长了 1. 7 倍，原材料工业增长了 1. 3 倍，重加工工业仅增长 0. 9 倍，其中三个主要的设备制造业仅增长 0. 7 倍。目前我国设备制造业固定资产净值占原值的比重是各主要工业行业中最低的，说明其设备更新程度最差。这种技术结构不协调的状况不仅是投资问题，也与我国耐用消费品工业的发展战略有关。由于我国耐用消费品工业生产设备是全盘引进的，对国内相关产业在技术上的拉动作用不明显。换一个角度讲，国外设备的大量引进，使我国机械工业失去了通过满足耐用消费品生产设备需求来提高技术装备水平的机会。因此，在耐用消费品工业大发展之后，我们得到了一个比较现代化的耐用消费品的工业，却没有得到一个水平相当的机电工业。机电工业技术装备水平薄弱的后果是，国内工业的技术开发能力和装备能力不足，难以改造、装备消费品工业实现供给结构的进一步升级，因而也难于尽快通过改善供给结构来摆脱消费品的市场疲软。

综上所述，我国当前消费品市场的疲软现象，是根植于多年来我国经济发展和经济体制的种种矛盾之中的，这正是1990年以来一系列启动市场的措施难以得到预期效果的原因。如果我们粗略地把造成目前消费品市场疲软的内在矛盾加以描述，在以彩电、冰箱、洗衣机为代表的产品消费层次之后划一个界限，那么界限之内的矛盾主要在于结构性的生产能力过剩，使已形成的供给规模难以充分实现；界限之外的矛盾主要在于如何扩展消费领域或促进供给结构升级，使结余的消费需求得以实现。

四、治理消费品市场疲软的政策分析

消费品市场疲软是当前影响我国国民经济正常发展和经济效益提高的一个重要的限制因素。不改变目前消费品市场上供给与需求严重不相协调的局面，消费品工业的生产秩序和再生产过程就难以进入正常循环，进而会影响消费品工业的经济效益、国家财政收入等一系列相关问题，拖下去损失将是很大的。但是我们必须十分清楚地认识到，在决定当前消费品市场疲软的诸多因素中，短期性政策因素或心理因素抑制消费的作用并不很大，更多的是一些长期存在的矛盾积累而致的结果。因此，我们治理当前的消费品市场疲软需要标本兼治，从需求与供给两个方面采取一些大的措施。

（一）需求政策：稳定消费，疏通商品流通渠道，扩展消费领域

一是坚持稳定消费的原则。前些年我国经济发展中出现的问题在很大程度上应归咎于消费过热、过量。再从目前的经济形势看，城乡居民的消费心理已趋于稳定，如果刺激消费的力度不足以动摇居民消费心理的稳定性，则不足以启动市场；如果居民的消费心理再度失常则会诱

发一系列不稳定因素，治理整顿的成果将付诸东流。因此，稳定消费是我们目前必须坚持的一个基本原则。我们应在不影响居民消费心理稳定的前提下，相机推出一些如降低存款利率、调整价格的措施，但这些措施出台的目的不是刺激消费，而是减轻银行、企业和财政的负担，使我们可以筹集一些财力来解决供给方面的问题。

二是继续控制消费基金的过快增长。当前应特别注意不能因消费品市场疲软而放松对消费基金的管理，包括对集团购买中可用于个人消费部分的管理。1989 年以来，我国城镇居民收入的增长仍是超过经济增长的，如果我们放松了对消费基金的管理，居民增加的收入只会更多地进入结余购买力，从而加大市场的不稳定性和我们今后消化结余购买力的难度。

三是疏通商品流通渠道。稳定消费并不意味着我们不需要去搞活商品销售。目前我国存在着一些人为地阻碍商品正常流通的现象，如地区之间的市场封锁，使优质畅销产品难以与消费者见面；商业系统与供销社系统间的部门利益矛盾也影响着工业品下乡；等等。破除这些人为制造的流通障碍，有助于居民的正常消费得以实现。至于有些地区制定的某些强化销售的优惠政策，如增加推销费用、更多地提取销售奖励、对推销本地产品减税让利等，虽然于本地区有一时的好处，但对宏观全局无益，也消除不了市场疲软，反而会更大幅度地降低经济效益。对此国家应从财税管理、工资奖金管理等方面予以限制。

四是扩展城镇居民的消费领域。在 90 年代我们应对我国城镇居民的消费向商品房和服务性消费方向引导。因此，加快住房制度改革和发展增加居民服务性消费的第三产业是必须立即着手进行的工作。

（二）供给政策：加强行业管理和消费品工业的改组整顿，发展外向型的耐用消费品企业集团

一是要正视我国消费品工业的结构性生产能力过剩问题。目前在我国不但彩电、冰箱、洗衣机的生产能力大大超过正常需求，而且不

少其他日用工业消费品也程度不同地存在类似问题。结构性生产能力过剩不但造成并加剧了市场疲软，而且是近一两年来工业经济效益大幅度下滑的重要原因。由于经济体制尚不完善，我们的企业还不可能因利润低于合理水平而从某一生产领域退出，经营者对企业停产的担心要远远大于对亏损的顾虑。因而在供大于求的过度竞争环境下，企业的行为倾向于为保生存而不惜代价参与竞争，此时无论是降价竞销还是增加推销费用都要大幅度降低经济效益，这种局面对宏观全局的利益损害甚大。因此，我们治理消费品市场疲软必须正视并采取措施解决我国消费品工业的结构性生产能力过剩问题。

二是产品结构调整及其局限性。在市场疲软的形势下，鼓励企业通过技术改造调整产品结构无疑是非常重要的措施。但是我国消费品生产企业多是中小型专业工厂，缺乏多角化经营的能力，因此对这些生产企业的产品结构的调整一般只能在原有产品的基础上进行改进，而这种性质的产品结构调整在目前的形势下是有局限性的。例如电视机厂从生产普通彩电发展为平面直角遥控彩电，电冰箱厂从生产普通双门冰箱发展为大冷冻室冰箱，这种新产品开发对单一企业来说可能是摆脱困境极有效的手段，但宏观上并不能改变彩电、冰箱供过于求的状况。在存在结构性生产能力过剩的情况下，只有能开发出具有新功能、能够满足新需求的产品，以及通过技术改造能使产品适应国际市场的要求并实现出口的产品结构调整才是宏观上最有意义的有效调整。我们应特别支持企业进行这种性质的技术改造和产品开发。

三是加强行业管理，对消费品工业进行改组整顿。加强行业管理，应先一个行业一个行业地摸清生产能力和今后国内市场需求量的底数；一个产品一个产品地为过剩的生产安排出路，作好行业整顿的规划。在此基础上：第一，在过剩的生产能力未处置前应实行限产保价的政策，尤其是国家采取反市场封锁的措施之后，物价部门应对一些重要产品实行重点管理，防止企业间出现恶性的削价竞争，以维护行业整体的经济效益。第二，选择一些技术力量较强、规模较大、有一定出口基础的企业为核心，组建外向型的耐用消费品企业集团，尽可能利用国际市场需求维持国内生产能力运转。国家应把这项工作作为一项长期战略并制定相应政策予以扶持。第三，对于其产品国内市场已饱和而又达不到国际市场要求的低素质企业，可下决心关停并转一批。第四，根据产业政策搞好投资管理，停止对一些生产能力明显过剩的行业的投资，对于一些新的热点产品搞好发展规划、严格审批制度，防止一哄而上，导致新的供求失衡。

对当前经济形势的若干判断*

当前，我们面临异常复杂的经济形势。80 年代积累的经济和体制中的矛盾尚未解决，治理整顿中，经济运行又出现了一些新的情况。今年以来，一方面企业产品积压、效益不佳的局面还未扭转，另一方面，工业增长速度快速回升又引起了人们对经济重新过热的忧虑。面对这种错综复杂的经济形势，我们需要从更深的层次把握经济生活中各种矛盾的发展和经济运行的内在趋势。

一、近期我国社会总需求的基本走势

社会总需求膨胀是 80 年代我国经济过热发展的基本原因，并带来了一系列严重的后果。因此，考察目前经济环境下社会总需求的形成规律和走势特点，是我们认识当前经济形势和对经济运行进行宏观调控的一个基本依据。

（一）近期我国消费需求的基本走势

1989 年下半年以来，我国出现了较长时间的市场疲软现象。其主要特征是，农村市场的疲软程度高于城镇市场，销售疲软的商品种类主要是穿用商品。

改革以来我国农村市场商品销售增长一直高于城镇市场，近两年农

* 原文发表于《经济研究》1991 年第 5 期。

村市场形势逆转的原因在于农民收入增长缓慢、农村商品购买力不足。1978—1988 年期间，我国农村居民货币收入年均增长 25.2%，扣除价格因素年均增长 18% 左右，比城镇居民高 7 个百分点，而 1989 年农民实际收入下降 1.6%，1990 年农业特大丰收，农民实际收入也仅增长 1.8%。

农民收入增长缓慢可能将不是一个短期现象。原因之一是，农产品生产成本大幅度上升，吃掉了国家提高收购价格给农民带来的好处，进一步提高收购价格又面临很多困难。近年来，我国农业越来越多地依靠物质投入来支撑增长，加之农业生产资料涨价，致使农业物质消耗和农产品生产成本上升过快。1985—1989 年期间，我国农业按可比价格计算的产值仅增长 18%；由于国家的农副产品收购价格提高了 69%，按现价计算的农业产值增长了 1 倍。但这期间农业物质消耗却上升了 1.4 倍，国家提价幅度赶不上农产品生产成本的上升速度。国家提高农产品收购价格的能力受到国家财力、工业消化能力、消费者承受能力的多重制约。从目前的实际状况看，进一步提高农产品收购价格虽然不可避免，但幅度肯定不会很大。原因之二是，乡镇企业处于转型阶段，农民从乡镇企业得到的收入也难以大幅度增加。80 年代乡镇企业存在的粗放发展、分光吃净的倾向客观上给农民带来了巨大的经济收益。市场疲软出现以后，乡镇企业也面临严峻的竞争环境。出于乡镇企业预算约束较硬，难以承受过量分配，要生存只能转向内涵发展，增加投入以提高技术装备水平和产品档次，投入的增加意味着可分配收益的减少。由于这种转型不是在一二年内可以完成的，虽然乡镇企业依靠其独特的经营机制可以实现比国营企业更高的增长速度，但要像 80 年代那样使农民大幅度增收也就比较困难了。

鉴于促使 80 年代农民收入大幅度增加的两大因素目前都已弱化，可以预见，至少在“八五”期间，农民收入难以有较多的增长，农村市场也将在较长时间内处于低速增长的状态。

我国城镇消费品市场与农村市场的主要不同点，在于整体上不存在购买力不足的问题，城镇居民的收入增长始终高于经济增长，而且拥有巨额的结余购买力。城镇市场穿用商品结构性疲软的主要原因是城镇居民在现有消费层次上的消费已趋于稳定和饱和。

我国城镇居民对衣着类商品的人均购买高峰在 1984—1986 年，1988 年的抢购也未能使人均购买量超过高峰时期，这说明我国城镇居民对衣着类商品的消费已处于稳定阶段。耐用消费品的大普及是 80 年代中后期城镇消费品市场繁荣的主导性因素，但消费集中、普及过快，使得目前耐用消费品在城镇居民中的潜在市场已大为缩小。到 1989 年末，我国城市每百户居民拥有彩电 59 台、冰箱 48 台、洗衣机 80 台。按照一般的普及规律，在这样的普及水平上普及速度要减缓，普及速度减缓意味着绝对购买量的下降。城镇居民耐用消费品的更新高峰将在 1997 年左右出现，目前还没有新的消费层次和热点产品出现。因此，在正常情况下，尽管城镇居民的结余购买力还会进一步增加，但城镇消费品市场在近几年中可能仅仅是一种中速稳定增长的态势，不会重现 80 年代那种程度的消费热潮。

综合上述分析，可以认为，近期我国消费需求的基本走势可能是：虽然我们并没有在体制上解决居民收入增长过快的问题，并没有消除消费需求膨胀的根源，但只要居民消费心理保持稳定，每年实现的消费需求在近期内可能是一个中低速增长的形势。社会商品零售额（不考虑价格因素）年增长约 5% ~7%，其中城镇市场 9% ~11%，农村市场 2% ~4%。

（二）近期我国投资需求的基本走势

新中国成立以来，曾出现过数次投资膨胀问题，防止投资再度膨胀当然是十分重要的。但是，1990 年我国固定资产投资完成情况中，出现了一些与前些年投资膨胀时期性质不同的变化，这也是需要注意的。

1990 年为了启动市场、增加最终需求，国家宏观政策取向总的来说是鼓励投资的，投资计划指标上调了 400 亿元，银行增加了对投资的信贷支持。当年投资完成情况有以下几个新特点：其一，全民投资增长而集体和个人投资下降。当年全民投资增长 10.5%，集体投资下降 2.8%，个人投资下降 5.6%。其二，全民投资中基本建设投资增长高于技改投资。当年全民基本建设投资增长 12.3%，技改投资仅增长 5.8%。其三，全民基建和技改资金中，预算内资金高于预算外资金。当年拨入的预算内资金增长 11.6%，预算外资金仅增长 8.4%，这一增长幅度还主要是由贷款增长 22.6% 来支持的。上述特点与 80 年代投资膨胀时期完全相反，它们说明的问题是，支持着前些年投资扩张的预算外资金在来源上出现了困难。

投资资金来源不足将是今后几年我国投资领域必然要出现的问题。国家财政状况继续恶化，预算内投资维持现有规模已很困难；企业效益大幅度下滑、留利急剧减少，为数不少的企业少提甚至不提专项基金，搞虚盈实亏，企业自筹资金的能力也已严重削弱；外商直接投资虽可能有一定增加，但曾为国家重点建设筹集了大量资金的国家借款项目，很可能由 80 年代的净流入变为净流出；能够增加的只有信贷资金，但已经承担了过量的经济和社会责任的银行资金能否弥补其他资金来源的亏绌还是个问题。

在今后几年，决定着我国投资需求基本走势的是两个相互矛盾的趋势：一方面是投资责任的软约束，大量投资资金实际上仍是无偿使用，争投资、争项目的投资欲望仍会推动投资需求扩张；另一方面是投资资金的硬约束，资金来源不足，投资收益预期降低也会使投资需求的增长受到约束。关键的因素是信贷资金的使用，投资贷款的规模和投向，将在更大的程度上决定着整个固定资产投资的规模和结构。

二、对当前经济运行状态的分析：经济过热和总量平衡问题

（一）经济过热的必要条件及其控制

经济过热的必要条件是社会需求的膨胀。没有需求过热的诱导，生产不可能自行过热，国民经济也不可能处于过热状态。

目前我国经济运行机制中依然存在刺激需求膨胀和经济过热的体制因素，如：工资侵蚀利润，仍会使职工收入增长超过经济增长；投资责任约束不硬，仍会诱发投资扩张冲动。这些无疑都是需要警惕的。但另一方面，我国经济生活中也产生了一些抑制需求增长的经济因素，如：农民收入增长缓慢，使农民的消费和投资受到限制；城镇居民在现有消费层次上的消费趋于稳定和饱和；投资资金来源明显不足；等等。这也是不能忽视的。这些抑制需求增长的经济因素，正是我们的市场并未像预期的那样启动起来的原因所在。概言之，我国社会总需求膨胀的体制基础依然存在，但需求扩张的经济基础已有所削弱，这是我们必须重视的变化。

在这种新的需求增长格局下，只要我们控制住两个关键环节：一是维护好居民消费心理的稳定，二是控制好信贷投资的规模，社会总需求就不易膨胀起来，国民经济也就不会重新进入过热状态。

（二）对1990年总量平衡状态的看法

对社会总需求实施调控的目的是保持社会总需求和总供给的平衡。目前一些部门用来计算总量平衡的方法尚不尽完善，例如把库存积压产品计入总需求，这显然不符合我国经济运行的实际。由于我国经济运行的复杂性和经济发展内部结构的不均衡，判断总量平衡状态更重要的是直接考察短线产品的运行状况，因为一个大国经济增长的合理幅度主要是由短线决定的。

1990年我国传统短线的运行状况表明，当年短线的生产能力并未开足。能源生产方面：能源生产总量增长幅度逐季下降；开发量增长

5.7%，是近年来最低的；成品油库存上升，煤炭库存上升28%。铁路运输方面：当年铁路货物周转量仅增长2.1%，大大低于近年来的增长水平，铁路运输货源不足反映比较普遍。主要原材料生产方面：钢材净进口减少3/4，库存增加168万吨；铜和铜材由净进口变为净出口，同时库存上升14%；铝和铝材也由净进口变为净出口，同时库存上升23%。在短线增长也明显受到需求约束的情况下，计算出1990年的社会总需求仍然大于总供给，是很难令人信服的。

短线生产能力没有开足，说明国民经济的增长潜力没有发挥出来，损失了一部分可以实现的、合理的增长速度，尤其是我们并不能随生产速度的降低而降低工资的增长速度。而且，由于我国经济体制上的缺陷，过紧的需求约束并不能自动带来优化结构、提高效益的结果，相反会引起一系列其他问题，这也是我们必须正视的现实。考虑到消费的增长仍会保持一定的稳定性，今年国家计划较大幅度增加投资是必要的，问题是能不能保证足够的资金来源，尤其是信贷投资能不能有较大的增加并及时到位。

（三）对今年一季度经济运行状况的分析

今年一季度各项经济运行指标都有较大幅度增长，以致一些同志担心经济重新过热。但实际上，由于去年一季度处于经济运行的低谷，因而实际的增长并没有所反映的那样强劲。我们用1983—1989年有关指标的月度分布规律对1990年的月度指标进行了调整，调整后的月度指标基数基本上是均衡的。将今年一季度的有关指标与调整后的基数相比，得到以下调整后的增长数字，工业总产值增长：统计13.7%，调整后8.4%；轻工业产值增长：统计15.9%，调整后9.7%；重工业产值增长：统计11.6%，调整后7.2%；全民工业产值增长：统计9.6%，调整后5.5%；社会商品零售额增长：统计13%，调整后10.6%。

投资指标也有类似的低基数问题。如今年一季度全民所有制基建和技改投资名义增长 9.5%，但实际仅比 1989 年同期增长 9.2%；技改投资名义增长 9.7%，实际比 1989 年同期还少 1 亿元，下降 1.9%。考虑到今年全民基建和技改投资计划比 1989 年完成数要高 11.6%，其中技改投资要高 20.4%，因此，今年一季度投资的增长还是偏低的。

用调整后的数据进行分析，可对今年一季度的经济运行状况作出如下判断：第一，从经济循环的角度考察，今年一季度的经济运行状况要好于去年，原因是消费、投资、出口几方面需求的增长在目前看都高于去年的增长水平；第二，目前经济发展尚看不出有过热迹象，原因是居民消费心理是稳定的，一季度城镇居民储蓄仍以较大的幅度稳定增长，投资增长还略有不足，社会总需求本身没有过热的迹象；第三，一季度确有一些指标不理想，如企业经济效益依然不高，企业亏损额和产成品资金在去年较高的基数上仍有较大幅度增长，银行工资性支出增长过猛等，这些虽不是新问题，但也需要注意。总的看起来，一季度国民经济的循环状况要好于去年，老问题依然没有解决，异常动向不明显。

需要附带说明的是，当经济发展和工业增长已受到需求约束的情况下，工业增长速度指标在判断国民经济运行状况方面的意义已大大降低。此时工业增长速度所反映的仅仅是最终需求的增长情况，而在我们目前的经济机制下最终需求的形成并不主要取决于速度。如果工业增长速度超过了最终需求的增长，只能说明企业在生产积压产品，这样的速度只能带来更多的问题。

三、我国经济形势中严峻的一面

（一）疏通经济循环问题

本文前面的分析基本局限于经济循环问题上。经济循环不畅造成的问题在 1990 年表现得比较明显。当年由于最终需求不足，生产增长缓慢，虽然大量启动资金注入生产领域，但因为没有以最终需求的增长为基础，经济循环仍然受阻，结果生产未能如预期的那样顺利恢复，还积压了大量产品。

在消费需求能够保持基本稳定的情况下，疏通经济循环，主要是如何使用居民储蓄进行投资，以弥补现行体制下投资资金来源不足。实际上，目前居民储蓄中的相当一部分资金，本应以国家税收和企业生产发展基金的形式由国家和企业无偿用于投资的，但由于我们的税收漏洞和企业的短期行为而流失成为个人消费基资金。在这种情况下，如果固守国家财政负责基础设施建设、地方和企业投资搞一般项目、银行负责流动资金供应的原有筹资格局，建设资金必然萎缩，并会以最终需求不足的形式阻塞经济的正常循环。

以政策性金融或发行建设债券等方式，把这部分原应属于积累基金的资金从居民消费基金中分离、吸收出来，使其进入短线建设和企业技改投资领域，还其本来的资金属性，是摆在我们面前的一项重要工作。这项工作当然还面临一些认识上和体制上的障碍，但终究是不难克服的，我国经济发展中的难题并不在于此。

（二）深层次矛盾及其影响方式的变化

我国经济是背负着一系列深刻的矛盾进入 90 年代的。就经济体制而言，深层次矛盾主要在于“两个大锅饭”问题并没有解决；就经济运行而言，深层次矛盾主要在于国民收入分配格局和产业结构的严重扭曲。当然，经济运行矛盾的根源仍是体制。

治理整顿以来，我们还未解决深层次矛盾，产业结构不合理的状况改变不大，国民收入向个人倾斜可能更趋严重。但是由于宏观经济环境发生了变化，这些深层次矛盾对国民经济的影响形式也发生了变化。国民收入分配格局不合理，在 80 年代主要造成消费膨胀并引致通货膨胀；目前则更多地造成财政收入和企业利润流失，减少国家和企业可以支配的财力。产业结构矛盾在 80 年代主要表现为基础工业与加工工业的矛盾，造成短线制约并引起短线产品价格剧烈上涨；目前则更多地表现为过大的加工工业规模与市场正常需求的矛盾，导致加工工业内部的过度竞争并更快地削弱企业的经济效益。这就是说：我国经济生活中的深层次矛盾在前些年更多地通过刺激需求造成了一些外在的、表现得很尖锐的矛盾，如市场短缺、物价上涨；在目前的经济环境下，则更多地造成内在的、近期后果不甚明显的隐患，主要是损害国民经济的整体效益。深层次矛盾的作用方向的转移，意味着经济生活中的矛盾在深化。

（三）经济效益：我国经济形势中严峻的一面

在需求约束着国民经济发展的情况下，形成合理的需求规模是经济增长的基本条件。如果国民经济效益是高的，居民消费的增长和各方面投资的增长都有相对充裕的资金来源，消费和投资需求的增加反过来会拉动经济的增长，国民经济就有可能进入以经济效益为基础的持续稳定增长的良性循环。经济效益不高，意味着可用于消费和投资的资金来源都要减少，此时要扩大投资和消费，只能通过各种直接或间接的“超分配”来解决资金来源问题。这样，虽然可以在一定时期内打通经济循环，把经济增长拉动起来，但会形成一个效益加速递减的局面，运转起来难度越来越大，问题越来越多，长期看也是难以持久的。

我国国民经济效益的高低主要决定于工业经济效益。目前工业提供的国民收入约占全部国民收入的一半左右，财政收入来自工业的比重更高。近几年我国工业实现利税指标不断下滑，今年一季度工业增长速度回升，但企业销售利税率仍在下降。虽然由于存在工业经济效益向其他产业转移、工资侵蚀利润等效益流失因素，实现利税指标不能全面反映工业的效益状况，但实现利税的多少决定了国家和企业能够直接支配的资金的多少，并不是所有问题都能用银行贷款来解决的。

工业实现利税水平降低将使财政更加困难，科学、教育、国防等发展领域都要受到影响，政府对市场物价的控制能力将被削弱，并损害企业的发展后劲。而且，由于我国经济体制中存在的问题，工业实现利税水平降低有可能在我国的生产领域造成不稳定因素，这是特别需要注意的。

第一，80年代我国工业之所以能够高速增长的内在因素是企业改革及承包制的推行，企业和职工在利益导向下有了发展生产的积极性。但实践表明，承包制在对企业和职工实施利益鼓励的同时，很难把风险和责任配套地落实下去，承包制事实上成为一种必须用越来越多的好处调动积极性的单向激励机制，致使企业职工的收入水平越抬越高。在这样的机制下形成的生产发展动力机制实际上是很脆弱的。由于没有可行的办法替代企业承包，“八五”期间承包制仍将是普遍实行的企业制度。这就意味着，要稳定职工目前并不很高的生产积极性，进一步增加职工收入是不可避免的，但目前国家财政和企业经济效益状况已很难为继续较大幅度提高职工收入提供经济条件，我国工业发展的动力机制正面临考验。

第二，我国近两年农业增产不增收的问题，主要是由工农产品比价关系逆转、国家农产品收购价格提高幅度不足以补偿农产品生产成本上升的幅度所致。1989年我国农副产品收购价格上升15%，农村工业品零售价格上升18.7%；1990年农副产品收购价格下降2.7%（其中粮食收购价格下降6.8%），农村工业品零售价格上升4.6%。这种价格走势是改革以来从未有过的。从保护农民利益、稳定农业生产出发，进一步提高农副产品收购价格势在必行，但提价必须以有工业经济效益为最终基础，否则财政承受不了，工业也消化不了。农业增产不增收将严重挫伤农民的生产积极性，而且会损害我国农业目前的投入机制。近几年我国农业增长主要是通过增加化肥等物质投入来支持的，1978—1990年我国每亩耕地的化肥施用量年均增长9.8%，远高于农作物单产的增长幅度。如果农业连续几年增产不增收，农民增加物质投入的积极性和购买能力都会受到影响，如果农民由此减少了化肥、农膜等物质投入，我国农业很可能再度发生波动。

由于经济效益持续下滑，我国经济生活中的主要矛盾可能由需求领域转向供给领域。相对而言，目前社会总需求比以往易于调控了，而稳定社会生产尤其是调动直接生产者积极性的难度将逐渐加大。

四、当前需要重视的几项工作

我国经济发展目前面临两个层次的问题：表层问题是经济循环问题，深层问题是经济效益问题，这根本上是一个经济体制尚不完善的问题。总的来说，经济形势是不容乐观的。但我们也要看到，目前社会需求有相对稳定的趋势，对需求的调控相对容易了；生产领域虽然积累了许多矛盾，但还没发生大的问题。这可能是我们摆脱经济困境的一个时机。因此，我们近期经济工作总的思路应是：稳住消费需求，疏通经济循环，缓解表层矛盾；同时下大力稳定工农业生产，采取综合措施扭转经济效益不断下降的局面，并为改革迈出大的步伐做好准备。具体政策措施如下：

*一是切实维护居民消费心理的稳定。*居民消费心理稳定是物价稳定的必要条件。为了理顺价格体系、减轻财政负担，国家将陆续出台调价措施，这种性质的物价上涨只要不诱发抢购，造成对价格的需求拉动，就是可控的，宏观上也是有益的。目前我国居民消费结构继续升级有一定难度，在现有消费层次上我们的工业消费品供给规模一般都大于需求规模；客观上形成了抑制物价上涨的供给压力，企业想把成本转移到产品价格上都很困难。因此，只要居民消费心理稳定，农业不发生大的波动，近几年内尚不至于发生大的物价反弹。此外，只有居民储蓄稳定，我们才能从银行渠道得到稳定的资金来源用于投资。因此，维护居民消费心理的稳定是我们制定各项政策措施时必须考虑的一个基本前提。

二是用好信贷资金，疏通经济循环。近几年由于国民收入分配持续向个人倾斜，以居民储蓄为主要资金来源的银行信贷资金越来越成为社会筹资的主渠道，管好、用好银行资金将是今后一个时期我国国民经济发展中的一个核心问题。今年的信贷政策应适当控制流动资金贷款，争取压缩、盘活一部分库存资金，增加固定资产投资贷款，尤其要增加对重点建设的信贷支持，以疏通经济循环，使国民经济中的短线开足，发挥经济增长的潜力。根据国家的产业政策较大规模地利用信贷资金进行投资，需要有一个良好的筹资、投资管理体制，我国目前部分企业化的专业银行体制已不能完全适应，需要尽快着手进行政策性金融分离的准备工作。

三是下大力量稳定工农业生产。农业方面重要的是完善双层经营体制和农民义务工制度，以有效地增加对农田的劳动投入，缓解农产品生产成本上升过快造成的价格压力；考虑到农业增产不增收问题已持续了两年，国家似应准备进一步提高农产品收购价格，哪怕幅度小一些也好，尤其是粮食收购价格。工业方面重要的是减轻国营企业的负担。目前国家财政和国营企业已形成互挤的局面，谁让一步也难以承受。在企业改革尚没有实质性进展的情况下，财政增收可能要更多地向均衡各产业间、各种所有制经济间的税负，以及强化征收、堵塞税收漏洞、压缩支出方面找出路。减轻国营企业负担，主要应向查处“三乱”、减少国营企业的不合理负担方向努力，这类问题主要是行政纪律和廉政建设问题，不存在经济体制方面的障碍。同时要加强工业生产的组织领导，切实为企业解决困难，提供服务，创造一个有利于厂长抓生产、严格管理的政治气氛和社会气氛。

四是强化管理、调整结构，改善企业的经济效益。在企业内部，应结合“质量、品种、效益年”活动强化企业的基础管理，加强新产品开发工作，提高企业的管理素质和技术素质，尤其要注重用非经济的办法调动职工的生产积极性。在宏观上要加强行业管理，解决好目前存在的结构性生产能力过剩问题，防止自相残杀的过度竞争。前些年严重的重复建设使我国绝大部分高利税产品的生产规模都大于市场正常需求量，市场形势变化后，过剩的生产能力退不出生产领域，很容易诱发互相降价竞销或攀比推销费用等方式的过度竞争，其结果是严重损害国民经济的整体效益，因为这些行业的企业都是以往的利税大户。在目前的形势下，当然很需要依靠市场自然淘汰一批低效企业或主动“关停并转”，但难度较大，加强行业管理十分重要。应选择一批技术力量较强、有一定出口基础的企业为核心，组建外向型的企业集团，尽可能利用国际市场需求维持国内生产能力运转，国家应制定相应的政策予以扶持。对那些国际市场进不去、国内过剩生产能力一时又淘汰不掉的行业，应考虑实行限产保价的政策，以维护行业整体的经济效益。

五是为90年代经济体制改革迈出较大步伐创造条件。我国的经济效益问题实质上是一个体制问题。体制问题不解决，人不尽其力、物不尽其用，损失浪费不可避免，效益状况不可能有根本性的好转。全面深化改革需要一定的经济条件和社会条件，我们现在需要加紧推进的是一些能够为全面深化改革创造条件的改革。如在不影响居民消费心理稳定的前提下逐步理顺价格体系，尽可能甩掉一些财政补贴包袱；加快住房制度改革的步伐，稳定和分流城镇居民的结余购买力；推进医疗、养老、待业等方面的社会保障制度改革，为今后劳动就业制度改革奠定基础；加强国有资产管理系统的建设，改变目前产权关系混乱、国有资产管理松弛的局面，减少企业利润的流失，为下一步的企业改革创造条件；加强经济监督部门及财税部门的业务建设和廉政建设，提高经济运行的透明度并增强政府对经济秩序的管理能力。这些方面的改革和建设如能取得进展，将为今后的全面深化改革提供一个有效的经济控制体系，并增强社会对改革的承受能力。

中国经济和社会发展基本思路研究*

1996—2010年我国经济和社会发展将进入一个非常关键的时期。改革开放以来我国经济的迅速发展已为实现小康目标勾勒出清晰的轮廓，今后15年如果我们能保持快速而持续的增长，顺利实现国民经济的工业化、市场化和国际化，我们就能跨上现代化过程中最艰难的一个台阶，为中国成为中等收入国家奠定基础；如果这一时期经济和社会发展不顺利，我国在国际竞争中就会陷于被动，国内一些长期积累的经济和社会矛盾也会表面化，我们有可能再一次失去赶上世界现代化进程的机会。因此，1996—2010年我国的经济和社会发展，对国家和民族的前途具有如何强调也不过分的意义。

一、改革开放以来我国经济和社会发展的回顾与总结

（一）举世瞩目的成就：改革开放使我国经济得到了历史性的再造

改革开放以来我国的经济发展取得了重大成就：1978—1992年我国国民生产值增长了2.3倍，年均增长9%，经济增长率居同期世界各国之首；农业的发展基本满足了人民生活的需要，乡镇企业的崛起成为转移农村剩余劳动力和繁荣农村经济的重要力量；工业消费品、主要原材料和能源生产基本满足了国内需求的增长，工业技术水平和产品档次明显提高，长期困扰我国的消费品短缺现象已经消除；外贸总额的年均

---

* 原文由邵宁、张立群、慕海平、韩文秀执笔，发表于《管理世界》1995年第3、第4期。

增长幅度高达16%，工业制成品对农矿产品的出口替代基本完成，我国参与国际分工的结构水平有很大提高；人民生活水平明显改善，全国居民消费水平年均增长6.7%，人均居住面积增加了一倍，人均热量和蛋白质消费量、人均寿命等生活质量指标已接近中等收入国家水平。十余年的成功发展使中国经济跨上了一个历史性的台阶，中国通过发展成为世界经济舞台上一个不容忽视的重要力量。

我国所取得的上述经济成就，来源于改革开放政策所带来的一系列深刻的机制变化。

其一，我国经济的微观基础已得到改造，市场主体的发展动机为经济增长提供了旺盛的活力。我国在市场环境中成长的非国有经济已占有国民生产总值的60%，国有企业由于多种企业改革形式的推行，绝大部分也成为有独立经济利益和利润动机的、有相当决策自主权的商品生产者。企业对市场的应变能力和适应能力大大提高，利益机制的驱动使经济主体具备了发展的强烈动机。市场竞争造就了一批初具规模的投资主体，一些大企业集团的经营和资金实力已可以进入一些高门槛的产业，加上各种联合投资形式的广泛采用，使企业在越来越大的程度上成为投资主体。上述变化意味着，作为我国经济微观基础的企业，总体上已不是传统体制下被动的计划执行者，而是具有强烈发展欲望的、面向市场、接受市场调节的市场主体。

其二，市场机制对传统计划体制的取代，大大提高了资源的配置效率。目前我国的指令性计划产品、统配物资的品种和数量、国家直接定价的商品和服务、国家能够控制投向的投资资金均已不占有主导地位，我国经济运行中资源总量的大部分已经是通过市场进行配置。在指令性计划范围逐步缩小的背景下，我国商品市场有了长足的发展，商品价格扭曲的问题基本解决；资金、技术、房地产、劳动力、证券等市场已开始发育。市场的扩展和市场短缺现象的消除，使竞争趋于激烈、市场机制的作用大为增强。产业结构、产品结构、企业组织结构在市场机制调节下都出现了程度不同的积极变化，市场竞争成为优化资源配置和结构调整的重要力量。

其三，我国经济开放程度的提高，使国民经济发展更有效地利用了国外资金、资源、技术和市场。到1992年，我国外贸进出口总额占国内生产总值的比重已达38%，分别有近1/5的国内商品需求和产品实现需要通过国际交换来完成。我国已形成了经济特区——沿海沿边开放城市和地区——内地的多层次、多方位、多形式的对外开放格局，外商直接投资在1992年已占社会固定资产投资的8%左右。在开放经济的条件下，国际市场成为国内产业发展的重要依托，进口设备和技术是国内产业提高技术水平、改善产品结构的重要动力，国外资源产品进口弥补了国内的短缺，国外资金成为国内建设资金的重要补充。十余年的开放使中国经济向国际化方向迈进了一大步，对外经济对于我国经济发展已具有不可替代的作用。

其四，新的经济发展模式和新的积累形成机制，为我国确立了一条成功的经济发展道路。改革以来我国的经济发展已摆脱了前30年抑制消费、强制积累，集中国力发展重工业，重工业自我循环的模式。以解决温饱、实现小康为经济发展目标，使居民消费需求和出口的增长成为带动经济发展的主导力量，从而使经济发展更牢固地确立在最终需求导向的基础之上，在国民收入和居民收入不断增长的背景下，居民消费倾向下降，居民的自愿储蓄已取代政府的强制积累成为国内积累的主要来源，使我国国内总储蓄率逐年上升，并在近5年中达到平均近35%的高水平。经济发展模式和积累形成机制的改变，同时实现了提高人民生活水平、扩大国内市场、促进产业发展、保持高投资率的多重目标，使消费、生产和投资相互促进、同步增长。

概括地讲，改革开放以来我国经济高速增长的基本因素在于：微观经济主体发展活力的激发，市场机制对资源配置效率的提高，国外市场、资源、资金和技术的利用，最终需求导向的经济发展模式，以高储蓄率为基础的高投资率。与传统的计划经济相比，最深刻的变化在于：中国经济总体上已不再是短缺的，中国的经济体制总体上已不再是僵化的，中国经济与世界经济总体上已不再是隔绝的。经过十余年的改革、开放和发展，繁荣、发达的社会主义市场经济已经奠基，中国经济已实现了历史性的、不可逆转的再造。

（二）不容忽视的问题：我国经济在整体上还未进入发展的良性循环

我国的经济体制改革尚在过程之中，各方面的机制和关系尚未完全理顺。在我国经济蓬勃发展的同时，经济生活和社会生活中都潜伏着一些长期积累的矛盾。突出的问题主要表现在：

——中央政府对经济和社会发展的调控能力降低，适应于社会主义市场经济的宏观调控体制尚未确立。目前政府掌握的财税杠杆由于各种包干体制和税收征管薄弱，已基本失去弹性；金融手段由于金融改革滞后和微观反应不敏感，调控效能也在弱化。宏观调控由于缺乏有效的间接手段，为稳定经济增长、抑制通货膨胀，不得不反复使用行政办法，但效果越来越不理想。利益调整受制于中央财力的拮据和财政再分配功能的缺陷，难以进行有效的利益调节和补偿，个人收入差距、地区间经济发展差距、工农业的分配差距都处于难以调节的状态。地方政府经济作用的强化对于推动区域经济发展和加快改革发挥了积极作用，但也出现了中央政令不通、地区间相互封锁等经济地方主义现象。中央政府宏观调控地位的削弱，降低了国民经济发展整体的协调性，造成了经济波动和社会矛盾。

——产业发展不均衡，产业链条中存在明显的薄弱环节。我国人均农业资源不足，农业发展面临巨大压力；由于就业结构变化严重滞后于产业结构变化、工业化与城市化脱节，农村中积累了庞大的剩余劳动力，严重压制了农业劳动生产率和农民收入的提高，从而影响农业的发展和社会的稳定。由于要素市场不够发育和国家动员资源的能力不足，我国基础部门的“瓶颈”约束长期未得到缓解。工业内部技术结构不均衡，技术进步主要靠引进技术和设备实现，国内装备工业和科研力量参与不足，其水平也不适应结构调整的要求，致使产业结构升级缺乏国内的技术基础，企业新产品开发能力薄弱，新主导产业群成长缓慢。结构存量调整仍存在较大障碍，在短缺消除、竞争加剧、结构调整加快的形势下，大量低素质的亏损企业无法退出生产领域，成为经济发展的包袱。

——社会生产全过程各个环节的经济效益都有待提高。国有企业由于缺乏自负盈亏的约束机制，企业分配行为扭曲，积累能力不足，生产经营效益不高，国有资产流失严重，在市场竞争中处境日益艰难。国有单位投资缺乏明确的责任约束，投资资金使用效益不高，流动资产投资也超出了合理的水平。外贸出口基于多头对外、自相压价竞销，造成出口贸易条件不断恶化。各地区为利用外资竞相滥施优惠，加之对三资企业在财务上监督管理不严，使一些低技术素质的三资企业仅靠政策优惠就能挤掉国内企业，导致国民财富向境外流失。国有企业多集中于资本品生产和基础工业领域，这部分企业活力不足影响到整个经济系统结构调整和升级的能力，同时也对社会安定造成隐患；经济效益不高降低了经济发展的质量，有损于国民经济长期的持续和健康发展。

——社会发展落后于经济发展，法制建设进展不理想，经济秩序不佳，腐败现象蔓延。我国经济法制化建设远不适应社会主义市场经济的要求。突出的问题表现在政府整顿经济秩序、打击违法行为的能力不足，偷税、抗税、行贿索贿、不正当竞争、制售假冒伪劣商品等违法现象屡禁不止。我国社会文明的发展也落后于经济的发展，表现为教育落后、治安不佳、社会风气不振、腐败现象蔓延。我国目前腐败现象的深层次发展已开始危及国民经济整体的健康运行：内外勾结的走私活动打击了国内产业，金融系统的腐败现象削弱了国家宏观调控的有效性，对农民、对企业的摊派损害着生产者的利益，监督、执法部门的腐败问题更增加了我们反腐败的难度。腐败、无序和一些社会丑恶现象的出现毒化了社会风气，造成人民群众的不满，损害了我国改革开放和经济发展的社会基础。

我国经济和社会生活中存在的问题无疑属于前进中的问题，但也是十分深刻的问题，需要引起我们的高度重视。有些问题源于经济体制不完善，经济发展不均衡，随着改革的深化和经济的发展将会逐步自行缓解；有些问题则超出了经济体制的范畴，甚至超出了经济的范畴，需要引起我们的格外重视，因为推进改革也需要有良好的社会环境。

（三）我国经济发展所处的阶段及其特征

我国的经济发展经历了一条独特的道路。新中国成立后大规模的经济建设形成了门类比较齐全、以重工业为核心的工业体系，无论从工业产值占国民生产总值的比重还是制造业占工业增加值的比重判断，我国都达到了相当高的工业化水平。但是，这一轮工业化以重工业自我循环为内涵，缺乏最终需求作为产业发展的终端基础，其结果是建成了庞大的工业体系，也形成了扭曲的产业结构。改革开放使我国的经济发展重新确立在国内消费市场和国际市场最终需求的基础上。这一时期的产业发展既利用着原有的工业基础，又对原有的产业按满足最终需求的要求进行筛选和改造，不断校正着扭曲的产业结构。这实际上是新一轮工业化过程。

我国新一轮工业化过程在1985年前后已跨越了第一个阶段，即轻纺工业充分发展的阶段，其标志是轻纺工业全面转入买方市场。接续而来的是耐用消费品工业和相应的投资品工业超前发展的阶段，重工业的主导地位将逐步突出。国际经验表明，当一个国家的农业能够解决温饱、初步工业化能够消除生活必需品的短缺之后，经济发展便进入了从低收入国家走向中等收入国家的阶段。因此，如果排除掉种种不均衡因素就总体而言之，从经济发展的角度分析，我国目前正处于从低收入国家走向中等收入国家的发展阶段；从工业化进程的角度判断，我国目前正处于初步工业化之后的工业化加速时期。

从低收入国家走向中等收入国家这一特定经济发展阶段最突出的特征，是有可能实现经济的持续、高速增长和国民经济整体素质的飞跃。一些国家和地区的发展实践表明，这一经济起飞的时期可以持续20年左右。经济高速增长的可能性及其外在特征主要在于以下几个方面：第一，随着工农业初步发展、温饱问题基本解决，国内消费需求结构升级，新一个层次的耐用消费品需求及相应的投资品需求的出现，为工业发展提供了远比轻纺产品广阔的、层次不断升高的国内市场。满足国内档次不断上升的消费和投资需求的过程，也就是工业持续发展、产业结构不断升级的过程。因此，从低收入国家走向中等收入国家的发展阶段，必然表现为产业结构大幅度地调整和升级。第二，后起的低收入国家在国内传统产业市场的短缺消除之后，有条件使已成熟的传统产业走向国际市场，利用本国劳动力价格低、产品成本低的比较优势扩大出口。一方面利用国际市场延续本国的经济增长；另一方面取得外汇、引进先进技术装备，促进国内产业结构升级，从而为进一步开拓国际市场奠定基础。因此，从低收入国家走向中等收入国家的发展阶段，往往表现为国民经济的外向发展和国际化。第三，随着居民收入水平提高和居民消费结余的增加，低收入国家的储蓄率会随同经济发展而逐步上升。如果存在一个有效的资源配置机制把储蓄转化为投资，并保证投资的经济效益，国民经济的高速增长就会得到持久的动力。因此，成功的经济起飞都伴随着较高的储蓄率和较高的投资率。

所以从一般意义上讲，在从低收入国家走向中等收入国家的经济发展阶段上能否实现国民经济的持续、高速增长，关键在于产业结构能否适应需求结构的变化而调整，保持高储蓄率并把储蓄转化为有效投资，以及成功的经济外向发展三大因素。从这一经济高速增长的机制出发我们就可以更深刻地理解，改革开放尤其是1985年以来我国经济的高速增长既是改革解放生产力的结果，也是我国经济发展所处阶段所必然表现出的特征。

目前，我国的经济体制改革和对外开放也出现了一些阶段性转折的特征。当前传统的计划经济体制对经济主体的行政性束缚、对资源的指令性计划分配、对经济运行的直接干预，均已不是主导性的问题；而经济主体尤其是国有企业机制不健全、行为不合理，市场功能不强尤其是要素市场发育不充分，间接调控手段欠缺、效力不足等，日益成为突出的矛盾。这意味着我国的市场化改革已进入全面建设社会主义市场经济体制的新阶段。如果说以往的改革主要侧重于如何冲破旧体制对生产力的束缚、通过放权取得体制效益的话，那么今后的改革将依靠建设新体制、通过新体制的高效率运转来取得体制效益。我国前十余年的对外开放基本处于一个突破封闭状态、以扩大开放规模为主的阶段。随着我国外贸依存度的迅速上升和吸引外资规模的迅速增加。这种粗放型开放的负面效应，尤其是效益流失问题越来越明显，迫使我们必须走集约型开放的道路，把我国的对外开放提升到一个新的层次。新层次对外开放的基本特征将是，把对外开放与国内经济发展更紧密地结合起来，提高对外开放经济效益，全面建设符合国际惯例的制度、法规和程序，促进国民经济的国际化。

总之，我国的现代化事业已经进入了一个非常关键的时期。在1996—2010年期间，我国的经济发展、体制改革和对外开放都将出现一些阶段性变化。在新的发展阶段上，我们无疑具有一些本质性的有利条件：十余年的深刻探索，已基本明晰了我们要走的道路，并积累了十分丰富的、多方面的经验；十余年取得的成就，为今后的发展确立了扎实的物质基础和较好的体制条件。但是我们也要看到，在新的发展阶段上，我们面临的任务更加艰巨，我们面对的课题的难度也在增加：在短缺的环境中满足市场需求是相对容易的，在饱和的、竞争激烈的市场中依靠科技进步开拓市场则较难；冲破一个旧体制是相对容易的，建设一个全新的、运转有序的新体制则较难；突破自我封闭、打开国门是相对容易的，真正实现国内外经济在体制和结构上的对接则较难。在挑战面前，需要我们振奋精神、发挥优势、克服困难。

二、1996—2010 年我国经济发展的条件和面临的挑战

(一) 1996—2010 年我国经济发展的基本条件

第一，世界科技进步及我国的国际经济环境。从现在到 20 世纪末，以微电子技术和生物工程为核心的世界科技进步高潮尚在酝酿过程中。除信息技术外，绝大部分高新技术尚处于研究开发阶段，不具备大规模形成产业的条件。在 2001—2010 年期间，发达国家目前已着手研究的某些高新技术将开始形成产业，但大规模的产业化还将在 2010 年之后。

由于科学技术的发展尚未推出足以取代原有支柱产业的新产业群，世界经济以中低速度增长的态势一时难以改变。预计 1996—2000 年世界经济的年增长率为 3% 左右，2001—2010 年的年增长率不超过 4% ~5%。国际贸易的增长虽然会高于世界经济的增长，但超出的幅度也将有限。在一个多极化的世界政治经济格局中，世界经济中低速增长将导致经济集团化和贸易保护主义趋势的加强，国际经济贸易竞争和贸易摩擦将会进一步加剧。

在今后十余年中，美国、日本及西欧国家在知识、技术密集的机电产业、高科技产业和服务结构层面上的竞争将趋于激化；由于经济增长乏力、失业问题严重，主要发达国家仍可能维持以较低利率刺激经济增长的宏观政策取向。亚太新兴工业化国家和地区的劳动密集型产业将彻底向外转移，其内部产业结构将向资金、技术密集型产业和高科技产业转化，以便在扩大内需的同时在更高的层次上推行出口导向战略。俄罗斯具有很大的经济潜力，其比较优势在于资源、市场和重工业，与我国

经济基本是互补的。东盟国家将通过吸收国外投资和技术转移加快制造业的发展，有可能成为亚太地区另一个新的经济增长极，并与我国形成相互促进、相互竞争的态势。

综合起来看，1996—2010 年世界科技进步趋势和国际政治经济环境对我国经济发展总体上是有利的。机遇主要在于：世界缓和的趋势，将为我国经济建设提供较长时间的国际和平环境；发达国家、新兴工业化国家和地区的产业结构调整，有利于我国较成熟的一般制造业外向发展和引进成熟的先进技术；世界经济中低速度增长和发达国家的较低的利率政策有利于我国吸引外资。不利的一面主要在于：贸易保护主义倾向将使我国扩大出口面临更多的困难；在劳动密集型产业和一般制造业产品出口上，我们将面临更激烈的竞争。除此之外，由于恢复行使港澳主权和两岸经贸关系密切化，大陆的资源、市场、劳动力和工业基础，香港的金融、通信及贸易服务，台湾的资本、技术和营销能力，有可能相互补充、相互促进，这也是有利条件。

第二，我国经济发展的人口和资源条件。在计划生育政策能够得到较好贯彻的前提下，到 2000 年我国人口总量约为 12.9 亿，2010 年将达到 14 亿；劳动适龄人口在 2000 年约为 8.6 亿，2010 年将达到 9.6 亿。我国的人口状况将给我国的资源、环境、经济发展和就业带来巨大的压力。

根据国家统计局统计口径，我国现有耕地面积 14.31 亿亩，人均耕地面积 1.22 亩，耕地后备资源仅有 2 亿亩左右。即使现有耕地面积不再减少，到 2000 年我国人均耕地面积也将减少到 1.11 亩，到 2010 年将进一步下降到 1.02 亩。

我国人均矿产资源占有量不到世界人均水平的一半，今后十余年主要矿产资源对国民经济发展的保证程度将进一步降低。据对主要矿产的保证程度分析，到 2010 年缺口较大的是石油、天然气、铁矿石、铜矿、锰矿、铬铁矿等。

我国人均水资源占有量约为世界平均水平的1/4。80年代末我国各类水利设施总供水能力为5000亿立方米，预计到2000年全国需水总量约为6700亿立方米，到2010年约为8500亿立方米，需要较大幅度增加供水能力。由于我国大部分矿产、耕地和人口集中于缺水地区，尤其是北方地区工农业争水矛盾突出、能源基地水源不足，增加了解决供需矛盾的难度。

综上所述，1996—2010后我国人口和资源条件与七八十年代相比更加严峻。突出的矛盾主要在于：人口增长与农业资源不足的矛盾更加趋于尖锐，对我国农业的发展将造成巨大压力；劳动就业压力将长期存在，农村剩余劳动力问题将趋于表面化；水资源紧缺将进一步制约工农业生产的发展；相当一部分矿产资源尤其是长期出口的石油将越来越多地依赖进口，对我国的国际收支平衡将带来不利的影响。

第三，我国经济发展的需求和市场条件。1996—2010年我国居民消费需求变化的主导趋势是从温饱型向小康型过渡，结构层次上升、消费内容多样化。按1990年不变价格计算，我国城镇居民人均消费水平2000年预计为2650元，2010年约为4500元。住和行的消费比重将会增加，电话、住房、轿车将依次成为消费热点，优质农产品和轻纺产品、各种服务性需求将增加。在各项有利于增加农民收入的政策有效实施的前提下，我国农村居民今后十余年的消费构成，有可能接续城镇居民80年代和90年代初的消费轨迹。

我国投资需求今后十余年的结构特点将是：交通、通信、能源等基础产业和基础设施的投资需求将保持高增长的态势；受投资拉动、应企业加快技术进步的要求，对机械电子投资类产品特别是其中的高新技术投资品的需求将会增加；在作为整个国民经济增长基础的原材料工业中，乙烯、钢材、新型建材等产品的需求将增加，其相应的投资品需求也会增加。

我国纺织品、服装、玩具、鞋类等劳动密集型产品在今后十余年中在国际市场仍有很强的竞争力，但面临贸易保护主义、国际竞争加剧和贸易条件恶化的强硬约束，对此类产品的出口增长幅度只能寄予合理的期望。机电产品是世界贸易中比重最大的商品类别，而且具有需求多层次的特点，我国今后十余年扩大出口的主攻市场应是机电产品，在这一领域我国有较好的产业基础和动态的比较优势。机电类产品中具有出口潜力的主要是：成套设备、电机及电工器材、机床工具、家用电器、船舶、农业机械、工程机械等。

综合起来看，1996—2010 年我国市场需求与前十余年相比结构升高，层次更加丰富，市场规模和容量更加巨大，汽车制造、石油化工、机械电子、建筑业等新一代主导产业发展的市场条件基本形成。需要特别强调的是，无论消费品市场、投资品市场还是出口市场，资金、技术密集型产品的市场份额都将明显上升，而一般技术档次和劳动密集型产品的市场份额将会相对下降。这意味着，市场需求将出现高层次化的趋势，这对我国的经济发展有着重要的意义。

第四，我国经济发展的资金条件。在“九五”时期，我国城镇居民消费结构升级尚在积蓄、酝酿的阶段，绝大部分城镇居民的消费还难以进入住房、轿车等万元级商品领域，农村居民的消费还将受制于乡镇企业集约发展、农业物质消耗上升过快等制约因素，总的消费倾向不会有大的变化。这一时期我国可以保持 33% ~36% 的国内储蓄率，比 1978—1992 年我国的平均国内储蓄率高两个百分点以上；2001—2010 年期间，随着住房、轿车陆续进入居民家庭和居民消费领域的扩大，我国的储蓄率水平可能略有降低，国内储蓄率大约在 30% ~32% 左右。

1996—2010 年期间，国际资金供求关系将趋于紧张，世界性的资金短缺将逐渐显现出来。中东地区的重建，东欧国家和俄罗斯的经济恢复，都将向世界资金市场提出巨额资金需求；而发达国家扩大内需、充实社会资本将减少资金剩余，在总的世界资金短缺的背景下，由于发达国家经济增长缓慢，仍会有相当一部分货币资本受有增值能力需求的限制，无法转化为商业资本或工业资本，成为在国际金融市场上寻求机会的游资，中国经济的高增长对这部分资金是有吸引力的。

综上所述，1996—2010 年期间我国经济发展的资金条件要好于 80 年代，主要是国内较高的储蓄率能够提供较充实的投资资金，国际经验和我国经济发展的实绩表明，我国“九五”时期的储蓄率可以支持 32% 左右的固定资产投资率和 9% 左右的经济增长率；2001—2010 年期间的储蓄率也可以支持 30% 左右的投资率和 8% 左右的经济增长速度。换句话说，如果确定“九五”时期国民生产总值的增长目标为年均 8% ~9%，那么国内的资金供给是可以满足需要的。

第五，我国经济发展的体制条件和社会条件。1996—2010 期间，改革的深化仍是我国经济保持持续、快速增长的基本条件。这一时期的改革将通过社会主义市场经济体制的确立和有效运转贡献于我国的经济增长。具体的方面在于：随着要素市场的发育和完善，各种生产要素尤其是资金的配置效率将进一步提高，有利于主导产业和优势企业吸收资源；国有企业改革将大大改善我国企业的经营管理水平，加快产业结构调整和技术进步的步伐，提高投资资金的使用效益和资源的利用效率，尤其有利于国有经济占有较大比重的重化工业的发展；适应于社会主义市场经济的宏观调控体系的确立，将使国家对国民经济运行的调控能力得到改善，减少由于经济发展不稳定、大起大落造成的浪费，国家资源调动能力的提高也将有利于基础产业的基础设施的发展。

但另一方面，在全面建设社会主义市场经济新体制的改革阶段上，以往改革未曾触及的一些高风险的改革领域已无法回避，企业产权制度、职工就业和福利制度、户籍制度等项改革已提上日程。难度最大的国有企业改革不能不涉及目前大量的亏损企业和国有企业中 1000 余万富余人员的出路问题；而且，由于国有企业职工的就业并不是基于机会均等和个人选择，企业富余人员的处置必然会造成很大的心理失衡。这意味着，现阶段推进改革已不能不触及各种长期积累的经济和社会矛盾，一部分社会成员会因改革的深化而损失其既得利益，这与前十年支撑改革的利益格局是不同的。

除改革的因素之外，从低收入国家走向中等收入国家的发展阶段本身也将带来一些固有的社会矛盾，这一发展阶段是产业结构变动剧烈的时期，结构调整加快的一个必然后果是企业淘汰、破产增加；这一发展阶段是城市化过程扩展的时期，城乡格局迅速变化会引发城市化过程中的种种经济和社会问题；这一发展阶段也是社会结构经历深刻变革的时期，市场化过程造成收入差距扩大化和腐败现象的滋生，也蕴含着不稳定的社会因素。

综合起来看，1996—2010 年我国经济发展的体制条件要优于前十余年，而社会条件则趋于复杂，面临更多的社会矛盾。主要的社会不稳定因素可能会来自以下几个方面：部分国有企业破产、职工失业造成的社会冲击；农村剩余劳动力流动过程中很难避免的无序现象；市场化过程中两极分化、腐败现象滋生和蔓延造成的社会不满。

（二）1996—2010 年我国经济发展的条件分析及面临的主要挑战

1996—2010 年我国经济发展的有利条件主要是：十余年来我国改革开放和经济发展取得的成就，为今后的经济增长奠定了良好的基础；我国需求结构的变化，为产业发展提供了档次上升、容量巨大、层次丰富的市场条件；我国较高的储蓄率，可以为投资的增长提供较为充裕的资金来源；国际政治经济环境有利于我国引进先进技术和国外资金；社会主义市场经济体制的确立将为经济发展提供更好的体制条件。不利条件主要在于：人口与资源的矛盾更加尖锐，农业稳定与发展的任务艰巨，一些重要资源需要进口补充；就业压力将长期存在，农村剩余劳动力的转移问题更为紧迫；我国扩大出口会面临更强竞争和更多的贸易摩擦，重返关贸总协定后国内产业将受到进口产品的冲击；社会矛盾将趋于增加，社会管理的任务加重。对上述有利条件和不利条件进行综合判断，应该说1996—2010年我国经济发展的客观条件总体上是有利的。我们面对着一个经过努力可以抓住并利用的发展机遇。因为从低收入走向中等收入国家的发展阶段，市场容量是否够大、资金是否充裕、国际环境是否有利，对发展具有更本质的意义。

同时我们也要看到，与前十余年相比，1996—2010年我国经济发展的阶段性特点和条件的变化，对我国经济增长的素质提出了更高的要求，即使是有利的条件，如果没有高素质的发展也无法利用。大容量国内市场的利用要以国内产业的技术进步为前提；资金优势的发挥要以资金的有效使用为前提；国外资金、技术和资源的利用要以成功的外向发展和国际收支平衡为前提。考虑到我国的国情条件和改革的阶段性特点还带来了一些特殊的、涉及社会管理方面的问题，今后十余年我国经济和社会发展面临的难点和挑战可能主要来自以下几个方面：

*一是能否有效转移农村剩余劳动力。*如果维持目前的城乡格局不变，我国农村剩余劳动力到2000年将达到1.8亿，到2010年将上升到3亿左右。如此庞大的剩余劳动力如果找不到出路，农业的经营规模非但难以扩大而且将继续缩小，农业劳动生产率和农民收入都将受制于狭小的经营规模而难以提高。由此产生的问题将是：农业由于比较劳动生产率低越来越难以稳定，农村消费市场难以扩展，大量农村人口的无序流动使农村和城市生活都难以安定。由于市场短缺的消除使乡镇企业进入了集约发展的阶段，吸收劳动力的能力已经大大降低，因而转移农村剩余劳动力需要有新的思路、新的途径。

*二是能否实现产业的技术进步。*我国国内市场需求高层次化的趋势为新一代主导产业的成长创造了条件，但前提是国内产业能够通过技术进步追踪需求结构的变化实现本身的高层次化，使供给结构与需求结构相互适应，而这种追踪能力恰恰是我国产业技术结构中的一个薄弱环节，关键的问题是我国的工业本体尤其是机电工业的技术素质与主导产

业发展的要求相差太远。在我国对外开放日益扩大、重返关贸总协定又将降低贸易壁垒的形势下，国内需求结构层次上升、市场容量扩大有可能拉动国内相关产业的发展，也有可能拉动进口的增长。如果国内产业技术进步迟缓，国内需求很可能越过国内产业直接与进口挂钩，如果出现这种情况对我国经济的长远发展将十分不利。

三是能否保持国际收支平衡。今后十余年我国国际收支平衡的压力将逐渐加大。从静态的角度看，资源进口用汇将大量增加，仅石油进口年用汇到2000年即将接近100亿美元；为形成新主导产业而进口技术、设备和零部件的用汇将增加，其用汇量要远大于上一代家电产业成长的用汇量；而目前以劳动密集型产品为主的出口结构，难以稳定地支持较大的外汇需求。这种局面提出的问题是：我国出口结构能否进一步实现机电产品对轻纺产品的出口替代，以提高经济效益和创汇能力；我国国内工业和科研能否有效参与主导产业的成长过程，而不仅仅是再从国外购进一个主导产业群。这两个问题都可归结为我国工业整体的技术素质问题。如果我国工业整体的技术素质没有一个大的提高，就很难避免一代接一代引进的被动依赖局面。这种产业结构升级方式尽管也可以形成主导产业，但运行到某一时点，就会因国际收支平衡的压力而停顿，并导致整个经济发展的停滞。

四是能否有效提高政府对经济和社会的管理效能。在今后十余年中我国经济和社会发展将面临更多的社会矛盾和利益冲突，要求有更好、更有效的收入调节、利益补偿、社会保障和社会管理，以提高整个社会系统的抗冲击能力。这种抗冲击能力的基础则是政府对经济和社会的管理效能。现在十分令人担心的是，由于一些政府管理部门素质和效率不高，行政纪律松弛、法制观念淡薄，加上腐败现象的侵蚀，政府对经济和社会的实际管理能力已被大大削弱，有法不依、执法不严的现象相当普遍。如果在今后十余年中政府的政策执行能力和执法能力不能有一个实质性提高，经济秩序和社会秩序都难以维护，人口控制、资源保护、税收管理、竞争行为和交易行为管理、进出口管理都难以有效实施，经济后果和社会后果将十分严重，这是对我国经济和社会健康发展的一个现实的威胁。

三、1996—2010 年我国经济发展若干问题的探讨

（一）关于我国经济增长的速度目标

如果从 1985 年算起，我国经济的高速增长已持续了 10 年。从经济高速增长的内在机制出发，考虑到我国具有一个超级规模的、层次丰富的、尚未完全开发的国内市场，有数量庞大的剩余劳动力、可以在较长时间内保持劳动力价格低的比较优势，以及中华民族固有的节俭、储蓄的传统，我国有可能实现比其他国家更长的经济高速增长时期。因此，1996—2010 年期间我国经济的增长速度虽然有可能逐渐降低，但 2010 年还不会是我国经济高速增长时期的终结。

从影响 1996—2010 年我国经济增长速度的具体因素分析：资金条件相对充裕。1978—1992 年我国平均固定资产投资率为 28.2%，支持了 9% 的经济增长速度；考虑到经济结构的变化，今后十余年支持同样的增长速度需要 30% 左右的固定资产投资率，我国“九五”时期的国内储蓄率可以保证资金供给，下个世纪前十年储蓄率可能略有降低。资源条件总的趋势相对紧张，但考虑到资源节约和附加价值提高会使资源消耗系数进一步降低，加上开放条件下进口的补充，只要经济增长速度不过高，资源和能源条件不致成为这一时期经济增长的重大约束。基础设施条件尤其是运输条件是目前经济增长的瓶颈，需要进行一轮大规模的基础设施建设，这一任务应尽可能提前实施。市场条件潜力很大。考虑到国内产业的技术进步和新市场的开发需要一个过程，在“九五”时期我国还需要利用投资尤其是对基础部门的投资扩大需求规模。

综合上述因素，1996—2010 年我国保持较高经济增长速度的条件

是具备的。“九五”期间合理的增长速度约为9%，2001—2010年约为7%~8%。这就是说，到2000年我们可以实现人均国民生产总值比1980年翻两番，到2010年可以实现人均国民生产总值比1980年翻三番。追求更高的速度目标在我国的条件下是可以做到的，但需求过旺不利于资金、资源和国际收支的平衡，外延发展的成分过多也不利于产业素质的提高。

需要说明的是，在我国当前的经济发展阶段上，经济增长率不应成为我们追求的唯一目标。我们不能够认为，只要在一定时期内达到了一定的经济增长速度，我国经济发展的任务就算完成了。尽管目前通过财政渠道进行外延发展的条件已经消失，但通过金融渠道进行外延发展的条件是存在的。有高储蓄率为后盾，只要扩张金融，投资规模必然上升，经济增长率也会随之提高。即使在金融体制改革全面完成之后，由于存在政策性金融渠道，同样可以通过金融扩张实现外延发展。这就是说，由于存在高储蓄率的资金条件和金融扩张的体制条件，实现经济快速增长今后一段时间并不困难，如果调控得当在一定时期内实现持续也是可以做到的。

在今后十余年中，由于基础部门还需要进行大规模的建设，我国还存在一定规模的外延发展余地。但在国内需求结构已经出现高层次化趋势的背景下，我们需要更加关注如何推进内涵发展，即通过技术进步提高产业的技术装备水平和竞争力，提高加工层次向高附加价值的生产领域推进，以满足新的需求、开拓新的市场，从而在实现经济增长的同时提高国民经济的技术素质。因此，在考虑我国经济增长的速度指标时，我们要更加重视经济增长的内涵和质量。

（二）关于我国农业的发展及农村城镇化

随着工业化进程的推进，国民经济对农业的依赖程度将不断减弱；但对于我们这样一个人口大国，农业是经济发展、社会安定之本。由于我国人均耕地不足，农业发展面临巨大的压力。即使我国耕地面积不再减少、粮食播种面积能够稳定，仅人口增长的因素，要保持1992年的人均粮食产量，到2000年我国粮食作物的亩产也要从目前的267公斤提高到295公斤，到2010年则需要上升到320公斤左右。考虑到我国大部分优质耕地已是精耕细作，而且出现了明显的物质投入效益递减的趋势，进一步提高单产的难度是很大的。

巩固我国的农业基础需要采取多方面的措施，如增加投入改善农业生产条件、保护好农业资源和生态环境、通过各种保护政策优化农业生产的外部环境等。但最根本的，还是要在转移农村剩余劳动力的基础上扩大农业的经营规模、发展现代农业。因为我国狭小的农业经营规模已使农业劳动生产率失去了进一步提高的余地，而在市场经济条件下，劳动生产率低、比较收益低的产业很难保持稳定和发展。

前十余年我国乡镇企业的大发展已容纳了1.1亿农村劳动力，另有约0.4亿农村劳动力常年在城市务工。但相对于剩余劳动力转移的规模，推进农业规模经营的进展并不理想，原因在于分散发展乡镇企业、农民离土不离乡的办法很难使农民放弃土地，进城务工的农民也存在种种不稳定感。今后十余年我国乡镇企业仍有很大的发展潜力，但市场短缺的消除使乡镇企业粗放发展的阶段已经过去，集约发展将使农村第二产业吸收劳动力的能力大大降低，农村第三产业受制于农民大量的自给性消费也难于有大的发展。因此如继续沿用前十余年的办法，有效转移农村剩余劳动力、有效扩大农业经营规模的目标都难以实现。

1996—2010年期间，我们可能需要对我国乡镇企业的发展模式和城乡分隔的传统体制作重大调整，把农业的发展与城市化过程结合起来。通过开发小城镇集中发展乡镇企业、开放城市让农民有组织地进城定居，使从农业转移出来的农民脱离土地成为真正的城镇居民，根本改变我国11亿人口，9亿农民的城乡格局，实现第一产业剩余劳动力向第三产业的直接转移。这种政策调整将有多方面的意义：乡镇企业集中发展有利于减少耕地占用、控制污染、节约运输和基础设施成本；进城农民的自给性消费减少，将为第三产业的发展提供新的市场；有利于在农村形成农业规模经营的条件，促进农业劳动生产率和农民收入的提高；城市是现代文明的摇篮，农民进城有利于全民族教育水平和人口素质的提高，也有利于控制人口增长。

农村城镇化尤其是让农民进城落户确有一定风险，组织工作的难度也很大。但我国现代化进程的这一步迟早要走，早走比晚走有利、有组织地进行比无序流动有利。从低收入走向中等收入的发展阶段必然表现为城市化扩展的过程，这一大趋势不可漠视只能因势利导。我们估计，如果措施得力、组织得当，到 2010 年我们至少可能使 3 亿农村居民转变为城镇居民，使我国城镇和农村人口的比例由 1992 年的 1∶2.65 转变为 1∶1 左右。

（三）关于我国产业结构调整的目标和重点

1996—2010 年我国社会需求结构为一系列相关产业的发展准备了不低于合理规模的市场条件：交通通信等基础部门需要加快建设；汽车、程控交换机等交通通信工具需求将大量增加；机械电子类高技术投资品有广阔的市场；住宅建设和城镇建设仍需大力发展；所有第三产业都有加快发展的余地；为整个国民经济提供基础条件的能源、原材料工业要相应跟进；一般加工工业和日用消费品工业也有继续发展以满足国内市场、开拓国际市场的前景。这种层次丰富的市场结构，预示着今后十余年我国将是一个多产业全面发展的图景。从三次产业的结构看，由于我国仍处于工业化过程中，第二产业的比重将进一步提高，第一产业的比重将持续下降，第三产业的比重也会上升但还难以超过第二产业。

在考虑我国产业结构调整的目标和重点时，必须考虑的一个基本国情是，我国是一个后起的、已有相当工业基础的大国。后发展国家可以根据自身条件和国际环境提供的机会，越过或缩短某些经济和技术的发展阶段，将最先进的科技成果用于自身发展。大国的特点决定了我们不能像一些中小国家那样，集中发展几个主导产业成为世界经济中高度专业化的成员；大国经济必然要以内需为主导，大国经济的国际竞争力也只能建基于自我发展能力和在国际经济中的自立能力上，大国的优势在于有足够规模的国内市场，国内市场也是一种资源，我们可以用国内市场哺育产业成长，也可以用国内市场换取先进技术。这一基本国情决定了我国产业结构调整的目标不应仅仅是若干主导产业的成长，而应更多地着眼于如何发挥大国优势和后发优势，提高国民经济整体的素质和竞争力。

国民经济的整体素质可具体化为许多方面：经济体制的活力、经济系统的开发创新能力、基础设施适应经济发展的能力、对外经济活动能力、人力资源的素质等等。根据我国经济发展中的薄弱环节和未来经济发展的要求，今后十余年我国产业结构调整的重点似应集中于以下几个方面：以交通和信息产业为重点，利用后发优势使信息化与工业化并举，加快基础设施建设，大幅度提高基础设施对经济发展的支持能力；把主导产业的成长与国内相关产业的改造结合起来，全面进行进口替代，利用大国优势以市场换技术，带动国内产业技术水平的全面提高，防止主导产业与工业本体进一步脱节，改善长期国际收支平衡状况、提高经济系统本身的开发创新能力；为适应大规模进口替代对外汇的需求，对劳动密集型产业和一般机电产业实行出口导向战略，提高附加价值、增强创汇能力，提高对外经济活动能力并改善短期国际收支平衡状况；发展教育事业，提高人力资源的素质。

随着我国市场机制优化资源配置功能的增强，越来越多的产业发展、结构调整的任务可以依托市场完成，即使是结构调整的重点国家也没有必要一概参与。相反，我们可能倒需要有一套支持夕阳产业和落后企业退役的政策办法，因为在经济发展很快、结构变动很大的时期，这些产业和企业的退出会比新产业和新企业的发展面临更多的困难。我们认为，除农业外，今后十余年国家应重点介入的发展领域是：

——*以交通为重点的基础部门建设*。发达国家在工业化前期都经历过一个交通部门特别是铁路建设高投资、大发展的特殊时期，我国没有这样的准备阶段。铁路建设应是“九五”时期的重中之重，原因是“九五”时期城乡居民消费还没有较大增长的条件，国内储蓄率会保持高水平，建设资金相对充裕；另一方面这一时期地价还不会很高，铁路建设的成本会相对较低。国家对基础部门建设的参与主要是通过政策性金融渠道筹集资金，规划、组织实施重大建设项目，力争使“九五”成为铁路大发展时期，并建设一批重大能源、水利项目，到本世纪末初步缓解“瓶颈”制约。

——*以主导产业为核心，以装备工业为重点，组织大规模的进口替代*。机械电子复合的装备工业是重化工业的核心，其水平是衡量一个国家工业技术素质的标志。这一领域恰恰是我国产业技术结构中的薄弱环节，其结果是降低了国民经济整体的技术创新能力，科技成果难以转化为现实生产力；使我国产业结构每一步升级都要带来一轮设备和零部件进口，而且难以消化吸收和实现国产化。机电工业的改造升级要以市场实现为前提，今后十余年我国主导产业和信息产业的发展及其他产业大规模的设备更新提供了这样的市场机会。如果我国机电工业错过了这一轮机会，与发达国家的技术差距将进一步扩大，与国内主导产业的发展将进一步脱节，一旦开发能力萎缩再想赶超就更困难了。因此，我们应下大决心，下大力气组织大规模的进口替代，把需要发展的主导产业和信息产业、需要改造的机电工业和原材料工业、需要参与的科研部门结合起来，以市场换技术，围绕重点产品组织联合攻关、消化吸收、推进国产化，使我国主导产业和信息产业的发展过程同时成为国内装备工业和科学技术上水平的过程。这种大规模的进口替代需要国家统一组织，并需要国家拿出一定的资金和外汇支持。

——*以教育为重点全面扩展第三产业*。第三产业是我国发展潜力最大的产业。这一方面是因为目前我国第三产业的比重畸低，另一方面也是因为交通通信、商业流通、金融保险、文教卫生、生活和科技服务、广告和房地产业都是长盛不衰的部门，永远不会成为夕阳产业。第三产业中的主要行业在市场环境中都有旺盛的生命力，国家需要特别重视的是教育对我们这样一个人口大国的特殊意义。人口过多是我们无可改变的国情。充裕、高素质的人力资源可以是我国的一大竞争优势，过量的、低素质的人口将成为我国经济发展的包袱和社会安定的隐患。知识在当今世界经济发展中已是一个重要资源，现代经济增长理论越来越强调知识积累和人力资本的作用不是偶然的。无论从教育对经济发展的意义还是从国情出发，我国都必须成为一个教育大国。重视教育、发展教育的呼吁和论述已经很多，1996—2010 年我们需要做的是采取切实措施圆了中国的教育梦。

（四）关于我国的储蓄和投资

我国经济发展一个非常有利的条件是国内储蓄率较高，国内资金供给比较充裕。按国际可比口径计算，我国近五年来的总储蓄率仅低于日本、韩国、新加坡等少数东亚国家在高速增长时期的水平，而且这种高储蓄率还将继续保持下去。但另一方面，由于我国产业的国际竞争力不强、产业结构调整又对进口技术和设备存在巨大的需求，我国的国际收支平衡面临很大的压力。因此，今后十余年我国总的资金形势很可能是人民币资金相对宽裕而外汇资金相对短缺。从宏观发展的角度分析，一般来说只要投资率相对稳定，经济增长率也会相对稳定，因而实现快速、稳定增长的前提是保持较高的、稳定的投资率。从上述几个方面出发，在 1996—2010 年期间我国储蓄与投资方面的政策指导似应体现以下几个原则：保持高储蓄率的原则，为经济发展积累更多的资金；保持较高的、稳定的投资率的原则，以实现经济的快速、稳定增长；提高资金使用效益的原则，以减少资金浪费；优先使用内资的原则，节约外汇、缓解国际收支平衡压力。在具体的资金筹集、使用及管理上，则需要注意以下几个方面。

其一，继续保持高储蓄率，防止资金过早外流，在此基础上保持较高的投资率。我国有高储蓄倾向的传统基础，除此之外还应采取诸如扩展居民长期消费领域、加快金融机构和金融商品发展、推广各类保险服务等有利于提高储蓄率的措施。一些高储蓄率国家在经济高速增长阶段后期往往出现大规模的资金外流，原因在于资金过剩而内部投资机会不足，我国近两年来在大量利用外资的同时出现资金净流出现象是不正常的，需要完善有关资金管理的制度，控制一些不合理的资金外流渠道。保持较高而稳定的投资率是我国经济实现快速发展、实施赶超战略、提高人民生活水平的基本条件，应成为我国经济发展战略的一条重要原则。在不完善的经济体制下，我们面临的问题主要是防止投资率过高引起经济过热。经济体制理顺后就会出现相反的问题，为此需要加强政府的资金动员能力。

其二，理顺储蓄转化为投资的渠道，提高资金的配置效率。提高资金使用效益最根本的一点，是提高生产经营、投资、外贸等社会生产全过程各环节的微观经济效益，这有待于一系列改革的深化。从宏观上讲，如何有效地把储蓄转化为投资，使需要发展的产业和优势企业能够在资金配置中处于优先位置，对于提高资金的使用效益同样具有重要意义。通过深化改革我们应实现这样一种资金配置格局：建立政策性金融渠道，为基础部门和国家重点支持的产业提供稳定的建设资金来源；通过金融的市场化和银行的企业化改造，逐步取消利率限制，有选择、有限度地扩大直接融资的范围，促使资金向效益好的企业流动；健全外汇管理体制，建立全国统一的外汇市场，通过增加外汇的流动性促成外汇资源的优化配置。

其三，控制资金的宏观流向，防止形成泡沫经济。我国现阶段经济增长的基础是实业的发展，但随着金融剩余的增加，形成泡沫经济的危险性也增大了。泡沫经济由于具有很大的高利投机成分，一旦形成气候便会诱导资金价格上升，使一切实业投资无法与之竞争，不但会窒息实业的发展而且会严重削弱我国产业的低成本优势。因此，防止资金流入泡沫经济、保障实业领域的资金流量，是我们应十分重视的问题。为此需要完善管理制度，如规范土地一级市场、实行公开投标等办法，打击投机行为；同时制定严格的税费征收制度，抑制暴利，把地产、股票等易于形成泡沫经济领域的收益压到合理的水平。

其四，规范对外资的政策，更合理地利用外资。引进外资是发展中国家加速经济发展的有效手段，外资进入可以使发展中国家超出本国储蓄能力进行投资，并带入外汇资源、先进技术和管理经验。但对于我国这样一个高储蓄率国家，需要明确的一个基本判断是：只要我们不追求过高的经济增长速度，我国的国内资金总体上可以满足经济发展的要求，这一判断可以从近两年我国在高增长的同时出现资金净流出的现象中得到验证。至于弥补外汇短缺的作用，也是以一段时间后更大规模的外汇流出为代价的。因此，我国应把优先、充分利用内资作为一个重要的政策原则，而把利用外资第一位的目的放在引进先进技术上，技术结构的合理性比外资所能带来的产出更为重要。据此，那种不加区别、滥施优惠、如饥似渴地吸引外资的做法是不合理的。从另一个角度讲，真正能带入先进技术的大公司，其来华投资的目的也不在于优惠政策，而在于利用我国的市场。因此我国今后利用外资的政策应调整到这样的基点上：继续促进外商来华投资，把创造符合国际惯例的投资环境作为吸引外资的手段；对资金进入采取中性政策，与内资一视同仁享受国民待遇；对先进技术采取优惠政策，体现用市场换技术的原则。

（五）关于提高政府的管理效能

在当代市场经济中，国家的有效干预是经济健康发展的前提：对于发展中国家，政府的积极参与是实现经济赶超的重要手段；对于我们这样一个经济体制尚未理顺、发展任务艰巨、人口众多且生存环境并不宽松的大国，国家对经济和社会发展的有效参与、指导和管理是实现发展目标的基本保障。除了稳定宏观经济、制定产业政策、调节收入和财富分配、进行公共投资等常规职能和任务外，在今后十余年中我国政府部门面临的主要任务还包括：主导产业和机电工业大规模进口替代的组织和协调；城市化过程的组织和管理；控制人口增长及资源、环境和生态保护；社会主义市场经济新体制的建设；规范经济行为，确立正常的经济秩序；打击犯罪和社会丑恶现象，搞好精神文明建设；等等。这一系列任务提出的要求是，我们必须有一个高水平、高效率、有权威的中央政府。我们甚至可以这样认为，如果我们中央政府的素质和效能能够承担好上述任务，实现1996—2010年我国经济和社会健康发展就有一半以上的把握了。

中央政府的力量和权威来自中央政府的经济实力。这不但是因为进行宏观调控、结构调整、社会利益调节、发展义务教育和基础科研、提供公共物品和服务都需要一定的财力为基础，而且是因为要形成一个高素质的国家公务员群体，要造就执法严明的司法、税务、审计、海关、工商管理队伍，不大幅度提高待遇是不行的。为此我们需要把财税体制改革和财税系统建设放在十分紧迫的位置上，尽快恢复税收杠杆的弹性，以实质性地提高政府取得收入的能力。

中央政府的力量和权威来自政府的工作效率和水平。提高政府的工作效率和水平需要推进政府内部的改革。中央政府是我国改革的推动者，推进改革的部门理应率先垂范，使自身的改革先行一步。政府机构的改革、重组和人员的精简是必要的，但对于我们这样一个经济发展极不均衡、经济体制尚未理顺、经济和社会发展都面临许多复杂问题的大国，中央政府应保持合理的规模。政府的内部改革主要应以职能转变、提高人员素质和办事效率、提高决策的科学化水平为重点。为此应结合公务员制度的实行，改革干部人事制度，以利于选拔高素质人才；理顺内部关系和运行机制，减少掣肘和内耗，建立科学的决策程序和责任制度，提高决策的质量和工作效率。

中央政府的力量和权威有赖于政府的廉政建设。市场经济条件下反腐败有着一定的复杂性，除高层的表率作用和宣传教育外，我们可能需要借鉴一些市场经济国家立法、执法的方法和制度，加上我国传统的群众监督，形成适合我国国情的反腐败体制，对权力形成有效的监督和制衡机制，使反腐倡廉日常化、制度化。如果我们在廉政建设上能取得实质性进展，那么我们的政治和社会系统就有了足以应付经济起飞时期大量利益调整和冲突的承受力。

中央政府的力量和权威要依靠严明的行政纪律。在以往以冲破旧体制为重点的改革阶段上，“闯红灯”的方式对于加快改革步伐有一定的必然性和合理性，付出的代价是行政纪律和中央政府的权威，一些不该突破的界限也被突破了。在改革已进入全面建设社会主义市场经济新体制的阶段后，“闯红灯”已不再具有积极意义，相反会造成政纪废弛的无政府状态。为此，中央政府应在加快自身改革、提高工作质量的基础上，对已有政策规定进行一次全面清理，或废止，或重申。并以此为契机，强化行政纪律对各级官员的约束，以根本扭转目前有令不行、有禁不止、有法不依、执法不严的局面。

四、1996—2010 年我国经济发展的战略和目标

（一）1996—2010 年我国的经济发展战略

根据我国经济发展的阶段性特点，我国的基本国情和我国经济发展面临的矛盾，1996—2010 年我国经济发展的基本战略应是：

在全面确立社会主义市场经济体制、改善和强化政府职能的基础上，充分发挥我国的市场和资金优势，巩固农业、推进城镇化，扩展基础部门、发展教育事业，通过出口导向与进口替代的结合和主导产业的

成长全面提升产业的技术水平和国民经济的整体素质，使国民经济以较快的、稳定的速度增长，使人民生活达到相当于世界中等收入国家的水平。

上述发展战略的重点在于：

确立两个保障：经济体制的保障和政府效能的保障。通过社会主义市场经济体制的确立，进一步激发经济系统的整体活力，提高社会生产全过程各个环节的经济效益和总的资源配置效率；通过中央政府职能的改善和强化，实现宏观经济的稳定，指导和促进经济的发展，维护社会的公平，推进法制化建设，确保社会的安定。

发挥两个优势：市场的优势和资金的优势。我国高储蓄率提供的资金条件是其他发展中国家所不具备的，这使我们有可能保持较高的投资率水平，关键在于优化资金配置、提高资金使用效益；我国容量巨大、层次丰富的国内市场是一般国家所没有的，重要的是利用好这一特殊的资源、打好市场牌，以促进国内产业的成长和技术素质的提高。

巩固三个基础：农业、基础部门和教育事业。农业是我们这个人口大国的立国之本，需要采取多方面的保障措施维护农业的稳定和发展；基础部门和教育事业的发展将大大改善我国经济发展的物质基础和社会基础，对我国当前的经济发展和下个世纪中国经济的腾飞都具有重要的意义。

突出三项政策：城镇化、出口导向和进口替代。城镇化是我国经济发展阶段的本质要求，也是发展现代农业、解决我国农业问题的一项基本政策。由于我国经济发展极不均衡，因而有可能在不同的结构层面上同时推行出口导向和进口替代两套政策，通过成熟产业的出口导向和新兴产业的进口替代，在保持国际收支平衡的同时使我国产业的整体技术水平上一个实质性的台阶。

实现一个目标：全面提升产业的技术水平和国民经济的整体素质。在上述战略重点有效实施的基础上，再经过十余年的建设和发展，我国基础设施对经济发展的支持能力、人力资源的素质、经济外向发展的能力、主导产业和工业整体的技术水平都将有一个实质性的提高。这期间国民经济的快速、稳定发展和人民生活质量的明显改善就会是一个合乎逻辑的结果，而且我们将为2010年以后中国经济的持续发展确立坚实的物质和技术基础。

（二）1996—2010年我国经济和社会发展的主要目标

根据上述经济发展战略，1996—2010年我国经济和社会发展的基本要求可概括为：在实现我国社会主义现代化建设第二步战略目标的基础上，以提高产业技术水平和国民经济的整体素质为中心，促进国民经济快速、持续、健康发展，提高社会的文明水平和人民的生活水平，为实现第三步战略目标、使中国成为中等发达国家奠定基础。这一时期我国经济和社会发展的具体目标主要是：

一是经济总量目标：实现国民经济快速、持续、健康发展，使人均国民生产总值到2000年比1980年翻两番，到2010年比1980年翻三番。按1990年不变价格计算，我国国民生产总值到2000年应达到45000亿元，到2010年应达到92500亿元；“九五”期间国民生产总值年均增长速度为9%，2001—2010年期间为7.5%。为支持这样的经济增长率，“九五”期间我国的平均固定资产投资率应为32%左右，2001—2010年期间应为30%左右。在实现进出口贸易基本平衡的前提下，我国对外贸易总额到2000年应达到3600亿美元以上，到2010年应达到8500亿美元左右。在经济发展的同时，要特别注重自然资源和生态环境的保护，保持生态系统的良性循环和资源的永续利用。

二是经济结构目标：有效推进产业结构的调整和升级，实现国民经济结构以较大的步伐转向现代经济结构。按照目前的统计口径，我国的三次产业结构1992年为24∶48∶28，2000年应为19∶50∶31，到2010

年应为12∶53∶35。我国外贸出口中工业制成品的比重到2000年应从目前的80%上升到85%，到2010年应上升到90%，其中机电产品的比重到2000年应为30%、到2010年应上升到40%。我国劳动力在三次产业中的就业结构在1992年为58∶22∶20，到2000年应为45∶29∶26，到2010年应为28∶35∶37。我国城镇人口占总人口的比重1992年为28%，到2000年应提高到38%，到2010年应达到50%以上。这期间我国的主导产业和信息产业应全面形成规模，基本实现国产化，并可部分进入国际市场；机械电子工业尤其是装备工业的技术水平上一个大的台阶，生产水平接近当时的国际水平；到2010年建成发达的交通、通信体系，基本消除基础部门的“瓶颈”制约。

三是人民生活质量目标：在经济发展的基础上，到2010年使我国人民生活达到相当于世界中等收入国家居民的生活水平。1996—2010年我国居民人均消费水平年均增长约7%。按1990年不变价格计算，到2000年全国居民人均消费水平约为1440元，到2010年约为2850元，排除价格体系的差异，大致相当于同期世界中等收入国家居民的平均消费水平。人民的营养状况、平均寿命、健康水平等生活质量指标，将超过中等收入国家的水平。城镇居民人均住房面积到2000年应到10平方米，到2010年达到14平方米；农村居民的人均住房面积将提高并稳定在20平方米左右，主要是提高居住的质量。到2010年电话将在城镇居民中普及，轿车将进入一部分居民的家庭；彩电、冰箱、洗衣机等耐用消费品在农村地区将基本普及。

四是社会发展目标：大力发展教育事业，严格控制人口增长，规正社会秩序、净化社会风气，提高全民族的科学文化素质，促进社会主义精神文明建设。到2000年我国应全面普及小学阶段的义务教育，在占全国人口50%以上的地区普及初中阶段的义务教育；到2001年实现九年制义务教育的全面普及；中等职业教育、普通高等教育和成人教育也要有大的发展。通过发展各类社会保险制度、社会福利制度、劳动保护制度和医疗保健事业，使人民享受到较完善的社会保障和医疗卫生服务，并以此为基础推进计划生育工作。社会和经济生活的法制化建设要有大的进展，社会秩序和社会治安有大的改善，使人民生活有安全感，提倡文明、礼貌、职业道德和敬业精神，使社会风气和精神面貌有一个大的改观。

关于组建国有控股公司若干重大问题的探讨*

编者按：本期发表邵宁等同志的这篇文章，目的是围绕如何设立国有控股公司问题，开展一次讨论。当前，在我国经济体制改革中，国家控股公司成为政府、企业和理论界都很关注的热点问题。一方面，政府行业主管部门在机构改革试点中提出了组建行业性控股公司的实施方案，使本行业的大型企业和企业集团都成为其控股公司的子公司；另一方面，企业界和经济理论界对组建行业性控股公司表示极大忧虑，担心行业主管部门搞政府式的“翻牌公司”，担心传统的经济管理体制以全国性的控股公司形式复归，担心现在一批很有活力的大企业的自主权得而复失。总之，国有资产经营机构应如何设立，应否设立行业性股份公司成为争论的焦点。这一争论触及我国国有产权组织形式和政府机构改革领域的一些深层次问题。

为促进我国经济体制改革沿正确方向健康发展，本刊拟以“如何设立国有资产经营机构”为题，组织一次讨论，讨论的主要问题如下：

①把行业主管部门改组为控股公司有何利弊得失和必备条件？②大型企业集团改组为国有控股公司有何利弊得失和必备条件？③怎样既使国有大企业成为市场经济主体，又使国有资产所有者到位，建立起防止国有资产流失的内在约束机制？④如何把国有资产经营机构和大公司大集团战略统一协调起来？

来稿将在本刊陆续选登。欢迎政府部门，行业性公司、企业和企业集团、经济理论界同志们踊跃来稿，各抒己见。

---

* 原文由邵宁、臧跃茹、银温泉执笔，发表于《中国工业经济》1996 年第 3 期，是课题研究报告的一部分，其余课题组成员为吕朴、余尔、周放生、孙建、李量。

在我国当前的改革阶段上，以控股公司的形式经营、管理国有资产是国有产权制度改革的重要步骤，对此各方面并无异议。争论在于推进国有产权制度改革是不是必然需要组建行业性控股公司。从目前一些行业管理部门和行业性总公司提出的组建方案看，拟议中的行业性控股公司有两个最基本的特征：第一，具有“全行业”的特征。行业内主要大型企业都将作为子公司进入控股公司，控股公司所属企业将在国内市场占绝对或相对多数的市场份额，具有左右国内市场的能力。第二，具有混合经营型控股公司、直接从事生产经营活动的特征。控股公司对所属企业除有资产收益、重大决策、人事任免三项所有者权益外，还有投资计划、信贷规模统一下达给控股公司，对外融资统贷统还、统一对外经营、统一向财政结算等内容。组建这样的行业性控股公司是否符合授权投资机构或国有资产经营机构的性质要求，是否符合改革的方向，是否有利于经济发展，这些疑问确实需要认真进行探讨。

一、行业管理部门、行业总公司、大型企业集团更适合改组为国有资产经营机构

授权投资机构是经营国有资产的企业，最基本的要求是企业化的运营机制和资本经营能力。目前有可能改组为授权投资机构或国有资产经营机构的生长点，是行业管理部门、行业总公司和大型企业集团公司。根据授权投资机构的性质要求进行判断，大型企业集团的集团公司无疑具备更好的条件。依托于集团公司改组的有利条件是：其企业性质与授权投资机构的要求相一致，改革的工作量不大，行政化风险小；企业集团试点中已包括了建立以产权为纽带的母子公司体制的要求，资本经营有了一定基础；可以与大企业、大集团战略的实施结合起来，通过产权运作实现规模经济；集团公司具有相当的资本和组织规模，并拥有产品、技术、管理和人才优势，有进一步结构调整、资本重组的能力和实力。

依托于行业管理部门改组固然可以与政府机构改革结合起来，增加人员分流的渠道，但问题是行政机构与企业在性质上相差较远。行政机关进行企业化改造并不是一件容易的事。企业之所以成为企业，不在于名称而在于地位。承担风险、参与竞争是造就企业最基本的条件。国内外的实例都证明，在一个能够左右行业内主要企业、无人能与之竞争的位置上，即使是真正的企业也会出现行政化、官僚化的倾向，更何况我们的行政管理部门有着很强的行政化传统和惯性。我国的行业总公司虽然以公司形式组建，但职能基本上仍是政府的行业管理部门，这样的“公司”并不等于企业。而且，行业管理部门和行业总公司目前与企业是行政隶属关系，而靠行政手段建立的产权关系和母子公司体制往往是很难运作的。

生长点的比较分析表明，在行业管理部门、行业总公司和大型企业集团公司之间，有条件的企业集团公司更加符合授权投资机构的性质要求，是改革工作量最小、改革风险最低的生长点。

二、组建行业性控股公司是否有利于企业成为市场主体

在社会主义市场经济体制中，企业是市场主体。把企业从计划经济体制下的生产单位改造成市场经济中竞争性的市场主体，是我国经济体制改革的重点要求，也是做了大量工作但还没有最终完成的任务。江泽民同志最近就国有企业改革问题再一次明确指出：“使国有企业转换经营机制，成为法人实体和市场主体，做到自主经营，自负盈亏，自我发展，自我约束。”

目前拟议中的行业性控股公司大都要求成为混合经营型控股公司，兼有国有资产管理和投融资等发展功能。这样的控股公司之下，子公司将只有生产经营权，而没有以投融资决策权为核心的发展权。没有发展权的企业不是真正的企业，也不可能成为市场主体。问题的另一面是，

行业性控股公司由于其特殊背景和地位，也很难成为真正的企业和竞争性的市场主体。从改革的成本和效益的角度分析，让我国实力最强、素质最好、最有希望成为市场主体的一批大企业、大集团失去发展权进入难以成为市场主体的机构中去，无疑将加大改革的成本和风险，也不利于调动各方面的积极性促进经济发展。

目前还有一种说法，认为行业管理部门改组为控股公司后，只负责国有资产的保值增值，所属企业的自主地位可以保持不变，甚至自主权会比现在更大。这种说法缺乏法律上的依据。如果真是如此，行业性控股公司似没有组建的必要了，组建国有资产监管机构、派出监事会完全可以达到同样的目的。根据我国的《国有企业财产监督管理条例》，监事会对企业生产经营和投融资决策没有干预权，在监管体制下国有企业的市场主体地位是有法律保障的。

三、行业性控股公司会不会造成垄断

优胜劣汰的竞争机制是市场经济的精髓。改革开放以来，我国经济生活中竞争机制的作用范围不断扩大，极大地促进了经济的发展。我国民航业引入竞争机制后，扩大了运输能力、改善了服务质量、降低了服务价格；我国汽车工业统与分的格局变换了几次，最后的结论还是目前这种竞争的格局有利于发展。事实证明，竞争促进发展、垄断造成停滞。

在一个控股公司之下，子公司之间是协调对外的“兄弟单位”关系。由于控股公司有可能在子公司之间，在诸如投资、价格、市场等重大决策上进行内部协调，如果某一行业的主要经济活动和企业发展都集中由一个控股公司掌握，必然会出现对产品和服务的行业性垄断，这个控股公司自身也会失去竞争的压力和动力。组建行业性控股公司还有可能造成资产经营层面上的垄断问题。资产经营机构之间也要凭借其资产经营效果相互竞争、优胜劣汰。如果一个行业或一个地区资产经营高度集中，政府就没有选择委托的余地，事实上形成国有资产经营权的垄断，这种垄断不利于提高国有资产的经营效益，也难以从机制上保证国有资产的保值增值。

不断加强市场机制配置资源的基础性作用，不断扩大竞争机制的作用范围，是我国改革的一个基本方向。在几乎所有的市场经济国家，当一个企业占有的市场份额达到足以左右市场、妨碍竞争的程度时，都要依据反垄断法对其进行强制性解体。在我国改革进入全面建立社会主义市场经济体制的阶段之时，组建一种高度集中、具有明显垄断倾向的产权主体，既不符合改革的基本方向，也不符合市场经济的一般规律。

四、行政性“加总”能否实现真正的规模经济

我国国有资产配置不合理、国有企业“小而全”，是经济效益低、竞争力不强的重要原因。有的同志据此认为，组建行业性控股公司就可以在全行业范围内进行资产重组，迅速实现规模经济，甚至可以组成全国独家的特大型企业与国外大企业相抗衡。

对于规模经济的概念需要进一步说明：所谓规模经济是指生产力诸要素在一个企业内的聚集程度，以及由此决定的经济效益；对某些特定产品，当企业规模扩大到一定水平时，生产成本逐步下降、效益逐步提高并达到一个最大值。这里有两个问题需要强调：一是要素聚集是在“一个企业”内的有机组合；二是生产规模不是越大越好，超过合理规模同样会造成规模不经济。因此，把若干企业合并“加总”虽然可以在账面上增加资产总量和销售额，但由于要素配置格局未变，不可能形成真正的规模经济，也不能降低成本、提高竞争力。相反，在资产总量已达数百亿元的大型企业集团公司之上人为增加一个管理层次，结果很

可能是增加运行成本、降低管理效率，造成规模不经济。

通过资产重组实现规模经济的方式选择还在于效率判断：以行政部门为资产重组主体、通过行政手段进行重组效率高，还是以企业为主体、通过市场和竞争进行重组效率高？从我国计划经济的长期实践和改革的方向出发，结论应是很明显的。行政性资源配置效率不高，出现失误也无人承担责任，是计划经济体制的固有弊端。适应建立社会主义市场经济体制的要求，应该主要以企业为资产重组主体，让优势企业在竞争中发展壮大，政府则应创造条件给予扶持。我国彩电、冰箱行业通过竞争和兼并，生产逐步向优势企业集中，规模经济逐步形成、竞争力不断提高，就是一个成功的案例。从规模经济实现方式的讨论中，我们也可以得出需要给优势大企业以资产经营权的推论。

五、防止国有资产流失的关键不在于控股而在于监管

我国以往的国有企业改革是循着“放权让利”的思路进行的。由于过度强调“放”的一面，没有解决国家作为所有者对经营者的产权约束手段，造成了“内部人控制”的倾向，所有者权益得不到保护，导致国有资产流失。因此，有的同志认为，之所以要组建行业性控股公司，就是为了加强国家对企业的产权管理，防止国有资产流失。但实际上，强化产权约束的关键不在于控股公司而在于监管。控股公司只是在理顺产权关系的基础上人格化地明确了国有资产的经营主体和责任主体，并不能自动带来产权约束。作为一级法人，控股公司本身也有一个所有者是否到位的问题，解决这一问题的途径是国家对控股公司进行监管。

我国于 1994 年颁布了《国有企业财产监督管理条例》，是国家对国有资产进行监管、防止国有资产流失的法律依据。具体的监管工作可分为两类：一是政府派出监事会对授权投资机构如控股公司进行监管，对子公司中的国有资产则由控股公司进行管理；二是政府派出监事会对

授权投资机构之外的国有企业直接进行监管，如这类企业进行公司制改制后进入了某一控股公司，则监管撤销，由控股公司进行产权管理。监事会对国有企业有考核、监督和人事任免权，没有资本收益和重大决策权，主要职责是确保国有资产的保值增值，具体的监管工作由政府指定的行业管理部门承担。

所以，强化产权管理不能成为组建行业性控股公司的理由。相反，强化产权管理要求行业管理部门在机构改革中改组出一个监管机构，代表国家对指定国有企业中的国有资产进行监管。在我国国有资产管理体系中，行业部门的资产管理责任主要在于监管，而不在于控股经营。这一方面与行政部门的性质相适应，也有利于维护企业的市场主体地位。如果各部门都热衷于组建控股公司而忽略了监管工作，对于加强产权管理、防止国有资产流失将是十分不利的。

六、哪一种类型的授权有利于加强宏观调控

有些同志认为，给大型集团公司授权将使对企业的管理由专业部门转向综合部门，从而使国家综合经济部门陷于微观事务，削弱宏观经济调控。这种看法实际上是一种误解。大型集团公司授权经营国有资产后，代表国家对企业进行监督、管理的是国有资产监管机构，不是综合经济部门，不存在综合部门转向微观管理的问题。不过，由于授权投资机构是一种承上启下的中观组织，不同层次的授权对宏观调控确有不同的影响。

需要说明的是，我们所讨论的宏观调控是适应于社会主义市场经济体制的间接调控，因为随着改革的深化直接调控手段必将越来越少。间接调控主要是通过财政、金融等经济杠杆调节市场参数，进而影响市场主体的生产经营和投融资决策。间接调控的基础是市场和竞争性的市场主体，竞争越充分、越规范，调控效果越好。对行业性控股公司来说，其实力足以影响某一类产品或服务的市场供求、左右价格等市场参数，

不是被市场调控而是能够调控市场，国家的各种间接调控工具就很难发挥作用。

七、行业管理部门机构改革的首要任务是政企分开

为适应建立社会主义市场经济体制的要求，我国政府部门要在职能转换的基础上进行机构改革。机构改革的首要任务是实现政企分开，这就要求把应属于企业的权利交给企业，政府则加强宏观调控、产业政策指导、国有资产管理等方面的职能。企业作为自主经营、自负盈亏、自我发展、自我约束的市场主体，以投融资决策权为核心的发展权是不能缺少的。如果我们进行机构改革时收了最优秀企业的发展权，就违背了这项改革的初衷。

机构改革的一个主要目标是加强综合经济部门，以强化宏观经济调控。但对于我们这样一个发展不平衡、各种经济关系尚未理顺的大国，行业管理也是非常重要的。从我国行业管理的实际出发，有这样几方面工作亟待加强：一是自律性的行业协会组织，进行行业内部的组织和协调；二是行政性的行业管理机构，负责行业性的立法和执法，这类行政管理机构即使在发达的市场经济国家也有重要地位，如美国的联邦通讯委员会（FCC）、法国的电力管制委员会等；三是国有资产监管机构，我国国有企业数量众多，不可能由国有资产管理部门一家进行管理，需要有关部门代为监管，依据《国有企业财产监督管理条例》向指定的国有企业派出监事会履行监管职责。总之，在社会主义市场经济体制下，行业管理是大有作为的。

八、大企业、大集团战略需要给大型集团公司以资产经营权

国有大型企业和企业集团是我国经济发展中的骨干力量，在我国今后的国民经济发展中肩负着重大的产业发展责任。在“九五”时期乃

至2010年，我国经济发展将进入一个产业结构高级化的阶段。石油化工、汽车、机械电子等新一代支柱产业将成为国民经济新的增长点。我国新一代支柱产业都处于资金、技术密集的产业群内，具有很高的规模经济要求和技术素质要求，其发展需要通过一批实力雄厚的大企业的成长来实现。这种产业组织结构特点意味着，我国新一代支柱产业能否在激烈的市场竞争中站住脚，很大程度上取决于这一时期我国大企业的发展状况如何。正是这种背景，要求我们实施大企业、大集团战略，使一批大型企业和企业集团尽快成长起来，成为产业发展的国家队，能够在国内外市场上与国外大企业相抗衡。

要使优势企业集团在市场经济的环境中能够有一个大的发展，一个重要的条件就是给优势企业以资本经营权。目前的状况是：一方面优势企业集团迫切需要借助于社会上的国有资产存量扩大经济实力，实现规模经济；另一方面，我国分布结构极不合理的国有资产存量又迫切需要进行重组，以改善分布结构、提高配置效益。社会主义市场经济体制下，这两种迫切需要的联结点就在于依照市场经济规则进行的资本经营和产权交易。如果我们仅仅满足于用行政手段进行存量调整，那么“拉郎配”“富背贫”的现象不可避免，不但有悖于改革的方向和市场经济的原则，对企业自身的发展也是不利的。给优势企业以资本经营权，就是使企业集团能够根据自身发展的需要用经济的办法扩张，在实现自身规模经济的同时带动国有资产的重组和优化配置。

《中共中央关于制定国民经济和社会发展“九五”计划和2010年远景目标的建议》提出：“重点抓好一批大型企业和企业集团，以资本为纽带、联结和带动一批企业的改组和发展，形成规模经济，充分发挥它们在国民经济中的骨干作用。”我们认为，给优势企业集团以资本经营权，使其成为授权投资机构，正是符合中央精神的。

“九五”时期大型企业集团发展政策研究*

“九五”及至2010年是我国现代化进程中一个十分关键的时期。大型企业集团的发展是这一时期我国经济发展和经济体制改革中一个十分关键的问题。目前，我国大型企业集团的发展状况还远远不适应形势的要求。从1995年开始，国家计委宏观经济研究院、综合司、规划司、政策研究室组成课题组，对“九五”时期我国大型企业集团发展政策进行专项研究**。

课题力图回答以下问题：第一，我国大型企业集团的发展状况为什么不尽如人意？第二，我国目前的企业集团工作和政策还存在哪些问题？第三，“九五”时期应以什么样的政策思路促成大型企业集团有一个突破性的发展？在研究过程中，我们对十余家试点和非试点企业集团进行了调研。我们希望通过本项课题研究，能够对我国大型企业集团的发展现状和当前的企业集团政策进行一次比较全面的评估，并在此基础上对“九五”时期我国大型企业集团的发展提出一个可行的政策思路。

一、大型企业集团：实现两个根本性转变的关键性问题

“九五”时期及至2010年是我国改革开放和现代化建设承前启后、继往开来的关键时期。这期间，我国将确立比较完善的社会主义市场经

---

* 原文由邵宁、臧跃茹、银温泉执笔，发表于《管理世界》1996年第6期、1997年第1期。

** 本课题调查和研究的企业集团包括：华北电力集团、洛阳浮法玻璃集团、第一拖拉机工程机械集团、西安电力机械制造集团，上海电气集团、东风汽车集团、华能集团、宝山钢铁集团，武汉钢铁集团、四川省重庆轮船总公司、中远集团、联想集团、上海广电集团。

济体制，全面实现第二步战略目标，并向第三步战略目标迈出重大步伐，为下个世纪中叶基本实现现代化奠定坚实的基础。为实现这样的奋斗目标，我们必须实现两个具有全局意义的根本性转变：经济体制从传统的计划经济体制向社会主义市场经济体制转变；经济增长方式从粗放型向集约型转变。在实现两个根本性转变的过程中，我国大型企业集团肩负着重大的历史责任。换言之，今后15年我国改革与发展重要战略目标的实现，在很大程度上都要以这一时期我国大型企业集团的健康发展为标志。

（一）发展大型企业集团是经济增长方式转变的内在要求

经济增长方式从粗放型向集约型转变，目的是要提高国民经济的整体素质和生产要素的配置效率，改变依靠大规模投入资金、资源、劳动力铺新摊子来维持经济增长的格局，充分利用好结构优化效益、规模经济效益和科技进步效益。在我国当前的经济发展阶段上，经济增长方式转变的关键在于产业结构的调整和升级，促进新一代高技术含量、高附加值的新产业的发展，从而在产业结构的宏观层次上实现提高技术素质、提高经济效益和节约资源的目标。正因为如此，《中华人民共和国国民经济和社会发展“九五”计划和2010年远景目标纲要》明确今后15年我国产业发展的主攻方向，是要在稳定农业、加强基础部门的同时，培育和发展新一代支柱产业，使之成为推动国民经济成长新的动力，确立产业结构高级化的基础。

发展机械、电子、石油化工、汽车、建筑业等新一代资金、技术密集型支柱产业是我国现阶段经济发展面临的一项十分紧迫的战略任务。经过改革开放以来国民经济的持续快速发展，我国居民的消费需求结构和相应的投资需求结构已开始向更高的层次转变，一系列新产业发展所需要的国内市场条件已经形成；另一方面，我国发展成熟的加工工业尤其是劳动密集型产业的国内市场已趋于饱和，进一步开拓国际市场也受到贸易保护主义和生产成本上升的制约。这种社会需求和供给的变化格局表明，在我国当前的经济发展阶段上，为适应市场需求结构的变化，我们有条件也必须不失时机地培育新的经济增长点，推进产业结构高级化的进程；否则，经济增长就会受到供给结构与需求结构不相适应的限制，难以保持国民经济持续、快速、健康发展。

随着对外开放的扩大，我国产业结构高级化进程将在一个国民经济日益国际化的环境中进行。贸易壁垒的逐步降低将使我国国内市场日益开放，使得我国国内市场上的国际竞争进一步加剧。我们必须正视的竞争格局是：一方面，在资金、技术密集型产业层次，我国产业不但存在基础薄弱、起点不高的问题，而且我国劳动力成本低的传统竞争优势在这一层次产业中的意义已大为降低；而另一方面，这一层次产业在发达国家已是成熟产业，生产高度集中于一些实力雄厚的大型跨国公司，具有大规模生产的成本优势、高强度投入形成的技术开发优势和销售网络遍及全球的营销优势。目前这些国外大公司大都已进入我国争夺市场份额，并对我国同类产业的发展产生强大的压制作用。因此，尽管《中华人民共和国国民经济和社会发展“九五”计划和 2010 年远景目标纲要》已明确提出振兴支柱产业的战略任务，尽管我国已投入巨资奠定了新一代支柱产业的基础，但这些产业能不能坚实地成长起来、发展壮大，并在激烈的国际竞争中站住脚，仍是没有十分把握的。这一点正是我国中长期经济发展和经济增长方式转变面临的最严峻的挑战之一。

发展新一代支柱产业对我国的企业组织结构调整提出了新的任务。这一代资金、技术密集型产业具有很高的规模经济要求和技术素质要求，只有大规模生产才能降低成本、保证产品在价格上的竞争力，只有大规模投入才能形成自主开发能力、保持产品在技术上的竞争力，这两个方面只有大型企业和企业集团才能做到。正因为如此，发达国家在经历这一产业发展阶段时，在产业组织结构上都有一个企业大型化和集团化的过程。在80年代我国依靠中小型企业的活力和效率促成了劳动密集型加工工业的大发展，但这种分散的、小规模的企业组织结构已难以适应发展资金、技术密集型产业的要求。因此，我国通过产业结构高级化实现经济增长方式转变的历史任务将具体化在一批大型企业和企业集团的成长上，只有大企业和企业集团发展壮大，形成一批国家级和世界级的主力舰队，我国新一代支柱产业才可能有竞争力，才可能在国际竞争中站住脚。

新一代资金、技术密集型支柱产业的确立和发展，是我国现代化进程中一个极其重要的台阶。这一层次产业不但本身技术含量高、附加价值高、关联效应大，而且将对市场的组织结构、企业的管理水平、生产的社会化程度带来深刻的变化。这一层次产业上去了、站住了、发展了，我们就能够从中积累大量的发展资金，我国经济的综合实力和整体素质就会因这一层次产业的带动而跨上一个历史性的台阶。如果这一层次产业在国际竞争中处于被动，不但大量生产企业将成为我们沉重的包袱，而且最终会因市场的制约导致经济发展的停滞。这种可能性不是不存在的。所以，发展大型企业集团既是今后15年我国产业结构高级化和经济增长方式转变的内在要求，也是我国中长期经济发展中的一个生死攸关的问题。在我国新一代支柱产业发展所需要的国内市场已经形成、国外大企业已经大规模进入我国甚至在某些产品市场已形成垄断的形势下，加快大企业、大集团的发展已成为“九五”时期实现国家经济发展目标、保证国家产业安全迫在眉睫的战略任务。

（二）搞好大型企业集团是经济体制转变的中心环节

从计划经济体制向社会主义市场经济体制转变，全面建立和完善社会主义市场经济新体制，是今后15年我国经济体制改革的战略目标。其中心环节仍然是推进国有企业改革、搞好整个国有经济。

对于国有企业改革，中央已明确了突出重点、抓大放小、分类指导的原则。国有小企业将区别不同情况，采取改组、联合、兼并、股份化、租赁、承包、出售等形式，加快“放活”的步伐。国家重点抓好一批国有大企业和企业集团，建立现代企业制度、转变经营机制，提高企业的整体素质和活力，以发挥国有经济在国民经济发展中的主导作用。对于搞好国有经济，中央已明确了优化国有资产分布结构、对国有企业实施战略性改组的任务，以改变我国国有企业散而乱、规模不经济和经济效益低下的状况，充分利用国有资产存量走集约化经营的道路。在社会主义市场经济体制条件下，国有经济的结构调整和重组要遵循市场经济的规律、用市场经济的办法进行操作，这就需要依托一批有实力的大型企业和企业集团作为主体，通过规范化的产权方式和市场竞争吸收、兼并、联合大量中小企业，实现国有资产存量调整和优化重组的目标。

我国现有大型企业集团绝大部分是国有企业。在从计划经济体制向社会主义市场经济体制转变的过程中，国有大型企业集团的健康发展既是国有企业改革的重要目标，也是从整体上搞好国有经济的重要前提。在“九五”期间，我国国有企业改革的成效如何，将越来越多地明确到国有大型企业和企业集团的机制转换和制度创新上来；我国国有经济结构调整的进展如何，将在越来越大的程度上取决于作为资产重组主体的大型企业和企业集团的实力和活力；我国国有经济主导作用的发挥，也将越来越具体地落实到国有大型企业集团对其他所有制企业的引导和带动上来。因此，搞活和发展国有大型企业集团是“九五”时期我国经济体制整体改革的关键点。只有在这一个关键点上实现突破，推进国有企业改革的目标和从整体上搞好国有经济的目标才有可能得以实现。

（三）促进大型企业集团发展是实现两个根本性转变的结合部和突破口

两个根本性转变是我们实现“九五”计划和2010年远景目标，建立现代化的社会主义市场经济的根本保证。在我国当前的经济发展和经济体制改革的阶段上，两个根本性转变所指出的方向和要求在大型企业集团的发展中将得到具体的结合和体现。大型企业集团在实现两个根本转变的过程中处于一个无可替代的、战略性的关键位置。

——大型企业集团是先进生产力的代表，是国家经济实力的基础。在资金、技术密集型产业发展的起步阶段，大型企业和企业集团是先进生产力的代表，是产业结构升级和产业结构高级化的载体。只有在规模经济的基础上运作的大型企业和企业集团，才有可能制订长期的开发计划，进行长期的持续投资，来承担这类投资金额大、技术含量高、建设周期长的产业的发展责任。在这一经济发展时期，一个国家的经济实力和国际竞争力将集中体现在大型企业集团的实力和竞争力上，成功地经过这一发展阶段的国家无一例外地产生出一批以世界经济为舞台的知名企业集团和跨国公司。而且，大型企业集团在自身发展实现规模经济的同时，能够通过产品协作关系把大量中小企业纳入专业化分工体系中，按照社会化大生产的要求对生产力布局和内部组织结构进行调整，这是克服我国生产力布局不合理，企业组织结构散而乱、规模不经济的有效途径。没有大型企业集团，我国资金、技术密集型产业在国际竞争中就站不住脚，也难以调整目前不合理的生产力存量结构，而仅仅依靠低附加值的劳动密集型产业和基础设施建设铺摊子不可能实现经济增长方式的转变。

——大型企业集团是产业技术进步的策源地，是现代化管理的推进者。在资金、技术密集型产业的层次，技术进步因素将取代劳动力成本在产业竞争力中构成越来越大的份额。现代产业技术开发和产品开发所需要的大量财力和人力投入，是中小企业难以承担的也是政府不可能承担的。因此，在经济发展进入资金、技术密集型产业的阶段后，大型企业和企业集团就成为推动产业技术进步、实现科技成果转化的主体，大企业组织在产品创新基础上的科研组织功能就成为现代技术革命的主导力量。大型企业集团的发展及其与科研机构的联合或结合，将有效地改变我国科研与生产脱节、产业技术开发能力薄弱的状况，成为科研与生产相结合有效的组织形式。而且，在社会化分工的产业组织结构中，大型企业集团先进的科学技术和管理方法将通过产业协作链条传递到中小企业中去，从而带动一大批企业技术和管理素质的提高。因此，大型企业集团是我国通过技术进步实现经济增长方式转变的一个中枢性的环节。只有依靠大型企业集团，才能形成自主的技术开发能力和产品创新能力。在此基础上，再辅之以对国外最新科技成果的引进、消化吸收和创新，我们就有可能把我国的现代化建设逐步确立在先进技术和中国名牌的基础上，从而最终摆脱目前一代接一代引进、在技术上依附于人的被动局面。

——大型企业集团是适应社会主义市场经济要求的企业组织形式，是政府进行宏观经济调控的依托。在社会主义市场经济体制下，企业是自主发展、自负盈亏的生产经营主体、投融资主体和资本经营主体。在社会化大生产的条件下，一方面要适应规模经济的要求使生产经营集中化、一体化，另一方面要适应专业化分工的要求实现专业化和小型化。这些要求决定了社会主义市场经济体制所要求的企业组织形式，是一种以大型企业为骨干、众多中小企业为基础的企业共生体。由于大型企业集团通过多元化的发展把生产、流通、科研、金融联结起来，通过产权的方式和协作的方式把大量中小企业联系在自己周围，既可以大大提高市场的组织程度和稳定性，也有利于突破条块分割对资金、资源在全国统一市场中流动造成的行政性壁垒。大型企业集团对中小企业的组织和协调功能，使之成为政府与中小企业之间、宏观与微观之间的中介力量，可以协助政府对产业发展和市场秩序进行协调，也为政府进行宏观调控、贯彻国家经济发展战略提供了一种可以替代计划经济体制下条条、块块的中观依托。国家通过调控一批企业集团，可以引导大量中小企业的经济活动，从而减少调控幅度、提高宏观调控的有效性。因此，大型企业集团是建立在市场经济基础之上的社会化大生产的产物，没有大公司和大企业集团就没有真正的现代市场经济。

今后15年，通过大型企业集团的发展和其对中小企业的改组和带动作用，我们可以同时实现确立新一代支柱产业、提高国民经济的技术和管理素质、调整产业组织和国有资产存量结构、培育市场主体、提高市场的组织程度、改善宏观经济调控等一系列重要的改革和发展目标。这些正是实现两个根本性转变的本质要求。因此，发展大型企业集团是“九五”时期及至2010年我国改革和发展的结合部，是实现两个根本性转变的突破口。紧紧抓住企业集团工作，有效地实施大公司、大集团战略，我们就抓住了这一时期我国经济和社会发展的关键。

事实上，大型企业集团发展对于整个国民经济将产生的影响是十分深远的。世界经济发展的历程表明，正是在资金、技术密集型产业成为一个国家产业主体的经济发展阶段上，正是在企业大型化和集团化的过程中，技术革命的步伐加快、专业化协作扩展、公司法人制度形成、科学的企业管理制度诞生并不断创新，整个经济活动加速集约化，市场体系的内在秩序和稳定性大大提高。一个国家现代化的基础一般都是在这一时期奠定的，一个国家的现代市场经济一般都是在这一时期形成的。社会主义需要建立在现代化的基础上，社会主义市场经济是一种现代市场经济。我们要高度重视大型企业集团所代表的生产力和生产关系对推进我国现代化进程的进步意义。

二、大型企业集团：为什么目前的发展状况还不尽如人意

（一）我国企业集团工作取得的进展

1991年12月，国务院批转了国家计委、国家体改委、国务院生产办公室《关于选择一批大型企业集团进行试点的请示》（国发〔1991〕71号），确定了55家（后调整为57家）企业集团进行首批试点，标志着我国企业集团工作开始启动。随着集团试点工作的深入和展开，企业

集团越来越受到各方面的重视，组建企业集团、发展企业集团的呼声很高。到1995年，我国注册登记的企业集团已达2万多家。各省市、各部门都确定了重点扶持的试点集团，并制定了相应的扶持措施。例如，江苏省目前已拥有企业集团1300多家，其中重点集团10家，省级集团490家，加入集团的成员企业达2.9万户；上海市组建了38个有一定规模、有市场竞争力的市级企业集团，作为上海市经济发展的支柱力量，并授权其中三家大型企业集团经营国有资本。

不容否认，我国近年来企业集团的发展中确实存在一哄而起和形式主义的因素，但也反映出我国现阶段经济发展对于规模经济的内在要求。在这种“集团热”的浪潮之中，我国企业集团工作无论在认识上、政策上还是在具体的发展上都取得了明显的进展。这主要表现在以下三个方面：

第一，企业集团发展的配套政策较好地得到了落实。企业集团的发展涉及众多领域和部门。在国务院批准企业集团开始试点后，有关部门积极制定和落实了配套政策，努力为企业集团的发展创造宽松的外部政策条件。目前在中央级57家试点企业集团中，有40家在国家计划中实行了单列，有33家成立了财务公司，47家获得了外事审批权，54家享有自营产品进出口权，22家实行由集团公司统一纳税，并对7家集团进行了国有资产授权经营的试点。这些配套政策的落实对于贯彻“转机条例”、落实企业自主权、规范政府对企业的管理有重要的积极意义，为试点企业集团的生产经营创造了更好的外部环境，受到试点企业的广泛欢迎，并对地方政府制定扶持本地企业集团的政策起到了很好的示范作用。

第二，企业集团内部的产权制度建设取得了进展。在企业集团发展初期，我国大部分企业集团只是以产品协作关系为联结纽带的联营组织；有些只是企业协会性组织，内部成员企业之间的联系十分松散；有些甚至是利益相冲突的竞争对手，集团的内聚力和稳定性十分有限。企业集团试点工作把建立母子公司体制作为一项重要内容，试点集团开始摒弃原有大而散的集团组织形式，转而通过投资设立、收购兼并、内部剥离、授权经营等方式扎扎实实地建立母公司对子公司的控股、参股关系。如东风汽车集团到1995年底已拥有全资和控股子公司40家、持股企业59家。这种建立在产权纽带之上的企业集团，内部的组织更为规范，内部的联结更为巩固，集团的凝聚力得到加强。

第三，通过资产重组和结构调整壮大了集团的实力。随着规范化的母子公司体制的逐步确立，许多试点企业集团除在政府支持下通过行政划转方式扩展外，开始利用符合市场经济原则的做法，通过收购、兼并中小企业的办法发展。如仪化集团控股的仪征化纤股份有限公司，以债务担保方式收购了佛山化纤联合总公司及其关联公司约13亿元的全部产权。我国汽车工业散而乱的问题是比较严重的，通过企业集团的发展，现有122家整车制造厂中已有35家进入了大型企业集团的生产体系。如一汽集团采用多种形式，先后把四平专用汽车厂、青岛汽车厂、无锡柴油厂、哈尔滨轻型车厂、成都汽车制造厂、柳州特种车厂等企业联合、改造为全资子公司。这种以市场经济原则为基础的产权运作一方面扩大了集团自身的规模和实力，同时也推进了产业组织结构和国有资产存量结构的调整。

我国企业集团工作从开始试点到现在只有四年多的时间。在不长的时间里造出了声势、落实了政策、丰富了经验，而且在建立母子公司体制、资产运作等方面取得了扎实的进展，成绩是必须肯定的。但同时我们也要看到，我国企业集团的发展还没有进入一个良性的循环，虽然企业集团的数量已经很多，但几乎所有的企业集团在发展中都面临重重困难。这种情况表明，我们在企业集团发展上还需要解决大量体制的和政策的矛盾。

（二）我国大型企业集团发展面临的矛盾和问题

我国大型企业集团是在经济体制改革尚在深化过程之中，各方面的经济关系尚未理顺的大环境中发展起来的，加之在建立和发展企业集团的工作上还缺乏经验，出现大量的矛盾和问题难以避免。从一些典型企业集团的调研情况分析，目前大型企业集团发展面临的矛盾和困难大致可归结为以下四个方面：

其一，企业改革滞后，企业负担沉重。我国现有大型企业集团中绝大多数是国有企业，还有相当一部分是老企业，自身都面临转换经营机制的艰巨任务。虽然试点企业集团大都根据《中华人民共和国公司法》改制成为公司组织形式，但走形式的居多，法人治理结构很不健全。有的企业集团的董事会任命了董事长和副董事长，但没有董事；即使董事会、监事会健全的集团，其董事和监事也基本以内部人员组成，难以真正发挥重大决策和监督制衡作用，所有者缺位的问题在制度上基本没有解决。这样的体制和管理状况不足以保证企业行为的合理化和经营责任的落实。相当一部分企业的债务负担沉重，如重汽集团和二重集团的资产负债率都为 85%、东方航空集团和西电集团的资产负债率都达 89%，企业再投入能力十分有限，而且尚没有债务重组的具体办法；有些企业设备老化、陈旧，如一拖集团固定资产新度系数只有 0.4，亟须注资改造；企业内部冗员过多、企业办社会负担重更是相当普遍的问题，如华北电力集团的核心部分京津唐电网现有职工 10 万人，实际上只需要1/4即能保证正常生产；在企业管理水平、经营观念、领导者素质等方面，也与现代化大企业和现代市场经济的要求存在程度不同的差距。企业领导体制不健全、机制转变缓慢或不彻底、各类负担重，导致相当一部分企业集团的核心企业发展活力和自我发展能力不足，这就严重影响了整个集团的凝聚力和牵动力。

其二，现行投融资管理体制不适应企业集团发展的要求。企业集团的发展离不开投融资活动。从改革的方向上要求企业成为投资主体和融资主体，从企业集团的建设上要求集团的核心企业具有投资中心和融资中心的功能，但现行投融资管理体制与企业集团的投融资活动摩擦甚大，这是企业反映最普遍、最强烈的问题之一。由于目前企业集团负债重、自有资金少，投资项目一般又都是资金密集的大型项目，需要大量使用银行贷款，这就必须通过投资和信贷方面一系列审批程序。企业集团对现行投资体制的反映是关卡多、程序复杂、耗时长、不配套。如一拖集团一项各方面都没有异议的履带拖拉机改造项目，从 1991 年 9 月批到 1994 年 7 月，历时近三年；武钢集团三炼钢项目已通过国家审批，但与之配套的冷轧硅钢片、冷轧不锈钢、造船板项目却没有通过审批，形不成完整的生产系统；建设项目审批和贷款额度审批相互不配套的情况也时有发生。我国现行融资管理办法的特点，是在行政划分的基础上资金高度分散，信贷资金被分割在成千上万个行政区域内。企业集团由于资金需求规模大，无论条条、块块都很难满足其资金需求，因此几乎所有企业集团都反映资金紧张、融资困难，“十个集团九个空”。投融资决策权是企业作为发展主体最核心的自主权，目前对投资和融资的行政性管理不但使项目责任无法说清，而且使企业集团在发展上受到严重束缚，事实上成为行政审批机关的附属物。

其三，条块分割严重阻碍了企业集团跨行业、跨地区发展。部门和地区的行政性分割，使得企业集团在进行跨行业、跨地区的投资、兼并活动时几乎都面临重重困难。如宝钢集团试图投资天津“大无缝”受阻于天津市，试图投资邯钢受阻于河北省，试图收购金杯汽车受阻于机械部；洛玻集团在湖南郴州的控股子公司“八达股份有限公司”，由于受地方保护主义的干扰，项目建成后摩擦不断，几近停产。目前各行业总公司对本行业“名正言顺”的行政性分割，更是企业集团跨行业发展不可逾越的障碍，而正是这种行业分割造成了大量不合理的重复建设。对企业集团横向发展的部门性阻力主要是为了保护本系统企业，地区性阻力主要是担心本地企业被外地企业所控制，企业的部门所有制和地方所有制所造成的利益格局是问题的根源。当然，目前一些有待完善的政策和制度也不利于企业的联合改组。现行分税制下企业所得税按不同隶属关系分别上缴中央财政和地方财政，使得不同级次财政所属企业的合并面临非常复杂的利益调整，不但中央企业与地方企业难以联合，同省市但不同县级财政所属企业也难以合并；企业集团的资金跨地区、跨行业的横向流动多，与现行银行资金的纵向分配体制也有很大矛盾。部门和地区性的行政性分割严重阻碍了资金、资源的横向流动和在全国统一市场中的优化配置，影响了企业集团自身的发展，也使企业集团重组存量资产、优化结构的功能大大削弱。

其四，政府职能转变滞后、行政性介入不当给企业集团的发展留下隐患。政企不分、政府对企业过多的行政干预也是企业集团反映最强烈的问题之一。由于我国新的国有资产管理体制的框架尚未确立，政企分开、政资分开缺乏制度上的保障，企业集团与政府的关系远没有理顺。除投融资的行政性审批、条块的行政性分割外，行政干预还突出表现在政府部门对企业集团组建和发展过多的行政性介入。为了加快企业集团的组建和发展，各级政府在集团组建过程中都发挥了很大的作用。这种行政性介入作为对市场机制尚不完善的一种补充是必要的，但必须有一定的限度、遵循一定的规则，否则会在集团发展中留下很难解决的后遗症。例如，武钢集团目前主要由三个部分组成——武汉钢铁公司本身、原武汉市冶金局所属六个冶金企业、原冶金部属三个企事业单位，后两个部分的加入都是行政介入的结果，都遗留下很多难以解决的问题。原武汉市冶金局所属企业由于产权关系始终不明确，武汉市不愿投资、武钢不敢投资，目前已累计亏损 4 亿元；拥有 2.7 万名正式职工和 1.5 万名大集体职工的中国第一冶金建设公司、武汉钢铁设计研究院、武汉勘察研究院三个部属单位在主管部门动员下进入武钢集团，但武钢本身并不需要如此庞大的建设队伍和专门的勘察设计机构，母子公司之间在经营上无法融合，只能保持一种合并报表、干部由部里任命后由武钢宣布等形式上的联系，在经营上则各谋生路。这种行政性“拉郎配”的情况在地方性企业集团的组建中更多一些，往往是地方政府以一家效益好的企业为中心，搭配若干困难企业组成集团，运作一段时间后困难重重宣布解体，其中的优势企业已伤了元气。组建和发展企业集团有一个以谁为主体的问题。从大量实际案例看，以政府为主体捏合起来的企业集团成功者甚少。

（三）简要结论：我国大型企业集团发展的现状判断

我国企业集团发展目前仍处于起步阶段。尽管企业集团问题已受到重视、提上了日程，工作的声势也很大，但实际的进展不能估计过高，我国企业集团目前的实力还远远不能与国外大公司相抗衡。大量统计数字说明了这种差距：1994 年中国 500 家最大工业企业销售收入之和折合 1527 亿美元，尚达不到美国通用汽车公司一家企业 1576 亿美元的销售水平；我国电子行业前 100 家企业销售收入之和，只相当于 IBM 公司的 1/5；宝钢集团在我国大企业中名列前茅，但其销售收入尚不及世界 500 家大企业最后一名的一半。这种状况与“九五”时期我国产业结构高级化的形势要求是远远不相适应的，我国企业集团在发展上还有很长的路要走。

更为重要的是，我国企业集团发展在体制上的路子还没有走顺。企业集团要有一个大的发展，要求集团自身尤其是其核心企业具有建立在新机制基础之上的发展活力和自我发展能力，同时有良好的外部发展环境和规范的体制条件。综合起来看，在我国目前的改革阶段上，两个方面的体制条件都很不完备。当然，不同类型的企业集团遇到的困难，在性质上和程度上是不同的。一些包袱较重的老企业面临的问题首先是活力不足、缺乏自我发展能力；一些机制转换较好、资产质量较优的企业力求发展，但受制于与外部环境的摩擦。体制条件不完备使我国已组建的大型企业集团陷入大量体制矛盾的冲突之中，企业再大也难以与体制相抗衡，这是我国大型企业集团发展缓慢、步履艰难的根本原因。

三、大型企业集团：对当前改革与发展政策的评估与讨论

（一）现行企业集团政策的效应分析

自 1991 年国务院 71 号文件正式启动企业集团试点工作以来，有关部门陆续制定了一些支持企业集团发展的配套政策，从不同的领域和侧面促进了试点工作的深化。这些现行的企业集团政策是研究和制定“九五”时期大型企业集团发展政策的起点和基础，有必要从实践的角度进行一次评估，分析这些政策解决了什么问题，尚未解决什么问题。

——计划单列。企业集团在国家计划中实行单列是对原有计划体制的一个重要突破，目的是将企业集团从条条块块的行政管理体系的束缚中解脱出来，并体现和实施国家对重点企业集团发展的支持。目前，计划单列指标包括生产、投资、能源供应、外贸进出口、工资、科技、教育、财务和信贷等 9 项。从计划单列的实施效果看，这项政策确曾给单列企业集团以很大的支持，在一定程度上减少了部门和地方对计划单列集团的行政干预。但随着市场化改革的推进和直接计划手段的削弱，计划指标所包含的实质性内容逐渐减少。尤其是在现行投融资管理体制没有实质性改变的情况下，投资和信贷单列仅仅是形式上的，国家计划中没有为单列集团专门安排投资和信贷规模，部门和地方对企业集团的投融资决策仍然拥有事实上的否决权，企业仍不能摆脱投融资层层审批的制度。因此，计划单列政策尚不能使企业集团摆脱行政束缚、确立在国家指导下自主发展的地位，国家通过计划单列途径能够给予企业集团的支持力度也是十分有限的。国外的经验表明，为了科学地制定和有效地实施产业政策，国家有必要与重点企业集团建立直接的联系，但目前以计划指标为主的单列形式还缺乏这方面实质性的和制度化的内容。

——组建财务公司。企业集团财务公司的主要经营范围是：办理集团内部成员单位的信托、存贷、投资业务，金融租赁业务，房地产开发，票据贴现和有价证券抵押贷款业务以及债券担保、鉴证及咨询业务

等。集团财务公司作为为企业集团自身服务的非银行金融机构，统一调度、使用成员企业的资金头寸，既增强了集团的凝聚力、提高了资金使用效益，又在一定程度减少了企业对银行的依赖，是最受企业欢迎的配套政策之一。但是，由于企业集团财务公司的经营范围严格限定在集团内部，资金来源有限，通过资金市场也只能进行 7 ~ 20 天的短期拆借，这样就大大限制了其融资功能。因此，集团财务公司只能在一定程度上解决企业集团日常生产经营所需的少量短期资金问题，不能解决集团发展在长期融资方面的困难。从国外的经验看，大型企业集团和跨国公司一般都是生产、流通与金融的结合体，银行在其中起着巨大的支持作用，这可能也是一种规律性的现象。组建财务公司使我国企业集团增加了金融功能，但还难以解决银行与企业之间建立某种合作关系的大格局问题。

——外事审批权和自营产品进出口权。外事审批权和自营进出口权都是落实较好的政策，对于企业开展对外交流、参与国际竞争提供了有利条件，目前试点企业集团中出口创汇额在 1000 万美元以上的已有 48 家。但是，自营进出口权由于严格限定在本企业生产的产品出口，有时进入国际市场的产品需要其他企业的产品配套，企业便无法经营，这对于一些力图把对外贸易当作经营方向之一的企业集团来说是很大的限制。对于一些想以更大的步伐进入国际市场、进行跨国经营的企业集团来说，除产品出口外还需要对外直接投资以发展海外营销系统和售后服务网络，但企业集团对外直接投资没有相应的自主权，要得到批准十分困难。所以，目前给予试点企业集团的涉外政策虽给企业以很大的便利，也使企业增加了收益，但尚不足以解决企业集团外向型发展面临的全部问题。

——国有资产授权经营和建立母子公司体制。建立以产权为纽带的母子公司体制是企业集团内部组织与管理的基础。国有资产授权经营则是借助于政府的力量、用行政划转手段加快母子公司体制确立的一种方式。由于目前我国企业集团自有资金普遍短缺，通过投资设立或购买建立子公司的能力不足，授权经营就成为一种组建或扩张企业集团最便捷的办法。但是，授权经营是一种以政府为主体组建集团的模式，只有明确尊重企业自愿联合、政府以授权经营为其创造条件的原则才能发挥积极作用，否则容易形成“拉郎配”的局面。一般来说，由于被授权主体与授权其经营管理的国有企业之间存在复杂的利益关系，以授权方式形成的母子公司体制往往矛盾和摩擦较多，不如企业集团自行出资设立或兼并形成的产权关系牢固。如进行授权经营试点的重汽集团，就曾发生过最大的紧密层企业拒绝参加紧密层企业登记，要求脱离集团的案例。需要特别指出的是，无论是建立母子公司体制还是授权经营，目的都是建立和规范母子公司之间的产权关系，并没有涉及和解决集团母公司自身的体制问题，以及企业集团与政府之间的资产占用和资产经营责任问题。政府的所有者职能如何到位，在目前的企业集团政策中仍然是一个空白。

总的来看，目前实行的企业集团试点政策进一步落实了企业自主权，为试点企业集团解决了一些生产经营中面临的困难，政策方向是正确的。但相对于企业集团发展面临的大量体制和政策矛盾而言，这些政策的覆盖面和力度似乎不够。目前企业集团政策的局限性可能主要在于两个方面：第一，改革方面的政策力度不足，还不足以解决集团核心企业的发展活力和自我发展能力问题；第二，发展方面的政策局限于企业日常生产经营的短期问题，还难以克服企业集团长期发展面临的困难。正因为如此，目前的企业集团政策尚不能够排除困扰企业集团发展的各种体制障碍。企业集团普遍反映集团试点停滞不前，原因也就在这里。这种情况表明，“九五”时期要使我国大型企业集团有一个突破性的发展，必须在现有政策的基础上迈出更大的步子。

（二）关于企业集团试点工作的讨论

目前乃至整个“九五”时期，我国企业集团工作面临这样一个基本的矛盾：一是经济发展方面的要求非常紧迫。亟待通过“大公司、大集团”战略的实施培育起一批有竞争实力的大型企业集团，承担支柱产业的发展责任，与国外大公司相抗衡，确保国家产业安全。二是经济体制方面的条件一时难以具备。企业集团发展涉及国有企业改革、投融资体制改革、政府职能转变等诸多改革领域，这些体制问题的解决显然需要一个过程。在这样的大背景下，企业集团工作通过试点寻求突破是正确的，但在试点的目的性、组织方式和具体政策上还有必要进行更深入的讨论。

第一，改革问题：必须把企业集团核心企业的改革放在首位。从目前企业集团发展面临的实际困难看，要使集团有一个大的发展，现行投融资管理体制必须进行重大改革，使企业能够摆脱行政审批的束缚，成为真正的投融资主体。但宏观层面放开的前提是企业经营机制有实质性转变，否则，企业经营者有权无责、行为不受约束，同样会出现问题。我国目前的经济管理体制虽然不合理处甚多，但在基本点上是对称的：企业体制没有理顺，无法用经济办法约束企业行为，只能借助于行政手段。在这样的体制状况下，必须首先在集团核心企业的改革上实现突破，否则永远是一放就乱、一管就死的局面。改革应包括两个方面内容：第一个方面是建立约束机制，包括政府监管机构和监管制度建设，明晰产权关系和资产经营责任，完善集团母公司的公司治理结构，形成规范的决策和制衡机制等。先把监督制约机制的框架搭好了再谈放开的问题。第二个方面是使集团核心企业具备自我发展能力，包括降低企业过高的资产负债率、减轻内部冗员负担和社会负担等。先把企业扶助到一个能够自我发展的起点上再谈自主发展问题。这样一套改革措施目前推进的范围还不可能很大。制约因素主要在于：在政府职能转变之初，其作为所有者代表的有效管理幅度是有限的；要减轻企业负担、处理历史遗留问题，需要国家大量资金投入，国家一时能动用的财力是有限的；配套的现代企业制度建设包含大量具体的改革组织工作，尤其是建立约束机制很难靠被约束者自行设计和操作，而国家能够动员的改革组织力量也是有限的。这些客观的限制条件决定了试点企业集团不能过多，否则政府不能有效监管必然会导致失控，国家有限的改革组织力量和政府财力分散使用，谁的问题都难以真正解决。由此认为，目前57家试点企业集团在数量上可能是偏多了。

第二，发展问题：必须把实施产业政策放在导向性的位置。企业集团试点可以有两种出发点：一种是从实施产业政策出发，扶助一批肩负国家产业发展战略任务的企业集团成长起来；另一种是从“抓大”出发，扶助大型企业的发展。这两种出发点在政策内涵上并不完全一致。以试点集团的选择为例，从后者出发选择的标准主要是规模，只要规模大就应该扶持；从前者出发既要有规模要求更要注重产业定位，如联想集团目前的规模并不很大，但为支持民族计算机产业与国外大公司竞争显然需要扶持。在我国目前的经济发展阶段上，大型企业集团发展的迫切性主要来自支柱产业成长、国家产业安全以及国外大企业对我国市场的争夺，因此实施产业政策并接受国际竞争的挑战应是集团试点主要的出发点。需要强调的一个问题是，实施“大公司、大集团”战略并不意味着把现有大企业统统搞大。我国现有大型企业大部分是计划经济时期建立的，由于市场需求结构的变化和技术工艺的发展，这些大企业同样存在结构调整的问题。有些大企业需要通过集团化进一步成长，有些可能会维持现有经营规模，有些可能萎缩甚至被淘汰。所以，要使现有大企业都通过集团化实现规模经济是不现实的，如果这样做将会导致新一轮代价沉重的支柱产业重复建设。以实施产业政策为出发点不是一个抽象的概念，必须具体化到某一战略性产品的发展或对某一战略性市场的占有上，必须具体化到具备条件的企业集团自身的发展规划中去。调研中发现一些试点企业集团的发展方向并不明确，其发展规划也没有与国家的产业政策相衔接，想搞大而不知向何处发展，这说明目前的集团试点在产业政策的导向上并不十分清晰。

第三，试点的组织问题：必须强调择优扶持。由于缺乏明确的产业政策标准，目前企业集团试点所选择的试点企业之间的差异很大。有些集团的发展规划是明确的，有些集团发展方向尚不清晰，如一汽集团和东风汽车集团主导产品和主攻市场已经确定，而重汽集团单一的重型汽车产品明显不能支撑8万人的大集团；有些集团设备先进、资产质量很好，有些集团装备老化、负担沉重，如宝钢和鞍钢是两个有代表性的典型，其面临的问题可能完全不同；有些集团处于战略产业，有些集团属于成熟产业，如汽车集团、航天集团与森工集团、建材集团产业定位相差甚大，国家恐怕难以用同样的政策对待；大部分试点企业集团是竞争性的，但也有一些集团还承担着公益性责任，如几个电力集团由于电价没有放开，不具备自我积累、自我发展的条件，对这类企业在管理上与竞争性企业应有很大区别；试点企业集团之间在体制状况、经营管理素质上的差异也很明显，有些集团的核心企业已在境外上市，公司治理结构相对比较规范，有些集团在集团公司的名义之下实际上还维持着原有行政性“管理局”的体制。因此问题在于，差异如此之大的众多企业合成为一个试点整体，能否适用于同样的政策？在一个差异很大的试点群体中，能够制定和实施的只能是一些通用性较强但力度不大的政策，这可能也是集团试点迈不开大步的重要原因之一。需要强调的是，企业集团试点不同于一般的工作试点。集团试点要解决的不是一般性的、面上的问题，而是要解决使有条件的企业通过集团化加快发展、脱颖而出的问题。这种性质的试点不能顾及代表性，不能迁就方方面面的平衡，选点要在严格条件的基础上择优扶持，这个条件只能是产业政策和企业素质。否则，大家捆在一起，谁也走不快。

第四，试点的领导问题：关键在于统一思想、形成合力。企业集团处于宏观与微观、条条与块块诸多体制矛盾的交叉点上，其发展将牵动大量体制的、政策的和利益的矛盾，许多障碍靠企业集团自身很难解决，必须有统一的、强有力的组织领导。目前企业集团试点工作由若干部门共同负责的格局很难保证组织、协调的效率，企业对此有很多的反映。多头领导还容易造成部门之间类似工作在政策上的不协调，例如建立现代企业制度100家试点企业中不包括试点企业集团，是非常不利于企业集团发展的。更进一步讲，加强对企业集团试点工作的领导不仅仅要求由一个统一的机构主持，以减少扯皮和掣肘，更重要的是要能够统一各有关党政部门的思想和政策。在我国目前的改革阶段上，改革的深化已不可避免地会触及部门的、地方的既得利益和既有观念，企业改革、发展大型企业集团也是如此。此时，强调中央的权威，强调各部门协同一致、形成合力非常重要。“讲政治”就是要从搞好国有经济、搞活国有企业、发展大型企业集团这个大局出发，不能固守地方的、部门的利益和观念，各自为政、各行其是。加强对企业集团试点的组织领导还需明确政府作用的定位问题。组建和发展企业集团可以有两种思路：一种是以政府为发展主体，由政府出面组织一批企业组成集团，由政府安排投资项目并解决融资问题；另一种是以企业为发展主体，由企业集团根据市场和自身发展的需要、按照市场经济的规则和自愿的原则实施兼并、扩张，由企业自主进行投融资决策并承担责任。从建立社会主义市场经济体制和企业集团的长远发展考虑，从现实的经验和教训出发，显然应努力使企业成为集团的发展主体；政府的责任主要在于指导、支持和协调，为企业集团的发展创造条件，帮助企业排解各种体制的和利益的障碍。在企业集团发展的过程中，政府要参与但不能包办，必须牢固确立企业是发展主体的观念。

（三）简要结论：企业集团工作和政策在思路上也需要有新的转变

我国目前的企业集团工作和企业集团政策，基本上仍处于1991年国务院71号文件的框架之内。该文件在我国企业集团发展的进程中具有里程碑的意义。在进入“九五”时期以后，在我国经济体制改革加快深化的背景下，这个文件在思路上已显现出一些历史的局限性。在企业集团发展方面，政府推动的成分多了一些；在企业集团政策方面，简政放权的色彩重了一些。这种思路上的局限性实际上是目前我国企业集团工作和企业集团政策中存在的矛盾和问题的根源。党的十四届三中全会明确提出了建立和完善社会主义市场经济体制的目标，标志着我们对社会主义经济本质的认识有了一个新的飞跃，推动着我国的经济体制改革进入了一个新的阶段。在此基础上，《中华人民共和国国民经济和社会发展“九五”计划和2010年远景目标纲要》进一步提出了实现两个根本性转变的战略任务，明确了改革和发展两个方向上的奋斗目标。而且，这两个方向上的奋斗目标在大型企业集团的发展中将得到具体的体现和结合。在新的改革和发展的形势下，我国企业集团工作和企业集团政策也有一个发展和深化的问题，在思路上也需要有新的转变。在“九五”时期，企业集团工作要从以政府为推动主体转变到以企业为发展主体上来，企业集团政策要从简政放权转变到规范化的制度建设上来。只有在工作思路上实现这样的转变，企业集团工作才能够跟上改革深化的步伐，才能够克服目前工作中的不足和矛盾，我国企业集团才能够进入一个蓬勃发展的新时期。

四、大型企业集团：“九五”时期发展的总体思路和主要政策

“九五”时期我国大型企业集团的发展面临严峻挑战。《中华人民共和国国民经济和社会发展“九五”计划和2010年远景目标纲要》明确提出：在“九五”时期要使“机械、电子、石油化工、汽车和建筑业等支柱产业带动经济增长和结构升级的作用增强”，在21世纪初的十年使这些支柱产业“成为推动国民经济成长的主要动力”；要优化企业组织结构，“突出抓好石化、汽车、钢铁、火电、机械、电子等行业存量资产的优化重组和投资结构调整，实现规模经营”；要“重点抓好一批大型企业和企业集团，以资本为纽带，联结和带动一批企业的改组和发展，形成规模经济，充分发挥它们在国民经济中的骨干作用”。1996年是“九五”计划的第一年，与中央的要求相比，我国大型企业集团

的现状是明显不相适应的。更为紧迫的是，目前国外大公司进入我国的步伐正在加快，有些以合资控股兼并国有企业，有些甚至不惜以倾销的手段挤占我国市场，严重威胁我国的产业安全。一旦我国国内市场被国外大公司占领，国内产业再想夺回市场就非常困难了。在这样的形势下，我国大型企业集团的现状就不仅仅是个不相适应的问题了。因此，在“九五”时期，我们必须下大的决心，下大的力量，无论如何要突破僵持的局面，使我国大型企业集团的发展迈出大的步伐。否则，就会贻误时机、错失发展机遇。

（一）“九五”时期发展大型企业集团的主要原则和总体思路

大型企业集团的发展涉及我国经济体制改革和现代化建设的许多相关领域，是一个庞大而复杂的系统工程。从“九五”时期我国推进两个根本性转变实现的步骤和进度出发，完整意义上的大型企业集团发展政策应包括这样几个层次的政策内涵：

第一个层次，通过加快社会主义市场经济体制建设，为企业集团的发展创造良好的经济体制环境。这里所说的企业集团包括国有企业集团，也包括非国有企业集团。在这个政策层次上至少要解决这样一系列问题：对国有企业集团要建立现代企业制度，转变经营机制，确立约束机制；改革现行投资管理体制，使企业成为真正的投资决策主体，并承担投资的盈亏责任；融资体制要从目前的规模管理、额度分配转为货币供应总量的间接调控，在资金价格市场化的基础上使企业能够通过市场自主融资；推进政府职能转变，实现政企分开、政资分开，使行政管理部门不可能通过行政隶属关系干预企业的经营决策、阻碍企业集团跨行业和跨地区的发展；等等。这些方面的改革几乎涵盖了建立和完善社会主义市场经济体制的各个方面。随着“九五”时期整体改革的推进，企业集团发展的经济体制环境将会逐步改善。

第二个层次，进一步完善现有的企业集团试点。目前中央级试点企业集团已有57家，随着第二批试点企业集团的加入，数量还将增加。目前的企业集团试点虽然在组织上存在一些缺陷，但试点政策对于企业集团生产经营和发展都是必需的，“简政放权”在目前仍然是需要的。因此，目前的企业集团试点工作仍应加强，试点政策的力度也应进一步加大。具体方面主要是：按照建立现代企业制度试点企业的政策，对集团核心企业的公司治理结构建设提出更高的要求，建立健全内部的决策和制衡机制；加强政府对试点集团制度化的监督和管理，完善以国有资产保值增值为主要内容的考核和奖惩制度；进一步清理和简化试点企业集团的投资审批程序，自主融资和限额以下项目由集团自主决策，限额以上项目直接报送国家计委或国家经贸委审批；充实试点企业集团财务公司的资金实力，允许非银行金融机构参股，适度放宽财务公司从资金市场拆借的时间限制；扩大试点企业集团外贸经营范围，并对其对外投资作出专门的政策安排；等等。

第三个层次，使优势大型企业集团的发展实现真正的突破。在目前的企业集团试点格局下，试点政策很难迈出大的步子。除工作思路面临转变外，具体的问题主要在于目前的试点集团数量偏多，在产业定位和企业素质上的差异又很大，国家很难拿出足够的财力彻底解决这些企业的负担和历史遗留问题，也难以制定出能够适应各类情况、力度又较大的政策。这样的考虑不是对企业集团试点成绩的否定或苛求，可以说没有这一轮集团试点，我国企业集团工作不可能起步，也不可能取得经验。从我国企业集团发展总的态势和企业集团试点中的问题判断，目前我国企业集团工作存在的问题主要是没有迈开大的步伐、没有实现真正的突破，而不是试点范围不够大、试点企业不够多。因此，现阶段我国企业集团工作的主要任务应是在转变工作思路基础上的深化，而不是在原有工作层面上的铺展。实际上，国外一个发达国家真正有实力的世界级企业集团也不过几家或十几家。在我国目前的经济发展水平上，要同时扶持起数十家或上百家大型企业集团，似乎是不大现实的。

据此我们建议，为了尽快落实“九五”计划提出的产业发展目标，以解经济发展方面的燃眉之急，保证国家的产业安全，应在目前企业集团试点的基础之上，选择少量素质较好的战略性企业集团，在一个相对小一些的范围和相对高一些的层次上具体实施“大公司、大集团”战略，进行第二层次的强化试点，以促成我国大型企业集团发展的实质性突破。

从“九五”时期我国实现两个根本性转变的战略任务和我国大型企业集团发展的实际状况出发，第二个层次的强化试点应遵循这样几个原则：

第一个原则：产业政策导向下择优扶持的原则。明确以实施国家产业发展战略、保证国家产业安全为出发点，择优扶持大公司、大集团的思路。政府有关部门应将产业政策进一步明细化，明确今后若干年我国关键性的产业主攻方向，尤其是国外企业已大规模进入的市场领域，以此为依据有针对性地选择规模较大、素质较好的战略性企业集团进行扶持。只有那些肩负国家战略产业发展责任的企业集团才能够进入这个层次的试点；属于成熟产业的、处于常规生产经营状态的企业集团，即使规模很大也不在此列。明确这样的原则，就可以把国家战略产业的发展和企业集团的发展有机地结合起来，避免出现扶持企业集团发展结果导致重复建设的问题；以这样的原则选择出来的战略性企业集团数量既不会很多，又可以避免扶持对象过多、国家扶持手段分散的问题。

第二个原则：集中力量实现体制突破的原则。国有企业改革是我国经济体制转变中的难点，目前体制上的僵持状态源于此，大型企业集团发展中最深层次的矛盾也在于此。当前，应把国家改革的组织力量和能够动员的财力集中使用，在战略性企业集团的核心企业身上实现突破。具体的工作一方面是配套的制度建设，包括政府所有者一方的组织和制度创新、集团核心企业的现代企业制度建设、母子公司体制建设，以及相互之间的制度联结；另一方面是债务重组、减轻冗员和企业办社会负担，把战略性企业集团的核心企业扶助到一个能够自我发展的水平上。战略性企业集团的制度建设完善了，能够自我发展了，企业发展的自主权就可以更充分地下放，使企业成为真正自主经营、自主决策的发展主体。在企业改革方面，关键是要集中力量改彻底、实现真正的体制突破，否则难以冲出僵持的局面。

第三个原则：改革与发展紧密结合、系统配套的原则。“九五”计划确定的产业发展方向和改革的主攻方向已明确，大型企业集团发展是这一时期我国实现两个根本性转变的结合部。结合部的概念不仅仅是一种认识或一种提法，而是要具体地贯彻到实际工作中去。这就要求我们把改革的政策、发展的政策集中地、配套地运用于战略性企业集团，不是给予优惠政策，而是为其发展创造出一个相对宽松、规范化的体制环境。在统一的组织领导和统一的政策设计之下，各个相关领域的改革，尤其是投融资体制改革和国有资产管理体制改革，要围绕战略性企业集团的发展进行规范的改革方案设计，使之也成为各相关领域推进改革的试点，使各个方向上的改革和发展政策协调一致、形成合力，扎扎实实地落实“大公司、大集团”战略。实际上，如果围绕战略性企业集团在改革上能够实现配套的、整体性的突破，那么对于改革推进的全局也有重要意义。

从这些原则出发，“九五”时期我国大型企业集团发展政策的基本思路应是：在加快改革为企业集团发展创造良好体制环境的同时，从实现国家产业发展战略出发，择优扶持少数战略性企业集团承担产业发展责任，把改革的政策、发展的政策集中运用到这些企业集团身上，使其在改革和发展两个方面规范化地先行一步，从而实现企业集团的发展和国家战略产业的发展。

我们估计，在这样的工作思路和组织方式之下，试点集团的战略定位基本一致、体制状况基本一致、发展素质基本一致，数量又不是很多，试点政策就有可能迈出大的步子，使这些战略性大公司、大集团先行脱开不合理体制的羁绊，迅速成长壮大起来。这样，“九五”时期我国企业集团的发展就有可能实现突破，“九五”计划中发展新一代支柱产业的战略任务就有可能落到实处。而且，由于对这些战略性企业集团的扶持主要是在改革和发展两个方面规范化地先行一步，其实践将会对整个企业集团工作起到有效的示范作用，从而推动面上工作的进展。

（二）“九五”时期发展大型企业集团的主要政策

发展大型企业集团是“九五”时期关系到我国经济发展和经济体制改革全局的一项关键性战略任务。我国企业集团工作起步已近五年。在党的十四届三中全会明确提出建立和完善社会主义市场经济体制、《中华人民共和国国民经济和社会发展“九五”计划和2010年远景目标纲要》明确要求实现两个根本性转变的大背景下，企业集团工作需要在国务院71号文件的基础上进一步发展和深化，用新的理论、新的思路、新的政策来指导和推进企业集团的发展。发展大型企业集团是一项复杂的系统工程，涉及一系列相关的政策领域。制定新的、可操作的企业集团发展政策，需要在国务院的统一领导之下，有关部门共同参与，进行专门的研究。作为一项思路性的研究课题，我们在此谨从落实《中华人民共和国国民经济和社会发展“九五”计划和2010年远景目标纲要》、推进两个根本性转变出发，就战略性企业集团进行强化试点所涉及的政策方面，提出一个轮廓性的政策设想。

第一个方面：在国家产业发展的战略方向上选择试点企业集团。主要解决的问题是，明确战略性企业集团的选择标准，实现企业发展方向与国家产业主攻方向的衔接，通过战略性企业集团的发展落实国家的产业发展意图。

——明确国家产业发展的主攻方向，以此为标准选择试点企业集团。在《90年代国家产业政策纲要》和《中华人民共和国国民经济和社会发展“九五”计划和2010年远景目标纲要》的基础上，有关部门应更具体地研究和确定今后若干年我国产业发展主攻的代表性产品和战略市场，包括国内市场和国际市场。以此为依据，选择规模较大、素质较好的企业集团作为试点对象。试点选择中要特别重视那些已在国内重点产品市场与国外企业激烈竞争的企业，如联想集团，以及以国际市场为主、直接参与国际竞争的企业，如中远集团，以促进民族工业的发展。以国际竞争为主的产业可选一家试点集团，以国内竞争为主的产业至少应选两家以防止形成垄断。试点的选择应是自上而下的，并通过专家论证程序，防止企业为“跑试点”浪费人力和财力。

——实现试点企业集团自身发展规划与国家产业政策，特别是支柱产业发展规划的衔接。以试点企业集团为主体，在政府有关部门的参与和指导下，制订企业自身的发展战略规划。在协商达成共识的基础上，使企业发展规划与国家产业发展主攻方向相一致，使试点集团成为国家产业发展政策和产业技术政策的体现者和执行者。试点企业集团的发展规划要体现战略侧重、产业带动和结构优化的原则，如宝钢集团如进入试点，其主要发展方向应是高附加值的进口替代产品和出口产品，必须错开一般产品的国内市场。试点企业集团制订的发展规划要经过一个规范化的程序，由主持企业集团试点的综合部门审批。

第二个方面：加快政府职能转变和新型国有资产管理体制建设。主要解决的问题是，围绕战略性企业集团进行的制度创新，推进政府职能的政企分开和政资分开，使政府的国有资产所有者职能在试点企业集团的管理体制中真正到位。

——在政府职能转变的基础上完善对试点企业集团的国有资产管理。按照政府社会经济管理职能与国有资产所有者职能分开、国有资产监管职能与经营职能分开的原则，加强政府对试点集团的国有资产管理。国家国有资产管理局应设立专职部门主持试点集团的国有资产管理工作，并制订出具体的政策实施方案；政府机构改革中应设立国有资产监管机构，经国有资产管理部门授权，依据《国有企业财产监督管理条例》对指定试点集团实施监管，监督和考核国有资产的运营效果和保值增值情况，并对经营者的任免提出意见。

——赋予试点企业集团以国有资本经营权。试点集团的母公司应按《中华人民共和国公司法》组建为国有独资公司。在清产核资、界定国有资产占用额之后，由国有资产管理部门代表政府授权其为“国家授权投资的机构”，代表国家经营授权范围内的国有资产，并对授权资产的保值增值承担责任。授权后的试点集团母公司有权决定集团的经营方针、重大投资决策、借贷规模和资本经营形式；拥有授权范围内国有资产的收益分配权和使用、处置权；有权依法批准子公司的设立、合并和重组，选派主要经营者和产权代表。国有资产收益原则上应留于试点集团内用于增加国家所有者权益。

——建立国有资本经营责任制度。试点企业集团母公司的法定代表人对授权范围内国有资产的保值增值承担经营责任，并与监管机构签订资本经营责任书。建立以国有资产保值增值率为核心指标的考核指标体系，监管机构定期对国有资本运营状况进行考核，并据此对经营者进行奖惩。建立年度审计制度，由国家审计署主持，委托有资格的会计师或审计事务所执行。试点集团年度财务报告和审计报告要报送人代会，接受人大的监督和质询，并应逐步公开化，接受社会舆论的监督。在特殊情况下，人大有权组成调查组，对有关企业进行专案调查。

第三个方面：加快战略性企业集团的现代企业制度建设。主要解决的问题是，按照现代企业制度的要求在战略性企业集团内部的各个层次建立科学的决策和制衡机制，减轻企业的债务和其他负担，使战略性企业集团具备发展活力和自我发展能力。

——建立健全试点企业集团母公司的法人治理结构。试点集团母公司要按照《中华人民共和国公司法》建立董事会、监事会和经营管理机构，形成权力机构、经营机构和监督机构相互制衡的机制。董事会中应有国有资产管理部门、监管机构、主持企业发展规划审定的机构的代表，并聘请一些有关专家担任董事，外部董事应占一定的比例，董事长及董事会成员由国务院任免。监事会由国有资产监管机构派出，负责日常性考核、监督。董事会和监事会中都应有持有债权或股权的银行的代表，以发挥银行方面的制衡作用；董事会和监事会成员中也应有职工代表，以保证职工对企业重大决策的参与。董事会和监事会依据《中华人民共和国公司法》和《国有企业财产监督管理条例》履行职责。

——减轻试点企业集团的债务和其他负担。除“拨改贷”资金转为国家资本金外，对于过度负债的试点集团，由国有资产管理部门和主要贷款银行组成工作班子主持债务重组工作。以某一时点为限，划分新、旧账户，冻结债务存量，企业按新账户运行，防止新旧债务混淆。对债务存量以多种形式处理，包括债务与股本转换、财政重新注资、出售闲置资产、债务核销等，银行呆账准备金应优先用于试点企业集团。由于银行是国有企业最大的债权人，可考虑在一定比例限制下债权转股权，由商业银行下属的投资银行持股，这样有利于债务重组，也有利于在所有者一方形成制衡。经债务重组后，试点企业集团的资产负债率应降低到50%左右。地方政府应积极协助试点企业集团分离富余人员和社会职能，由于一些老企业还背负着职工养老、医疗等隐性负担，可考虑划出一部分国有资产由保险机构持股，以偿还历史欠账。

——加强试点企业集团母公司的职能建设。试点集团母公司要成为集团战略发展的决策中心、投资和融资中心、科研和技术开发中心，以发挥其在集团中的主导地位，增强集团的凝聚力和整体的竞争优势。母公司内部机构要适应其功能进行调整和设置，重点加强规划和计划、资金筹措和调度、财务监督和内部审计、投资管理和资本运营、外经外贸等职能部门，努力掌握管理大公司的现代意识、手段和方法；办好技术开发中心，搞好人员培训，在专业化分工的基础上做好成员企业在生产经营方面的组织协调和服务工作。

——进一步完善试点企业集团的母子公司体制。对进入试点的企业集团进行一次整顿，属行政行为划转而母子公司之间无法融合的要进行清理。整顿后在清产核资、界定产权的基础上对母公司进行授权经营，由母公司对授权范围内国有资产行使出资人权利。加快子公司的法人治理结构建设，母公司依其所持有的股份，对子公司和参股公司行使资产受益、选择经营者、重大投资和经营决策、资产重组和产权转让权利。子公司依法享有法人财产权，独立承担民事责任，并以其全部法人财产自主经营、自负盈亏。

第四个方面：改革宏观经济管理体制，使企业集团成为独立的发展主体。主要解决的问题是，围绕战略性企业集团的发展，推进投资、融资、对外经济等相关领域的管理体制改革，进一步落实企业各项经营和发展的自主权，使战略性企业集团有可能成为独立的发展主体。

——适应试点企业集团的发展改革投资管理体制。试点企业集团的发展规划经国家审查批准后，具体建设项目由企业自主决策实施，对项目论证、资本金筹措、招标定标、建设实施、债务偿还全面负责。竞争性产业中的国家重点项目可依托试点企业集团进行投资，以利提高投资效益和集团的发展壮大，并以合同形式明确委托方与被委托方的责任和权利。国家对特定产业、特定建设项目的政策性支持通过国家投资公司或国家控股公司以资本金方式注入，并在具体项目上形成股份制的子公司体制。

——适应试点企业集团的发展改革融资管理体制。试点集团为实施发展规划所需贷款资金额度，应在规划通过审批时一并下达给指定银行。放开试点企业集团发行企业债券的额度限制，但需在有关部门备案，企业生产经营所需短期资金的不足部分可通过发债解决；在选择股票上市企业时，优先安排试点集团的子公司上市。试点企业集团的财务公司经资信审查和批准后，可改组为信托投资公司，并适当延长其在资金市场融资的时限。国家对试点企业集团实行外债余额管理，在余额之内集团可自主借用、偿还国际商业贷款。

——配套运用相关的产业技术政策和产业贸易政策。围绕战略性企业集团对重点产品和重点市场的开拓，要制定配套的技术政策和贸易政策。对于依托于战略性企业集团开发的重点产品，应集中使用有限的贸易手段进行适度的市场保护，国家重点建设项目所用装备要规定国内产品采购的比率；对于依托于战略性企业集团进行的重点引进产品的消化吸收工作，要组织有关的科研部门和使用单位联合攻关，国家应考虑设立关键技术和关键产品的产业化基金和国产化基金，对重点产品的产业化和国产化工作提供国内资金和外汇的支持。

——扩大试点企业集团的对外经营权。拓宽试点集团自营进出口的经营权，使之享有与外贸企业同等的政策，在获得出口配额、许可证方面与外贸企业有同等的待遇。国家鼓励试点集团直接参与国际市场竞争，充分利用两种资源、两个市场，按国际惯例组织生产和销售，使企业集团在经营决策、管理制度、营销方式等方面向国际惯例靠拢，增强竞争力和应变能力。国家在安排出口贷款、卖方信贷时要考虑试点集团对外经营的需要，由中国银行、国家进出口银行给予优先支持。试点集团要积极扩大对外工程承包、劳务出口和技术出口，开展国际交流与合作。对试点企业集团为发展海外营销和服务网络、进行跨国经营而涉及的对外投资，国家外汇管理局应制定专项政策予以优先审批。

第五个方面：加强对战略性企业集团试点的组织领导。主要解决的问题是，明确统一的、有权威的组织领导机构，对有关部门进行政策协调以保持各方面政策方向上的一致性；同时，在大的经济关系尚未完全理顺的情况下，通过协调工作帮助企业克服各种体制的和政策的障碍。

——加强对战略性企业集团试点的组织领导。战略性企业集团试点涉及改革与发展的方方面面和许多专业管理部门及地方政府，建议以国务院的名义主持这项工作，办事机构可设在综合经济部门之下，并赋予其较大的协调权。试点的管理机构一方面要会同行业管理部门，主持试点集团的选择、企业发展规划的审批等项工作，由此要形成一套政府部门和企业集团就发展政策进行协商、对话的制度；另一方面要会同国有资产管理部门和监管机构，主持对试点集团的授权经营、经营效果考核监督和经营者选任工作，统一资产管理和人事管理，由此要形成一套制度化的国有资产委托经营程序；同时要负责主持制定各有关部门的配套政策，使各方面的工作在发展大型企业集团的方向上形成合力。

——以多种手段促进试点企业集团开展跨行业、跨地区的投资、联合和兼并。试点集团在主导产业规划之外进行的跨行业投资活动，限额以下项目由集团母公司自主决策，限额以上项目直接报国家计委、国家经贸委审批。试点集团的联合、兼并活动应以企业集团为主体进行，任何部门都无权强制集团接收其他企业为集团成员。试点集团兼并其他国有企业，可采取资产无偿划转的方式；如被兼并企业已连续 3 年亏损，其债务可予以停息挂账处理。在一些大的经济关系尚未理顺的情况下，主持企业集团试点的部门要以中央政府的名义，要求和督促各级政府部门从国家发展的全局出发，积极协调试点集团联合、兼并过程中产生的各种矛盾，处理好所得税解缴等利益关系，帮助企业克服发展中面临的各种困难和障碍。

——为战略性企业集团做好各种协调和服务工作。我国企业集团之间也存在一个通过联合实现优势互补的问题，应积极组织协调以促进企业集团之间在各个层次上、以多种形式结成的战略联盟，来进一步增强参与国际竞争的实力。企业集团领导人的定期培训要形成一项制度，除中央党校、国家行政学院要定期举办培训班外，还应充分发挥企业集团的协会性组织进行广泛的、多层次的业务培训；在学习政治理论的同时，要有针对性地为企业集团的领导人补充现代金融、国际贸易、现代企业管理等普遍缺乏的实用知识，以切实提高企业集团领导人的政治素质和业务素质。路线、方针、政策确定之后，人才就是决定性因素。提高企业领导者的素质也将是我国成功地实施大公司、大集团战略的一个关键。

启思录

QI SI LU

中篇

本篇收录了作者在国家经贸委工作期间的部分文章

大型企业集团必须承担起发展民族产业的重任*

一、关于制订企业集团试点工作方案问题

制订试点方案是企业集团试点工作非常重要的环节。国家选择企业集团进入试点，选的是各行业中的排头兵，也是以后的“国家队”。希望这些企业集团尽快发展，承担参与国际竞争、发展民族产业的责任。所以，企业集团进入试点以后，要对照一下，目前企业的发展状况与国家的要求有没有差距，我们采取什么措施弥补上这个差距、实现国家的要求。这就是制订试点方案的目的。实事求是地讲，目前绝大部分试点集团与试点要求和国家的希望差距是比较大的，绝大部分企业集团的发展还没有走顺，不管是发展方面还是体制方面。恐怕哪个企业都不敢说自己没有问题了、不怕任何竞争对手了，更何况市场在不断变化；哪个企业都不敢说自己在体制上、在管理制度上已经不需要改革了。事实上，国外大公司也在不断地、随时随地进行改革，不断调整各种运行制度和各种内部关系。正因为企业都面临着这样那样的问题需要解决，我们就有必要研究问题在哪儿、原因是什么、解决办法是什么、具体如何操作实施等。

此外，从大企业、小企业自身经营管理的特点出发，也需要这样的研究和规划。因为大企业和小企业不同。小企业走到哪儿是哪儿，大企业则不一样。大企业必须很好地把握自己，必须有规划、有战略，发展

---

* 原文为作者在部分国家大型企业集团试点工作座谈会上的讲话，发表于《集团经济研究》1999 年第 1 期。

战略必须是高瞻远瞩的。

因此，制订好试点方案，从根本上讲是企业自身发展的要求。不能设想一个负责任的、要发展壮大的企业集团，在发展过程中可以不研究方向性问题，可以不在体制上不断完善自己。企业集团进入试点以后，制订试点方案，实际上就是要求企业根据国家的要求，联系企业自身的实际问题，进行回顾、反思、总结和研究，从而明确今后的发展方向和要解决的问题，以及具体的操作措施。

二、关于企业集团试点工作的侧重点问题

企业集团试点是一项扶持性试点，目的是扶持一批大企业、大集团的成长，使其能够参与国际竞争，能够发展民族产业。要达到这个目的，就要解决企业集团发展道路上的问题和障碍，而这些问题特别多，与整个国有企业改革的情况是一样的。但同时我们也要看到，每一项工作能够解决的问题是有限的，每一项工作都有特定的目标，我们不可能依靠某一单项工作把所有问题都解决了。

那么，我们通过企业集团试点要解决什么问题呢？我们分析一下，目前企业集团发展面临的问题大致可以归到四个方面：

第一，企业集团发展的外部环境不顺。大企业的发展对外部环境的要求很高，这与小企业不一样。小企业天高皇帝远，只要你不管我，我就能发展。大企业则要求有一个比较规范的、适合发展的经济体制环境，但现在还不太具备，所以企业集团发展与外部环境摩擦非常大。

第二，企业集团尤其是一些老企业负担比较重，富余人员比较多，企业办社会问题严重、负债率比较高。大家讲企业办社会，实际上真正办社会的主要是这些大企业。

第三，大部分企业集团内部改革不够到位，包括制度建设和内部管

理体制。

第四，企业集团发展中有一些独特的问题，有些是历史形成的，有些是特殊行业的特殊问题。

这四个方面中，我认为企业集团试点的重点可能在第一和第三方面。因为外部体制环境和内部改革是企业集团发展的共性问题，与企业集团试点的宗旨和现行的政策手段基本上是一致的。至于其他两方面问题的解决，要随着面上国有企业改革的整体推进逐步解决，要通过三年摆脱困境的工作逐步解决，当然我们可以做工作，尽可能使试点企业集团参与到这些工作中去解决问题。

三、外部体制环境问题

通过企业集团试点解决共性问题，大致可分为体制环境问题、内部管理问题和发展方面的问题。发展方面主要是科研开发和市场营销问题。科研开发和市场营销是企业集团增强竞争力的需要，也是目前相当一部分企业集团存在的共同弱点。大部分试点集团是计划经济时期建立的，或者说是按计划经济的模式建立的企业。计划经济是按什么模式去建企业呢？市场上缺彩电就建彩电厂，缺冰箱就建冰箱厂，按这种模式组建的企业都是单一产品的生产型企业，生产功能很强，大而全、小而全，但科研开发和市场营销功能却很弱。这是许多企业集团普遍存在的先天不足，因此要补充完善这些功能。在这方面，政府要尽可能去创造一些条件，如支持设立技术开发中心，争取将中心设在试点集团；还可推荐一些好做法，比如这次会议上联想集团的经验介绍，市场营销方面的经验非常好，大企业的市场营销就应该这么搞。大企业和小企业在营销方面的出发点不一样，大企业需要一个规模大而且比较稳定的市场，所以大企业市场营销的出发点是市场的培育而不仅仅是产品销售；在具体营销方式上，小企业经营的是产品，销售就是目的，可以搞能人承包甚至给回扣等办法，这符合小企业的特性。但大企业经营的不是产品，而是市场，要把市场当成一种可以利用的资源，把市场开发好、管理好，便于长期利用。所以大企业市场营销的目的就是市场培育，具体方式是市场建设，包括市场网络建设。在这方面国内做得比较好的是海尔、联想。科研开发和市场营销是企业集团在发展方面一个共性问题，政府虽然可以做一些工作，但这些方面更多的、更主要的是靠企业自己，因为每个企业情况不同，不同产品的营销网的建设特点也不同。所以共性问题应集中在体制方面。

由于我们处在经济体制改革的过程中，各个方面的关系并没有理顺，还未能为大企业的发展创造一个比较好的外部环境，企业发展中感到摩擦掣肘很多。企业集团试点的目的之一，是要通过试点发现问题，同时改善外部环境。以往企业集团反映最大的外部体制环境问题是政企不分，政府行政干预太多。具体表现在：一是政府部门的直接干预，每个企业都有一个主管部门，主管部门管着企业的许多重大事情。二是限额审批的投资管理制度，企业集团一般规模比较大，投资的项目很少在限额以下，绕不过行政审批，而行政审批需要很长的周期，等审批下来了，市场机会也丧失了。所以有些集团说，并不是我们不能发现市场机会，而是发现机会却抓不住，都被行政审批耽误了。这种状况在这次政府机构改革中将发生重大变化，对集团发展的经济体制环境将产生重大影响。

这次机构改革的一个重要原则就是政府部门不再直接管企业，政企分开。这次机构改革还强调一个重要的职能转变，就是对企业的项目不再进行行政性审批。在国家经贸委的“三定”方案中，转变职能的第一条，是不再审批企业利用自有资金和商业银行贷款建设的项目。这将是国家投资管理体制的一项重大改革。这次的政府机构改革与稽查特派员制度一起，会形成一套全新的政企关系格局。这一格局有四个特点：一是政府部门不再直接干预企业的经营活动，以后主管部门的概念不存在了；二是政府不再对企业投资决策进行行政性审批，投资决策权已交给企业和银行了，企业要建项目，要有资本金，你出钱、你决策、你承担风险，钱不够可向银行贷，贷不贷由银行决定；三是政府通过派稽查特派员的形式，对国有企业进行财务考核和监督；四是政府根据考核和监督的结果决定国有企业经营者的任免。这四点再概括一下就是，把经营决策权交给企业，政府管人，管人的依据是通过稽查特派员进行考核和监督。如果经营得好继续经营（当然还应有激励机制），如果经营不好，政府就换人。这样一套制度，关系是比较顺的，责任是清楚的。

四、关于企业集团的内部制度建设问题

企业集团内部制度建设也是集团发展的共性问题。大企业靠制度，小企业靠人。大企业本身是一部复杂的机器，靠一个人不能把机器运作好。政府不再审批企业的投资项目，既是个好事，也是一个新的挑战。以前政府审批了一些亏损项目，新的体制下企业是不是就能做好？政府可能出现失误，企业也同样可能出现失误。问题的关键在于制度和程序如何定。从广义制度建设上讲，国有企业比其他所有制企业是好的，但制度建设往往只重视生产管理上的制度，在走向市场以后，仅仅靠生产管理是不够的，而国有大企业在防范经营风险、金融风险和内部财务控制方面的制度建设普遍存在薄弱环节。没有良好制度建设作为依托的企业集团，其发展是不稳定的。比如国外一些大企业，经营者可以换得很快，但公司经营是稳定的，因为他们内部有一套制度在规范运作。而我们的一些集团可能现在非常好，但总觉得不踏实，原因是企业发展过分依赖于一把手，人们担心一把手的身体会不会出问题，会不会决策失误。企业发展依赖于一个人是非常不稳定的，所以要加强内部制度建设，使企业的兴衰真正建立在一套制度

上而不是依赖在一个人身上，这是我们企业集团试点的一个非常重要的内容，目标就是把企业集团建成现代化大公司。这次试点方案做得好的企业，都有很多制度建设的内容。在杭州会上，万向集团的发言使我感触很深，我没想到万向集团讲出这么一套规范的制度建设内容。我们原来想，乡镇企业机制活，靠的是老板个人说了算，想开除你就开除你，个人说怎么办就怎么办。但万向集团的发言介绍了一整套制度，在董事局下设三个专业委员会，规划投资、财务、人事都有一套规范的决策和管理制度，母公司对子公司也是一套制度化的管理。听了万向集团的发言，对乡镇企业有一种刮目相看的感觉。许多乡镇企业发得快、垮得也快，过去有多少明星企业、明星企业家，几年后就成为历史；但这么多年，万向集团没倒，鲁冠球没倒，仍然发展稳健。我们感到，其中重要原因是，万向集团的管理已经从家族管理转化到现代管理，这对一个乡镇企业来讲是上了一个非常重要的台阶，也从另一个侧面说明，制度建设对大企业发展至关重要。

制度建设内容很多，比如投资决策制度要能防失误，防风险；母子公司关系的制度，权责要清楚；财务制度要防止内部失控。方向是规范运作，责任明确，有透明度。我们考虑，制度建设不能停留在一般号召和要求上，要把工作做得更细一点，争取提供一些好的案例和样本，让大家借鉴。这次座谈会上，印发一汽集团《关于加强投资集中管理的若干规定》《集团公司对各类子公司和参股公司管理的规定》，很受欢迎，大家觉得很有参考价值。

在内部制度建设方面，希望大家也要重视内部三项制度改革。三项制度改革曾推动过，声势比较大，但大部分国有企业改革没到位，走过场的居多。现在必须重新强调三项制度改革，因为这是国有企业内部最根本的问题，人不干活，什么体制、规划、制度都是没用的。推进三项制度改革，最大的障碍是观念。国企的职工长期吃大锅饭，难以接受严格的管理。但我们也要看到，这几年情况不同了，改革使职工的观念已经开始发生变化。前几年国企破产、职工下岗是不能接受的，但这些年已经被部分地接受了。观念的变化和外部环境的变化，使我们推动内部改革可能得到一些新支持性的因素，现在必须重新重视三项制度改革，这个问题越往后拖，积累的矛盾就会越多。试点集团对最基层的成本中心，就要要求管理者把改革推到位，推到位就给重奖，调动他的积极性。

关于国有企业改革状况的分析及进一步推进改革的设想*

一、当前国有企业改革的总体状况

目前国有企业改革处在一个非常重要的阶段。最近的一些文件里都在讲，现在是改革的关键时期、攻坚阶段，攻坚阶段当然是最难的。在第一线的同志可以感受到，现在国有企业的经营状况是比较困难的，企业经济效益不好，下岗职工多。为什么会出现这种局面呢？当然，直接的原因是外部的经济环境不好，亚洲金融危机导致出口下降，国内需求也不足，经济增长速度下降以后企业必然会感到困难，就业问题必然会变得更加突出，这对各类企业都是一样的。

对于国有企业来说，有两方面的原因是需要强调的。

一个是经济发展阶段的变化，买方市场的形成。买方市场形成以后，市场竞争加剧，市场竞争加剧的结果是生产的集中化和企业的分化。在这种情况下，优势企业会发展，但优势企业发展的同时，更多的企业会陷入困难。一些非常好的企业，比如说海尔、长虹的发展，我们说这是非常好的事情，但是这些企业发展的代价，就是使更多的企业陷入困境。这实际上是一个发展过程中利弊的两个方面。从国家产业布局的角度来说，计划经济是一个分散化的布局，从分散化通过市场竞争向生产的集中化演变这是好事情，对产业发展、产业素质的提高都是好事，但这个过程可能是有痛苦的，我们现在就处于这样一个痛苦的过程。

---

* 原文发表于《集团经济研究》1999 年第 7 期。

另一个是宏观经济体制的变化。这几年企业在改革，宏观经济体制也在改革，宏观经济体制改革的步伐是比较快的。与国有企业密切相关的一个是财政体制，另一个是金融体制。财政体制改革的方向是逐步从竞争领域退出，保公共财政。今年财政工作会议项怀诚部长讲话中有一句话："财政资金要逐步退出应由市场配置资源的经营性领域和竞争性领域，转到满足公共需要上来。"这对国有企业影响是非常大的。就是说财政和国有企业的关系要发生变化了：国有企业要亏损的话，财政不会再给补贴了；国有企业没有资本金，财政没有责任再给你注入资本金了；财政也没有义务再支持国有企业的技术改造了。金融体制改革的方向是国有银行的商业化，国有银行向国有商业银行转变，要自主经营、自己承担风险。这样，国有银行就不能再承担没有回报的政策性贷款任务。以前政府是可以干预银行的，尤其是地方政府，有的企业发不出工资，地方政府的首长可以把地方银行行长叫来，要求给企业发贷款，现在就做不到了。今年银行的改革更进了一步，撤掉31个省市的分行，设9个跨地区的区域性分行，目的是进一步弱化地方政府对金融系统的干预。

宏观经济体制加快改革，实际反映出中央在改革上的一个战略性转变。以前，宏观和微观的改革是扯在一起的，宏观和微观互相掣肘，微观没有改好宏观不能往前走，宏观经济体制改革走快了国有企业受不了。现在把宏观和微观的改革分开了，优先保证宏观经济体制的规范和全局的稳定，所以财政转向保社会职能，银行的责任约束相对硬化了。

国有企业的经营状况目前出现比较困难的局面，实际上并不是国有企业突然发生什么变化，直接的原因是经济发展阶段的变化，尤其是宏观经济体制改革迈出了一大步。比如下岗问题从1997年底开始表面化，直接原因就是金融体制改革，原先这些下岗职工是作为企业的富余人员和困难企业职工养在企业里，现在安定团结贷款这个渠道一卡住，这些企业的职工身份就变了，都变成下岗职工。

经济发展阶段的变化和宏观经济体制的变化，把国有企业的问题表面化了。怎么看待这种局面呢？我们觉得它说明了两个问题：一是这是经济发展方面的进步，也是改革方面的进步。经济发展进入买方市场以后，市场竞争加剧，必然要造成企业分化。而这种企业分化的结果，对于提高我们国家的经济素质、产业素质是有好处的。当然，有一个对困难企业的处置问题，如果解决不好，这个进步的过程就显得非常痛苦。另外，也是改革方面的一个进步，原先宏观和微观扯在一起，哪个方面的改革都很难迈出大的步伐，现在把问题分开，优先解决宏观体制问题，对于全局的稳定是有好处的；尽管这样做给国有企业造成非常大的压力，但这是值得的。这种局面说明的第二个问题，是要求国有企业改革加快步伐，能够赶上整个经济体制改革的步伐。所以我们理解，所谓关键的时期、攻坚的阶段，实际就是这样一个背景。经济发展阶段变了，宏观经济体制改革比较快地推进了，国有企业改革的步伐不适应经济发展和宏观经济体制改革的步伐。其中有一些必然的原因，国有企业改革是一个难点，国有企业的改革涉及几十万个国有企业，这些国有企业很多是按计划经济的模式建立的，转到市场经济运行不是一个简单的事情，这不光是机制问题，还有复杂的结构问题。国有企业有7000万名职工，把企业职工从计划经济的模式转到市场经济中运行，也不是那么简单的事情，因为机制的转换涉及人的观念和既得利益调整。

这十几年国有企业改革的进展是非常明显的。十几年以前国有企业还仅仅是计划经济的一个生产单元。现在，不管是企业的发展规模还是企业的经营方式都发生了深刻的变化。大部分国有企业现在能够适应市场竞争的环境，不管这个适应是主动的还是被动的。国有企业的改革之所以现在跟不上宏观经济体制改革的步伐，还有一些深层次的问题没有解决好，这些深层次的问题制约了企业改革的进度。而且这些深层次问题，相当一部分并不是通过国有企业自身改革能够解决的。这些深层次的问题，我们分析大概有以下几个方面：

第一，政企不分的问题。这个问题讲了很长时间，但并没有真正解决好。所谓政企不分主要有两个方面：一个是主管部门的行政干预。我们每个国有企业都有一个主管部门，主管部门名正言顺地可以干预所主管企业的事务，企业觉得它是主管部门当然应该听它的。另一个是投资管理体制。我们的投资管理体制是一种分限额的行政审批制度，是典型的计划经济的管理方式。其所造成的问题，一个是行政介入企业的决策，再有是审批需要时间，快的也许一年能够批下来，再大一点的项目也许两年、三年。

第二，社会负担的问题。长期以来我们把国有企业看成是社会组织，让国有企业承担很多的社会责任。社会责任大概有那么几块：富余人员的问题，要解决就业。以前社会上有人需要就业，那么国有企业就得招工，现在国有企业内部2000万名富余人员，其一年的开支大概是1500亿元，实际国有企业一年的利润才有400多亿元。再有就是办学校、办医院，有1.8万所义务教育阶段的学校是企业办的；医院是按病床数算的，全社会医院病床数的1/3是国有企业办的。

大家觉得国有企业问题特别多，但从社会的角度看，恐怕是另外一个判断。现在国有经济占国民生产总值的比重大概是42%，工业产值的比重也就是百分之二十几，比重是非常低的。但国家预算内财政收入来自国有经济的比重现在是70%左右，城镇就业中在国有经济单位就业的比重是54.7%。这两个数字说明国有企业的社会贡献非常之大。我们可以从企业的角度去判断一个企业，这个企业管理怎么样，效益怎么样；也可以从社会的角度去判断一个企业，从这个角度判断实际是两个指标，一是这个企业为社会提供多少就业岗位，二是这个企业为国家提供多少税收。虽然现在国有企业的问题比较多，但如果没有国有企业，财政收入的2/3就没有了，城镇就业的一半就没有了，那么社会还能稳定吗？社会负担的问题实际上不是国有企业自己能解决的，国有企业希望把社会负担分解出去，可问题不在于企业愿不愿意分，而在于社会能不能接受。

第三，优胜劣汰的机制问题。既然我们选择市场经济，市场竞争是必然的，而市场竞争的结局就是优胜劣汰。不能说要市场经济但不要优胜劣汰，优胜劣汰是市场机制优化资源配置的一个主要途径，有竞争总有失败者，到最后资源向优势企业倾斜。现在国有企业要发挥优胜劣汰机制的作用很难，“优胜”逐渐可以了，“劣汰”非常困难，淘汰困难企业非常之难。所以在整体上讲，国有经济就很难形成一种自我更新的机制，特别难以适应结构调整的要求。

第四，一些非企业因素造成的结构矛盾。一般讲，如果一个企业经营不好，责任是企业的，是企业经营者没经营好。实际上因为国有企业一些非常特殊的原因，有些问题是一些非企业的因素造成的。既然要权责明确，既然要把责任搞清楚，这个责任是不是企业的就必须说清楚。

（1）国有老企业的问题。长期计划经济下，企业利润要全额上缴，甚至部分折旧都要集中，所以相当一部分老企业自我改造不足。现在要求这样的企业走向市场，但它的装备没有办法参与 90 年代的市场竞争。

（2）投资决策失误造成的问题。我们的投资体制是一种行政性的决策，行政性的决策最后是找不到责任者的。因此这几年投资失误造成的问题特别多，几亿、几十亿投下去以后，一点效益都没有。

（3）计划经济在资源配置上造成的矛盾和重复建设造成的矛盾。虽然我们已告别了计划经济，但实际上受计划经济在资源配置和企业组织结构上的影响还是非常大的，主要表现在计划经济时期摊子铺得比较大的行业。计划经济资源配置的出发点和市场经济是不一样的，因为计划经济没有市场竞争的因素，也没有对外开放的因素，是一种短缺经济，所以各个地区自给自足，自求平衡。

（4）企业组织结构问题。这个问题前几年没有特别重视。在计划经济时期，在短缺经济条件下，我们实际是按这样一种模式去建企业的，就是市场缺什么产品就建一个什么企业。市场缺彩电就建一个彩电厂，缺冰箱建一个冰箱厂，都是单一产品的生产型企业。这样的企业组织结构，实际上是很不合理的。最典型的是机械工业，机械工业是在计划经济时期摊子铺得很大的一个行业，而且是按照苏联模式去建的，所以分工非常细，从企业的名称上就可以看出，有化工机械厂、冶金机械厂、纺织机械厂、轻工机械厂等等，每一个行业都有自己的机械厂，为这个行业提供单一的产品。即使是通用设备也是分得很细的，第一机床厂是生产车床的，第二机床厂可能就是生产铣床的。但企业自己的工艺又是非常全的，从第一道铸造开始，一直搞到产品组装，是大而全、小而全。这样的企业组织形态，是一种典型的短缺经济下供给型的企业，建这个企业就是不断地为社会提供这种产品。这样的企业组织形态非常不适应市场经济，非常不适应结构调整。

（5）重复建设。重复建设导致价格战，一旦企业陷入价格战，单一企业是无法自拔的。这几年我们的重复建设太厉害，而且又是在企业不能破产、难以破产的情况下搞的。这种问题是行业性的问题，单一企业没有办法解决，只能从行业角度解决。

国有企业除了企业改革层面的问题以外，还有很多深层次的问题，其中许多不是在企业层面上能解决的。政企不分的问题不在于企业，社会负担能不能分解出去也不在于企业，优胜劣汰的基础靠一个企业去建社会保障也建不成的，一些非企业的因素也不是企业能够解决的。现在国有企业改革的步伐明显不适应经济发展的要求，也不适应整个经济体制改革的要求，但是国有企业改革的步伐要加快，就不能不涉及这些深层次的问题。

二、1998 年以来国有企业改革的进展情况

1998 年是三年实现两大目标的第一年。1998 年在这方面有什么进展呢？1998 年国有企业改革有几件大事：

一是政企分开方面实现了突破。政企不分一直是阻碍国有企业改革深化的一个障碍，但没有办法通过企业层次的改革去解决。1998 年政府机构改革，在这方面实现了非常重要的突破。这次机构改革的一个重要方面是政府部门不再直接管企业，中央企业各个部门所直接管的企业都与主管部门脱钩，这就意味着国有企业不会再有一个行政的主管部门。

这次机构改革还形成了稽查特派员制度。向国有大企业派稽查特派员，对国有企业的盈亏状况和领导人的经营业绩进行考核。对稽查特派员各方面的议论比较多，我们觉得应该从这么几个角度去看：第一，要放到整个新的政企关系中去看，它是新型政企关系中的一个环节。第二，稽查特派员能够解决监督主体不明确的问题，国有企业没有监督不行，都监督却没有人承担监督责任也不行。稽查特派员制度形成以后，监督主体的责任明确了。第三，稽查特派员对企业经营者的考核更具所有者的特征，这对传统的干部人事制度实际上也是非常重要的突破。

二是国有小企业的改革是整个国有企业改革的一个重要方面。国有小企业改革的方针是多种形式放开搞活，让企业走向市场。国有大中型企业要建立现代企业制度，为什么国有小企业改革的方针和大企业不一样，这是由小企业的生产水平和行业特点所决定的。小企业改革的方针就是允许其选择适合于它的企业财产组织形式，股份制、股份合作制、承包、租赁等等。前几年小企业改革步伐比较快，有些非常成功的典型，如山东诸城。但是也出现了一些偏差，主要表现在以下几方面：一是用行政手段、用搞运动的方式强制推行改制，比如说去年比较突出的刮风出售。二是强迫入股，前景不清的企业，职工不愿意入股，那么不入股就下岗，必须入股。三是逃债，债务很高的企业，改完制以后，把债务人给改掉了，没有人承担债务。

用搞运动的方式出售小企业，造成的后果也非常严重。去年，国家经贸委发了一个文件，名称是《关于制止出售小企业成风有关问题的通知》。

国有小企业改革中出现的种种偏差，并不真正解决问题，而且会带来很多的后遗症。为什么会出现偏差，主要是相当一部分地方政府在推进国有小企业改革时，操作过于简单化。国有小企业改革的方向绝对应该坚持，但改制必须规范，必须做非常细致的工作，改一户成一户。这户企业怎么办？通过什么方式改制？一户一户做，争取改一户成一户，不搞运动，搞运动不解决问题。

三是去年另一项比较重要的工作是社会保障制度和职工再就业工作。职工下岗问题从1997年下半年变得非常突出，原因就在于宏观经济体制的变化使隐性的失业显现化。在这样的形势下，党中央、国务院全力以赴抓再就业工作。1998年初召开了再就业工作会议，规格非常之高。再就业中心成为一种全国性的临时保障措施，镕基同志讲这是有中国特色的社会保障制度。全党、全国上下努力抓了一年，再就业中心工作完全铺开了。到去年底国有企业610万名下岗职工，99%进入再就业中心，领到基本生活费的占93.2%。总体上讲，“面”基本上覆盖了，绝大部分地区可以做到下岗职工不进“中心”不给钱，只要进“中心”不欠钱，真正有困难的下岗职工，只要进“中心”就能保证基本生活费，当然现在保障水平不够高。再就业工作是意义非常大的事。

再就业中心不单是临时性保障性的措施，从改革的角度讲，也是有非常重大意义的。具体表现在两方面：一是国有企业第一次有了分流富余人员的途径和渠道。二是再就业中心是推进就业制度改革和就业市场化的一种形式。去年在社会保障管理体制方面也有一些大的进展。一是解决了社会保障工作体制分割的局面，原先五个部门管，去年机构改革后是一个部门管，责任是明确了。二是11个部门的行业统筹，8月底下放到地方了，这有助于地方以省为单位发展区域性的、社会化的社会保障制度。

1998年国有企业改革除了上述三个方面的重要进展，其他方面的工作也基本上按计划正常推进。兼并破产工作，去年400亿元呆坏账准备金，解决了1144户国有大中型亏损企业的兼并和破产问题；纺织压锭重组，压锭和减员的任务都完成了，减亏任务只差4亿元，也是很不容易的；增资减债政策，去年拨改贷转国家资本金已经转完，经营性基本建设基金转国家资本金的工作已经开始，在股市情况不好的情况下到境内外上市的企业有120家，A股109家，B股8家，H股3家，一共筹集资金941亿元；分离企业办社会负担，去年也有了一些新的进展，以前分离企业办社会负担是总结推广长沙的经验，去年已经开始出现省一级的突破，福建省去年把全省所有国有企业办的学校一次性接到社会上去，福建省的国有企业已经做到不再办学校，其他的省也在推进。

三、今年国有企业改革的想法和对企业改革的总体分析

今年是三年实现两大目标的第二年，也是关键的一年。今年的工作要紧紧围绕三年的目标进行安排，力争通过今年的工作多解决一些问题。三年摆脱困境的工作，想进一步做实一点，大概思路是把握三个环节：

一是把工作对象搞明白。三年摆脱困境，1998年是第一年，1997年底的企业年报数是基础。1997年国有及国有控股大中型企业是16874户，亏损6599户，亏损面是39.1%，现正与国家统计局对亏损企业进行核对确认。

二是制定配套政策。把有限的政策手段集中用于解决国有大中型亏损企业的脱困工作。比如说兼并破产政策，以后小企业不能再享受了，集中在国有大中型亏损企业；企业上市的政策，争取与脱困结合起来；企业领导班子建设等问题。这些问题希望能够在重点脱困企业中有突破。对分离企业办社会负担等其他问题，准备12个方面的配套政策加上去，能够帮助大中型亏损企业多解决些问题。

三是落实指导责任。摆脱困境的主体是企业，企业自己不走出去，谁帮也帮不成。但是考虑现在的条件下政府不帮一把不行，所以根据企业的行业特点和所在地，分解了指导责任。地方企业地方负责指导；中央企业行业管理部门负责指导。指导单位要帮助企业分析亏损原因，明确企业摆脱困境的途径，帮助企业制订脱困方案。责任制明确后也有反映，说搞责任制不更是政企不分吗？我们是这么看的，政企分开没有问题，政企分开重要的是对好企业不要干预它。但对困难企业，如果政府不帮一把还真是不行，因为好多困难企业之所以陷入困境是有多方面的原因，政府这方面的原因也是一个重要的方面。如果说政企分开，不管企业多困难，你找市场别找我，相当一部分困难企业很难摆脱困境。

脱困工作做这样的安排，有助于把工作落实，做实以后也要防范另外一种倾向，就是责任明确以后要防止诱发短期行为，在政策上应该有所防范，这方面是有教训的。当确定一个阶段性目标时，就要考虑到这个阶段性目标可能会引起的一些问题。三年是个阶段性目标，国有企业整体的改革肯定要持续比三年更长的时间，当设定短期目标的时候，要想到可能诱发一些短期行为。今年的企业兼并破产改革有一个大的调整，以前兼并破产工作原则上是多兼并少破产，怕影响社会稳定。今年明确以破产为主，个别兼并的要看兼并的主体有没有积极性。以破产为主搞兼并破产工作，目的之一就是防范一些短期行为，因为有些兼并是政府在操作，效果不好。

围绕脱困工作，要做一系列工作。工作对象搞明白，集中政策手段解决这些企业的问题，再把责任分解，加大各个方面的责任。除了这些工作以外，1999 年的国有企业改革还要突出几个重点：

第一个重点是现代企业制度建设。现代企业制度建设是国有企业改革的方向，主要的形式是公司制。中央在搞百户试点，地方上搞的试点就更多。但是试点企业改制的效果很不一致，有些效果比较明显，有些效果不明显，还有一些是翻牌的。从试点企业的情况看，一般讲多元投资主体的效果比较好，国有独资的差一些；新企业效果好，老企业差一些。为什么效果不一样，有几个因素。一个政企是不是分开，如果政企不分，政府和企业搅在一起，企业改制是不可能真正有效果的。“产权清晰、权责明确、政企分开、管理科学”，我个人认为权责明确是关键，而权责明确要实现，政企分开是前提。另外，一些非企业因素的包袱是不是甩掉了，我们看效果时，往往跟企业的经济效益要挂在一起，而有的时候现代企业制度并不能完全解决企业的生死问题。比如说这个企业的社会包袱非常重，历史遗留的问题又非常多，有种种的先天不足，挂上现代企业制度的牌子这个企业还是没法活。还有，改制以后法人治理结构是不是规范运作，是不是有透明度。法人治理结构有机制转换作用，但必须规范运作。透明度是有效监督的基础，国有企业如果没有一个透明度，肯定是做不好的。还有一个因素，内部改革是不是到位，如果三项制度改革没有到位，不能设想建成现代企业制度。

通过我们对现代企业制度工作的分析，下一步推进现代企业制度建设准备突出几个重点：一是改制的形式尽可能多元化，少搞国有独资公司，但是试点企业集团母公司现在是难以做到的。二是改制要规范化，要有透明度，改制如果不规范，最后可能就没有效果。三是改制的组织要强调配套改革，有一些问题不是企业自己能够解决的，在这方面我们比较推崇上海的改革方法，以五大机制推进现代企业制度建设，即：企业优胜劣汰的机制、国有资产保值增值的机制、职工能进能出的就业机制、经营者择优录用的机制、社会保障机制。所以上海企业的改制效果是相对比较好的。

第二个重点是几个重点行业的重组。有一些企业的困难是行业性的，或是由于计划经济时期产业布局造成的，或是这几年重复建设造成的，行业性问题靠企业自己没有办法解决。从企业角度解决问题，可能与宏观结构优化的方向还不一定一致。比如钢铁工业，全国有 1700 多家生产企业，从行业角度看重复建设，太分散，需要进行结构调整，扶持一些好的，淘汰一些差的。从企业角度看，结论可能完全不一样。比如说50个困难的钢铁企业派50个调查组下去，最后调查组汇报的可能是一样的结论，这个企业不够经济规模，要摆脱困境就要上规模、上水平。但是我们只有一亿吨的市场，如果这些已经非常分散、规模非常小的企业，在这个基础上，再加大投入，上规模、上水平，宏观上将是灾难性的结果，所以说行业性的调整是需要的。

1998年纺织行业压锭重组是行业性结构调整的一次尝试，国家给补贴，制定扶持政策，压缩过剩的生产能力，帮助困难企业退出，提供了一些宝贵的经验。1999年需要重点进行调整的行业是五个：纺织、煤炭、冶金、有色、军工。通过结构调整，要淘汰一批低水平的、过剩的生产能力，解决一些行业性的结构问题。几个行业正在作调整规划。今年搞行业重组非常有意义，但是难度非常大。一个难点是在市场化的条件下如何推进行业结构调整，是个需要深入研究的问题。在市场经济的环境下依靠行政手段、逆着市场操作，效果是不会好的。第二个难点是投入怎么解决。行业性的结构调整，没有投入是调不动的，即使要关闭企业，也是需要投入的，因为人需要安置。

*第三个重点是推进小企业的改革与发展。*国有小企业的改革是要在去年的基础上规范。如果“刮风”、强迫入股、逃债这几类偏差都纠正的话，我们就会发现国有小企业改革也非常难，急于求成不行，争取改一户成一户。今年的国有小企业改革是在规范改制、健康改革的基础上，还要重视小企业后面的一套制度建设。所谓小企业后面的制度建设，一是保障制度建设，二是扶持体系建设。小企业是市场竞争的弱者，需要政府扶持。去年政府机构改革中国家经贸委新组建一个中小企业司，是中国第一次有一个政府机构去管中小企业的事情。这实际是国际通常的做法，市场经济国家没有冶金部、没有化工部，但政府里往往有一个中小企业局或是中小企业部，负责制定中小企业政策和扶持体系建设。现在我们专门有一个机构管，负责中小企业的改革和发展，一些

地方信息、融资、销售、技术、培训的服务体系现在正在推进。

除这些重点工作以外，国有企业改革其他方面的工作也有了一个安排。兼并破产工作的操作层次上浮，这次不再分到试点城市了，以破产为主，尤其是解决一些大企业破产，还有资源衰竭煤矿的关闭、资源衰竭的有色金属矿的关闭，操作层次上有利于集中政策手段解决一些大问题。分离企业办社会负担争取能够再进一步推进，福建省今年能够解决全部企业办社会的负担，争取其他几个省，至少第一步先把学校问题解决了。再就业工作主要是在1998年工作基础上巩固和完善再就业中心，去年的工作力度非常大，但是工作做得不细，今年要进一步完善化。今年还要重点做好清理劳动关系的工作，这也是一个很碰硬的事情。同时要提高社会保险的覆盖面，三资企业、其他所有制经济都要进去，要提高收缴率，这样来提高保障能力。

尽管国有企业改革面对的问题非常复杂，几十年积累的问题、多方面的综合性问题。但通过这几年国有企业改革的探索大致的路子比较清楚了。国有企业改革大体上包括三个环节：第一个环节是改制，对国有小企业是多种形式放开搞活；对中型企业是尽可能股权多元化，通过多元化形成一个制衡的机制；对于国有大企业、试点企业集团，股权多元化不太可能，办法是政企分开、所有者到位、明确经营责任，加大激励与约束。第二个环节就是在改制过程中要把企业的社会负担减出去，要把企业历史遗留的问题、不是企业造成的问题逐步消化掉。第三个环节是把社会保障制度建设好，使国有企业能够正常的优胜劣汰。所有者到位、产权是明确的、责任是清楚的，这个企业也不一定经营得好。经营不好也没有关系，能破产、职工能安置消化掉就可以了。国有企业改革从最粗的轮廓看，大概就是这三个环节，当然三个环节中具体问题的解决是需要一个过程的，而且需要很多可操作性的政策和办法。

四、有关企业集团试点工作的问题

企业集团试点工作重点主要是：

第一，做好试点方案。为什么要搞试点方案，这个问题讲过几次了，关键是给企业自己做，不是为政府做。如果一个大企业不研究自身长远发展，不研究自身体制的完善化，这个企业是非常危险的。大企业不像小企业，小企业走到哪里是哪里，是跟着别人走的；而大企业自己就是一个市场开拓者，所以必须研究发展问题，研究战略问题，必须研究自己的体制怎么完善，这是对于试点企业集团的一个基本要求。

第二，外部环境问题。试点企业集团的规模大、涉及问题的层次高，许多问题都是通天的事，要在体制上一揽子解决，现在还不具备条件。所以要通过制定配套政策一项一项解决，争取一条一条把外部的体制关系理清楚。

第三，内部制度建设。企业搞大以后，靠一把手事必躬亲是做不好的。大企业要真正稳定发展，必须把企业的经营和管理放在一套制度化的基础之上。当前我们大部分大企业内部的制度化建设是跟不上的，所以企业发展显得不稳定。

除了以上三点，还有两个问题：一是内部一体化、内部整合问题。企业集团能不能是一个真正的集团，取决于内部能不能重组整合。我们相当一部分企业集团是若干家企业归在一起，但内部不能调整，这是一个很大的问题。如果内部不能够整合，集团内部子公司的优势不能互补，甚至还互相抵消，这是当前企业集团发展的大问题。这个问题在我们的现实条件下特别难解决，尤其是强强联合的企业，干部怎样安排，企业之间的既得利益怎么办，我们希望大家可以探索一下。二是内部的三项制度改革。内部三项制度改革到位是一个企业真正有竞争力的基础，人不干活企业改成什么体制也不行。而大企业内部三项制度改革一般说比较滞后，亟待加大改革的力度。以上两个问题都是下一步需要解决的。

如何理解十五届四中全会精神*

这次，我从国有企业改革操作部门的角度来谈一下对国企改革的看法和分析一下四中全会以后国有企业改革的趋势。

一、关于如何“退”

这次四中全会通过的《中共中央关于国有企业改革和发展若干重大问题的决定》（以下简称《决定》），提出“有进有退，有所为有所不为”，还是第一次，尤其是讲“退”的问题。国有经济减少不会影响我们的社会性质，重要的是看国有经济的质量。所以下一步估计各个地方要在战略性改组方面做很多的文章，都会首先解决“退”的问题，以此解决其战线过长的问题。但是我们感觉“退”的问题并不容易解决，各个地方对其中的复杂性会估计不足。“退”的问题真正难点在两个方面：

一是有一些国有企业想“退”都“退”不出去。国有小企业改革的方向是多种形式放开搞活，所以说“退”，第一个该“退”的就是小企业层次的企业，但一些国有小企业连续亏损几年以后，国有净资产已经赔得一干二净，现在是负数，就是说企业内部已经没有国有资产了，还算国有企业吗？按理说这样的企业就应该自动退出。但往往想“退”都“退”不出去！为什么？因为在这个企业范围之内，不仅有国

* 原文发表于《北京经济瞭望》2000 年第 1 期。

有净资产的问题，还有一个国家责任的问题。所谓国家责任是指两个方面：第一，企业的债务。国有企业的负债，国家是要承担责任的。因为国有企业的负债主要是对银行的负债，银行的负债又是对储蓄者的负债，所以国家对国有企业的负债要承担责任。第二，国有企业的职工是全民所有制的职工，他们的社会保障国家是有承诺的。如果这个企业不是国有企业了，走向市场了，后面没有一套真正的保障措施，职工是不能接受的。

因此，一个企业能不能真正“退”得出去，很大程度上取决于能不能很好地解决企业的债务问题和人员的保障问题。国家责任如何才能真正解脱？第一个标志，把企业的负债率降到一个正常的水平；第二个标志，把现在的全民所有制职工的社会安置、保障解决好。如果一个企业现有的国有净资产还顶替不掉这两个方面的国家责任，那么政府就应该采取一些额外措施。否则企业如果硬“退”的话，就会发生两个问题：一是大范围的逃债，结果把所有的风险都转嫁给银行，银行不良债权的比重就会急骤升高；二是会造成大量职工下岗，危及社会的稳定。

二是“退”得经济与否的问题。比如，有一个各方面都不错的纯国有企业，变成了一个混合形态的企业，但在出售时，无形资产却不作价，显然是不对的。

国有企业退出的问题，实际上是个非常复杂的过程，这个过程应该尽可能做得比较规范。现在我们担心，很多地方和企业对“退”这个问题比较热衷，但是不是对它的复杂性估计充分了？目前，一些对企业进行评估的方式也不太合适，一个企业资产到底值多少钱，有的估价很高，最后根本卖不出去。估得过高和过低都是不合适的。另外有一些企业，就是按净资产出售可能都没人要。所以，对于退出的问题，我们觉得需要研究政策，而研究政策主要还是由地方政府来做，因为各个地方企业的情况差别是比较大的。

二、关于兼并与破产

四中全会在结构调整方面的一个进展就是兼并、破产的一些政策。从近几年国有企业兼并、破产的效果看，里面还是有问题的。破产的国有企业还比较好一点，企业破产了，资产变现了，职工遣散了，消灭掉一个亏损源；但兼并的效果很不一致，有的效果不错，有一些效果就不好。比如：兼并几年后，兼并的优势企业也不行了；另外有一些企业兼并5~7年以后，开始要还本了，但还不出来。我们分析，兼并不好大概有三个方面原因：

第一个是政府为了卸包袱而搞的兼并。政府对企业干预是非常深的。政府找一个好企业，去兼并一个非常困难的企业，通过兼并好企业去把困难企业背起来，解决政府的心头大患，这种兼并往往企业没有任何积极性，只是政府在里面操作。

第二个是企业自身的兼并目的存在问题。前一段时间炒得比较热的低成本扩张、多角化经营等，使一些企业头脑发热。现在，在买方市场的条件下不再看企业有多大的生产规模，关键是看它有没有真正的市场。有些企业低成本扩张，把自己的生产能力搞得很大，但是最后没有市场，还是不行。

第三个是兼并以后，重组的深度不够，这是一个很大的问题。什么叫重组的深度不够？一些企业兼并、重组仅仅重组到企业层次，就好像企业是一个土豆，成败取决于把这个土豆放到这个筐里还是摆到那个筐里；但问题在于很多国有企业本身的组织结构不合理，也就是这个土豆本身有问题，放到哪个筐里都不行。通过一些成功的案例，我们发现把一个企业兼并过来以后，整个拆掉它，人员打散，重新安置，设备重新调整，所有的生产要素重新组织，这个兼并才是有效的。一般来讲，国有企业要做到这个层次，难度很大，因为有一些非常特殊的困难。尤其是那些所谓强大的企业捏在一起，马上就会遇到一个“人”的问题。比如：干部怎么办，用谁的？都得照顾平衡。像这样的问题，在市场经济国家是没有的，因为它们的企业家、职工的福利和待遇都市场化了，可以通过市场把矛盾消化掉。我们的这些问题都没有市场化，所以重组、兼并以后就把企业的矛盾紧紧捆在企业内部，会造成非常复杂的人际矛盾和摩擦。

目前的兼并破产政策已经有所调整，以前的兼并破产政策强调的是多兼并少破产，当时也是考虑到为了社会稳定。现在的政策已经调整到以破产为主，尽可能少搞兼并。四中全会在结构调整方面有这么两个进展：一是明确提出 2000 年增加银行核销呆坏账准备金的规模，由此可见 2000 年国有企业兼并破产的力度，尤其是破产的力度，要比 1999 年大得多；二是四中全会提出了国有和集体企业兼并国有企业可以享受的优惠政策，原先是纯国有兼并纯国有，才能享受一定的优惠政策，把集体企业加进去以后，至少我们优势企业的改造余地就比较大了。在以上两方面政策支持之下，2000 年国有企业的结构调整的规模和力度将进一步加大。

三、关于“老三会”与“新三会”

现代企业制度建设方面，四中全会《决定》里面有一个非常重要的提法，需要大家注意的，就是现代企业制度运作起来以后，变成公司制企业，都面临着“新三会”和“老三会”的关系问题。实际上这里最大的矛盾就是董事会和党委会的矛盾，使我们分不清哪一个是决策主体。四中全会对这个问题有这么一段话来表达：“国有独资和国有控股公司的党委负责人可以通过法定程度进入董事会、监事会，董事会和监事会都要有职工代表参加；董事会、监事会、经理层及工会中的党员负责人，可依照党章及有关规定进入党委会；党委书记和董事长可以由一人兼任，董事长、总经理原则上分设。充分发挥董事会对重大问题的统一决策、监事会有效监督的作用。”这一段话说的是两个意思：第一个意思是双向进入，董事会和党委会可以互相兼任，但是它要按照法定规定实施，如果处理好的话，就可以把“新三会”和“老三会”基本上组合成一个中心。第二个意思是双向进入以后，还有一个谁是决策中心的问题，在《决定》里就非常明确了：董事会是决策主体，监事会是监督主体，党委的负责人实际上是通过董事会和监事会参与决策和进行监督的。

四、关于所有者的到位

在所有者到位问题上我们现在做得应该说还是很不完备的。管人是一条线，管事是一条线，管资产是一条线，管监督是一条线；不同的部门分别行使所有者责任，所有的部门都不能完整地承担所有者的责任，责任是不清楚的。这次四中全会有一个很大的突破，就是在国有资产管理体制方面对地方提出了改革的要求。《决定》里面有这么一句话：“政府对国家出资兴办和拥有股份的企业，通过出资人代表行使所有者职能。”允许和鼓励地方试点，探索建立国有资产管理的具体方式。所以我们预计国有资产的管理监督营运体制，也将成为下一步国有企业改革的一个热点。

这个探索应该涉及三个环节：

第一个环节是出资人代表。谁是出资人代表？四中全会讲到通过出资人代表行使所有者职能。出资人代表不可能是一个自然人，如果是一个自然人的话，一个人怎么可能管好这么大规模的国有资产？它肯定应该是一个机构，那么要能承担好出资人代表这样一个权力和责任的角色，这个机构应该有什么特征呢？我们认为至少有一点，管人、管事、管资产、管监督必须一致，必须得有个明确的出资人机构。如果管人、管事、管资产、管监督不一致的话，出资人的管理责任就不能到位。

第二个环节涉及构造国有资产的经营主体的问题。因为即使出资人代表机构能够设定，但它是管理国有资产的机构，而不是经营主体，涉及经营主体这个边界怎么去设定。政府不可能直接插手到所有的国有企业里面去当出资人代表。经营主体怎么办？我们觉得主要有两种方式比较好：第一种是对经营状况比较好的大企业、大集团直接授权；第二种是对其他企业里面的国有资产，组建控股公司，也授权其进行股权的管理和经营。这个控股公司是股权经营不是生产经营，这跟大企业直接授权是完全不一样的。下一步我们估计就会在这些方面有很多的探索，各个地方都要成立国有资产的经营公司，但是这里面也有一定的风险，就是可能会出现一些以前的局、厅转制的翻牌公司。

第三个环节是出资人代表的机构和国有资产的经营主体之间的关系，实际就是授权经营的问题。给谁授权？授什么权？授权的程序怎么定？授权以后的责任和权力怎么定？这需要一套完善的制度。所以国有资产管理体制下一步会遇到这三个方面的问题。

五、关于国有企业经营者

经营者是一个非常关键的问题，但是经营者选好、选不好是一个机制问题，我们不能绕过机制的问题去谈如何选择的问题。四中全会《决定》里面专门有一个部分是讲经营者的问题，有些新的突破。比如：企业领导人不再设定行政职别，加快培育企业经营者竞争机制，建立健全激励和约束机制，等等。这种写法也是让地方去探索。经营者问题在下一步改革中也会成为一个热点问题，其中可能包括三个问题：

（一）选拔

选拔的主体就涉及党管干部的原则和现代企业制度相结合的问题。经营者按说是由董事会去选，董事长应该由出资人代表机构去选。我们觉得有一种方式可能会把这两种不同性质的管理方式没有矛盾地结合在一起：就是党去管资格，去把关，负责政治上的、道德上的可靠性；具体这个人怎么用，按照现代企业制度的要求由出资人去选。

（二）监督和约束

监督涉及两个方面：

一是透明度。对国有企业来说透明度是非常关键的，如果企业没有透明度，是很难监督的。比较好的方式应该是引入中介机构去监督，加上审计部门的审查或者派财务总监去监督。但是要由政府出钱去选择这个中介机构和审计部门，这才能真正体现出监督的公正性。

二是监督机制的设定。监督机构原先主要是靠监事会，但是效果不太好，因为我们原先往企业派的监事会是由两部分人组成的，一部分人是兼职的政府官员，另一部分是企业内部的人，这必然是不能发挥多大作用的。所以下一步监督机制的设定，现在看就是以稽查特派员的形式向外派监事会的这个方向去转变，但关键还要体现稽查特派员的那些基本原则：第一个是外派；第二个必须是专职人员，而且他必须是承担监督责任的；第三个必须是财务专家。这个事情真正实施的时候，大家可能觉得国家部门有必要派出这么多专家去管国有企业吗？实际上我们认识上有一个误区，管国有资产也需要人，也需要一批专家。就像一家信托投资公司一样，它是代人理财的，你把财产给它，由一批专家来帮你管理。我们想把这么大一笔国有资产都管好的话，没有一大批自己的经理财务专家，怎么能管得好！尽管机构改革是越小越好，但是要想这笔国有资产管好，必须得有一批人。这是一个监督和约束的问题。

（三）激励机制的设定

能够在中央文件中提出“年薪制”“持有股权”等提法，说明四中全会在这方面有比较大的进展。《决定》要求下面各个地方都进行积极试点，这肯定也是下一步的一个热点。真正操作起来，方式还是比较多的，比如期股、期权，补足商业保险，等等。但是有一个方面，激励机制的设定得符合这个地方的实际，我认为区域的色彩应该特别重。比如：在广东搞高薪、持有股权也许没有问题，但在内地要是年薪搞得比较高，恐怕职工就会有些思想障碍。激励机制的设定一个得符合实际，另一个是要尽可能与企业的长远利益挂钩。那就是个人近期的收入应该是有限的，远期的收入可以稍微多一点。

对于激励机制的设定我们甚至准备在地方探索的基础上，逐步规范出几种好的模式。比如前些日子碰到一个国内很有名的集团老总，他说当地政府要求他带头持有股权，否则这个地区的企业就没人敢带头。可这位老总却说不敢也不愿带这个头。因为这个股权实际上是拿不到现金的，但股权给你后职工按股市的价格给你一算，那就是好几百万甚至上千万元的收入，职工肯定接受不了，所以他说这个是绝对不能接受的。我们说：换一种方式，给你一点商业保险行不行？他问我们什么叫商业保险。我们告诉他由政府出面，基本不通过你的企业，跟你的企业职工根本没有关系，政府掏钱给你办保险。比如你到退休还有几年，只要你这几年经营得好，政府就每年给你上保险，保证你退休以后，每个月能有很高的收入，不至于让你的生活水平降得特别低。他听后很高兴，说如果是这种方式他愿意接受。

这就是说各个不同的地区可能会探索出不同的适应本地情况的经营激励机制，下一步政府准备在这一方面再总结一下。应该说这次四中全会，在经营者激励机制方面写得比较到位，以前各种文件都没有像这样写过。各个地方可以以此为依据，进行一些探索。

六、关于企业内部经营机制转换

所谓内部经营机制转换就是指企业的内部改革、用工制度改革、干部人事制度改革、分配制度改革，目标就是“人能进能出，干部能上能下，分配能增能减”。这三项制度改革从 90 年代初开始推行，推到现在，大部分国企并不到位。为什么不能到位？主观原因是我们国企职工对严格管理不太适应，如果严格管理在企业动起真格的，职工的逆反心理是很强的。这种观念上的障碍就使我们的内部改革变成一个风险非常大的改革。我们经常听到一些国企老总因抓内部管理被打、被报复的事件。客观原因就是补偿问题，如果外面没有社会保障，一旦真的“端”了职工的“饭碗”，职工怎么办？但把企业内部改革推到位，是国企改革必须解决的根本问题之一。如果内部改革不到位，人不干活，那么这个企业不管是挂什么牌子，最后还是站不住，所以现在内部机制转换就存在一个怎么推进的问题。

怎么推进呢？我们总结了广西的做法，觉得非常有意义。

广西过去国有经济是“大头”，但其状况并不好。80% 没有搞过三项制度改革，那搞过的 20% 也基本是走过场。广西现在提供了一个可以基本把三项制度改革推到位的经验。具体的做法是这样的：

第一步是广西区委书记带头在全区搞国有企业改革整顿工作。他说整顿工作是天大的事，是一把手工程（文件里这么写的）。然后在广西地区搞了一个国有企业改革整顿领导小组办公室，区委书记就是组长，从各部门抽调 100 多个干部，带着职能进这个办公室，形成一个非常强的机构。这个办公室向它所属的地市派指导组，地市党政一把手也组织这样一个办公室去推进国企整顿工作。整顿内容主要有三项：①领导班子建设；②内部三项制度改革；③以产品为中心的企业整顿。整顿的第一步是搞班子建设。班子建设对国企而言是一个非常难的问题。为什么非常难？因为管人与管事不一致。但广西的这项工作进行得非常顺利。我们调查时发现，广西的国企改革整顿小组办公室人员的组成实际上就是“出资人”，管人、管事、管监督完全一致。因为各个部门干部是带着职能进入这个办公室的，所以这样就换上了一批想干事的企业领导班子。

第二步是推进内部三项制度改革。首先从干部人事制度下手，在班子调好后，从副手开始，所有干部集体下岗，副手尊重一把手的用人权。中层干部，所有的人竞争上岗，而且干部、职工身份统统取消，界线没有了，职工愿意竞选干部岗位完全可以。精简机构，定岗定编，一律竞争上岗。从干部入手，职工心态会比较平衡，然后再进行下一步劳动用工制度的改革。定岗位、定标准，竞争上岗，竞争不上的就得下岗。有些企业在内部保持5%的待岗培训人员，一些岗位一年一聘或半年一聘，这5%的待岗人员下一批就要竞争岗位，所以对现在的在岗人员形成非常大的压力。

分配制度改革是把固定工资压到非常小的比重，其他则根据个人贡献考核。这样做的结果怎么样？一是对内部改革的推进作用非常大，有1/3的企业内部改革已到位。二是在推进三项制度改革的过程中，广西全区没有出现一起国企经营者被打的事件，因为改革的氛围已经形成了。内部改革如果是由单一企业搞，风险非常大，但广西全区所有的国企都在做这一件事，社会的承受能力大大提高，而且所做的方式是把竞争机制引入企业内部，风险就大大分散了。三是由于三项制度改革迅速推进，国企效益明显改善，现在广西全区国企发展速度已快于其他所有制企业。

三项制度改革不到位，国企的竞争力最终是没有保障的。大家都知道这件事情应该去做，但关键是怎么做、从哪里入手？很多省市觉得很为难，因为一线企业老总觉得事情风险很大，他不敢抓，政府也没有办法。我们觉得广西提供了一些比较适合实际情况的工作方式。

七、国企改革的基本轮廓

经过这些年的改革，我们觉得国企改革的基本轮廓已经能够看得比较清楚，大致是三个方面：

一是改制，国企体制必须改。改制的方式就是小企业多种形式放开搞活，它可以不是纯国有企业了；一般大中型企业，有条件的尽可能变成股权多元化；一些特大型企业，现在没有股权多元化条件的要尽力实现政企分开、所有者到位，在责任清楚的基础上，把约束机制、激励机制搞好。

二是要解决社会负担和历史形成的结构矛盾。社会负担要分离出去，历史形成的结构性矛盾要逐步把它化解掉。

三是社会保障。社会保障就是把企业退出的通道准备好。因为现在企业退出容易，职工退出难，关键是职工安置怎么办？社会保障就是把企业退出的通道给打通了，届时企业搞得好就搞，搞不好就破产，企业消灭掉，职工安置好，不会对社会造成不稳定就可以。

国有大中型亏损企业三年脱困的政策与实践研究*

国有企业改革是整个中国经济体制改革的中心环节，也是最艰难和复杂的一个环节。中国建立市场经济体制的整体进程，很大程度上取决于国有企业改革的进展；中国经济体制改革的决定性突破，首先要以国有企业改革的突破为基础。在经过十余年艰苦探索和推进之后，1997 年底中国共产党十五届一中全会提出，要用三年左右的时间，通过改革、改组、改造和加强管理，使大多数国有大中型亏损企业摆脱困境，力争到 20 世纪末大多数国有大中型骨干企业初步建立现代企业制度。1998 年新一届中央政府组成之后，即把实现三年两大目标作为本届政府最重要的任期目标之一，一场意义深远的攻坚战由此展开。

经过三年的艰苦工作，到 2000 年底，国有企业改革与脱困三年两大目标的任务基本实现。特别是国有大中型亏损企业三年脱困的工作，不仅有效地缓解了国有企业发展中一些突出的矛盾和问题，扭转了国有企业经济效益连年下滑的严峻局面，而且在国有企业深层次改革方面进行了十分有益的探索，并取得了重要的进展。本课题以三年脱困工作的第一手材料为基础，希望通过对三年脱困政策与实践的实证分析，揭示出中国渐进式改革中这一特殊阶段所反映出的规律性因素，为下一阶段国有企业改革提供思路上和方法上的借鉴。

---

* 原文摘录自邵宁、周放生、熊志军主编《中国企业脱困报告》，经济管理出版社，2002 年 1 月出版。

一、三年两大目标提出的历史背景

中国经济体制改革经过十多年的探索，到中国共产党的十四大确立了建立有中国特色的社会主义市场经济体制的改革目标。随着市场经济体制的逐步建立，迫切要求建立相应的微观基础。但大量国有企业由于受旧体制的束缚，还不能成为自负盈亏的经济实体和市场竞争主体，与建立市场经济体制的要求极不适应，成为制约经济体制改革和经济发展的瓶颈，这一矛盾随着改革的深化和市场竞争格局的变化显得越来越突出。

（一）国有企业改革尚未取得实质性突破，多年积累的矛盾和问题还在不断加深甚至激化

一是国有企业经营机制没有根本转换。1994 年《中华人民共和国公司法》颁布实施后，国有企业改制有了法律依据。虽然按照《中华人民共和国公司法》的要求，国有企业的大多数改为有限责任公司，少数改为股份有限公司，但绝大多数改制公司的股权结构仍然是国有独资或国有绝对控股，政企不分的问题没有解决，出资人没有真正到位，经营责任难以落实、经营机制难以转换。国有企业从 80 年代初期就开始推行三项制度改革，但大多数企业还并没有到位。企业内部仍然存在“职工能进不能出、管理人员能上不能下、收入能高不能低”，平均主义大锅饭没有根本打破，与“三资”企业、民营企业、乡镇企业、改制真正到位的股份制企业在经营机制上形成了巨大反差，使其在竞争中处于极为不利的地位。

二是多年积累的结构性矛盾日益突出。90 年代初期中国经济发展出现了历史性转折，即由建国几十年来的“短缺经济”转为买方市场，绝大多数商品供大于求。然而，多年来低水平重复投资、重复建设，在国有经济内部形成了大量过剩的生产能力；在计划经济体制下形成的不合理的生产力布局，严重妨碍了国有经济资源的合理配置；

以自给自足为特征的大而全、小而全的国有企业组织结构，降低了企业的运行效率；计划经济的生产模式使得国有企业长期重生产、轻开发，产品几十年一贯制，不能适应市场变化的需求。凡此种种不适应市场的结构性矛盾在市场短缺的情况下被掩盖住了，而一旦买方市场形成、市场竞争激化时，便非常尖锐地暴露出来，许多企业生产越多，亏损越大。尤其是长期以来由于国有企业能生不能死，导致一些已无生存能力和价值的亏损企业和资源枯竭矿山不能正常地退出市场，更加剧了结构性矛盾。

三是沉重的历史包袱束缚了国有企业的手脚。在计划经济时期国有企业被当成一级社会组织，承担了大量社会职能，多年来形成的企业办社会、富余人员和债务负担，严重阻碍了国有企业进入市场。有关部门调查的情况显示，国有企业的富余人员一般都在1/3以上，有的甚至高达1/2；国有企业承办的义务教育阶段的学校占全社会城镇同类学校的1/3；国有企业办的医院占全社会医院数量的40%，病床数占1/3。各类社会服务机构的设立占用了企业的宝贵资源，过度的负债经营使企业的资产状况不断恶化。这些历史形成的包袱不仅降低了企业的效率，增加了生产成本，而且在很大程度上掩盖了国有企业经营管理上的缺陷，不利于国有企业的企业素质提高和经营效益的改善，从而成为企业参与市场竞争的拦路虎。

四是国有企业技术创新能力低下，经营管理不善，市场竞争意识缺乏。国有企业进入市场的初期，竞争是不充分的。总体来看，国有企业适应市场经历了一个历史发展过程：第一步是通过挖潜改造，发挥存量资产的能力；第二步是以银行借贷为资金的主要来源，大规模进行增量投入，提高规模经济水平；第三步则主要是以加强基础管理、降低生产成本为手段，以低成本参与市场竞争。应该说，数量、规模、成本的竞争都仅仅是竞争的初级阶段，当数量的扩张受到短缺经济制约、市场竞争进一步加剧时，就必须全方位提升企业的素质，紧紧围绕市场的变化进行产品的升级换代和产业的结构调整，在技术、服务、市场开拓等方面进行全面竞争。但由于大多数国有企业技术和产品开发投入不足，内部的资金运作、成本控制、物资管理及营销策划等环节十分薄弱，一旦市场需求发生较大变化，企业就会陷入困境，纺织、家电等行业中的许多企业由兴到衰的变化就深刻说明了这一点。

（二）市场经济体制改革的逐步深化，带来国有企业的宏观体制环境根本性的变化

一是财政体制的改革，结束了国有企业吃财政大锅饭的历史。传统的财政体制下，国有企业实行统收统支制度，盈利上缴、亏损补贴，企业资金筹措与使用主要是通过财政统收统支的单一渠道实现。其中固定资产投资全部由财政拨款，流动资金大部分也来自财政，只有少部分补充流动资金由银行贷款解决。国家财政既要为国有企业拨付资本金、定额流动资金，又要进行如审批企业决算报表、固定资产报废核销、收取利润等经营性活动。这种统收统支、统负盈亏的做法，实质上就是国家对国有企业的经营后果承担无限责任。

80年代以来，随着经济体制改革的全面推进，我国的财政体制发生了重大变化，对国有企业的筹资来源及方式产生了重大影响。

——基本建设拨款改贷款，资金由无偿使用改为有偿使用。1984年，国家计委、财政部、建设银行联合颁发了《关于国家预算内基本建设投资全部由拨款改为贷款的暂行规定》，决定从1985年起凡是由预算内安排的基建投资全部实行“拨改贷”。一夜之间，国有企业的投资资金来源由财政全部拨付改为全部由银行借贷，基本上切断了国有企业固定资产投资无偿使用的资金供应渠道。

——企业流动资金增量需求全部实行由银行借贷。1986年国务院批转了中国人民银行《关于国营企业流动资金改由人民银行统一管理》的通知，实行国有企业流动资金全额信贷制度。在四大国有银行全部企业短期贷款总额中，国有企业就占了91%。

由于国有企业资金来源的体制由财政全部拨款改为银行全额贷款，使国有企业的负债率急剧上升。1980年国有工业企业资产负债率仅为18.7%，1993年上升为67.5%，而1996年全国清产核资结果表明，企业资产负债率平均已达71%，其中相当一批企业在扣除资产损失和潜亏挂账后，负债率大于100%。资本金是企业得以生存和发展，承受债务、取得负债资金的基本保障，是出资人获取企业产权的依据，是对企业负债承担有限责任的基本条件。企业资本金的大小和资本比例影响企业的经营能力，举债规模及偿债能力。在市场经济条件下，企业再生产对资本金和借贷资金的需求一般各占50%，即资产负债率为50%，最多不应超过70%。而目前许多国有企业根本做不到。入不敷出的结果是企业陷入资金运转的困境，负债累累，成为亏损企业。

——税制改革由税前还贷改为税后还贷。1988年财政体制改革明确“税利分流、税后还贷、税后承包”政策，企业债务由税前还贷改为税后还贷，原来由财政减税负担一部分还贷责任改为全部要由企业盈利偿还，造成企业效益滑坡，负债沉重的国有企业的问题更加显露。

——财政体制开始向公共财政转化。随着市场经济体制逐步确立，财政体制向公共财政转化的趋势日趋明显。1997年的全国财政工作会议正式提出了财政要逐步减少在竞争性领域的活动，以确保公共财政的改革方向。与这个改革方向相适应，财政部门逐步取消了对竞争性领域国有企业的亏损补贴，财政对国企补贴从1991年的510亿元下降到1995年的327亿元。1997年后，除公共服务行业、军工行业及少量中央特困行业外，各级财政已不再给予国有企业财政补贴。

至此，国有企业靠吃财政饭的局面结束了。企业的资金来源只能依靠自我积累和银行贷款支持。国有企业进一步被推向市场。

二是金融体制改革，加快了国有银行向商业银行的转变。长期以来，中国的金融系统扮演着政府或财政“出纳”的角色，国有银行在承担商业性贷款的同时，还承担着许多政策性贷款。双重职能的混淆，使得银行贷款行为扭曲。各级政府直接干预银行的贷款决策是相当普遍的情况，一些地方政府行政过度干预，将银行贷款视同财政拨款、救济扶贫款、安定团结款。而从国有企业的角度来看，一方面扩大再生产需要依赖于银行贷款，另一方面大量经营不善、效益低下、资金周转不灵的国有企业要由银行的“安定团结贷款”维持生存，企业靠银行借贷发工资的现象也较为普遍。如此结果，是大量银行贷款有去无回，形成了大量的呆坏账，以致银行金融资产质量恶化。亚洲金融危机的爆发给中国敲响了警钟。从 1997 年开始，国有银行采取一系列重大的改革措施，加快了向商业银行转变的步伐。

——组建中央金融工作委员会，加强中央政府对金融工作的领导，改变了过去中央银行分行按照行政区域设置的状况，实行金融系统垂直领导，统一法人，从管理体制上削弱了地方政府对金融系统的干预能力，为商业银行自主经营、自负盈亏创造了必要的管理体制条件。管理体制的改变，进一步强化了银行行长对不良贷款的责任力度。

——将银行的政策性职能与商业职能分开，分别成立了国家开发银行、农业发展银行、进出口银行等政策性银行，为国有银行的商业化运作创造条件。

——国有银行内部开始按照商业银行运作规则进行管理，严格审核信贷和贷款条件，依据贷款对象还贷能力划分出不同等级，实行分类管理，对不能按时还本付息、资产负债率过高、经营严重亏损的企业，坚决停止贷款。同时，加大银行内部的风险控制和责任管理，对新发生的贷款实行终身责任制，谁贷款谁收款，谁出现不良贷款谁负责。

金融体制改革的加快，使得大量国有企业再也不能躺在银行身上过日子了。当国有商业银行信贷责任制约束硬化，财政不再给国有企业“输血”后，过去企业被掩盖的各种矛盾开始显现，并逐步表面化、尖锐化，众多国有企业由于资信欠佳，普遍缺乏新的融资渠道，潜亏变为明亏，亏损额骤增，一些企业出现了停产、半停产，大量工人下岗，发不出工资。国有企业面临着更大困难。

（三）中国经济市场化、多元化的发展，国有企业面临的市场竞争环境发生了深刻变化

一是多种经济成分迅速崛起，对国有企业形成直接挑战。中国经济体制改革的一个重要特点，就是通过大力发展集体及非公经济成分，构建市场竞争的格局，从而推动市场机制的发育完善。改革开放以来，多种所有制经济得到了快速发展：①由于理论上的突破以及经济体制改革目标的确立，从根本上解除了多年来对多种所有制经济的束缚和歧视；②国家指令性计划的减少，使资源配置的市场化程度得以大幅度提高，人才、资金、技术等生产要素开始逐步进入市场，为多种经济成分的发展提供了生存的环境；③大量城市就业人口和农村富余劳动力的增加，以及众多下岗职工的再就业，为多种经济的发展提供了丰富的劳动力。

多元经济并存格局的出现使市场竞争日益激烈。从1985—1997年，国有企业产值比重从65%降到27%，而集体、三资、个体等非国有经济成分的比重同期则从35%上升到73%，增长了一倍以上，其中个体私营经济在12年间从2%猛增至16%。国有企业的资产规模虽仍居首位，但就发展速度、盈利能力、资金利用效率，已开始明显低于其他所有制企业。国有企业面临新的考验。

二是外资企业的大规模进入改变了市场竞争格局。如果说国内多数地区的多种经济成分目前还处在资本原始积累的初级阶段，竞争实力还不强的话，那么，随着近年中国对外开放的程度及领域不断扩大，国有企业开始面对国际上众多强大的竞争对手，与之进行全方位、高层次的较量。90年代以来，大量外资带着跨国公司的技术和管理开始抢滩中国市场，其方式从过去的合资、合作，转为越来越多地采取独资形式，在一些如家电、日化、饮料等竞争性行业以及计算机、电子设备、信息通讯等高新技术产业中，外资企业已经表现出明显的优势。在其他非垄断行业，外资与合资企业也迅速扩张，且增长较快，资产质量也较高，已在中国经济领域中扮演了重要的角色。据统计，到2000年末，外商及港澳台投资企业数已占国有及规模以上企业的17%，资产占20.23%，销售收入占18.89%，利税占26.38%。国有企业受到外资的冲击越来越大。

三是经济全球化加快了国内市场与国际市场进一步接轨。为迎接加入WTO的挑战，中国长期保护性关税开始较大幅度下降，各项非关税壁垒逐步减少，国内市场的开放程度迅速提高。从1992年起，我国先后多次调低进口商品的关税，1995年平均关税税率降为35.6%，此后关税税率降低幅度进一步加快，到2000年已降到16.7%（2001年又降到15.5%），接近发展中国家平均水平；非关税措施进一步减少并更加规范，对外贸易的透明度得到逐步提高。从1992年起，我国从贸易规则到商品价格，日趋与国际市场接轨，实行进出口许可证管理的商品大幅度减少，一批与世界贸易规则相悖的内部文件被废止，继续有效的文件陆续对外公布，外贸经营权进一步放开。各类商品的比价关系发生重大变化，过去一直实行低价政策的上游原材料产品如石油、煤炭、钢材、有色金属等价格不断上扬，而以家用电器为代表的耐用消费品等生活资料价格走低，市场价格波动不仅受供求关系影响，与国际市场的关系也日益紧密。国内市场的国际化使国有企业遇到了前所未有的挑战。

四是经济运行的环境发生了深刻变化。①宏观经济实行软着陆后，国民经济增长速度开始下滑。“八五”时期是中国经济高速增长的时期，年均增长率达到12%；但在取得巨大的成绩同时，也出现了严重的通货膨胀，全国居民消费价格指数年均上涨12.9%，最高时的

1994 年曾经达到 24. 1%。针对过高的通货膨胀率，从 1995 年开始，国家采取了适度从紧的财政与货币政策，至 1997 年零售物价和消费物价指数的增长已分别下降到 0. 8% 和 2. 8%，1997 年、1998 年、1999 年三年的国民经济增长速度分别降至 8. 8%、7. 8% 和 7. 1%，1999 年经济增长速度比“八五”时期平均的 12% 下降了 4. 9 个百分点。经济过热现象得到有效抑制，同时也收回了经济过热给予生产者的各种“好处”。②“九五”期间国内市场供求关系发生重大变化，自新中国成立以来的短缺经济转为相对过剩经济，买方市场初步形成。这意味着中国经济供给总量不足的矛盾已基本解决，结构性矛盾上升为阻碍我国经济发展的主要矛盾。③1997 年亚洲金融危机爆发，中国外贸出口面临严峻形势，出口不畅导致需求下降，市场竞争激烈，企业订单不足，生产能力大量闲置。国有企业处境更加艰难。

（四）简要的结论：三年两大目标提出的历史背景

国有企业深层次矛盾与市场经济体制的逐步建立形成了强烈的反差，在财政体制、金融体制已经改变的背景下，在新的市场竞争格局形成且日益激烈的环境中，旧体制掩盖下国有企业长期低效率运行的问题凸显出来。具体表现在国有经济的运行上，就是效益急剧下降，亏损企业增加，亏损面扩大，大批职工下岗，一大批企业亏损严重，难以为继，有的已处于濒临倒闭的边缘。根据国家统计局提供的数据，到 1997 年底，全国国有及国有控股的 16874 户大中型工业企业，亏损 6599 户，亏损面 39. 1%，亏损额达 665. 9 亿元；6599 户亏损企业涉及的资产总额为 12512. 3 亿元，占全部国有及国有控股大中型工业企业总资产的 21. 7%；负债总额 9996. 4 亿元，占国有及国有控股大中型工业企业全部负债的 28. 8%；平均资产负债率 79. 9%，比国有及国有控股大中型工业企业的平均负债水平高出 19. 8 个百分点。涉及职工人数 1008. 9 万人，占全部国有及国有控股大中型工业企业总人数的 31. 8%

(见表1—表2，图1—图6)。

全国31个省（区、市）的国有及国有控股工业企业盈亏相抵之后，有12个省（区、市）为净亏损，亏损总额达665.89亿元。从行业状况看，形势也比较严峻，纺织、煤炭、军工等多个行业亏损严重。

表1　1994—1997年国有大中型工业企业基本情况

项目	1994年	1995年	1996年	1997年
企业数（户）	14517	15668	15763	16874
亏损企业数（户）	4220	5151	5885	6599
亏损面（%）	29.07	32.88	37.33	39.11
利润总额（亿元）	831.43	704.97	493.56	856.50
盈利企业盈利额（亿元）	1153.55	1145.41	1048.78	1522.40
亏损企业亏损额（亿元）	322.12	440.44	555.22	665.90
资产总额（亿元）	32188.22	39346.37	44246.30	57781.70
负债总额（亿元）	21661.47	25426.24	28186.22	36462.34
资产负债率（%）	67.30	64.62	63.70	63.10

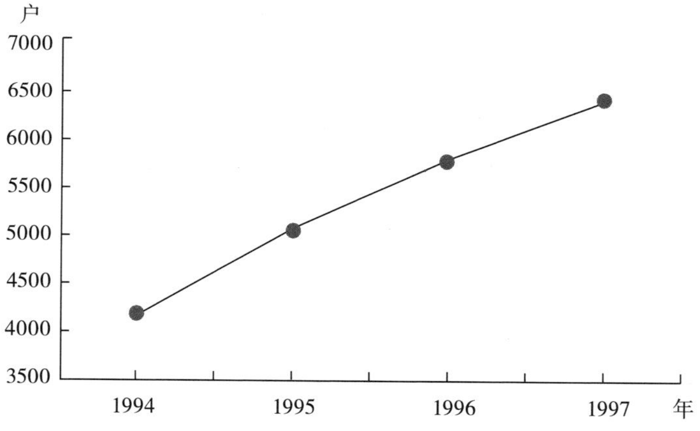

图1　1994—1997年国有大中型工业企业亏损户数变化情况

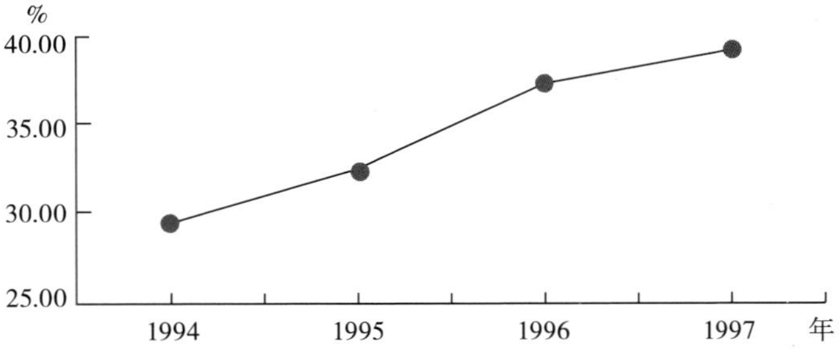

图 2　1994—1997 年国有大中型工业企业亏损面变化情况

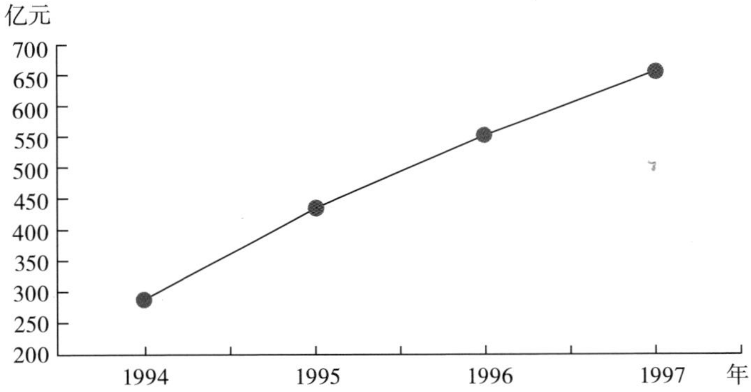

图 3　1994—1997 年国有大中型工业亏损企业亏损额变化情况

表 2　1990—1997 年国有工业企业亏损基本情况

年份	亏损额（亿元）	亏损面（%）	亏损率（%）
1990	348.76	27.55	47.33
1991	367.00	25.84	47.71
1992	369.27	23.36	40.83
1993	452.64	28.78	35.64
1994	482.59	30.89	36.79
1995	639.57	33.53	43.87
1996	790.68	37.70	63.51
1997	830.95	38.22	66.01

注：亏损率是指亏损企业亏损额与盈利企业盈利额之比。

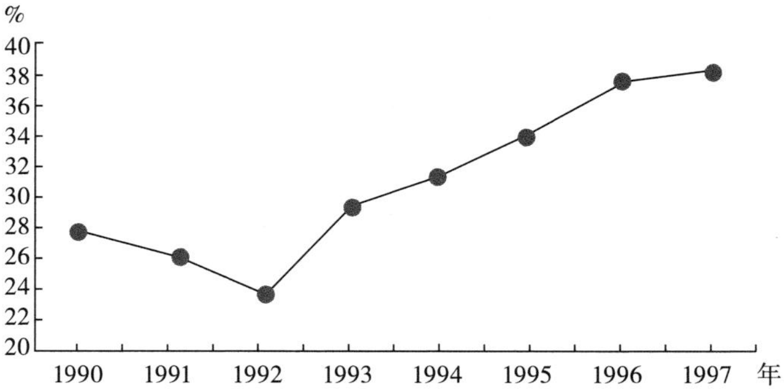

图 4　1990—1997 年国有工业企业亏损面变化情况

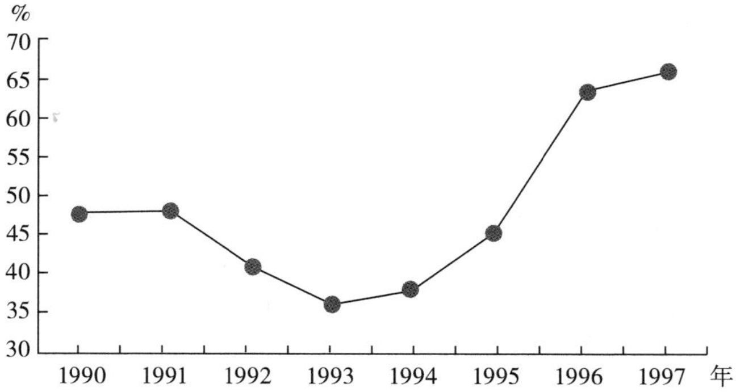

图 5　1990—1997 年国有工业企业亏损率变化情况

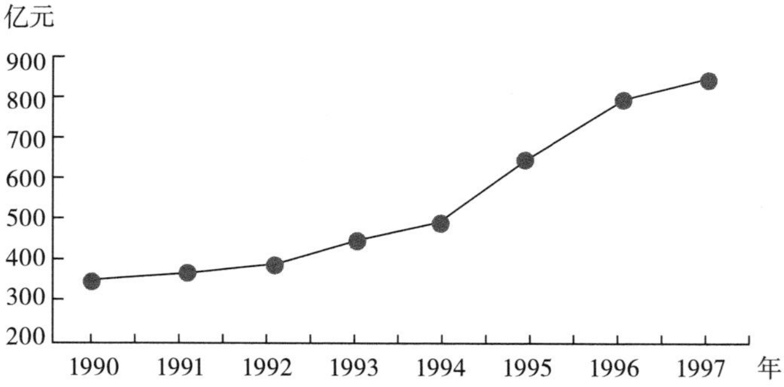

图 6　1990—1997 年国有工业企业亏损额变化情况

上述情况表明，在 1997 年前后，中国的国有企业问题已经到了非常尖锐的程度。对于一项涉及二十几万家企业、数千万职工的改革来说，任务十分艰巨、复杂，需要一个较长期的过程是很正常的。问题是在一个变化了的宏观经济体制背景和市场竞争格局下，改革进展不平衡的后果越来越表面化。在财政不愿提供亏损补贴、银行不愿提供贷款的情况下，国有亏损企业的问题已经成为一个影响稳定的社会问题，尤其是在当前社会保障体系尚未健全的背景之下。这种形势要求中央政府尽快采取一种与以往不同的、力度更大的改革方针。因此，国有企业改革三年两大目标的提出，便成为一种历史的必然。

二、三年脱困期间的宏观政策体系

在经济体制日益市场化和国内外经济环境趋于严峻的形势下，实现国有企业三年脱困目标，必须从宏观和微观两个层面同时推进。在宏观指导上，中央政府及时采取扩大内需的积极财政政策和稳健的金融货币政策，创造了有利的宏观经济环境，并适时推出了一系列有针对性的脱困政策和措施。

(一) 宏观政策的导向——创造宽松的宏观经济环境

一是实行积极的财政政策。为了抵御亚洲金融危机带来的负面影响，保持国民经济持续稳定发展的良好势头，为国有企业实现脱困提供必要的环境，国家做出了实施积极的财政政策的重大决策。从1998—2000年的三年间，中央政府共发行了3600亿元长期建设国债，用于扩大投资，增加国内需求。其中，主要用于增加基础设施投资的总规模达到2400多亿元，以此带动7500亿元银行贷款和自筹资金，共建设6620多个项目。到2000年底，累计完成投资约1.5万亿元。积极的财政政策为我国经济持续发展注入了新的动力。据统计，三年来国债投资拉动GDP增长分别达到1.5个百分点、2个百分点和1.7个百分点。国内需求的拉动和经济的持续增长，使国有企业的困难得以在发展中解决，从而大大减轻了改革脱困的阵痛。

与此同时，积极的财政政策加快了建立公共财政体系的进程。为着重解决随着国有企业改革力度加大、下岗职工增多的新问题，国家加大了财政支出力度，大幅度减少财政对营利性、经营性领域的投入，积极支持社会保障体系建设，确保国有企业下岗职工基本生活费、企业离退休人员养老金和城镇居民最低生活费的及时、足额发放。同时，建立并完善了中央财政对地方财政的税收返还与转移支付制度，促进地区经济协调发展。据财政部部长项怀诚在九届全国人大第四次会议上《关于2000年中央和地方预算执行情况及2001年中央和地方预算草案的报告》中的数字，2000年中央财政补助地方支出4668.2亿元，2001年预算补助地方支出5175.8亿元。

二是实行稳健的金融货币政策。中央银行实行稳健的货币政策，一方面从宏观上配合积极的财政政策，保持国民经济总需求的适度增长，防止经济增长速度在软着陆之后进一步滑坡，对宏观经济环境的好转起到了积极作用；另一方面从微观上保持了国有企业必要的资金需求，并大幅度降低了国有企业的财务负担。

从1996年5月1日开始，中央银行连续7次降息，到2000年6月10日，利率水平达到了新中国成立以来的最低点。一年期存款利率由1996年的12%降到2.25%，如果扣除新开征的20%的利息税（2000年10月正式执行），实际利率仅1.8%（一年期贷款利率由1996年5月1日前的10.98%下降到2000年的5.85%）。利率的降低，不仅减轻了企业的利息负担，降低了企业的筹融资成本，扩大了贷款规模，同时也降低了老百姓储蓄的欲望，分流部分储蓄资金进入消费，拉动内需，带动了经济的有效增长。与此同时，人民银行改革了存款准备金制度，两次下调存款准备金率，取消贷款规模的限额控制，提高商业银行贷款的积极性，扩大了商业银行的贷款自主权。1998年、1999年，广义货币分别增长15.3%、14.7%，2000年预计为13%~14%。三年来，金融机构贷款分别增加1.15万亿元、1.08万亿元和1.3万亿元，货币供应量和贷款的增长基本满足了经济增长的需要。

三是税收政策的调整。1998年以来，税收政策作为积极财政政策的重要组成部分，在保证税收收入稳定增长的前提下，进行了有增有减的结构调整。

为了减轻东南亚金融危机对我国企业产品出口造成的巨大压力，扩大外贸出口，1998年以来我国连续三次提高出口退税率，使平均退税率达到15%以上。“九五”期间，全国税务系统共办理出口退税3100多亿元，其中1999年和2000年分别为628亿元和800亿元。1998年受亚洲金融危机的冲击，我国外贸出口仅增长0.5%，出口退税率提高后，1999年外贸出口比上年增长6.1%，2000年又比1999年增长37.8%。

与此同时，为拉动投资，1999年下半年国家对固定资产投资方向调节税减半征收，并从2000年起暂停征收，为此国家共减收90亿元；1999年7月1日起，国家又对符合条件的国产设备技术改造投资实行抵免企业新增所得税的政策，对房地产业的营业税、契税、土地增值税等也出台了优惠政策，对外商投资于基础设施和高新技术产业给予税收鼓励。为刺激个人消费，1999年11月1日起，国家还对储蓄存款利息所得开征个人所得税，截至2000年12月累计征税150亿元。为支持高新技术产业发展和国企改革，先后出台了一系列税收优惠政策措施，如促进科技成果转化的税收优惠政策；对企业、其他社会力量资助科研机构和高等学校的研究开发费用允许在企业所得税前扣除；对自谋职业的国有企业下岗职工给予税收减免；对国有企业采取加速折旧、加大新产品开发费提取、减免进口先进技术与设备的关税和进口环节税；等等。国家的税负减免，减轻了国有企业负担，同时，为国有企业扭亏脱困创造了一个较为宽松的政策环境。

四是实行总量控制与产业结构调整。中国经济经过改革开放以来的高速发展，到90年代后期基本结束了短缺经济时代。但这种过剩经济的特征，却是大多数行业处于技术落后的低档次产品总量过剩和高技术水平、高技术含量的产品供给不足的双重矛盾之中。为尽快改变这种状况，国家实施了总量控制、结构调整、关闭“五小”、淘汰落后、大力压缩过剩生产能力的一系列重大政策措施，将存量调整与增量发展，淘汰落后与改造提高、做大做强结合起来。按照经济发展和城乡居民消费结构的变化趋势，压缩和淘汰那些不适应市场需求产品的生产能力，提高适销对路产品的有效供给水平。压缩总量、淘汰落后首先选择了当时矛盾最突出的棉纺行业为突破口，出台了“财政补贴、贴息贷款、银行核呆、分流安置、土地置换、出口配额、出口退税、纺机源头、棉花流通、借壳重组”等十项政策。在这种全面系统的政策扶持下，纺织行业自 1998 年起在全国范围内深入开展了压缩淘汰落后棉纺锭的工作，并对相关企业进行了配套的技术改造，使企业的负担大大减轻、技术装备水平上了一个大台阶。到 1999 年底全国累计压锭 906 万锭，分流安置职工 116 万人，实现利润 9.5 亿元，提前一年实现行业脱困目标。2000 年纺织全行业实现利润 290.1 亿元，创历史最高水平，其中国有纺织企业实现了扭亏为盈，由 1996 年亏损 83 亿元到 2000 年盈利 67 亿元，打了一个漂亮的翻身仗。

以纺织行业为突破口的战役取得明显效果后，从 1998 年开始，国家又以冶金、煤炭、有色金属、军工四个行业为重点，进行行业性的结构调整，并以安全生产标准、环境保护标准等为依据，对浪费资源、技术落后、质量低劣、污染严重的小企业，如小煤窑、小水泥、小玻璃、小钢厂、小炼油等实行关闭，以淘汰落后、压缩过剩生产能力，有效地促进了相关行业的结构调整。

在 1997 年末，煤炭行业是严重亏损行业之一。从 1998 年开始实施关井压产政策以来，全国共关闭各类小煤矿 4.6 万处，压产 4 亿吨，到 2000 年底，全国煤炭产量控制在 9.5 亿吨以内，比 1997 年压缩 4.2 亿吨。煤炭价格从最低点 137.82 元/吨上升到 141.47 元/吨。煤炭社会库存也由2亿吨压到1.4亿吨，2000年的产销率达107%，一批大型煤炭企业的经营状况好转。到2000年国有煤炭企业的亏损比上年减少了一半以上，30%的国营煤炭企业开始盈利。

全国冶金行业实施总量控制后，扭转了连续几年产量增长、价格下滑、效益下降的局面，产品结构得到了调整与改善。全行业实现利润从低谷时的9亿元（1998年）提高到2000年的130亿元，比上年增长3倍以上。

建材、制糖、石油化工、电力等行业的总量控制和结构调整也取得成效。据不完全统计，几年来，全国先后共关闭小水泥厂2176户、窑1643座；关闭小玻璃企业171户、175条生产线；关闭150户小糖厂；取缔了6000座土炼油场点，压缩原油一次加工能力1100万吨；电力行业累计关停小火电机组约1000万千瓦。到2000年末，建材行业实现利润94.43亿元，比上年同期增加55.41亿元；制糖行业在糖价连续3年下滑的情况下止跌回升，1999年全行业亏损22亿元，到2000年盈利6亿元以上，实现了全行业扭亏为盈。

五是严打走私，整顿市场秩序。前几年走私活动一度十分猖獗，一些不法分子，利用国内外一些商品的价差，大肆从事走私活动，牟取非法收益，不仅造成国家巨额关税的流失，而且严重破坏了国内市场秩序，使国内企业生产蒙受了巨大损失，加重了国有企业的困难。1998年，党中央、国务院决定实行“联合缉私，统一处理，综合治理”的缉私新体制，开展声势浩大的反走私斗争。海关、公安、司法共同出击，仅1998年，全国海关调查部门查获偷逃税在5万元以上的走私大要案案值就达136.9亿元，比上年增长120%。打私斗争的开展，使走私分子受到极大震慑，大规模走私活动明显减少。据海关提供的资料表明，1999年全国海关调查部门查获走私大要案案值54.14亿元，比上年下降60.5%；2000年查获走私大要案案值48.04亿元，比上年又下降11.4%。对走私犯罪活动的严厉打击，有效地遏制了走私犯罪活动猖獗的势头，不仅国家关税收入连续两年大幅增长，扭转了多年来外贸顺差、外汇不顺收的局面，而且非法进入国内市场的国外商品明显减少，有效维护了国内的市场秩序，许多受走私冲击商品的价格回升到合理水平，企业的合法权益得到保障。特别是由于加大了对成品油、植物油、纺织原料、汽车、计算机等重点商品走私的打击力度，国内相关企业的生产经营环境大为改善，出现了产品库存降低、销售收入和价格上升的“一降两升”的喜人局面，为国有企业改革脱困创造了较好的外部市场环境，在一定程度上促进了国有企业的扭亏脱困和效益增长。

（二）推动国有企业脱困的具体政策——解决国有企业的突出困难

一是构筑国有企业退出市场的通道，加大兼并破产力度。长期以来由于国有企业缺乏必要的退出通道，市场经济的优胜劣汰机制难以建立起来，多年积累起来的一大批长期亏损、扭亏无望、资不抵债、濒临破产，已没有生存价值的国有企业无法退出市场，使得国有企业总体运行质量下降。1986 年 12 月颁布的《中华人民共和国企业破产法（试行)》也因缺乏社会保障体系等支撑条件难以发挥作用。针对这一情况，国务院在 1994 年、1997 年先后下发了《国务院关于在若干城市试行国有企业破产有关问题的通知》和《国务院关于在若干城市试行国有企业兼并破产和职工再就业有关问题的补充通知》，专门成立了由国家经贸委等五部委组成的全国企业兼并破产和职工再就业工作领导小组，开始进行国有企业实施破产、兼并的改革探索。由于国家在政策上就国有企业破产财产的处置、银行坏账损失的处置、担保和抵押的处置、土地使用权的处置、职工的安置及费用等难点问题都作了明确的规定，尤其是银行呆坏账准备金的核销、下岗职工安置政策的落实，使国有企业的破产和兼并开始在特定的政策框架下具备了可操作性，为那些早已名存实亡的国有企业退出市场找到了出路，消灭了一批亏损源。

为使兼并破产更好地服务于国有企业三年脱困目标，从1999年开始，国家有关部门改进了对核销银行呆坏账准备金按地区切块分配规模的办法，集中使用、确保重点，主要用于纺织、煤炭、有色金属、冶金、军工等重点行业国有大中型亏损企业的破产、关闭。在三年脱困期间，全国共批准下达企业兼并破产项目1718个，其中大中型项目1504个，核销银行呆坏账准备金达1261亿元。一批长期亏损、资不抵债、扭亏无望的企业和资源枯竭的矿山退出了市场。6599户重点脱困企业中，有29.49%的企业是通过实施破产关闭实现脱困的。

二是改善国有企业的资产负债结构，实行债权转股权。国有企业资产负债率过高，不仅加剧了企业的生产经营困难，而且增加了银行系统的金融风险。实行债转股是化解这两方面难题、实现双赢结果的一项重大决策。1999年国务院决定在工行、建行、中行以及农行等四大国有商业银行分别组建金融资产管理公司，依法处置银行原有的不良贷款，并作为投资主体，对部分具备条件的贷款企业实行债权转股权，优化国有企业的资产负债结构。按照国家经贸委和中国人民银行联合下发的《关于实施债权转股权若干问题的意见》的有关规定和操作程序，国家经贸委向有关银行和金融资产管理公司首批推荐了601户实施债转股的企业，拟转股金额达4596亿元。这些大多是产品有市场、技术水平高、管理基础好、领导班子强的企业，通过降低资产负债率，即可改善企业经营状况，较快地摆脱目前的困境。到2000年底，已有580户企业与有关资产经营公司签订了相关协议，债转股总额4050亿元，目前均已进入实施阶段，进展顺利。

债转股的实施，使这批国有大中型企业的资产负债率由70%以上下降至50%以下，平均每月可减轻利息负担37.23亿元。同时，债转股还促进了国有企业加快建立现代企业制度、剥离非经营性资产，以及调整产品结构和强化企业内部的经营管理等。大多数实施债转股的企业生产经营状况开始迅速好转，据不完全统计，2000年80%以上的债转股企业实现了扭亏为盈。

三是国债贴息技改，促进国有企业技术进步。国有企业在技术改造和技术进步上欠账严重，是导致国有企业陷入困境的重要原因之一。在结构性矛盾突出的背景下，通过加快技术改造调整和优化产业结构，适时出台支持企业的技改政策，有助于国企尽快走出困境。1999 年 6 月，中央政府决定从增发的国债中，每年专门划出 90 亿元，用于企业技改和产业升级的贷款贴息，这相当于过去中央财政每年技改贴息额的 10 倍。在 1999 年、2000 年新增的国债资金中，国家共安排 195 亿元专项资金用于企业技术改造的贴息。截至 2000 年底，国家经贸委分四批共安排重点技术改造国债资金项目 880 项，总投资规模达 2400 亿元，其中国债资金 195 亿元，贷款 1459 亿元。国债贴息资金的拉动效应达到了 1∶12。

国债技改项目在重点解决冶金、石化、纺织、机械、汽车等行业在结构调整中的重点和难点问题方面起到了积极的作用，目前已经建成或正在建设一批标志性项目。国债技改贴息资金的投入，增强了银行和社会资金对重点技术改造项目支持的信心和贷款力度，调动了企业技改的积极性，扭转了国有企业技改增幅下滑的态势。2000 年，我国企业技术改造投资一举扭转 1998 年以来持续下降的势头，增幅达 13.2%，为基本建设投资增幅的 2 倍，呈现出近年来少有的强劲增长态势。

四是减人增效、下岗分流、实施再就业工程。国有企业职工终身制、铁饭碗是长期以来困扰企业发展的大难题，“进厂定终身”，职工终身依附在企业上，使得国有企业人满为患，不堪重负，尤其在老国有企业，这个问题更为突出。人员负担造成的巨大压力，是国有企业人浮于事、效率低下的主要原因之一。在三年脱困期间，由于国家加大了国企改革、兼并破产、减员增效、结构调整的力度，仅在实施兼并破产的 1718 户企业中，即涉及 500 多万名职工，此外由于减员增效等措施，共有 1600 万名职工下岗。这样大力度的改革，涉及如此大规模的职工调整岗位，如果没有一套可靠的保障性措施，社会是无法承受的。在三年改革脱困的过程中，政府始终注意把社会保障体系的建立与下岗职工再就业工程的实施作为一项重要任务来抓，坚持企业减员增效和促进再就业相结合、职工下岗与各方面承受能力相适应的原则，把握节奏，规范程序，有计划有步骤地进行。为解决国有企业“人往哪里去”这一难题，保持社会的稳定，国家采取了一系列建立社会保障体系的配套政策。1997 年以来，国务院陆续下发了有关建立企业职工基本养老保险制度、失业保险、下岗职工基本生活保障、城市居民最低生活保障等决定、条例和通知。1998 年元月，党中央、国务院专门召开了全国减员增效和实施再就业工程工作会议，研究国企下岗职工问题，朱镕基总理为此还亲自带领国务院有关部门负责同志到下岗问题突出的东北地区调研。1998 年 6 月党中央、国务院下发 10 号文件，明确提出了“要确保国有企业下岗职工基本生活、确保国有企业离退休人员养老金按时足额发放”的社会保障工作目标要求，同时要求在国有企业中建立下岗职工再就业服务中心。1999 年又进一步完善了关闭破产的资源枯竭矿山职工安置的有关政策。与此同时，国务院还相继出台了《基本医疗保险制度改革的决定》和《社会保险费征缴暂行条例》、《失业保险条例》和《城市居民最低生活保障条例》，初步形成了社会保障制度的基本框架，为进一步完善社会保障体系打下了良好的基础。

经过三年的努力，我国已初步建立起了包括下岗职工基本生活保障、失业人员的失业保险金、城镇居民最低生活费三条保障线在内的社会保障系统。在国有企业内部，大多数企业都专门建立了职工再就业中心，负责对下岗职工的管理与再就业培训，为下岗及分流人员服务。在亏损严重的国有企业，进入再就业中心的下岗职工基本生活保障费用实行了分别由企业、社保基金和财政各占 1/3、不足部分有财政托底的“三家抬”政策，极大地支持了国有企业减轻人员负担，为企业的减员增效提供了社会条件。三年来，全国先后有 2100 多万名国有企业的职工下岗，其中1300多万人实现了再就业，100多万人通过企业内部退养等方式得到安置；国家通过各种渠道累计筹集下岗职工基本生活保障资金近800亿元，95%左右的下岗职工领到了基本生活费并由再就业中心代缴社会保险费。到2000年底，全国累计发放养老金4200多亿元，3100多万名享受养老金保险待遇的离退休人员中有98%左右按时足额领到了养老金。

更重要的是，在艰难的改革脱困过程中，社会与职工对国有企业改革的承受能力进一步增强，“国有企业可以破产，国有企业的工人可以下岗”这个三年前还难以接受的观念，已逐渐成为社会的共识。观念的转变为国有企业改革的推进奠定了良好的基础。

（三）三年脱困的宏观政策效应分析

国有企业脱困需要进行综合治理，国家的宏观政策体系为之创造了一个良好的宏观经济环境，也只有在这样一个有利于发展的环境中，国有企业面临的问题才有可能得到解决。对于三年脱困工作的推进来说，这一时期宏观经济政策的运用是适时的、正确的，也是极为有利的。虽然一些具体的政策方向并不是专门针对国有企业的，如财政政策、货币政策、总量控制、打击走私等，但财政调整支出结构、加大对社会保障领域的投入确实为国有企业的改革与脱困做出了实实在在的巨大贡献。没有这样一项政策，或是改革脱困无法推进，或是强行推进引发社会不稳定。另一方面，国家出台的一系列“杀手锏”政策，对国有企业的扭亏脱困产生了直接的效果，为实现三年两大目标发挥了极为重要的作用。据初步测算，各项政策产生的效益为：

——兼并破产。1998年以来下达兼并破产项目1718个，需要核销的银行呆坏账准备金1261亿元，初步匡算可减亏300亿元左右。

——债转股。580户企业共计债转股金额4050亿元，并已于2000年4月1日起生效，当年可减少利息支出200亿元左右。

——技改贴息。技改贴息195亿元，其效果也将随着技改项目的逐步投入运行而使企业竞争力加强，经济效益得到提高。

据有关部门对2000年1—10月份全国国有及国有控股企业新增利润的因素分析，大体上国民经济增长速度加快等宏观环境改善的因素占48%；各项针对国有企业的具体政策措施直接导致的利润增加约占23%；企业通过加强管理，苦练内功，降低各项费用增加的利润约占29%。总体而言，国有企业三年脱困目标的实现是在完整的政策体系支撑下，综合运用各种手段的结果，同时各项政策的作用与国有企业自身的“三改一加强”也是密不可分的。

三、三年脱困工作的组织与实施

国有企业三年脱困目标实施阶段的主要体制特征，一方面是市场机制的作用在不断增强和扩大，国有企业已经开始脱离了计划经济的运行轨道；另一方面是初步形成的市场经济体制仍然很不完善，国有企业的体制改革和经营机制转变远远没有到位。在这种情况下，国有企业的改革与脱困不会是一个完全自发的市场化过程，必然需要依靠政府的组织、协调与推动。1997年以来，从中央到省地市（县）各级政府围绕三年脱困目标，坚持解放思想、实事求是，以科学的态度和严密的组织推进脱困工作的展开，政府对改革的推动作用在三年脱困期间得到了充分发挥。

（一）设定三年脱困的工作目标

为了把国有大中型亏损企业三年脱困的要求具体化，国家经贸委研究设定了到2000年末脱困工作应实现的具体工作目标：

一是除煤炭、军工等少数行业继续努力减少亏损外，机械、冶金、石油和化工、轻工、纺织、建材、烟草、有色、电力、电子、黄金、医药等大多数行业整体扭亏为盈，或继续增加盈利；

二是大多数省（自治区、直辖市）国有及国有控股工业企业整体扭亏或增加盈利；

三是大多数国有及国有控股大中型工业亏损企业扭亏为盈或消除亏损，重点企业和老工业基地经济效益进一步提高；

四是国有及国有控股工业企业盈亏相抵后实现利润突破1000亿元，力争达到1100亿元。

上述目标所对应的1997年末的初始情况是：14个重点监测的行业中有5个全行业亏损，分别是纺织、有色、建材、军工、煤炭（虚盈实亏）；31个省（区、市）中有12个国有及国有控股工业企业净亏损，分别是天津、辽宁、吉林、江西、湖南、广西、海南、重庆、陕西、甘肃、青海、新疆；国有及国有控股大中型亏损工业企业6599户；国有及国有控股工业企业盈亏相抵实现利润807亿元。应该说，这一套脱困的工作目标是有很大弹性的，也是不高的，主要原因是对亚洲金融危机持续的时间和影响的深度难以准确预计。同时，三年脱困工作是以1997年末的数据为基础的，而在1997年亚洲金融危机的影响刚刚有所表现，1998年这种负面影响才充分显现，如1998年国有及国有控股工业企业实现利润总额由1997年的807亿元猛降至525亿元，降幅达到34.9%。

（二）建立有效的组织保证体系和基本工作制度

为保证国有企业脱困目标的实现，各级政府自上而下地成立了负责企业脱困工作的专职机构。在1997年12月15日召开的全国经贸工作会议上，国家经贸委将实现三年改革脱困目标列为全国经贸工作的中心任务，提出了“深化改革、加快调整、重点突出、整体推进”的工作方针。为此国家经贸委专门成立了国有企业脱困工作办公室，统一负责全国国有企业脱困的组织、指导、协调以及督促检查工作，综合掌握分析全国企业脱困工作情况，及时总结并组织交流国企脱困中的典型经验，向有关领导提出企业脱困工作有关意见和建议。各省（区、市）也相应成立了由省主要领导为组长的国有企业脱困工作领导小组，在经贸委系统设立专门的工作机构，抽调专人负责本地区国有企业脱困工作，从而形成了一套自上至下的完整的工作体系，为三年脱困目标的实现提供了有效的组织保障。

为把三年脱困的各项工作落到实处，并形成严密的责任体系，国家经贸委企业脱困办公室制定了四项基本的工作制度在全国推行。

一是脱困工作的指导责任制度。实现国有企业三年脱困任务，其责任由脱困企业和有关的政府指导部门共同承担。亏损的国有企业作为脱困工作的责任主体，脱困效果作为对企业领导班子进行考核的重要依据。国家经贸委印发的《1999 年国有大中型亏损企业脱困工作的规划意见》中，根据企业的隶属关系、所属行业，把脱困工作的指导责任分解落实到各级政府和行业主管部门，地方企业由地方政府负责指导，中央企业由行业主管部门负责指导，地方政府对本地中央企业的脱困工作也要给予支持和帮助，全行业的企业脱困工作由行业主管部门负行业性的指导责任。指导责任主要是帮助、指导重点脱困企业分析现状和亏损原因，逐户制定切合实际的脱困方案，落实脱困措施，督促企业做好改革、改组、改造和加强管理等各项工作。建立脱困工作指导责任制度的目的是弥补国有资产出资人不到位的制度缺口。由于国有资产管理体制改革滞后，国有资产出资人到位问题在体制上一直没有解决，经营者感受不到来自所有者的约束和压力，也就难以产生加大改革力度、努力搞好经营的动力。在一个较短的时期内建立一套出资人制度是不现实的，用行政责任的办法强化对亏损企业的督导是一个在短期内进行替代的有效措施。

二是脱困工作联席会议制度。国有亏损企业陷入困境的原因是多方面的，脱困工作需要针对不同企业的情况采取多项措施进行综合治理，但其中许多措施是企业自身无法实施的，也不是某一个单一政府部门可以独自操作的。鉴于国企改革与脱困工作的重要性、艰巨性和复杂性，在脱困工作的组织实施中，从国家经贸委到各省（区、市）普遍建立了企业脱困工作联席会议制度，改变了过去由一家分管、单兵作战的工作方式。各省（区、市）的联席会议由省主要负责人牵头，组织、人事、劳动、经贸委、财政、银行、税务等各有关职能部门负责人为工作成员。联席会议定期通报情况、分析问题、研究政策。脱困工作联席会议制度的建立一方面避免了现有体制下政出多门、相互掣肘的弊端，另一方面集中运用了政府所掌握的组织资源和物质资源，从而有效地加大了脱困工作的力度。

三是脱困工作目标责任制度。为实现三年脱困目标，各地区、各行业在对亏损企业进行调查研究的基础上，编制了三年脱困规划，逐级建立了目标清晰、责任明确、监控及时、奖惩分明的脱困目标责任制度。国家经贸委企业脱困工作办公室先后于1999年、2000年分别制定了《1999年国有大中型亏损企业脱困工作规划意见》和《2000年国有大中型亏损企业脱困工作指导意见》，就国有企业脱困工作的指导方针、目标、任务和责任，以及对脱困的组织领导、采取的措施等作出了明确的安排部署，在与各行业、各地区充分协商的基础上，下达了各省（区、市）国企三年脱困的具体实现目标。地方各级政府围绕三年目标，结合本地实际制定出本地区分年度的脱困目标规划，并将任务逐级分解到地市及相关部门、企业和具体责任人，层层签订责任书，定期检查、通报工作进展情况，并作为对政府及企业领导班子严格考核、兑现奖惩的基本依据。一些省地市对扭亏脱困难度大的企业还采取了由省市领导定点联系的方式，加以重点研究解决。以此建立了一套纵向到底、横向到边、点面结合的企业脱困责任目标体系。

四是脱困目标跟踪监测和定期通报制度。为及时掌握脱困工作的进展情况，发现并研究工作中出现的新情况、新问题，为国家研究出台相关经济政策提供准确的基础数据，国家经贸委与国家统计局经过共同协商，决定对1997年末亏损的6599户国有大中型企业的脱困进展情况和国有及国有控股大中型新增亏损企业的动态变化进行跟踪，并为此研究制定了有关跟踪监测上报制度。根据统一部署，各地经贸委与统计局密切合作，对本地区的脱困目标及对象建立了数据库，确定了监测范围和内容，结合对企业脱困的调研与定期分片督导工作，逐月跟踪了解6599户重点脱困企业的经营状况以及效益变动趋势。国家经贸委按月将各地情况进行汇总分析处理，定期报送国务院领导，同时向各省（区、市）通报。这种自下而上的监测体系和自上而下的通报制度不仅可以及时掌握脱困工作的实际进展情况，便于及时发现问题和处理问题，同时也大大强化了各级政府和部门的责任意识，有效地推动了国企脱困工作的开展。

（三）中央政府层面的脱困工作

解决国有亏损企业的问题涉及多个层面的工作，中央政府及各有关部委对国企脱困中涉及的重大体制问题及关系全局的战略性调整问题的把握尤为重要。几年来，中央政府在企业脱困方面主要的工作包括：

一是实施行业性的重大结构调整。国有企业脱困工作不仅具有鲜明的地域特征，而且具有显著的行业特征，因此脱困工作既要从地区和企业的实际出发，也要充分考虑到行业性的矛盾和问题。特别是在经济增长方式转变时期，由于行业性的结构性矛盾导致企业亏损的情况，仅在一个区域或单个企业的范围内采取措施难以奏效，必须由中央政府从全局出发，进行行业性的结构调整和战略性重组，在优化总体结构的基础上推动企业脱困。为此，国家先后对不同的行业采取了一系列有针对性的脱困政策和措施，其中对亏损严重的纺织行业力度最大。

如对纺织压锭企业实行财政补贴和贴息贷款、对实施兼并破产的纺织企业核销银行呆坏账额度予以优先安排、对压锭减员分流安置工作的优惠政策、调整出口配额、提高出口退税率、控制纺机源头防止重复建设、改革棉花流通体制等等。在国家政策扶持下，纺织行业自 1998 年起在全国范围内开展了压锭重组工作，大量过剩的生产能力和陈旧装备被淘汰，纺织品市场的供求关系得以改善，为纺织行业提前实现脱困目标奠定了良好的基础。在纺织行业成功地进行了行业性结构调整之后，从 1999 年开始，中央政府正式启动煤炭、冶金、有色金属、军工和制糖行业的结构性调整，集中政策手段帮助这些行业中的困难企业脱困，淘汰过剩的生产能力，也都取得了较明显的成效。

二是进行管理体制上的调整。为了解决过去一些行业存在管理体制不顺的问题，国家对煤炭、有色、军工等行业的管理体制进行了调整。根据国务院下发的《关于改革国有重点煤矿管理体制有关问题的通知》（国发〔1998〕22 号）、《关于调整中央所属有色金属企事业单位管理体制有关问题的通知》（国发〔2000〕17 号），先后将原中央直属和直管的 94 户国有重点煤矿、大部分中央所属有色企业下放地方管理，并出台了相关配套的支持政策，促进了煤炭、有色金属行业的脱困和发展。到 2000 年末，有色金属行业已实现扭亏为盈，煤炭行业也实现了减亏。军工作为一个特殊行业，脱困的难度较大，为解决军工企业的脱困问题，适度引入市场竞争机制，国务院对军工行业的管理体制进行了重大调整，将原五个行政性公司重组为十大军工企业集团，并从脱困政策上重点给予支持。到 2000 年末，军工行业同比减亏 16.06 亿元。

三是推进政府职能转变。为适应市场经济的要求，把企业真正推向市场，1998 年，国务院对政府机构实施了重大改革措施：①将计划经济条件下按专业设置的国家工业部门改为国家局，大力精简机构和压缩行政管理人员，从而简化政府的行政审批程序，弱化了政府对企业的行政管理职能。至此，在中国延续了三十多年的国有企业行政主管部门制度正式宣告完结。②切实实现政企分开，按照中央的统一部署，中央党政机关、政法部门与所管理的 530 户企业实现了彻底脱钩；军队、武警部队以及政法机关所办的6380多户经营性企业也在1998年底开始移交地方。政府机构改革和中央政府层面的政企脱钩使得国有企业改革在政企分开的方向上实现了重大突破，为国有企业进入市场、成为真正的市场竞争主体创造了重要的制度条件。

（四）地方政府创造性的脱困工作

在国有企业三年脱困这个目标上，各级地方政府与中央政府体现了高度的一致性。对于地方政府来说，国有企业的脱困不仅仅是一个政治任务，更是地方自身经济发展、社会稳定和职工就业的现实需要。

如果说，对于国有企业三年脱困目标的实现，中央政府层面的工作主要是重大改革措施的研究制定，着力点放在对经济环境的治理、宏观政策的支持和全局性的结构与体制调整，从宏观政策上加以引导的话，地方政府层面所做的工作则主要在于微观体制与机制上的改革，着力点以操作实施层面为主。在国有企业三年脱困工作中，地方各级政府的探索不仅已经触及了国有企业改革最深层次的问题，而且通过富有创造性的工作，在许多方面都取得了重大进展，极大地丰富了国有企业改革的实践。

一是通过资产重组和战略性改组，推进国有企业的脱困和发展。上海市为规范资产重组，提出了“不流失国有资产、不逃废银行债务、不损害职工权益”的“三不”原则，在实践中引导国有资产向优秀企业家集中、资源向优势企业集中、资金向优势产品集中，对优势企业的扩张重组、劣势企业的退出重组、土地资产的盘活重组以及各类企业交叉投资的多元重组等方式进行了多方面的探索。通过几年的努力，上海工业系统资产重组规模已达1000亿元，其中通过股票市场筹资300多亿元，破产兼并核销银行坏账和非银行债务200亿元，盘活土地存量获资金200多亿元。

二是根据党的十五大提出的“有进有退，有所为有所不为”的精神，探索国有中小企业有序退出的途径。针对国有经济分布过宽、整体素质不高、资源配置不尽合理的问题，各地政府都把放开搞活国有中小企业作为脱困工作的一项重要内容。如山东省菏泽地区与黑龙江省大庆市政府坚持把产业结构的优化升级和所有制结构的调整结合起来，在本地区国有企业所有制结构调整方面做了大胆的尝试，并取得了明显的成效。菏泽地区按照投资主体多元化的思路，在实践中探索了整体划转、国有资产授权经营、股份合作制、整体兼并、公开拍卖、参股控股等多种企业改制形式。经过两年多的努力，实现了历史性的突破，到1999年全区工业整体扭亏为盈，经济效益综合指数提高19.7个百分点，50000多名下岗职工实现了再就业。

大庆市政府按照“三个有利于”的原则，对国有产权制度进行了多种形式的改革：一是通过内部职工购买；二是折股借贷；三是向合资方出售；四是向社会公开出售，将职工购买、折股借贷剩余的股份公开向社会出售。三年产权改革共吸纳职工股金3.3亿元，出售到位资金2.1亿元，破产企业卸掉债务16.4亿元。改革使大庆市地方国有企业的面貌发生了重大变化，该市列入省国企三年脱困计划的10户国有大中型亏损企业全部完成脱困任务。

三是对理顺国有企业与国有企业职工之间的劳动关系、实现劳动力市场化进行了探索。劳动力市场化是社会主义市场经济体制建立的重要基础，也是国有企业改革与脱困中必须解决的难点问题。传统的就业和保障体制以及国有企业的用工制度，使国有企业的职工依附在所在的企业和单位，劳动力不能按照市场需要优化配置，这不仅是国有企业陷入困境的重要原因之一，也是市场机制正常运行的一个极大障碍。理顺职工与企业的劳动关系比其他各项改革的难度更大，尽管如此，在脱困实践中许多地区并没有回避矛盾，而是进行了非常大胆的探索。浙江省各地充分利用本地市场经济发达、多种经济成分活跃的有利条件，在国有企业改制时解除职工与原企业的劳动关系，重新签订新的劳动合同。对解除劳动合同的职工，以1984年为界限，分别按不同标准给予适当的经济补偿。补偿所需资金，从原企业资产的变现部分（包括行政性划拨土地的转让所得）中支付，不足部分则从地方财政中予以补贴。目前，全国大多数省份在推进国有企业改制的同时，都进行了企业职工劳动关系调整的操作，这应该看作是三年脱困过程中改革在深化的一个重要标志。

四是分离企业的办社会职能，切实减轻国有企业社会负担。分离企业办社会职能是实现国有企业改革与脱困的最直接的手段。计划经济体制下，国有企业替政府承担了部分社会职能，如自办学校、医院及后勤服务单位等。随着经济体制的转轨，企业成为市场竞争主体，企业办社会的负担已成为严重制约国有企业改革和发展的一大难题。分离企业办社会职能，涉及面广、政策性强、难度大。为使国有企业得以剥离非经营性资产，轻装上阵，公平地参与市场竞争，各地按照国家经贸委的文件要求，结合本地实际，积极寻求分离的途径与办法，对分离中难度较大的经费、人员安置等方面探索出一些有借鉴意义的经验。福建省为了解决国有企业社会负担重、生产效率低的问题，近几年将分离企业办社会作为推进国企改革的重点，在充分调研的基础上出台了9个实施意见，分阶段组织实施。到2000年末，福建全省企业所办中小学、居委会、派出所等机构已基本完成分离移交，医院的分离移交工作将与医疗保险制度改革同步实施。企业设立的生活后勤服务机构已有90%以上与企业生产主体分离，成为独立核算的经济实体。企业离退休人员社会化管理已进入具体实施阶段。

五是转变政府职能，为国有企业发展和经济振兴营造良好的改革氛围与市场环境。各级地方政府为实现本地区三年脱困目标，出台了一系列促进国企脱困工作的地方性政策法规，包括体改、财政、金融、劳动、人事各方面，同时还采取各种方式帮助解决国有企业进入市场的难点问题。如按照脱困规划，一厂一策地帮助企业制订脱困方案；对于重点脱困企业，政府有关部门组成工作组，深入企业实行结对挂钩帮扶；为支持困难企业脱困，有的省市还建立扭亏脱困专项资金，在技改贴息、封闭贷款、建立企业资本金自补机制、税收返还等方面加大政策扶持力度；认真抓好企业的治乱减负工作，对不合理收费、罚款及集资项目进行有重点的专项治理，有的地区还实行了对脱困企业的“扎口”管理，为国企脱困营造宽松的经营环境。北京市对具有行政审批职能的50个部门1304项审批事项进行了全面清理，取消了369项，下放了85项，全市累计取消了不合理收费、集资、基金和摊派项目363项，每年可为企业及用户减轻负担20.65亿元。

地方各级政府把国有企业改革与脱困作为本地区经济工作的中心任务，全力以赴抓改革，集中力量促脱困，在全社会为推进国企改革营造一个良好、宽松的氛围。如广西壮族自治区政府把国有企业内部三项制度改革当成全区“天大的事”来抓。针对本地区国有企业机制僵化、内部改革滞后的状况，从上至下成立了由党政一把手任组长的企业改革整顿领导小组和工作办公室。同时，由有关部门共同组成国有企业改革整顿指导组，深入各地企业进行督导。由于工作力度大，到2000年底，全区85%以上的国有及国有控股大中型企业内部三项制度改革基本到位，做到了员工能进能出、管理人员能上能下、收入能增能减，初步建立了适应市场竞争的企业内部机制。机制创造了活力，全区国有及国有控股工业企业2000年盈亏相抵净利润同比增长6.4倍，亏损面下降了9.9个百分点。山东省经贸委、财政、银行等部门一起，督促企业深入开展学邯钢活动，加强以资金、成本管理为重点的财务管理，把压缩两项资金占用作为重点来抓，与企业一道摸现状、查原因、提目标、定措施，加强重点监控，不仅有效缓解了国有企业资金紧张的局面，而且大大提高了资金运行效率。

（五）简要的结论：脱困工作的组织实施与转轨时期政府的作用

为实现三年脱困目标，中央和地方各级政府动员了可以动员的各种资源，在脱困工作中发挥了不可替代的作用。①作为所有者或出资人对企业的督导作用。国有企业中存在的机制僵化、管理落后等种种弊端，都与国有资产管理体制不健全、出资人不到位直接相关。在国有企业出资人到位在体制上没有完全解决的情况下，在一定程度上政府的行政手段是在弥补体制上出资人不到位的缺陷。在改革脱困中存在的所谓“级差”现象，即中央企业滞后于省属企业、省属企业滞后于地市企业。实际上表明，政府与企业间的距离越近、对企业的管理越集中，出资人发挥作用的效果就越好。这也可以说明，为什么一些困难企业从中央下放到地方、从省属下放到地市之后，在很短时间内就发生了根本性的变化。尽管在三年脱困期间，政府是以行政手段代替出资人制度对企业行使督导职能，但仍然起到了积极的作用。②作为社会管理者的作用。长期以来，国有企业把大量资源用于办社会，而政府不得不忙于解决国有企业的问题，企业与政府的职能严重错位，结果必然是两败俱伤。在三年脱困工作中，各级政府已经深切地认识到这一点，在转变政府职能、为国有企业创造进入市场的条件方面做了大量工作，国有企业的社会负担开始向社会回归。③政府在转轨经济中的一个特殊责任，就是消化计划经济时期形成的各种结构扭曲。由于种种的先天不足，大量国有企业还不能成为真正的市场竞争主体，政府有责任利用掌握的经济资源，以及政策和制度等方面的资源帮助企业消化掉历史遗留的各种结构性问题，支持企业脱困。从理论上可以说，国有企业脱困应该是企业自己的事，但在实践中国有企业还离不开政府的指导、协调和帮助。三年脱困的实践表明，转轨时期政府的有限干预，在某些特定的情况下仍然是必要的，政府职能的转变必须与市场的发育程度相一致。

四、国有亏损企业脱困的主要途径

国有企业亏损的原因是多方面的，脱困的方式和途径也是多样性的。各地在脱困工作中坚持从实际出发，以“三个有利于”为标准，按照中国共产党的十五大和十五届四中全会精神进行了多种形式的探索，取得了较好的成效。

（一）通过强化企业内部管理，切实转换机制、实现脱困

通过分析国有企业的现状可以看出，大多数国有困难企业形成亏损的根本原因在于体制上和内部机制上改革的滞后，不能适应市场经济的要求，其内部的有效资源没有充分利用。因此在脱困工作实践中，各地政府和困难企业都将狠抓企业内部管理，挖掘企业内部的巨大潜力作为脱困的主要途径之一。不少省市分别以召开扭亏脱困企业现场会、组织先进企业经验交流会等多种形式，引导亏损企业广泛采用现代管理方法和手段，提高自身适应市场变化的管理能力。山东省针对亏损企业内部管理混乱等问题，对全省企业的基础管理工作进行了全面整顿和考核，组织制定了 19 个行业的《企业管理工作基本要求和考核实施细则》，对企业管理的各个方面提出了明确的量化考核要求，结合实施全省“管理示范工程”组织 150 户省级管理示范企业与 414 户经营不善的亏损企业结成对子，开展管理输出和管理互助活动，帮助亏损企业提高管理素质。从脱困企业看，一大批困难企业在脱困过程中，面对企业生死抉择，不怨天尤人，不依赖政策，积极转变观念，大胆改革内部管理机制，依靠强化自身管理，使企业逐步摆脱了困境。

统计表明，6599 户中扭亏为盈的 1723 户企业中，大部分都是依靠转换机制、强化管理实现脱困的。相当一批困难企业，如辽宁省东北制药厂、贵州水城钢铁公司、江西省南昌钢铁有限公司、萍乡钢铁厂、山东省淄博矿务局、甘肃省兰新通讯设备集团公司等，都是在极其困难的情况下，主要依靠自身的努力进行彻底改革，充分发挥存量资源的潜在

优势，迅速摆脱困境，并步入良性发展轨道的。这些企业脱困的共同做法：①面向市场转变观念，克服“等、靠、要”的思想，树立依靠自己求生存、面向市场求发展的思想。②通过彻底的内部三项制度改革转换经营机制，做到“干部能上能下、职工能进能出、收入能高能低”，根本改变了国有企业的大锅饭、铁饭碗的旧体制，从而调动了企业职工的积极性。③扎扎实实学邯钢、学亚星比价采购等先进经验，以成本、资金和质量管理为重点，努力降低成本。据不完全统计，由于实行了比价采购，仅江苏省 1999 年、2000 年两年间全省国有工业企业降低采购成本就达 45 亿元。山东省对全省重点企业集团情况的统计，仅实行购销比价管理一项每年就节约采购支出 30 亿元。④把技术创新与开拓市场紧密结合起来，加快产品换代和产业升级，从多方面增强市场竞争力。这类企业由于进行了较深层次的改革，脱困的基础更为扎实。它们的实践表明，国有企业脱困，政策只是必要的条件，而不是充分条件。问题的关键还在于企业内部的改革和管理能否真正到位，是否具备发展的动力与活力，否则，仅靠政策脱困也难以收到巩固的和长远的效果。

（二）调整领导班子，实现企业脱困

企业的兴衰与企业的领导班子直接相关。许多亏损企业扭亏的实例说明，走出困境的关键是要有一个懂经营善管理，有迎难而上、知难而进的奋斗精神和严于律己、自觉奉献的无私情怀的领导班子，才能充分调动企业广大职工积极性，树立扭亏脱困的信心，最终带领企业闯过难关。在三年脱困工作中，各级政府普遍加强了亏损企业领导班子建设。①加大对领导班子考核、调整力度；②注重提高亏损企业领导人员的综合素质，加强班子培训，提高企业经营者驾驭市场的能力；③实行企业经营者选拔任用制度改革，把党管干部的原则与市场经济条件下企业领导人员的选拔、任用和管理办法科学地结合起来，建立和完善对经营者

的激励和约束机制。如江苏省加大对国有企业领导班子的考核和调整力度，3 年来共有 1600 名国有企业领导人员因不称职被免职，有 600 多人被降职。山东省从 1997 年起，对国有企业领导班子进行全面考核，对 3688 户企业进行了充实调整，对因经营不善造成企业严重亏损的一把手，第一年黄牌警告，两年予以撤职。湖南省对 200 户亏损企业领导班子进行了调整，130 户生产经营有了明显的起色，其中 78 户扭亏为盈。广西壮族自治区百色地区把公开选聘厂长（经理）作为国有企业扭亏脱困的突破口，对全区 133 户国有企业的厂长（经理）实行公开选聘，532 人参加竞聘，一批有能力、有抱负的优秀经营管理者脱颖而出，提高了企业领导班子的素质，到 1999 年末，全地区国有及国有控股企业一举扭亏，实现了净盈利。

（三）通过实施结构调整与资产重组，实现脱困

把国有企业脱困与产业结构调整、资产重组及企业重组相结合，是实现亏损企业脱困的重要途径。相当一批国有企业陷入亏损，与经济生活中普遍存在的结构性矛盾有关。因此，脱困工作的着力点不能仅限于单个企业，必须打破原来的企业组织格局和条块分割的状况，对传统体制下形成的不合理的产业结构、企业组织结构等，按照市场竞争的要求在区域和行业范围内对全部生产要素进行“重新洗牌”式的重组，实现生产要素的优化配置。浙江省宁波维科集团就是在对本地区一批亏损的国有纺织企业重组后建立起来的。重组后的维科集团，将原来的 20 多家各自为政的企业以优势产品为龙头，组建为专业性公司，对人员、设备、资金等生产要素进行优化配置，淘汰一批没有竞争力的装备和产品，使过去分散的优势整合为整体优势，形成了结构效益和规模效益。新成立的企业严格按照建立现代企业制度的规范进行制度创新，实现产权多元化。经过几年发展，维科集团现已成为行业中最具竞争力的企业之一。江苏省淮安市采取积极措施，借助外力推进跨地区资产重组，全

市通过资产整体划拨式重组、控股并购式重组、托管经营式重组及收购式重组等多种方式，共划拨国有资产 30 多亿元，引进资金近 10 亿元，一批企业通过重组经济效益显著提高。上海市轻工集团是上海市亏损户数最多的集团之一，几年来进行了大规模调整重组，或实行产业整合和资源优化配置，或实行剥离重组，发展优质资产、加快不良资产的退出，或通过多元化和期股相结合进行改制，到 2000 年底国有及国有控股大中型亏损企业由 92 户减少为 26 户，亏损面下降到 17%，重组效果显著。

在行业结构调整和企业重组中，如何对负债过重的企业进行重组，是一个十分敏感而又亟须研究解决的问题。一方面国家对一部分有发展前途的重点企业实行债权转股权，另一方面对那些虽然总体状况不好，但如果适当剥离部分债务和不良资产有可能实现局部脱困甚至最终带动整体脱困的企业，实行资产与债务重组，是减少损失的有效途径。一些地区在与银行等债权人充分协商、保证银行债务不悬空的基础上，将亏损企业中部分有效资产在承担相应债务的前提下进行分离重组，既盘活了部分有效资产、解决了部分职工的安置问题，又减少了银行的债权损失，从而打破了这些企业好不了也死不了的僵局，实现了亏损企业与债权银行的双赢。吉林省长春市作为全国四个债务重组的试点城市之一，在这方面的探索取得了积极成效。

对亏损企业实施资产、债务重组，既促进了存量资产的盘活，又增加了增量资本的注入，既充分利用了困难企业的有效资产，又逐步带动了一些“壳”企业的起死回生，同时在重组过程中还实现了行业结构及企业组织结构的优化，整个行业的综合效益也由此得到提高，因此不失为一种有效的脱困方式。但由于资产、债务重组如果处置不当，容易造成国有资产流失，因此在实施过程中，需要注意加强与银行等债权人的沟通与联系，对存在的问题实事求是地加以解决。

（四）推进产权制度改革，实现企业脱困

企业产权制度改革主要是解决长期以来国有企业产权不明晰、责权不到位的弊端，为国企脱困创造必要的制度条件。各地在推进产权制度改革中创造了很多方式，归纳起来：①将国有企业改为投资主体多元化的国有控股企业。②将国有企业改制为国有参股或非国有企业。全国工业企业所有制的结构变动也表明，在规模以上的工业企业中，产权单一的纯国有企业比重已开始下降，产权多元化的国有控股企业比重上升，多元投资主体的混合所有制经济得到发展。按工业总产值（规模以上企业）计算，1995 年纯国有企业的比重为 47.1%，2000 年降为 28.7%，国有控股企业占工业企业的比重，由 1995 年的 7.4% 上升到 2000 年的 19.6%。在重点脱困的 6599 户企业中，已有近 400 户企业改制为非国有企业，其中尚不包括改制为国有控股的企业。

各地进行产权制度改革所采取的具体方式，主要通过增资扩股、产权转让、合资合作等方式进行。一般竞争性领域原则上不再设立国有独资企业，而主要实行投资主体多元化的股份制及股份合作制等公司制形式；对规模较大、发展前景较好的企业，一般采取国有参股或国有控股的办法实行股份制改造；对于经营不善、严重亏损并属于一般竞争性领域的企业，原则上采取承债式出售、资产置换等办法改造为多元投资主体的非国有企业，国有资本部分或全部退出。

（五）实施兼并、破产、关闭，彻底消灭亏损源

对那些长期亏损、扭亏无望、资不抵债的企业和因结构不合理、重复建设等原因形成亏损的企业及资源枯竭的矿山，各级政府坚决实施兼并、破产、关闭的办法，促其退出市场，从根本上消灭亏损源。

“企业不能消灭亏损，就要消灭亏损企业。”解决国有企业长期以来能生不能死的难题，既是实现三年脱困的重要途径，也是建立社会主义市场经济体制的一个重大突破。国有企业依法退出市场，不仅促进了

资源的合理流动与优化配置，更为重要的还在于增强了国有企业的市场意识和危机感，有效地推动了国有企业观念的转变。这是比消灭亏损源更为积极的效果。

一是由优势企业进行兼并。实施兼并的方式有两种：①由国有优势企业经国家有关部门批准，享受国家兼并优惠政策对国有亏损企业实施的政策性兼并；②由于企业自身发展与扩张的需要进行的企业间自发性的兼并行为。这两种形式都对国有企业的脱困产生了积极意义，尤其是后者效果更佳，如青岛啤酒集团对十几家亏损企业的兼并、山东鲁西化肥集团兼并本地区数家国有亏损企业带动企业脱困。政策性兼并措施使一批优势企业通过兼并，盘活了部分亏损企业及其资产，既实现了优势企业的低成本扩张，也有效地带动了一批国有企业摆脱困境。但兼并政策的实施在实践中也进行了一些调整。为减少破产引起的社会震动，国家一度提倡利用优势企业解决亏损企业的困难，在政策上鼓励多兼并、少破产。但有时仅靠兼并不能解决根本问题，由于被兼并的企业条件不一、兼并的动机不一，一些企业在被兼并后没能抓住有利时机，适时转换内部机制，融入优势企业文化之中，使得兼并政策有时不能收到预期效果，有的甚至重新成为兼并主体的包袱。为此，国家及时对兼并政策进行了相应调整，提出“少兼并，多破产”的政策重心的转移。

二是实施破产。破产的方式同样分为政策性破产与依法破产两种。①政策性破产，是由于在我国社会保障体系尚未健全，国有企业职工无法推向社会，同时银行每年提取的呆坏账核销规模不能一下子解决多年形成的历史债务负担。因此，在目前特定的转轨时期，国家专门出台了关于破产企业的政策，允许破产企业的变现资产收入和土地使用权转让收入优先用于安置职工，将银行核销呆坏账列入国家计划规模。国家有关破产的政策大大缓解了国有企业破产的难度。②依法破产，即企业依据《中华人民共和国企业破产法（试行)》及《中华人民共和国民法通则》的规定，严格按照法定程序实施破产。国有企业依法破产的难度一般较大，需要当地政府和社会有较强的承受能力，主要是能承担职工安置的费用。

三是关闭部分企业。对那些操作难度较大、暂不能破产又亏损严重、无生存价值的企业，一些地方采取了“先止血，后处置”的先行关闭停产的措施，以使损失尽量降到最低限度。实行关闭政策较多是那些破产难度最大的资源枯竭矿山。国家对关闭资源枯竭的矿山这一特殊问题，专门出台了相应文件，以解决职工安置、资产及债务的处置。

兼并、破产和关闭措施，解决了国有企业“只生不死”的问题，为不敌竞争对手的国有企业打开了退出市场的通道。三年来，6599 户企业中共有 1415 户企业分别采取兼并、破产和关闭等办法实现了彻底的脱困。虽然国家及地方政府为淘汰这批亏损企业付出了巨大改革成本，但无论从观念还是对脱困工作的效果来看，都是有利于深化改革、优化结构的一个巨大的进步。

除以上主要的脱困途径和方式外，各省地市对国有企业脱困方式的探索多种多样，如实行租赁、转为非工业或分块搞活等方式加以解决。国有大中型亏损企业多种脱困方式和途径，是三年脱困期间各级政府和企业进行了大量艰苦探索的结果。这些脱困的实践，不但在三年中有效地解决了一大批国有亏损企业的现实问题，也将为今后的国有企业改革提供宝贵的经验借鉴。

五、国有企业脱困成效及其评价

（一）三年脱困目标的实现情况

三年来，经过全国上下一致的共同努力，国有企业改革与脱困取得显著成效。到 2000 年末，三年脱困目标如期实现，主要表现在以下三个方面：

一是国有经济总体经济效益大幅度提高，全国 31 个省（自治区、直辖市）国有及国有控股工业企业全部实现整体盈利。1997 年亏损的 12 个省市全部扭亏为盈。国有及国有控股工业企业盈利总额达到 2391.9 亿元，同比增长 139.7%，比 1997 年增长 195.6%（见图 7）。

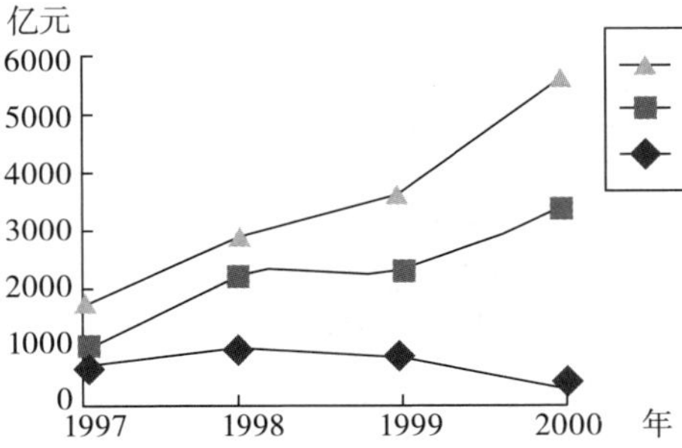

图 7　1997—2000 年国有及国有控股企业盈亏变动

二是国家重点监测的 14 个重要行业中有 12 个实现了全行业净盈利（或盈利增加）。作为突破口的纺织行业，1999 年上半年即率先实现了全行业扭亏的目标，2000 年盈利额达 67.06 亿元；2000 年末，石油和化工、冶金、建材及有色等行业实现利润成倍增长，1997 年底亏损的 4 个行业有 3 个实现了扭亏，继续亏损的煤炭和军工行业亏损额也有较大幅度的下降。

三是 1997 年底亏损的 6599 户国有及国有控股大中型亏损企业，有 4799 户采取多种有效途径摆脱了困境，脱困率达 72.7%。其中实现扭亏为盈的有 1723 户，占已脱困企业的 35.9%，有 3076 户企业通过兼并、重组、改制以及退出市场等方式实现了脱困（见图 8）。

三年脱困目标的实现，大大改善了国有企业的运行质量，国有企业整体效益显著提高。在实现利润大幅度上升的同时，国有及国有控股大中型工业企业亏损户数和亏损面比 1997 年明显下降，亏损户数从 6599 户减少到 3634 户，亏损面从 39.1% 下降到 27.2%（见图 9、图 10）。

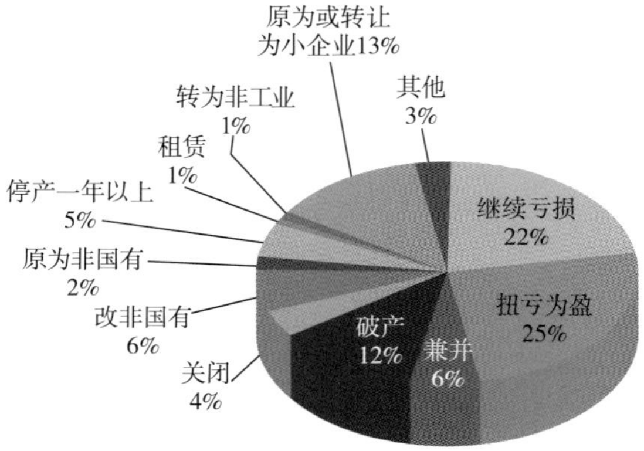

图 8　6599 户国有及国有控股大中型亏损企业脱困途径分析

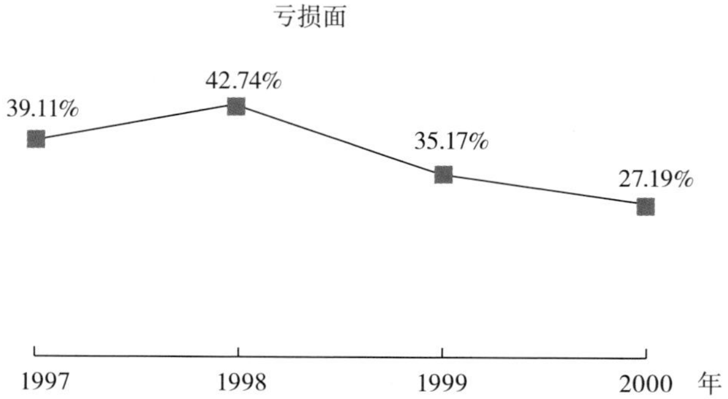

图 9　1997—2000 年国有及国有控股大中型工业企业亏损面变动情况

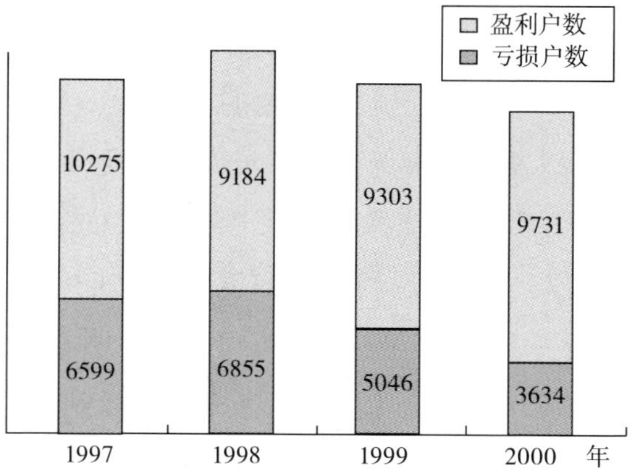

图 10　1997—2000 年国有及国有控股大中型工业企业盈亏变动情况

（二）脱困成果的因素分析

国有企业脱困是一项复杂的系统工程，三年脱困目标的实现是多方面力量综合作用的结果，包括宏观经济环境改善的因素、支持政策转化的因素和企业自身努力的因素三个方面。尤其是各项政策必须与国有企业自身的“三改一加强”密切结合，才能发挥最为有效的作用。因此，国有企业三年脱困目标是在完整的政策体系支撑下综合运用各种手段实现的，很难将各类脱困因素的效果截然区分开来。

宏观经济环境是企业运行的基本条件，一个健康、稳定和良性发展的经济环境，对于企业经营状况的改善无疑是必要的，也是应该的，是政府应尽的责任，并不能理解为对国有企业特殊的优惠。各级政府部门的脱困政策效果有些可以直接转化为企业利润或减少亏损，如贷款利率的下调、债转股免除利息、兼并破产消灭亏损源等。但这些政策有些是公共性的，如贷款利率的调整，是市场资金价格的客观反映；有些则是针对国有企业需要解决的特定问题，如资本金不足、特困企业难以退出市场等等。所以，这些政策一方面会促进国有企业经济效益提高，另一方面也是解决国有企业特定问题所需要的。

（三）国有企业脱困成果的评价分析

国有企业三年脱困目标的实现，是在一个特殊的时期和背景下取得的阶段性改革成果。对三年脱困的成果需要有一个客观、清醒的认识。①三年脱困目标的实现来之不易，国家和社会为此付出了巨大的改革成本，国有企业的广大干部职工更为此付出了艰辛的代价。三年脱困确实使一些国有企业多年形成的困难和矛盾得到部分解决或缓解，由此推动了一大批企业走出困境，并开始步入良性发展的轨道。②三年脱困目标的实现是有条件的。它不仅与国家创造的宽松的宏观经济环境密不可分，而且也是国家一系列脱困政策直接作用的结果，同时国际经济环境的逐步好转也给国企脱困创造了有利条件。③三年脱困目标只是一个有限的、阶段性的成果。三年脱困的重点对象还主要限于1997年底亏损的6599户国有及国有控股大中型工业企业，对于6599户以外的国有及国有控股大中型亏损企业以及非工业亏损企业的脱困，工作力度还不够大；大多数脱困企业只是解决了紧迫的、突出的问题，一些深层次的体制和机制问题并没有完全解决；此外，还有一些企业主要是依靠享受国家有关优惠政策实现的“政策性脱困”，企业经营状况并没有根本好转；还有的企业则主要由于外部市场环境好转实现脱困，因此盈利基础脆弱，抗风险能力不强，返亏的可能性较大。而且在6599户企业中，尚未脱困的企业的大多数属于难啃的“硬骨头”，解决起来难度较大；一些处于破产边缘、扭亏无望的企业，由于条件所限还不能退出市场；新的亏损企业还在继续增加；等等。

从全国脱困进展情况分析，国有企业脱困工作还普遍存在着“级差”现象，脱困工作发展不平衡，地区差异、行业差异较大。从隶属关系看，地市企业好于省属企业，省属企业好于中央企业，尤其是中央企业的脱困与改革工作明显滞后；从地区看，中西部地区由于经济发展相对落后，国有经济所占比重较大，人们的思想观念尚不适应市场经济的发展，企业改革的外部环境也不够宽松；从行业看，煤炭、军工的脱困难度依然很大，其他行业的脱困成果也有待进一步巩固。

上述情况表明，尽管三年脱困目标已经完成，但国企改革与发展的任务依然十分艰巨。

一是国有资产管理体制的难题还未真正破解，国有资产出资人不到位，制约了国有企业改革与脱困的深入进行。国有资产出资人职能的多头行使、无人负责，既导致国有资产经营管理不善、大量流失，又造成行政干预过多，政企不分、权责不清。同时，国有独资或控股的公司法人治理结构由于出资人不到位而不规范、不健全，缺乏有效的约束机制与激励机制，“内部人”控制现象严重，改革发展动力不足，还难以真正成为合格的发展主体和市场竞争主体。

二是国有经济的战略性调整和产业结构调整还不到位，结构性矛盾依然突出。竞争性领域国有经济战线过长、分布过宽的问题还未得到有效解决，国有资源仍然大量集中于传统产业，高新技术领域和新兴产业投入不足；国有企业产品结构、组织结构和布局结构不合理的固有矛盾还未得到彻底的化解，相当一部分企业缺乏具有领先水平和国际竞争力的先进技术及产品，在企业组织结构上也没有形成具有一定实力的大型企业或企业集团，庞大的国有资产处于高度分散和低效率利用状态，难以发挥其应有的控制力。

三是国有企业投入严重不足，资本金缺乏补充的渠道，高负债经营、“无本经营”的现象相当普遍，企业信用不高。由于初始投入欠账较大，加上多数企业经营效益不高、积累能力不足，相当一部分国有企业存在技术改造和技术开发的投入严重不足的问题，技术上的落后和创新能力不足，难以形成企业的核心竞争力和持续发展能力，即使是三年脱困任务完成后，这一点仍是相当一部分国有企业长期发展中的隐患。

四是国有企业退出市场的通道尚未完全形成。由于社会保障体系没有完全建立起来，社会对国有企业职工下岗再就业的承受能力还较弱，同时受银行系统核销呆坏账额度的限制，还有相当一部分长期严重亏损、资不抵债的企业包括资源枯竭的矿山不能实施破产。国有企业能生不能死的问题虽开始得到重视，但还有相当多的制度障碍难以逾越，问题并没有完全解决，市场竞争的优胜劣汰机制还不能充分发挥作用。

六、对三年脱困工作的认识

国有企业三年脱困是国有企业改革过程中一次意义重大、影响深远的宝贵实践，各级政府及社会各方面的重视程度之高、工作力度之大、牵涉面之广、投入力量之多都是前所未有的。国企三年脱困不仅有力地推动了国民经济的持续健康发展，更重要的是形成了上上下下、方方面面抓国有企业改革的共识，在全社会营造出了国企改革与发展的良好氛围和环境；三年脱困不仅打破了国企改革多年徘徊不前的局面，而且开始在消除束缚国企改革发展的思想和体制的深层次障碍方面进行有益的尝试，为加快实现经济体制和经济增长方式的根本性转变创造了有利条件。

（一）国有企业三年脱困实践的重大意义

三年脱困工作对于加快中国下一步经济体制改革的重大意义在于：

一是进一步增强了搞好国有企业改革的信心。从一定意义上看，三年脱困是对国有企业如何与市场经济进行有机结合所进行的一次意义深远的探索，是向建设中国特色社会主义市场经济迈出的坚实一步。三年脱困的成效充分表明，只要从“三个有利于”的原则出发，坚持国有企业改革与发展的方向，只要高层领导人重视，各级政府和各个部门形成改革的合力，创造出有利于改革深化的社会氛围，尽管国有企业改革的难度很大、国有企业长期积累的问题很多，改革还是能够取得突破的，大多数国有企业还是能够摆脱困境的。

二是深化了对国企改革发展基本规律的认识。在三年脱困期间，各级政府集中精力和财力解决了国企改革发展中的一些有代表性、紧迫性的突出矛盾和问题，总结并探索了市场经济条件下国企改革与发展的一些基本规律，触及了国有企业的各种深层次矛盾，深化了对国有企业改革的认识。多年来国有企业改革未能取得实质性突破，关键在于改革决心不够大、措施不配套、治标未治本。党中央、国务院及时提出国有企业三年改革脱困的战略目标，也正因为国企深层次矛盾已无法回避，问题已到非解决不可的关头。在三年脱困工作中，各级政府和企业围绕解决关系国有企业生存与发展的重大问题，出台了一系列政策，并结合实际做了大量探索。①结合国有经济的战略性调整，探索了国有经济在配置效益不高的领域有效退出的途径与方式；②结合国有企业的制度创新和法人治理结构的完善，探索了国有企业产权投资主体多元化的路子；③在解决国有企业的富余人员、债务和社会负担方面，建立了可操作的政策框架，并取得了实质性进展；④在进一步理顺职工的劳动关系、打破国有企业事实上的就业终身制方面进行了积极探索，为建立统一的劳动力市场创造了条件。所有这些努力，都是国有企业进入市场参与竞争必须解决的重点和难点问题。虽然在短短的三年脱困工作中，不可能一蹴而就使问题完全得以解决，但这些努力与尝试无疑更进一步理清了思路，深化了对解决国有企业问题途径的认识。

三是探索了国有企业脱困的方式和路径，促进了国有经济的结构性调整。针对国有大中型亏损企业陷入困境的不同原因，各地在脱困工作实践中探索出了多种脱困的方式和途径。这些做法虽然还有待于在实践中和政策上不断完善，但对今后解决国有困难企业的问题、推进国有经济的布局结构调整和产业结构调整仍具有十分重要的借鉴意义。

四是促进了国有企业干部职工思想观念的转变，提高了风险承受能力和市场适应能力。三年脱困不仅使国有企业的经营状况发生了重大变化，而且促进了包括国有企业员工在内的整个社会思想观念的深刻转变。可以说，国有企业改革的每一次深化，都伴随着人们思想认识上的嬗变。全社会及国有企业员工在长期计划经济体制下形成的许多根深蒂固的陈旧观念，在三年脱困的工作过程中受到根本性的冲击，国有企业能生能死、职工能进能出、干部能上能下、收入能高能低的观念逐步得到大多数人的认同与接受，职工风险承受能力和市场适应能力得到了提高。在三年脱困中，国有企业先后分流 1000 多万名富余人员，却没有引起大的社会波动，不能不说是一个奇迹。尽管国有企业广大干部职工为此承担了巨大的改革成本，但同时也经受住了严峻的考验，社会观念的转变将为改革的深化创造最重要的保障条件。

三年脱困目标既是一项重大的经济任务，也是一项重大的政治任务。三年改革脱困任务的提出实际上是确立了一个奋斗目标，形成了一个工作中心，竖起了一面改革的旗帜。全国上下各级党政部门和国有企业在改革与脱困的旗帜之下，紧紧围绕这个中心目标，协同一致，合力攻坚，形成了推进国企改革与发展的良好氛围和强大动力。在有限的时间内，运用有限的资源解决了国有企业中大量的历史遗留问题，使国有企业改革向前跨越了一大步。

围绕国企改革脱困这个中心，三年来各级政府和部门努力转变政府职能，积极推进行政审批制度、社会保障制度、财税制度、投融资制度等方面改革，努力创造有利于国企改革脱困的体制与制度方面的外部条件。国有企业脱困所面临和亟待解决的矛盾与问题，往往是宏观体制层面改革的着力点和聚焦点，也是与之相配套的制度改革的突破口和切入点。这些矛盾和问题的解决，为整个国民经济发展过程中各种关系的调整，为国有企业清除在发展道路上的障碍奠定了基础。在这个意义上，可以说三年改革脱困在整个经济体制改革中起到了纲举目张的作用，并成为政府职能转变与宏观体制改革的助动器和加速器。国有企业改革作为整个经济体制改革的中心环节，在三年脱困工作中得到了充分的体现。

（二）国有企业三年脱困实践的启示

一是必须把现代企业制度建设与国有企业脱困有机结合起来。坚持以改革促脱困，通过制度创新解决国有企业动力不足、机制不活、约束不到位的问题。动员各方面的力量开展国有企业脱困工作，只能是改革过程中一个特定阶段的做法，要从根本上使国有企业成为真正合格的市场主体，还必须严格按照市场经济的运行规则，通过实行公司化改造，真正建立“产权清晰、权责明确、政企分开、管理科学”的现代企业制度基本框架，形成股东会、董事会、监事会、经理层之间协调运转、相互制衡的治理机制，实现投资主体多元化、产权结构科学化、治理结构规范化。只有这样，国有企业经营好坏的责任才能落到实处，企业的生存与发展才会真正由企业自己，而不是由政府操心，政府创造环境，企业搞好经营，真正实现政企分开。

二是国有企业脱困必须与国有经济的战略性调整结合起来。国有经济战线太长，分布过宽，是造成国有企业困难的重要原因之一。因此必须根据“有进有退”“有所为有所不为”的原则，实施国有经济的战略性调整，实施精品战略，收缩战线，形成拳头，集中有限资源做大做强关系国计民生的重点骨干企业，对一般竞争性领域的国有中小企业，在放开搞活的同时，探索多种改制退出形式。要把国有企业脱困的着眼点，真正放到提高国有经济的运行质量和增强国有经济控制力上。

三是必须处理好政策支持与企业自身努力的关系，在深化改革和加强管理上下功夫。国家出台相应的政策解决国有企业的突出困难和矛盾，这在特定的时期是完全必要的。但政策的作用是外在的、有限的，国有企业的脱困必须立足于企业内部深化改革和加强管理。实际上相当一批国有困难企业在人才、资源、技术等方面都有一定的优势和潜力，但由于经营粗放、管理松懈，这些优势和潜力难以发挥出来。大量实践表明，国有企业只要真下决心转变观念、转换机制、强化管理，就一定能够“死里逃生”，实现脱困。

四是要搞好各项配套改革，努力消除影响国企脱困的体制和机制性障碍。国有企业改革是我国经济体制改革中最复杂的一个环节，只有企业层面的改革是不够的，在企业脱困中几乎任何一项实质性的改革，都需要宏观体制改革与之配套，如建立社会保障体系建设、分离企业办社会职能、转换政府职能、实行政企分开、完善国有资产管理体制等。只有当微观层面的改革与宏观体制改革形成良性互动之后，国有企业的脱困才能建立在比较牢固的基础上。

三年脱困目标的实现，只是为国有企业深化改革奠定了一个良好的基础。国有企业要真正成为产权清晰、权责明确、政企分开、管理科学的现代公司制企业，要彻底消除计划经济时期遗留的大量结构性矛盾，实现国有经济布局结构的优化和企业组织结构的优化，依然任重道远，需要作出进一步的艰苦努力。

（三）进一步深化国企改革的几个关键环节

在三年脱困工作的基础上，下一步深化国有企业改革、推进结构调整还需要在以下一些关键环节上有所突破：

一是以推进出资人到位为切入点，完善国有资产管理、经营和监督体制。出资人不到位是当前国有企业机制不活、国有资产营运效益不高的症结所在，也是国有企业深化改革的一个制度上的难点。解决国有资产出资人的问题，要按照国有资产国家所有、分级管理、授权经营、分工监督的原则，将政府的社会管理职能与国有资产所有者职能分开。要在前期国有资产管理和授权经营改革试点的基础上，积极探索国有资产管理和经营的合理形式和途径，改变国有资产多头管理、无人负责的状况，明确国有资产保值增值责任；在出资人到位的前提下，建立和完善国有企业经营者激励和约束机制，使国有企业真正具有长期发展的动力和活力。

二是保持现有政策的连续性，不断完善结构调整的手段。加大结构调整力度，不断优化所有制结构和产业结构，是巩固和发展改革脱困成果的重要保证，因此应保持现有政策的连续性，包括实施兼并破产、技改贴息等各个方面，完善并发挥市场手段和法律手段在结构调整中的作用，特别是要进一步拓宽劣势企业退出渠道，加大民事破产的力度。同时，要积极探索在市场经济条件下推进结构调整的多种方式，在债权人积极介入的前提下扩展企业重组、债务重组的渠道，使结构调整成为股东、债权人为使自身利益最大化而发生的一种正常的市场行为。

三是多渠道筹集改革成本，为改革和调整提供基本条件。解决劣势企业退出、不良资产处置以及历史形成的社会负担等问题，不仅要有强烈的改革意识，还要有足够的社会经济承受能力。任何一项改革，都需要付出一定的成本和代价。因此，如何多渠道筹集改革的成本，以减少改革的压力和风险，直接制约着国有企业改革的进程。当前比较可行的筹资方式是，在上市的国有控股企业中有步骤实施国有股减持，将变现资金用于补充社会保障基金，明确国有资产转让资金用于职工安置；对于非上市的国有企业，也要制定变现一部分国有资产存量用于消化历史负担的政策和操作办法。此外，还要在加大国家财政支持力度的同时，积极开拓社会、民间筹集渠道，包括建立社会基金、面向社会发行公益彩票等。

四是切实转变政府职能，为国企改革与结构调整创造良好的外部环境。国有企业微观经营机制的转变与外部环境的改善密不可分。改善国有企业外部环境的关键，是进一步解决政府职能“错位”和“缺位”问题。①精简政府经济管理事务，减少政府对企业的行政性干预，大力推进审批制度改革，坚决打破行政性、行业性垄断；②理顺和加强政府的宏观调控职能，规范市场竞争秩序，加强市场监管，降低市场进入门槛和企业运作成本，促进市场竞争，提高市场配置资源的效率，市场引导和信息推动作用，建立行业、企业自律机制，提高市场和企业信誉水平。

五是以结构调整和技术创新为支撑，大力增强国有企业的市场竞争能力和创新能力。三年脱困主要解决的是国有企业进入市场的体制和机制障碍以及历史包袱等方面的问题，但国有企业真正进入良性循环，还必须大力搞好结构调整，增强自主创新能力。包括运用高新技术改造和提升传统产业，加快产品和技术升级；调整企业组织结构，强化企业的技术创新体系；在提高效益的基础上逐步增加科技投入，运用有效的激励手段吸引科技人才；等等。要通过各种方式缩小国有企业在技术和人才方面的差距，全面提高国有企业的素质。

国有大企业改革面临新的突破*

——学习党的十六大精神的体会

党的十六大是我们党在新世纪召开的第一次全国代表大会，也是我们党在开始实施社会主义现代化建设第三步战略部署形势下召开的十分重要的代表大会。江泽民同志代表十五届中央委员会向大会作的《全面建设小康社会，开创中国特色社会主义事业新局面》的报告，是党在新世纪的政治宣言和行动纲领。认真学习、贯彻党的十六大精神，是我国企业界近期的一件大事。

党的十六大的灵魂是全面贯彻“三个代表”重要思想，是强调“与时俱进”的精神状态。从这个意义上讲，国有企业改革工作的性质与十六大精神是高度一致的。通过改革解放生产力，从而搞好国有经济，是“三个代表”的内在要求；国有企业改革是一个不断探索、深化的过程，也必然是一个与时俱进的过程。所以，不断深化、有效推进国有企业改革，就是对党的十六大精神最好的贯彻落实。

江泽民同志的报告是一个政治报告，但对于国有企业改革也具有承上启下的重大意义。

报告充分肯定了近几年国有企业改革中一系列重大的方针政策：按照现代企业制度的要求进行规范的公司制改革，积极推行股份制，实行投资主体多元化，放开搞活国有中小企业，发展具有国际竞争力的大公司大企业集团，等等。同时，报告提出了推进国有资产管理体制改革的

---

* 原文发表于《中国经贸导刊》2002 年第 14 期。

任务，设立国有资产管理机构，建立权利、义务和责任相统一，管资产和管人、管事相结合的国有资产管理体制，这是改革的一个重要突破。肯定了应该肯定的，突破了需要突破的，由此承上启下、继往开来。尤其是启动国有资产管理体制改革的明确要求，为国有企业改革的深化解决了一个重大的外部体制难题，将对下一步我国的国有企业改革，尤其是国有大企业的现代企业制度建设产生意义深远的影响。

（一）对现代企业制度建设的认识还有待深化

建立现代企业制度是国有企业改革的方向，这是中央早已明确的方针。

几年来，各级政府和国有企业沿着这个方向做了大量工作，越来越多的国有企业依法改制为公司制企业。目前，国家和省级重点国有企业的改制面已接近 80%，公司制企业已成为我国国有企业主要的组织形式。在推动企业改制的同时，各方面也注重了对公司制企业的规范，要求企业规范建立法人治理结构并规范运作，对上市公司还开展了全国性的规范检查工作。从企业改制的角度讲，现代企业制度建设的推进是很快的，但很多同志或多或少都有这样的感觉，就是企业改制的效果似乎并不像大家预期的那样明显。企业改制以后，对经营者的激励、约束机制是否增强了？企业的决策是否更科学了？各项管理是不是更严格了？对这些问题的回答并不完全是肯定的。近几年一些形式上还比较规范的公司，包括上市公司，在市场上的表现令人失望，有些还出现了相当严重的问题，也引起了各方面的忧虑。这种情况说明，我们对现代企业制度建设的认识还有待于深化。

以公司制为主要形式的现代企业制度是从发达市场经济国家借鉴、引进的，是一种符合现代社会化大生产的企业组织形式。公司制在发达市场经济国家主要解决两个方面的问题：一是使所有权与经营权适度分开。在投资主体多元化、社会化的情况下，投资者不一定懂管理或技术，所以需要通过股东会、董事会、经理层的层层委托 - 代理关系，使专业经理人员有充分的自主权来经营管理好企业。二是保证控制权掌握在所有者手中。股东要通过监事会、审计委员会等途径掌握充分信息、对经理人员实施监督，并有权撤换不称职的经理人员，以维护投资者的权益不受侵害。概言之，公司制及其治理结构是处理所有者与经营者关系的一种较有效的制度安排。

发达市场经济国家都是私有制国家。私有制的经济基础决定了其所有者是自然到位的，所有者对其资产的关切度是非常高的。在这个既定前提之下，西方对公司制的研究主要集中于怎样提高委托 - 代理关系的有效性，怎样能够既发挥企业家的创造精神，又能够防止股东方面的失控，这些国家相应的法律和制度调整主要也在这个领域。在公司制这种企业组织形式引入中国之后，有一个与中国国情相结合的问题，而中国最重要的国情是要在国有企业中建立现代企业制度。不同的所有制基础会带来一个特殊的问题，就是国家所有者到不到位、对国有资产有没有关切度的问题。

中国国有企业建立现代企业制度的改革实际包含着双重任务。第一，要解决国家所有者的组织问题，使国有资产的出资人能够具体化，并对所管理的国有资产具有责任感和关切度；第二，构建有效的委托 - 代理关系，使国有企业的经营者能够有发挥聪明才智的充分空间，同时保证国家所有者的有效控制。

从这样的分析中可以看出前一段国有企业建立现代企业制度工作中存在的缺欠：改革不配套，国有资产出资人的组织问题并没有在体制上解决。目前，国有资产出资人职能是分割在若干部门多头行使的，在政府层面国有资产管理的责任主体并不清晰。这种格局最容易带来的问题是，相关的部门都可以干预企业的事务，但企业出现问题时哪一个部门都没有明确的责任可以追究。资产管理责任不明确就没有对资产安全和增值的关切度，没有对资产的关切度就说明出资人没有到位。虽然在前一阶段研究现代企业制度建设存在的问题时，谈论较多的股权结构不合理、改制和运作不规范等问题都是客观存在，但出资人缺位实际是我国国有企业公司制改革中各种问题最终的根源。企业发展最根本的动力来源于出资人对投资回报的要求。没有这种根本性的内在动力，仅仅规范外在的体制或运作程序，工作的结果很可能是形式上的，形似而不是神似。

在前一段国有企业改革的过程中，各方面对国有资产出资人不到位、内部人控制问题并非没有认识，也力图在不改变出资人职能多头行使的格局下解决这一问题。其中，外部监事会制度的建立是一个重要的探索。外部监事会制度与以往基本无效的企业内部监督体制相比，是一个积极的进步，其意义不但在于这一制度确实发现或防止了一些问题，更重要的是从实践的角度阐明了行使出资人职能应具备的一些基本条件。一是国家所有者必须从外部到位。靠自觉、靠内部监督、靠赋予内部人董事身份的办法，在体制上是不牢靠的。二是监督者必须专职，专司监督才有明确的责任。而且，需要培养一批代表国家的专职监督人员本身就说明，管理好如此规模的国有资产需要足够的人手，需要成本。三是监督者需要通过培训成为专家。国有资产需要由高水平的专家进行管理，管理者的水平不能与经营者有过大的差距。从长远看，出资人的能力决定了经营者的能力，经营者的能力决定了企业的能力。

外部监事会制度是在特定体制格局下探索防止国有资产被侵害的一种尝试，其成效是积极的，经验是宝贵的，但也存在局限性。除一些工作方法层面的问题外，最根本的局限性主要在于，单纯监督职能的效应是有限的，远远不足以涵盖国有资产出资人对经营者考核、监督、评价、选任、约束、激励的全部职能。因此，改革还需要进一步深化，还需要有新的突破。

回顾国有大企业改革深化的进程，我们可以更深刻地领会到党的十六大关于国有资产管理体制改革相关论述的重大意义。实际上，如果没有国有资产管理体制改革的同步推进，国有大企业建立现代企业制度的改革已经很难继续深化了，仅仅在企业层面去规范已经很难再有实质性的效果了。正因为如此，党的十六大在国有资产管理体制改革方面的突破是非常及时的，是意义重大的。

（二）党的十六大在国有资产管理体制改革方面明确了几个关键的方向性问题

一是实现政资分开，设立专门的国有资产管理机构，在政府层面上实现政府公共管理职能与国有资产管理职能的分离，从而理顺管理关系；二是划清中央和地方政府在国有资产管理方面的责任和权利，有利于调动各级政府的积极性、推动国有企业的改革和发展；三是明确了国有资产管理的责任主体，管资产与管人、管事相结合，使国有资产的管理责任具体化，责任到位才可能产生对国有资产安全和增值的压力和关切度。应该说，一个符合社会主义市场经济体制要求的、基于中国国情的国有资产管理体制的框架已经初步勾画成型。

（三）党的十六大之后，国有资产管理体制改革即将启动

国有资产管理机构如何组建、具体工作如何开展目前还难以预计，但有两个方面的问题应是比较清晰的：

第一，组建国有资产管理机构应是政府职能的改革和创新，不是现有职能的简单归并。

出资人的资产管理和政府的行政管理是不同的，它是一种在社会主义市场经济体制、现代企业制度法律框架内的资本管理，这种新型的管理职能还需要我们通过改革来创新。目前，我国无论管资产、管人还是管事中的一些传统办法与国有资产管理的要求都不完全相符，我们必须用改革的眼光审视目前的一些工作方式。例如：一直批到子公司、孙公司的股权变动管理；资产评估中无视资产市场价值的重置法；企业内部重大投资决策按限额的层层报批制度；按照党政干部的标准和程序选任

和评价企业经理人员；等等。这些管理方式如不进行彻底改革，仅仅把现有的职能、传统的办法拼盘式地组合在一起，不可能生成新的、符合社会主义市场经济体制要求的国有资产管理职能。

第二，要允许有不同的模式和一个不断探索与完善的过程。

国有资产管理机构的组建，新型管理职能的形成，资产管理机构与其所管理企业关系的构造，基本法规和管理制度的制定，都是难度很大的问题，其复杂程度可能要超过以往我们在企业改制中所遇到的问题。要构造出一个基于行政责任而不是基于对自有资产关切度的负责任的出资人，本身就是一个极具挑战性的深层次问题。而且，由于转轨时期必然存在的不规范性，一些具体的技术问题也会变得十分复杂，例如：对起点、负担完全不同的企业如何评价主观意义上的经营业绩，对并没有完全市场化的企业经营者如何设计激励制度，等等。对这些问题我们自身缺乏经验，国外也不一定有可以借鉴的办法。因此，我国国有资产管理体制改革必然是一个不断探索、与时俱进的过程，在这个过程中要允许在搞好国有企业、壮大国有经济前提下的多种模式，并在实践中不断总结和完善。

党的十六大不但为我国经济发展描绘了全面建设小康社会的宏伟蓝图，也为我国的经济体制改革拓展出广阔的空间。目前在国有企业改革的各项工作中，国有中小企业改革循着产权制度改革的路子，实现放开搞活的前景已日渐明朗；结构调整、分离分流等方面的工作在操作上已不存在根本性的障碍，需要根据改革成本的支持情况逐步到位，唯一没有实现实质性突破的是国有大企业的改革，这是改革中的难点，也是最复杂的环节。党的十六大启动国有资产管理体制改革的决定为国有大企业改革的深化创造了至关重要的配套条件，依托于国有资产管理机构这样一个平台，以往很难实施的一些改革措施、很难理顺的一些复杂关系将出现重大转机。我们完全有理由相信，党的十六大之后的国有企业改革尤其是国有大企业的现代企业制度建设将迎来一个全新的局面。

启思录

QI SI LU

下篇

本篇收录了作者在国务院国资委工作期间的部分文章

在全国企业兼并破产和债转股工作会议上的讲话*

同志们：

今天的会议是国务院机构改革以后，国资委召开的一次有关国有企业改革的全国性会议。这次会议的主要任务是：认真学习十六届三中全会和中央经济工作会议精神，贯彻落实国务院领导同志关于企业兼并破产工作的重要指示，安排好下一阶段国有企业兼并破产和债转股工作。下面我讲几点意见：

一、充分理解做好国有企业关闭破产工作的重大意义

今年是政府换届之年，国务院组成机构和职能进行了改革和调整。在这次机构改革中，原由国家经贸委承担的指导国有企业改革的职能，整体划入国资委。温家宝总理在十六届二中全会上关于政府机构改革的讲话中强调，国资委要继续做好现由国家经贸委承担的企业兼并破产、呆坏账处理和下岗职工安置等工作，这充分说明了国务院对企业兼并破产工作的重视。另外，原由中国人民银行承担的金融监管的职能，在这次机构改革中划归银监会。全国企业兼并破产和职工再就业工作领导小组（以下简称“全国领导小组”）的组成单位也相应作了调整：国资委为组长单位，财政部和银监会为副组长单位，组长由国资委主任李荣融同志担任。虽然机构和人员进行了调整，但全国企业兼并破产工作没有

---

* 2003 年 12 月 8 日在全国企业兼并破产和债转股工作会议上的讲话。

受到大的影响。经全国领导小组审查，报国务院批准，今年共下达企业兼并破产项目 227 项。关于今年的全国企业兼并破产工作，全国领导小组进行了认真研究，并向国务院上报了《关于 2003 年全国企业兼并破产工作安排意见的请示》。国务院领导同志高度重视，黄菊副总理批示："拟原则同意请示提出的意见，要保持企业兼并破产政策的连续性，但力度要考虑各方面的承受能力；核销银行呆坏账规模可作为预期调控数，从严审核，不要突破。"温家宝总理批示："完全赞成黄菊同志的批示。领导小组要认真总结经验，加强监督检查，完善审批程序，严格控制规模。"针对东北老工业基地调整和改造，国务院领导也有一系列有关国有企业关闭破产工作的重要指示。我们要认真落实国务院领导同志的指示精神，把今后几年的国有企业政策性关闭破产工作做好。

通过政策性关闭破产，让劣势国有企业有序地退出市场，是这几年国有企业改革的一项重要而又艰苦的工作，也是卓有成效的工作。各地通过政策性关闭破产，解决了一大批老大难企业的问题。实施政策性关闭破产，走"鼓励兼并，规范破产，下岗分流，减员增效，实施再就业工程"的路子，突破了两个底线：一是国有企业可以破产，二是国有企业的职工可以下岗。正是由于这两个突破，才真正实现了优胜劣汰，真正解决了国有企业长期只能生、不能死的难题。1997 年以前国有困难企业主要靠财政补贴、银行贷款维持。这种方式不但不能真正解决问题，而且代价很大。只有坚持优胜劣汰不动摇，整体经济效益才可能提高。2000 年以后，国有和国有控股工业企业，每年实现利润都在 2300 亿元以上。今年 1—10 月份全国国有和国有控股工业企业实现利润达到 3175 亿元。国有企业经济效益大幅度提高，与坚持优胜劣汰原则，通过政策性关闭破产和依法破产淘汰劣势企业有直接的关系。

实施政策性关闭破产解决国有大中型困难企业退出市场的问题，需要强调政府的责任，发挥政府的作用。这是在特殊的历史条件下，用特殊的方式解决特定的问题。我国的经济发展总体上分成两个阶段。第一阶段是新中国成立以后到改革开放这段时间。我们集中了所有的资源，建成了一个比较完整的工业体系，但是按照计划经济的模式构建的。第二阶段是改革开放以来。我国经济体制逐步转向市场经济，要求国有企业也要适应这种转变。但由于种种原因，很多国有企业先天不足，无法适应市场竞争的需要，形成了历史遗留的结构性矛盾。这种结构性矛盾在三类企业表现最为明显：一是“三线”企业和资源枯竭矿山。“三线”企业由于布局不合理，无法正常参与市场竞争；资源枯竭矿山因为没有预留转产或者补偿资金，难以继续生存。二是城市里的劳动密集型企业。因为人工成本太高，无法和农村发展起来的劳动密集型产业竞争，只能退出。三是一些决策失误的项目企业。很多项目决策有失误，审批时间长，项目批完以后市场早就发生了变化；而且这些项目往往资本金不足，管理不严，建成以后就成为“问题企业”。

这种类型的企业有以下几个特点：一是企业数量多，规模大，社会影响大；二是企业职工人数比较多，动辄几千人甚至上万人，而且非常集中，很容易形成不稳定因素；三是这样的亏损企业，不应该由经营者负责，更不应该由职工负责。解决这些企业的问题，政府有不可推卸的责任，关键是要把职工安置好。为此，要做好周密的组织工作，而且要投入必要的改革成本。这几年，我们实施的政策性破产，实际上是政府在有限的财力下进行的有组织的企业关闭，目的是解决历史遗留问题，妥善安置职工。在这项工作中，各级党委、政府做了大量的工作，主要领导深入第一线，大量有关部门的工作人员进入企业，做职工的思想工作，解决实际问题。这种高度组织化、政府深度介入的操作，目前靠市场的方式是很难做到的。但从长远看，市场经济中的优胜劣汰最终要通过市场实现，政府不能总是承担无限责任。因此，一方面我们要继续做好政策性关闭破产工作，解决好历史遗留问题；另一方面要积极创造条件，逐步过渡到通过市场经济的办法解决劣势企业的退出问题。

二、总结经验，规范操作，做好企业关闭破产工作

1994年，全国开始进行优化资本结构城市试点，到今年11月份，经国务院批准，全国共安排企业关闭破产项目3307户，核销额2149亿元，涉及职工600万人，消除企业亏损1300亿元。几年来，在党中央、国务院的领导下，有关部门密切配合，各地区、各行业认真组织实施，国有企业兼并破产工作取得了明显成效。这些特困企业的退出，从结构上讲，优化了国有经济的结构，提高了国有经济的整体素质；从效益上讲，消除了亏损源，提高了国有企业的经济效益；从社会角度讲，安置了职工，清除了影响社会稳定的隐患。一些比较重大的行业性、区域性问题，通过这种方式逐步得到解决，比如煤炭、有色金属、军工、制糖等行业的问题。资源枯竭矿山的关闭是一个世界性的难题，这几年我们尝试通过破产关闭资源枯竭矿山，一共安排项目316项，涉及204万名职工，为解决这种世界性的难题找到了一条可行的途径。实践证明，党中央、国务院做出“鼓励兼并，规范破产，下岗分流，减员增效，实施再就业工程”的决策是完全正确的。

在建立社会主义市场经济体制过程中，通过关闭破产，让劣势国有企业退出市场是对国有经济进行结构调整的一项战略举措。同时，大量企业关闭破产是一项全新的实践，事关改革、发展和稳定的大局，需要依法进行，规范操作。近年来，为积极稳妥地推进企业关闭破产工作，中央及地方研究制定了一系列的政策规定，并不断总结完善；各地区、各行业和有关部门严格按照国家的法律、法规组织实施，在企业破产实践中积累了许多宝贵的经验。

一是各个部门顾全大局，相互配合和支持。国有企业关闭破产工作涉及多个部门。各部门共同研究问题，帮助困难企业退出市场，特别是财政部门在财政补助、职工安置费方面，人民银行在核呆方面都给予了很大的支持。虽然角度不一样，对具体问题的看法不完全一致，但是在支持困难企业退出市场、把职工安置好的大方向上是一致的，这是我

们能够顺利推进这项工作的关键。

二是逐步形成了一套比较完善的国有企业关闭破产的政策体系。几年来，企业关闭破产的政策体系不断完善。国务院先后出台了国发〔1994〕59 号文件、国发〔1997〕10 号文件、国阅〔1999〕33 号文件；2000 年，中共中央办公厅、国务院办公厅又联合下发了中办发〔2000〕11 号文件。国务院有关部门和各地政府都制定了相关的配套政策。这一方面使我们的各项工作有了依据，另一方面保证了工作的规范化和制度化，避免了恶意逃废银行债务等不规范行为。很多地方在实践中不断创新，例如上海引入中介机构参与实施国有企业关闭破产工作等，都是非常有价值的探索。

三是形成了一支懂政策、熟悉业务、有责任心的工作队伍。政策性关闭破产工作难度大，对从事这项工作的人员素质要求高，要有奉献精神，要有很高的政策水平和组织能力。企业的关闭破产需要做大量的宣传、解释工作，我们这支工作队伍为此付出了很大的心血。这支队伍是非常可敬的，贡献是历史性的。国有企业关闭破产工作之所以能正常推进，没有出现大的问题，与这些同志的辛勤工作是分不开的。

四是党中央、国务院对这项工作的领导，以及各级党委、政府对这项工作的支持。这项工作是“顶天立地”的事业，上连着党中央、国务院关于国有企业改革的大政方针，下接着企业职工的切身利益和社会的稳定。党中央、国务院制定了一系列国有企业关闭破产政策，中组部还专门发了文件，要求关闭破产企业加强党的组织建设，强调充分发挥党组织的作用，保证了国有企业关闭破产工作得以顺利进行。

客观地分析，当前企业关闭破产工作仍有不足之处。一是项目审批时间较长、透明度不高，审批效率偏低，加大了破产成本，给资产变现、职工安置等带来困难。二是少数关闭破产项目实施过程中责任不到位，工作不落实，发生了不稳定事件。三是有些项目前期准备工作不充分，已批项目久拖不能启动。四是一些关闭破产项目未能按有关法律、法规和政策的规定规范操作。有的地方依法破产套用了政策性破产的政策；在实际操作过程中，一些地方出现了假破产、真逃债，不按法律程序进行规范破产的现象。五是政策还需要进一步完善，如关闭破产企业担保、诉讼、中央企业医疗保险费用缺口、职工安置费用缺口、农赔、尾矿库治理等问题。六是部分兼并项目实施困难，要求退出兼并调整为破产等。这些问题都是在下一阶段工作中需要研究改进的。

尽管国有企业关闭破产工作取得了明显成效，但国有企业结构性矛盾仍然十分突出，特别是东北老工业基地和中西部地区，仍有相当一批资不抵债、长期亏损、难以继续生存的国有困难企业和资源枯竭矿山还没有完全退出市场，一些困难行业的问题还没有彻底解决。根据我们2001 年底的摸底情况，退出企业占应退出企业的比例大约是 43% ~45%，2002 年跟踪了一年，比例达到 55% ~56%，加上今年下达的 227户，从宏观的角度讲，我们解决的问题大约超过了 60%。这个数字意味着，如果保持关闭破产政策的连续性和稳定性，再用 4 年左右的时间，我们大体上能把历史遗留的结构性问题解决好。从各地情况看，东部部分省区劣势企业退出问题已基本解决，有些省（区、市）做了 2 ~3 年的退出规划。经过努力，再用 4 年左右的时间，国有企业改革最艰难、风险最大的阶段就会过去。因此，今后几年的工作，意义非常重大，也很关键，当然，对工作的难度也要有充分的思想准备。

对于今年的工作安排，强调以下几个问题：

一是简化项目审批程序，提高审核效率。企业该破产而不能及时破产，拖的时间越长，改革的成本越高，而且极容易出现不稳定因素。希望有关部门能够理解，加快审批。黄菊副总理今年 6 月 8 日在湖北等五省国有企业改革工作座谈会上也要求我们，既要把好审核关，防止逃废银行债务，又要简化审批程序，提高审核效率，为困难企业尽快退出，职工尽快得到安置创造条件。另一方面从事这项工作的同志也要理解有关部门的难处。财政每年拨付的职工安置费用是有限的。银行也是企业，国务院每年要考核银行不良资产的下降比率，下一步国有商业银行还要上市。国有商业银行为企业政策性破产核销呆账，额外地承担了一块职工安置的改革成本。希望各方面能够相互理解和支持，把今后几年的国有企业关闭破产工作做好，降低破产成本。

二是统筹规划，掌握节奏，突出重点，分步实施。今年的重点工作，从区域上讲，主要是东北老工业基地，中西部困难地区；从行业上讲，主要是军工、有色金属、煤炭。东部有些省市，问题已解决得差不多，今年可再安排一批项目，明年即转入依法破产。现在很多地方有积极性，希望尽早让劣势企业退出，想尽量多争取一些额度，多安排一些项目。大家的心情可以理解，但这项工作毕竟受到方方面面条件的制约，有银行的承受能力问题，还有社会稳定问题，不能过于集中。因此，各地要根据自己的实际情况，制定切实可行的国有企业关闭破产退出规划，把握好节奏，分步实施。力争再用4年左右的时间，基本解决那些目前已经陷入困境、难以生存的国有大中型企业退出市场的问题。

三是各地要继续支持中央企业的关闭破产工作。中央企业的关闭破产工作离不开地方政府的支持，今后中央企业退出的任务还很艰巨，希望各地能一如既往地给予支持。这几年，中央政府对地方企业的政策性关闭破产非常重视，核销地方破产企业的呆账，实质上是中央政府承担了地方企业一部分改革成本。实践证明，只有上下一致才能把中央企业关闭破产问题解决好。例如，四川省中央及中央下放企业比较多，他们在这方面做得就很好，比较有远见。他们认识到中央企业稳定的责任还是在地方；如果中央企业在地方上发展得好，也会带动地方经济的发展。从中央企业目前的情况看，今后关闭破产任务比较重的主要是军工企业。应该说，军工企业的关闭破产政策已经很明确，在组织实施的过程中，军工集团和地方政府要根据军工企业的改革脱困方案负起各自的责任，现在的关键是要把已经明确的方针和政策落实好。

关于军队保障性企业的关闭破产问题。根据中央关于军队后勤保障社会化的重要决策，军队保障性企业逐步移交地方，为此，专门建立了全国军队保障性企业交接工作联席会议制度。军队保障性企业多数是老企业，职工人数多，十分困难。在移交过程中，有23户企业需要破产。中央十分重视这批企业的破产，温家宝总理专门做过批示，强调其破产工作的特殊性。军队没有安置职工的渠道，这些企业的破产完全由军队单独处理有困难，所以要求军地双方本着对企业和职工高度负责的精神在地方的统一领导下，密切配合，积极稳妥地组织实施。关于军队保障性企业的破产，已经发了两个文件，即中办发〔2000〕27号和国联席〔2001〕4号文件，明确提出，破产企业所在地要成立军队保障性企业关闭破产工作领导小组，由省级人民政府主要领导为组长，军队和地方有关部门负责同志参加，统一负责企业的关闭破产工作。希望有关省市政府高度重视，把破产工作组织好，落实好。

四是进一步研究解决一些政策性难点问题。经过这几年的实践，从总体上讲，国有企业的关闭破产政策比较完善了，但在实际工作中，还有一些政策难点需要解决，希望有关部门共同研究，提出解决办法。如一些行政指令形成的担保问题。23户拟关闭破产的军队保障性企业就存在这种问题，当时总后要求这些保障性企业互保，这种担保确实是一种行政行为。要历史地看待这种担保问题，研究如何解决使担保企业损失最小。否则，一个企业破产，马上就会追索其他企业的担保责任，引起连锁反应。再比如兼并改破产问题，1997年、1998年，因为当时社会保障体系不健全，再就业中心也没有建立，政策上强调多兼并少破产以减少对社会的冲击。后来情况发生了变化，各地成立了下岗职工再就业中心，社会承受能力大大增强，根据这种情况政策又调整为以关闭破产为主。现在的问题是，以前不成功的政策性兼并项目怎么办，如果处理不好，很可能也会把好的企业拖垮。另外，还有厂办集体工的问题、破产费用缺口、东北取暖费用等问题都需要研究。这些问题越到后期越突出，应从全局的角度、从历史的角度，研究解决办法，目的是解决问题、减少损失。

*五是保持队伍稳定，实施规范操作。*保持兼并破产工作队伍的稳定是实施规范操作、确保稳定的前提。这次关于地方机构改革的原则，中央已经明确，原先经贸委系统国有企业改革的机构和人员，要整体划入国资委。各地在进行机构改革的时候，要保持这支队伍的稳定性，把人员安排好，这些同志都是国有企业改革和关闭破产的骨干。成立国资委的目的不是要将国资委搞好，而是要将国有企业搞好。企业是本，国资委不是本。从目前国有企业的情况看，搞好国有企业，第一是改革，第二是结构调整。所以国有企业改革和结构调整必然是国资委非常重要的工作。这支队伍整体进入国资委，将是国资委开展国有资产监督管理工作的最重要的核心。因此，各地在这次机构改革中一定要保持这支队伍的稳定。

关于规范操作和确保稳定问题，以前在多次会议上都讲过，也发过很多文件，特别是稳定问题，关键是已明确的工作要求做到位，在规范操作方面，各地政府越来越重视。如果不规范，必然有后遗症，以后迟早要出问题，所以要做到规范操作，使我们的工作经得起历史的检验。确保稳定问题对于企业关闭破产工作来说是“一票否决”的地位，如果企业关闭破产项目没有把握确保稳定，就不能实施，宁可慢一点，进一步做扎实细致的工作，确保万无一失。

三、进一步做好企业债转股工作

国务院这次机构改革以后，根据国资委的“三定”方案，原由国家经贸委承担的企业债转股工作，转由国资委承担，具体是企业改组局负责。我们也向各省市下发了通知，和各地建立了工作联系，下一步，一方面要做好衔接工作，另一方面要积极推动这项工作。

1999 年 8 月，国务院决定对部分国有重点企业实施债权转股权。

由原国家经贸委提出方案、条件和范围，由四家金融资产管理公司负责组织实施。这项政策，对盘活银行的不良资产、防范金融风险、加快国有企业的扭亏脱困工作、促进现代企业制度建立，具有很大的促进作用。几年来，在原国家经贸委和四大金融资产管理公司的共同努力下，债转股工作取得了较大的进展。一是大部分债转股企业已经完成新公司的组建。截至 2002 年底，国务院批准的 580 户债转股企业，有 372 户已经完成工商注册登记，组建了新的公司。各省（区、市）与金融资产管理公司和企业取得一致意见不再实施债转股的企业有 29 户。二是债转股的政策不断完善。今年 2 月份，国务院印发了《关于进一步做好国有企业债权转股权的工作的意见》（国办发〔2003〕8 号），进一步规范了债转股工作，明确了一些推进债转股工作的重要的政策，这是我们做好下一步债转股工作的依据。这两方面的进展为今后的工作奠定了一个好的基础。为做好下一步企业债转股工作，我提几点要求：

（一）要解决好尚未进行工商登记注册的 179 户企业的问题

目前，179 户企业由于种种原因，没有组建新公司，实施难度大，拖的时间也长，从而导致两个突出问题。一是拟债转股的债权长期处于“非股非债”的状态。金融资产管理公司既不能分红也不能收息，这是不合理的。二是这几年各地推进国有企业改革的力度大，进展快。对没有进行工商登记注册的债转股企业，地方政府无法实施改革和改制的措施，贻误改革的时机。尽快处理好这些企业的问题，是下一步工作的重点之一。

需要明确的是，债转股只是金融资产管理公司处置不良资产的方式之一，也是企业进行债务重组的方式之一，不是唯一的办法。而且，债转股涉及的双方（企业和金融资产管理公司）都是企业，政府要尊重企业的意见，不应强制企业双方按照政府的意愿办事。我们设想，对这 179 户企业要进行分类处理。

一是对不具备债转股条件的企业，在双方协商意见一致的基础上，经国资委上报国务院批准同意后退出实施债转股，用其他方式解决债权债务的问题。

二是对一些资产评估为负值、操作有难度的企业，如还希望通过债转股的方式解决问题，经各方协商一致，可以作为个案报经国务院批准进行缩水处理后，继续实施债转股。

三是对具备条件、双方愿意实施债转股的，在 2004 年 9 月或年底前，要登记注册新公司，否则将考虑停止实施债转股。国务院最近新批准的军工和有色金属部分企业实施债转股，也要加快进度，争取 2004 年底以前完成实施工作。

（二）已经组建的债转股新公司要规范运作，加快改革步伐

已经组建的债转股新公司，目前运行的状态不平衡。有的股东之间的合作较好，有的出现了矛盾。经营状况也不一样，有的有明显改善，有的起色不大。从全国的情况看，大约 1/3 赢利，1/3 微亏微利，1/3 亏损。

需要说明的是，组建债转股新公司仅仅是这些企业改革和发展的一个起点。债转股仅仅提供了一个机会，为解决企业的问题创造了条件、赢得了时间，但并不可能彻底解决问题。国有企业长期积累的体制问题、机制问题、结构问题、管理问题、观念问题，仅靠债转股是解决不了的。

一是要严格按照现代企业制度的要求，保证金融资产管理公司行使股东权利。十六届三中全会《决定》，强调了建立现代产权制度，做到“产权明确，权责分明，保护严格，流转顺畅”。这也是指导债转股新公司规范运作的原则。金融资产管理公司不参与企业的正常生产经营活动，但是股东权利要得到保证。要支持金融资产管理公司参加董事会和监事会，行使股东权利，参与对经营班子的考核，对经营者的选择，分红、财务监督等。

二是要支持金融资产管理公司向境内外投资者协议转让股权。当然，在同等条件下原企业享有优先购买权。金融资产管理公司是阶段性持股机构，向境内外投资者协议转让股权，是必然的结果。另一方面，金融资产管理公司在转让股权时，要跟其他股东协商好，要认真考察购买者有没有能力、有没有条件、有没有愿望把企业搞好。

三是积极推进债转股新公司的改革。债转股新公司都是一些大企业，相对这几年推进很快的中小企业改革，债转股新公司的改革滞后。企业内部的三项制度改革、机制转换、分流人员等，还有很多事情要做。目前，债转股公司的改革已经具备了更好的条件，因为国有资产管理体制改革已经开始，国务院国资委已经成立，各省市的国资委也相应成立。国有企业出资人的到位将推进国有企业改革的进程。我们希望，在中央和地方国有资产管理体制改革到位之后，企业的各方股东能够一起研究和推进债转股公司的改革。

（三）要进一步完善债转股的相关政策

为了支持债转股企业更好地发展，要抓紧制定贯彻落实8号文件精神的配套文件。一是由财政部牵头制定有关税费减免政策的配套实施文件。二是由国资委牵头制定有关债转股工作的工作意见。希望有关牵头的单位能够积极工作，早日把8号文件的政策落到实处。

债转股工作是一项新的工作，有些问题能够预见到，有些还预见不到，还需要不断地研究新出现的问题，要及时在政策上予以明确。我们最近遇到一个新问题就是债转股新公司职工身份转变的问题。金融资产管理公司将其持有的债转股公司的股权转让给私营企业，原企业变成私营控股，按照地方的政策，职工要转变身份，需要很大一笔费用，但债转股政策中没有安排。这是一个很紧迫的问题，需要马上进行研究，拿出一个办法来。又如现在债转股企业都面临融资难的问题，金融资产管理公司没有融资权也没有融资担保权，这严重限制了金融资产管理公司的功能。一些限制股权转让的企业，如军工企业，其股权不能转让给一般的投资者，在这种情况下金融资产管理公司如何退出，等等。这些政策问题，都需要加强研究。希望各地的同志们遇到问题后能及时和我们沟通，我们一起善始善终，做好债转股工作。

当前，我们面临很好的经济形势，在刚刚结束的中央经济工作会议上，胡锦涛总书记、温家宝总理都深刻分析了当前的经济形势，对明年的经济工作提出了要求。胡锦涛总书记在分析当前经济形势时专门讲到两个亮点，一是企业的效益大幅度增长，尤其是国有和国有控股企业；二是国家财政收入大幅度增长。国有企业对这样好的经济形势是有重大贡献的。国有经济能够有目前的好形势，得益于前几年国有企业改革效应的积累，也包括了几年来国有企业关闭破产工作和债转股工作。应该说，经济形势好的时候，也是经济上承受能力强的时候，希望大家抓住机遇，努力工作，早日把国有企业的历史遗留问题消化掉，开创国有企业改革和发展的新局面。

总结经验 扎实工作 进一步推进主辅分离辅业改制工作*

同志们：

根据国务院再就业工作部际联席会议安排，国资委、劳动保障部、财政部和国家税务总局四部门联合召开“国有大中型企业主辅分离改制分流经验交流会”。会议将总结交流各地及国有大中型企业实施主辅分离、辅业改制，分流安置富余人员工作的经验，研究完善有关政策，使这项改革更加积极稳妥地向前推进。黄菊副总理对这次会议和主辅分离工作专门作出重要批示，劳动保障部、财政部和国家税务总局领导还将对做好下一步工作提出具体要求。下面，我讲几点意见：

一、全面把握国有企业改革的形势，进一步增强改革的紧迫感

（一）国有企业改革的成效与进展

国有企业是国民经济的支柱，国有企业改革是整个经济体制改革的中心环节。在党中央国务院的正确领导下，经过多年的艰苦努力，国有企业改革取得了实质性进展，管理体制和经营机制发生了深刻变化，市场竞争力明显增强，整体素质明显提高，经济效益大幅度增长。

——国有经济布局结构调整取得成效。根据国有经济有进有退、有所为有所不为的方针，积极推进国有经济布局结构的战略性调整，国

---

* 2004 年 11 月 26 日在全国国有大中型企业主辅分离改制分流经验交流会上的讲话。

有经济在关系国民经济命脉的关键行业和领域的控制力得到进一步增强。

结合垄断行业的改革重组和发展大公司、大集团战略，在石油、石化、冶金、军工、电信、航空、电力等关系国民经济命脉的关键行业和领域，先后组建了一批大型企业集团。通过重组上市等措施，这些企业的市场竞争力明显增强。中石油、中石化、中海油、宝钢集团、中国移动、中国联通、中国电信等七家上市公司 2003 年的国有权益和实现利润分别占中央企业的 25% 和 78%。跻身世界 500 强的国有企业从 1998 年的 5 户上升到 2004 年的 14 户。

根据国有经济战略性调整的要求，各地近年来采取改组、联合、兼并、租赁、承包经营和股份合作制、出售等多种形式，放开搞活国有中小企业。据调查，国有中小企业的改制面已达 85% 左右。国有中小企业通过改制，产权实现了多元化，企业转换了机制，职工转变了身份，经济效益显著提高。1995—2003 年，国有中小企业由 24.5 万户下降到 14.7 万户，而实现利润由 22.8 亿元提高到 1968.2 亿元。

国有企业政策性关闭破产取得积极进展。截至 2004 年 4 月，全国共实施政策性关闭破产项目 3377 户，涉及职工 620 万人，消除企业亏损 1340 亿元，初步形成了困难企业退出市场的通道，国有经济的结构进一步优化。

——国有大中型骨干企业建立现代企业制度工作全面展开。据国家统计局的统计，截至 2003 年底，全国 4223 家国有大中型骨干企业已有 3430 家企业完成了公司制改革，改制面达 81.2%，509 家国家重点企业改制面为 79.4%。1998 至 2003 年底，国有企业境内外上市 490 家，累计筹资 7850 亿元，其中境外筹资 363 亿美元。为完善法人治理结构，最近中央企业正在进行国有独资公司建立董事会试点工作。

——新的国有资产监管体系基本框架初步建立。十六大提出建立新的国有资产监督管理体制成立以来，目前已经完成中央和省（区、市）两级政府国有资产监管机构的组建工作，职能基本到位。下一步将加快推进地方市（地）一级国有资产监管机构的组建工作。新的机构依据《国有资产监督管理暂行条例》等依法行使出资人职能，国有资产监督管理工作正在加强。《关于规范国有企业改制工作的意见》《企业国有产权转让管理暂行办法》等一系列法规政策相继出台，使国有资产监督管理的制度体系逐步完善。

——国有企业的历史负担正在逐步解决。分离企业办社会职能工作取得重要进展，不仅东部发达地区正在积极推进分离企业办社会负担工作，中西部的一些省市及中心城市也加大了这项改革的力度，部分地区已完成分离企业办中小学、公检法等社会职能的任务。中央企业分离企业办社会工作也已提上改革日程。第一批中石油、中石化和东风公司 3 户中央企业分离办社会试点工作顺利推进，涉及企业办社会单位 686 个，职工 6.9 万人。在此基础上，国资委监管的中央企业分离办社会工作即将全面启动。

国有企业的富余人员正在逐步消化。自党中央国务院 1997 年提出“鼓励兼并、规范破产、下岗分流、减员增效、实施再就业工程”以来，经过不懈的努力，国有企业职工从最高时的 7500 万人减少到 2003 年底的 4400 万，同期国有企业职工下岗分流累计达到 2818 万人，极大地缓解了长期计划经济体制遗留下来的国有企业冗员过多的矛盾。在一定意义上可以说，没有减轻国有企业负担的改革，就没有国有企业今天这样效益水平和良好的发展势头。

国有企业改革的成效集中体现在实现利润的持续增长。从国有及国有控股工业企业的实现利润来看，从 1998 年受亚洲金融危机影响跌到谷底的 525 亿元，上升到去年底的 3784 亿元，今年有可能接近 5000 亿元。

（二）国有企业深化改革的任务依然艰巨

党的十六大强调用好本世纪头二十年的重要战略机遇期，对于国有企业来说最重要的是大力推进改革，尽快完成体制和机制的创新，消除历史包袱，为适应更加完善的市场经济体制和更加激烈的市场竞争做好准备。国有企业改革经过二十多年的艰苦探索和各方面的努力，正在从旧体制下的行政附属物转变为市场竞争主体和经营实体。但我们必须清醒地看到，随着经济体制改革的不断深入：一方面，当前国有企业生存发展的体制和市场等外部环境已经发生了根本的变化；另一方面，国有企业自身的一些深层次矛盾并没有完全解决，攻坚破难的任务还很艰巨。比如国有经济战线过长、布局分散、退出通道不畅的问题，国有资产监督管理体制还不够到位的问题，国有企业法人治理结构尚不完善的问题，国有企业历史负担还没有完全消化的问题等等，都亟待在深化改革中加以解决。

从国有企业的发展环境看，不断深化的市场化改革和国际化进程带来更加严峻的挑战。

一是社会主义市场经济体制初步建立，市场机制对资源配置的基础性作用日益加强。市场机制配置资源遵循的是优胜劣汰法则，企业的生存和发展完全取决于市场竞争表现。在这样的体制下，国有企业不能够再从政府财政或银行获得额外的支持，只有通过市场竞争才能获得资源，低效率必然被市场淘汰。这就要求国有企业以市场为导向，大力提高资源配置效率。但相当一部分国有企业在体制和机制上还没有完成向市场经济主体的转变，一些历史和社会包袱还没有完全消化，这些都会影响国有企业资源配置效率的提高。

二是公有制为主体、多种所有制经济共同发展的基本经济制度已经确立。随着非公有制经济的崛起和外资的全面进入，国有企业面临的市场竞争态势更加严峻。一方面，在国内以公有制为主体、多种所有制经济共同发展的格局中，非公有制企业正在迅速发展，这些企业以其机制灵活、市场适应能力强等优势，对国有企业构成了强大的竞争压力。另一方面，国际上的跨国公司以强大的资本和技术实力为后盾，大举进入中国市场。与这些强大的竞争对手相比，我们的大多数国有企业，包括一些大型特大型中央企业，还有相当大的差距。

三是全方位、多层次、宽领域的对外开放格局基本形成。随着我国加入 WTO 以后过渡期条款的逐步取消，对外开放进一步扩大，国内外市场加速实现并轨，国内市场同时也是国际市场。这一方面有利于吸引更多资金、更先进的技术和现代的管理理念，在更大的市场范围内进行资源的优化配置；另一方面随着放宽市场准入、实行国民待遇原则等世贸组织规则的实施，国有企业将不再享受特殊的保护措施和优惠政策，必须与强大的国外竞争对手在同等的条件下参与市场竞争。

面对市场竞争格局和体制环境的深刻变化，国有企业自身改革的任务显得十分艰巨和紧迫。由于 80% 以上的国有中小企业近年来已实行了较为彻底的改制，当前国有企业改革的任务主要集中在国有大企业的改革方面。一方面国有大企业是国有经济发挥控制力的主要载体，在国民经济发展中具有举足轻重的作用；另一方面，旧体制的弊端和痕迹在国有大企业中最为突出，改革的难度也比国有中小企业大得多。

国有大企业改革的方向是明确的，这就是建立现代企业制度，使股份制成为公有制的主要实现形式。实现这样一个目标，实际包含两个方面的改革：一是在制度层面上通过股权多元化，建立出资人到位、权责明确、相互制衡、监督有效的法人治理结构，使企业按照效益最大化目标和市场经济的规则规范运行，解决国有企业动力不足、权力失衡、监督失效等弊端；二是为国有企业进入市场创造自身方面的条件，包括解除传统体制遗留的历史包袱和社会负担、使国有企业成为真正市场化的经济组织，调整和优化企业内部的组织结构、集中资源做强做大主业等。目前，我们有相当部分上市公司不能规范运行，一个非常重要的原因，就是将优质资产重组上市后，非上市的存续企业中数量众多的、与主业并不相关的后勤服务系统、各种“三产”和多种经营以及大量社会职能单位，成为上市公司的沉重负担。因此，国有企业建立现代企业制度必须与消除各种负担和结构调整等内部改革和调整结合起来，才能取得实效。

（三）主辅分离辅业改制是国有企业改革的重要环节

无论是国有经济的战略性调整，还是减轻国有企业历史负担，富余人员往哪里去的问题都是不可回避的难题。面对中国人口多、就业压力大的现实，国有企业不可能像发达市场经济国家的企业那样，采取简单的经济性裁员方式，将富余人员直接推向社会。必须从实际出发，既要继续坚持减员增效的改革方向，也要考虑到社会的承受问题，采取多种措施分流安置富余人员，尽量减少社会再就业的压力，这也是国有企业必须承担的一项社会责任。

随着国有企业改革的推进和结构调整力度的加大，再就业和社会稳定的压力越来越大。党中央国务院为解决国有企业下岗失业人员再就业问题，先后于 2002 年 9 月和 2003 年 8 月，召开了全国再就业工作会议和全国再就业工作座谈会，不久前又召开了全国再就业工作表彰会。几次会议上，都将主辅分离辅业改制作为国有企业分流安置富余人员的重要形式，强调这项政策是统筹考虑国有企业改革与促进再就业的一项重要措施。改革实践也说明，主辅分离辅业改制是一项在深化改革、结构调整中扩大就业，在扩大就业中加快改革和发展的一项行之有效的政策，既能够有力推进企业结构调整，完善国有资本有进有退、有序流动的机制，使国有企业做到有所为有所不为，将有限的资源集中到需要做强、做大的主业方向上，改善国有企业的资源配置结构；又可以有效利用存量国有资产，通过改制企业的发展分流安置企业的富余职工，减轻社会再就业的压力。

因此，积极稳妥地推进国有大中型企业主辅分离辅业改制工作，是当前进一步深化国有企业改革的一项重要而紧迫的任务。

二、主辅分离辅业改制工作的进展及初步成效

原国家经贸委等8个部门的859号文件及其配套文件下发后，两年来各地及中央企业做了大量的工作，取得了初步的成效，也探索了一些成功的做法和经验。

（一）主辅分离辅业改制工作进展情况

各地及中央企业主辅分离辅业改制工作目前正处于实施操作阶段，开局良好，进展顺利，部分先行改革的企业已经开始取得初步成效。

截至2004年9月底，各地实施主辅分离的国有大中型企业有775个，主要集中在北京、上海、黑龙江、辽宁、湖北、四川、甘肃等地，实施改制企业2639户，涉及富余人员70.8万人。从中央企业的情况来看，截至2004年10月底，共有62家上报主辅分离辅业改制总体方案，经国资委、财政部、劳动保障部三家联合审核，目前已经批复43家中央企业的总体方案。43家企业第一批实施方案中的改制单位1422个，拟改制为非国有法人控股企业的1311个，占改制单位总数的92.2%；涉及三类资产总额509亿元，净资产202亿元；涉及分流安置职工人数为26.2万人，其中22.7万人在改制后企业得到安置。目前已有11户中央企业上报第二批实施方案，涉及三类资产157.7亿元，净资产70亿元，需要分流安置职工9.4万人。据初步统计，目前实施主辅分离的改制企业享受税收减免金额共计1.1亿元左右。

（二）主辅分离辅业改制的效果已经开始显现

一是改制企业在产权明晰的基础上彻底转换了经营机制。改制后的企业实现了产权多元化，绝大多数已经成为非国有控股企业，产权明晰，责任明确，企业经营机制发生了根本性变化，市场竞争意识、生存危机意识大大增强，与原主体企业的关系也由过去的“等、靠、要”转变为“主动上门服务”。燕山石化客运公司改制后，根据用户需求全

面调整公交线路，生产厂房建设到哪里，职工班车就延伸到哪里；职工小区开发到哪里，公交线路就延伸到哪里。一些企业改制后，在继续巩固内部市场的同时，积极拓展外部市场，争取更大的生存发展空间，业务量大幅度增长。

二是改制企业活力增强，经济效益显著提高。尽管多数辅业单位刚刚完成改制工作，改制的效益还没有充分显现，但从较早实行改制的企业来看，多数都在改制当年实现盈利，出现了良好的发展势头，有的企业还一举扭转多年亏损的状况。中石油华北石油管理局第二机械厂1065名职工参加了整体分流改制。新公司成立一年多来，企业的经营状况迅速好转，2003年利润从上年的34万增长到520万元。中石油物探局装备制造总厂原下属厂改制后市场份额和经济效益大幅度增长，市场竞争力不断提高，吸引了外商的投资兴趣，2003年底该企业职工持股会将51%的股权以接近1000万欧元的价格，出售给法国一家公司，职工股东股权溢价达73%，企业也因合资增强了新产品研发和拓展国际市场等方面的能力，获得了新的发展机遇。

三是主辅分离辅业改制为主体企业的发展奠定了基础。中石化四川维尼纶厂实施改制后，企业运行良好，主业也由于辅业改制的实施而更加精干高效，迅速扭亏为盈，2003年实现利税超过2亿元，实现了主业和辅业共同良性发展。中石油物探局所属辅业改制后，主营业务精干高效，在国内市场稳中有升的基础上，大力开拓海外市场，近四年来海外业务产值、队伍规模、经济效益各方面连续保持50%以上的增长，已初步跨入国际大物探公司的行列。

四是辅业改制后有效地分流安置了富余人员。各企业在实际操作时，都把做好职工分流安置工作作为辅业改制的首要任务。据统计，已实施辅业改制的企业，绝大部分职工都进入改制企业，与改制企业重新签订三年以上劳动合同。一些辅业在改制后，由于发展迅速，不仅原来的人员得到安置，还积极吸纳主业分流的富余人员和社会劳动力就业。

中石油物探局的三家改制企业除安置原辅业的人员外，还为700多名从主业分流的富余人员提供了新的就业岗位。

（三）辅业改制的实践中探索了一些成功的做法和经验

辅业改制涉及产权关系和劳动关系，是国有企业最深层次的改革，是要“动真格”的一项改革，关系到改制员工的切身利益，政策性强，操作难度大。尤其是在原主体国有企业改革还不完全到位的情况下，推进这项改革不仅需要足够的勇气，还需要做大量艰苦细致的工作，没有强烈的改革意识和对企业及其员工的高度责任感是不可能做好的。经过一批企业前期的实践和探索，已经出现了一批好的典型，在这次会议上将介绍经验的企业，都各有自己的特色。他们的一些做法和经验值得认真思考和借鉴。

一是注重引导职工群众转变观念、参与改革是改制成功的关键因素。长期以来，国有企业职工是企业的主人的观念根深蒂固，职工的命运与企业的命运捆在一起。辅业改制要求参与改革的职工与原主体企业解除劳动关系，这确实是一场十分深刻的革命。因此让职工理解、接受和参与改革是辅业改制成功的关键。辅业改制推进比较顺利企业，都非常重视政策的宣传解释工作，通过各种形式向职工宣讲政策，引导广大职工逐步转变观念，积极参与改制。黎明航发公司在改制时，主管领导面对面与职工沟通，把企业经营状况、面临的市场形势如实告诉职工，把改制后企业的发展机遇、职工的安置办法等给职工讲清讲透，对职工提出的问题当面答疑解惑，打消职工的思想顾虑，及时消除认识上的障碍。在实施过程中坚持做到改制方案经职代会讨论，充分听取职代会的意见，职工安置方案经职代会审议通过。由于政策宣传到位，工作扎实细致，职工权益得到保护，这样一项深层次的改革进展平稳，至今还没有引发职工上访等不稳定事件。

二是确保国有资产不流失和维护职工合法权益是改制成功的基

本要求。经批准实施辅业改制的企业，非常重视严格按照国家有关法律法规和政策规范操作，既注意做到在盘活资产的同时确保国有资产不流失，又切实维护职工的合法权益。首先是根据主体企业突出发展主业、调整优化结构的要求，将实行辅业改制的资产，严格限定在“三类资产”的范围，没有发现在主辅分离时把主业资产界定为“三类资产”的现象。二是在资产清查、财务审计、资产评估和作价等资产处置的关键环节上注意按照有关政策要求规范操作，集团公司把好审核批准关，部分产权转让还进入了产权交易市场。三是严格按照国家有关政策规定理顺职工劳动关系，对职工的经济补偿金及相关债权的处理，做到公开公正透明，并通过有关部门的认定。

三是主体企业对改制企业的支持和扶持是改制成功的重要条件。前期改制的辅业发展较好的一个重要原因，在于原主体企业对改制企业没有采取简单化的做法，“一改了之”，放任不管，而是根据改制企业的需要，给予必要的支持和扶持。事实证明，这样做在辅业改制初期是完全必要的。航一集团黎明发动机有限公司公司按照平等竞争、公平交易、同等优先的原则，对辅业改制单位原来的产品协作与经营服务项目，签订经济合同或有偿服务协议，由过去的费用包干转为法人与法人之间的市场交易。同时还对改制企业的生产环境和条件给予必要的修缮与改造，将部分产品的生产调整到改制企业，使改制企业获得了较为稳定的市场。在这一基础上，改制企业再逐步向外部市场拓展，产品销售额和利润额比改制前有了大幅增长。

四是选择好改制企业的带头人是改制成功的组织保证。一些改制企业的经验表明：改制企业建立规范的法人治理结构，对企业转变机制和长远发展，具有重要意义，尤其是改制企业经营者和领导班子的推荐人选，直接关系到改制企业的兴衰成败。一些改制企业在这方面探索了多种方式：一是广泛推荐候选人之后，通过差额选举确定最终人选；二是原主体企业帮助推荐，再由改制企业的员工进行民主评议；三是原主体企业在改制前对管理不善、不能胜任的经营者和经营班子及时进行调整。由于充分尊重了职工群众意见，严格按照法定程序产生，保证了改制工作的顺利推进。实际上改制企业经营者的产生还可以采取更多的方式，比如从集团内部或人才市场招聘等，这样更有利于扩大选人的视野。

（四）辅业改制中需要注意的一些问题

一是职工平均持股问题。根据我们最近对已实施主辅分离改制分流的20家中央企业的651户改制企业股权结构情况进行的统计，股本总额合计为62亿元，其中职工股总额为35.6亿元，占57.4%，651户辅业企业改制共支付经济补偿金34.4亿元，人均补偿金3.4万元，其中经济补偿金转成股份合计29.3亿元，占职工股份总额的82.2%。国有法人股11.4亿元，占股本总额的18.3%；非国有外来投资者股份总额9亿元，股本总额的14.6%。因此，职工整体处于绝对控股地位、职工持股平均化、外来投资的比重不高是当前辅业改制的重要特点。改制企业如何进一步形成合理的产权结构，是一个需要在实践中解决的问题。

二是辅业改制企业的公司治理问题。辅业改制以后，由原来纯国有企业或国有控股企业一步跨越到股权多元化的公司制企业，尤其是内部职工总体控股、平均持股的股东结构，不利于改制企业建立规范的公司治理结构，在一定程度上影响企业的发展决策。有的企业沿用“集体领导”方式，这很容易造成决策失误或无人负责现象以及对经营者授权不足，难以形成有力的经营指挥系统。治理结构是企业发展的制度保证，改制企业还必须注意在实践中不断完善。

三是辅业改制企业的机制转换问题。辅业企业改制不仅包括体制的转换，内部的机制转换也是重要内容。与职工解除劳动合同并给予经济补偿，不仅理顺了国有企业与职工的关系，更重要的是将职工由

“企业人”转变为“社会人”，实现改制企业用工制度的根本变革。但国有企业职工长期以来形成的平均主义、“铁饭碗”、依赖企业等落后观念，不会在短时间内自然转变，特别是辅业改制后股权结构平均化等问题的存在，在一定程度上容易形成新的大锅饭。

四是辅业改制企业加强和改善企业管理问题。辅业单位长期依赖国有企业生存，没有完全进入市场，企业管理相对薄弱。从目前改制企业的情况看，部分改制企业对探索新的经营模式、建立新的管理制度不够重视，缺乏科学管理的理念和人才，这使得新的体制难以发挥应有的作用，甚至继续沿袭过去落后的管理模式，不能尽快形成自我生存和发展的能力。

以上问题和现象，关系到辅业改制企业的长远发展，需要我们在实施操作过程中高度重视，并采取有效措施加以解决。

三、规范操作，稳步实施，加快推进主辅分离辅业改制工作

国有大中型企业主辅分离辅业改制是国有企业改革的重要内容，是一项具有全局性意义的改革举措。国务院领导同志多次讲话和批示中对这项改革都提出了明确要求，国资委将其作为当前和今后一个时期的重点工作之一。总体上看，这项改革的推进是健康的、顺利的，但工作进展还很不平衡。一些地方由于政府机构调整等原因，国有大中型企业主辅分离工作启动较为缓慢；中央企业正在实施辅业改制的资产和人员占纳入改制范围的资产和人员的比重，还不足1/5，特别是一些资产规模较大，富余人员较多的中央大企业，推进的难度比较大。现在，离国家规定的主辅分离政策的时限只有一年左右的时间了，确实时间紧任务重，各地和各企业一定要从国有企业改革发展全局的高度，进一步提高对主辅分离辅业改制工作重要性的认识，认清和把握当前的有利时机，增强推进这项工作的责任感和紧迫感，进一步加大工作力度，更加积极

稳妥地推进这项工作的开展。

（一）进一步统一认识，抓住机遇加快推进主辅分离改革

主辅分离辅业改制包括职工经济补偿、资产处置、土地使用、税收减免等一系列的政策优惠，这对于国有企业的改革和结构调整、妥善解决企业历史遗留问题、多渠道分流安置富余职工，都是非常难得的机遇。抓住和用好这一政策机遇，需要进一步统一认识，处理好以下几个关系：

一是积极推进改革与维护稳定的关系。处理好改革发展稳定的关系是国有企业改革的一条基本经验。实施主辅分离辅业改制涉及国有企业深层次的矛盾，特别是直接关系到参与改制企业员工的切身利益，因此推进这项改革对稳定是有一定风险的，必须把握好改革的时机和节奏，协调好改革的力度、发展的速度和社会可承受的程度。当前可以说是辅业改制的最好时期。从宏观上看我国经济正进入新一轮高速成长阶段，这为企业的发展展现了良好的前景和广阔的空间；从微观上看，近年来正是国有企业效益最好的时期，改革成本的承受能力较强。当然从另一方面看，企业的效益越好，观念转变越困难，改革难度越大。这需要大家对改革达成共识，充分认清国有企业改革的紧迫性，坚持改革的方向。只有积极推进辅业分离，使改制企业早日进入市场，才能最终化解国有企业中冗员过多、结构不合理等深层次矛盾和问题，实现企业的长期发展和稳定。消极片面地强调稳定而放慢改革的步伐，甚至把稳定与改革对立起来，对企业的长期稳定发展都是不利的。

二是壮大发展主业与放开搞活辅业的关系。企业的竞争能力首先体现在主营业务的竞争能力上，主辅分离辅业改制的重要内容或目的，就是要精干壮大主业，不断提高主营业务的竞争力。目前，国有大中型企业普遍存在主业不突出问题。据调查，中央企业主营业务达3个以上的占全部中央企业的56.1%。主营业务太多，业务跨度过大，严重影

响到企业的资源配置效率。实施主辅分离应立足于在进一步搞好企业的战略定位和发展规划的基础上，把非主业部分分离出去，集中有限的资源，真正做到主业突出，资产优良，发展壮大企业的核心能力。辅业的分离改制同样也是为了更好的发展，但改制以后的辅业发展不再是依附于主业发展，而是使辅业的体制和经营机制发生根本变化，成为真正的市场主体，这样才能实现可持续的良性的发展。

三是做大与做强的关系。实行主辅分离辅业改制，剥离一部分辅业资产，必然会影响企业的规模。有些企业担心实施主辅分离后企业规模缩小了，甚至地位会随之下降，因此对一些属于辅业的资产往往舍不得分。尽管在市场经济中扩大企业经营规模，也是企业生存和发展的重要方式之一，但大不等于强，没有竞争力的规模，往往会成为企业发展的包袱。过去一些企业盲目追求做大，把达到一定的规模作为企业发展的首要目标，大量铺摊子，有很深刻的教训。这次主辅分离的改革，可以说为企业“瘦身”提供了难得的机遇。企业的地位，无论是在市场中的地位，还是在国资委的地位，归根到底取决于企业的竞争能力和盈利能力，而不是企业的规模大小。因此下决心把不属于主营业务范围和不应该管理的辅业资产、机构分离出去，使企业发展重心从盲目扩张做大转到着力做强上来，才是巩固和提升企业地位的明智之举。

（二）充分考虑到主辅分离辅业改制工作的艰巨性和复杂性，把工作做实做细做扎实

主辅分离辅业改制是一项非常复杂的改革，工作要求高、政策性强、操作难度大，只能水到渠成，而不能急于求成。要做到成熟一批，操作一批，完成一批，成功一批。从一些企业的实践来看，在改制过程中要把握好几个关键环节，把工作做细做实。一是要充分尊重改制企业员工的意见，坚持改制方案经过职代会讨论，充分听取职工代表意见，

对不同意见要区别情况，做好工作，不能简单否定；职工的安置方案必须经过职代会通过，职工安置的各项政策要逐项落实。二是要对改制企业的生存能力和市场前景进行实事求是的分析论证，有条件的辅业单位可以先改；暂时不具备条件的，主体企业可以为其创造必要的条件之后再改；对那些完全不具备生存发展条件的辅业，不能实行改制。辅业改制一定要从实际出发，不能搞“一改就灵”。三是要通过规范的程序，帮助改制企业选择好的企业经营者。改制企业的经营者不仅要有经营管理企业的能力，更要有对企业和员工的高度责任心。四是要严格按照《中华人民共和国公司法》等法律法规对改制企业的治理结构进行规范，使改制企业产权清晰，权责明确，在产权关系、劳动关系、债权债务关系等重大问题上不留后遗症。

（三）准确把握政策，依法规范操作

在进入实施操作阶段后，各地和企业要严格按照国家有关法律法规和政策规定规范操作，特别要注意在改制内容和程序上合法合规。这里主要强调三点：第一，职工的经济补偿要有度。在调整职工劳动关系的过程中，对职工进行经济补偿，国家已有明确政策，主辅分离政策也作了进一步规定，在操作中必须按现有政策和规定执行，各地和各企业之间收入水平不一样，对改革成本的支付能力不一样，不要盲目攀比；改革成本承受能力较强的优势企业，要照顾到左邻右舍，以免少数企业补偿过高引起职工心理不平衡，造成社会不稳定。第二，职工持股和经营者持股要合规。要严格执行国务院《关于规范国有企业改制工作的意见》等规定，在股权设置、持股比例、购股资金来源等方面严格规范操作，不能通过无偿量化的方式持有股权。第三，产权转让要有序。改制过程中资产处置要按照《企业国有产权转让管理暂行办法》等规定，做到公开透明、阳光操作，避免少数人操纵，损害国家、企业和职工利益。要规范资产转让交易方式，有条件的要尽量做到进场交易。同时，

也要充分认识主辅分离辅业改制的特殊性，把资产处置与改制企业的未来发展、职工的有效安置和社会稳定结合起来，统筹考虑。

（四）主体企业应结合辅业改制加快转换经营机制，为辅业改制创造良好的改革氛围

辅业改制是一场真正彻底的改革，特别是对改制企业的员工来说，是从旧体制进入新体制的一次大跨越。如果主体企业内部改革不到位，机制没有根本转变，员工缺乏危机感和改革意识，辅业改制的阻力和难度是很大的。因此推进辅业改制一定要与主体企业的进一步深化改革、转换企业经营机制结合起来，以主辅分离辅业改制为契机，加大主体企业的改革力度，在企业内部引入竞争机制，深化三项制度改革，建立符合市场要求的收入分配机制、劳动用工机制和选人用人机制。通过主体企业内部经营机制的转换，为辅业改制、分流安置富余人员创造良好的改革氛围。实践证明，只有主业的各项改革到位了，辅业改制才能顺利推进。因此，辅业的分离改制也为主体企业加快改革提供了难得的机遇。

（五）主体企业要为改制企业的健康发展创造必要的条件

辅业改制不是简单地甩包袱，而是要使辅业得到更好的发展。只有辅业发展起来了，有了自我生存和发展的能力，才能真正走向市场，彻底摆脱对主业的依赖，达到分流安置的目的；否则，分流安置的富余人员与主业的关系很难完全切断。因此对已经实施改制的辅业不能一改了之、撒手不管，还应“扶上马送一程”。根据一些企业的成功做法，主要应在以下方面给予一定的支持。一是对改制辅业与主体企业之间原来的“内部市场”，在符合市场规则和同等优先的原则下，可在一定期间内予以必要的承诺。二是要帮助企业解决进入市场初期的实际困难，比如由于金融体制不完善，企业的流动资金贷款渠道可能不通畅，就需要

主体企业帮助解决。三是对企业的治理结构要进行必要的指导和监控，包括经营者的选聘，引导改制企业规范运作、科学管理，防止出现恶意侵犯职工权益和企业利益的行为。在这个问题上原主体企业既不能过分干预、包办代替，也不能放任不管。四是要帮助改制企业建立党团和工会组织，积极协助落实改制企业的属地化管理工作，做好党团工会等各种关系的交接，使改制企业尽快适应体制改革后的新变化。

（六）进一步加强组织领导，完善工作机制，抓好组织实施

地方国资委是主辅分离工作的牵头部门，要主动做好组织协调工作。政府机构改革已经到位的省市，要按照国务院国资委的要求，把这项工作列入重要议事日程，加强组织领导和工作协调，结合本地区的实际情况不断完善相关政策，抓紧地方企业主辅分离辅业改制工作。各集团公司和主体企业是实施操作的主体，各企业一定要高度重视这项工作，主要领导要亲自抓，要明确或设立实施主辅分离辅业改制工作的专门机构，切实负起责任，精心组织实施。在操作过程中，既要积极推进，又要稳步实施。要深入改制企业，全面了解真实情况，及时发现问题和不稳定的苗头，消除不稳定的因素和隐患；要防止简单化倾向，工作进度和要求要符合企业实际情况，不能急于求成，要积极创造条件，循序渐进，水到渠成，决不可下指标赶进度。

同志们，在深化国有企业改革的过程中，做好主辅分离辅业改制工作是一项事关国有企业改革发展、促进再就业和社会稳定的重大改革。我们一定要在党的十六大及十六届三中、四中全会精神的指引下，进一步解放思想，开拓创新，以高度的政治责任感和求真务实的态度，继续努力扎实做好主辅分离辅业改制，分流安置富余人员工作，争取取得更大的成绩。

建立健全公司法人治理结构*

根据会议安排，我就国有及国有控股大型企业的公司法人治理结构讲几点意见和想法，供大家讨论。公有制与市场经济结合的有效形式是股份制，股份制的核心是公司法人治理结构，这是两权分离前提下维护股东利益、提高企业的市场竞争力的制度保障。1993 年《中华人民共和国公司法》（以下简称《公司法》）出台，规定了股东会、董事会、监事会、经理层的设置和职权等，为建立公司法人治理结构奠定了法律基础。1999 年党的十五届四中全会提出要形成股东会、董事会、监事会和经理层各司其职、协调运转、有效制衡的公司法人治理结构。2003 年党的十六届三中全会再次强调要完善公司法人治理结构。《国务院关于 2005 年深化经济体制改革的意见》提出，“以建立健全国有大型公司董事会为重点，抓紧健全法人治理结构”，并明确这项工作由国资委牵头。因此，贯彻落实党中央、国务院的有关精神，建立健全公司法人治理结构，是我们的一项重大任务。

一、建立公司法人治理结构存在的主要问题和我们的总体思路

国有企业建立公司法人治理结构的改革已十多年了，取得了一定进展，但总体上看，相当一部分国有大企业（如中央企业）尚未建立公司法人治理结构；已经建立的，其效果尚未得到普遍认可。存在的问题

* 2005 年 7 月 27 日在企业内部控制指引起草工作座谈会上的讲话。

主要有：

一是部分企业“内部人控制”严重。如有的经营者大权独揽、一个人说了算，导致决策失误甚至以权谋私；有的经营者虚报业绩、企业会计报表严重失真；一些企业的改革和重组的主导权掌控在经营者手里，触动其利益的改革和重组难以推动；一些经营者不能正确处理出资人、企业、管理层、职工之间的利益关系，根本不考虑给股东分红，不适当地给职工大幅增加收入从而使管理层收入的上限大幅提高。

二是企业的决策权与执行权合一。相当一部分国有及国有控股企业的董事会成员与经理人员高度重合，企业的决策权与执行权都由在董事会和经理层同时任职的人员行使。由于企业的执行性事务实行总经理负责制，副总经理受总经理领导、对总经理负责，因此，作为副总经理的董事很难在董事会的决策中完全独立于总经理进行表决，董事会也很难真正实现集体决策。

三是董事会不能管理经理层。其原因是多方面的，但主要还是董事会成员与经理人员高度重合，若把挑选、考核、奖惩经理人员的权力交给董事会行使，实际上是让经理人员自己挑选、考核、奖惩自己。因此，对于董事会成员与经理人员高度重合的董事会，挑选、考核、奖惩经理人员的权力目前基本上而且也只能由出资人和有关干部部门行使。在这种情况下，若董事长与总经理分设，搞不好还会出现两人争高低、比大小等“内耗”问题。在公司法人治理结构中，经理层是负责贯彻执行董事会决议的，应对董事会负责。董事会不能管理经理层，就无法保证董事会决议的执行，董事会难以真正发挥作用，公司法人治理结构就不会有多大效果。

四是国有控股的子公司尤其是上市公司的所有权与经营权合一。由于各种原因，绝大多数国有企业改制，都是把优良资产剥离出来新设公司来吸引投资者或境内外上市，国有企业（以下称“集团公司”）是该子公司的控股股东。而这些集团公司大多数都没有董事会，集团公司的管理层既行使对其控股子公司的股东权力，又进入该子公司的董事会、经理层，形成该子公司的所有权与经营权合一。在这种情况下，一些集团公司存在的“内部人控制”问题更加突出，增加了国有资产出资人实施监督制约的困难；由于所有权与经营权合一，该子公司的其他股东尤其是上市公司的中小股东在公司治理中的作用十分有限，该子公司的国有资产保值增值和维护中小股东合法权益，主要取决于作为控股股东的集团公司管理层的政治觉悟和诚信意识，管理层这方面出了问题，公司治理就会出大问题。

五是公司法人治理结构运转不正常、制度不健全。一些企业只重视设立股东会、董事会、监事会这些组织机构，不重视其运转，董事会一年仅开一两次会议，也无会议以外的运作，董事会的作用十分有限。一些企业有关股东会、董事会等的职责、召开会议、重大事项决策制度等不健全，有的甚至无章可循，个人的权力不受治理结构的约束，公司法人治理结构处于无序运转的状态。一些企业对高级管理人员的素质及其积极性、主动性、创造性在公司法人治理结构中的作用重视不够，市场化选聘、激励、约束高级管理人员的制度建设尚未起步。

六是国有控股公司的监事会不能很好地发挥作用。在这些公司，董事长都是内部员工，党委书记基本上都兼任董事长或副董事长，党委副书记大多也是董事，总经理既进入董事会也进入党委会，监事会主席基本上都由纪委书记或工会主席等兼任，监事会其他成员大多是由企业二级机构的有关人员兼任。而这些纪委书记、工会主席和二级机构的有关人员，在党政职务上归兼任党委书记、副书记的董事长、副董事长、董事和总经理领导。作为该公司控股股东的国有企业的管理层既行使控股股东的权力，又担任该公司的董事长、副董事长、总经理等，实际上该公司的监事会主席、监事是由该公司的董事长、副董事长等挑选和聘任的。这样的监事会去监督董事长、副董事长、总经理，实际上是下级监督上级、内部人监督内部人，这种监督的效果是非常有限的。

鉴于建立健全公司法人治理结构在深化国有企业改革、建立现代企业制度中的重要地位和实际工作中存在的问题，国资委成立不久，我们就开始研究这个问题，酝酿工作思路，并于 2003 年下半年着手起草有关文件，听取有关中央企业和国内著名专家学者的意见。去年 2 月国务院召开第 38 次常务会议，听取国资委工作汇报，我们正式向国务院提出在中央企业进行国有独资公司建立和完善董事会的试点，得到了国务院的同意。去年 6 月，国资委下发文件，明确神华、宝钢等 7 户企业作为第一批试点，并成立了组织领导机构，提出了试点工作的基本思路和要求。去年底，国资委下发了关于外部董事管理的文件，明确规定了其任职条件、选聘、职责、权利、义务、报酬等。今年 5 月底、6 月初，我们举办了董事会运作研讨班（以下称“董事会研讨班”），作为试点的 11 户中央企业的董事和有关负责人，以及我们拟聘为外部董事的 18 位同志参加了会议。荣融主任到会就这项工作的重要意义、基本思路、主要措施和有关要求等作了讲话，有关专家介绍了国外公司治理概况及其最新发展，国资委有关厅局负责同志介绍了试点企业董事会运作、对董事的管理包括其薪酬等情况，会议还安排了半天分组讨论。从讨论的情况看，大家对建立和完善董事会的重要意义、外部董事制度的作用等的认识高度一致，赞成我们提出的工作思路、措施和要求，并提出了不少好的意见和建议。

经过前一段的工作尤其是董事会研讨班，我们初步形成建立健全公司法人治理结构的总体思路：

一是国有资产监管机构应长期直接持股且企业重大投融资决策事项较多的国有独资企业，要抓紧建立和完善董事会。

二是通过建立和完善国有独资公司董事会，在企业内部形成推进改革、加强管理的更强的动力，并为股份制企业董事会的建立和运转奠定基础。

三是确保国有资产监管机构的股东职权到位，但绝不能干预董事会的职权。

四是以外部董事和独立董事制度为支撑，以规范运作为重点，充分发挥国有独资、控股公司董事会的重大决策和管理经理人员的作用。

五是以外派、专职、廉洁、尽责为重点，坚持和完善监事会制度。

二、国有资产监管机构与公司法人治理结构

在党的十六大、十六届二中全会精神指引下，我国国有资产监管体制改革取得了重大进展。国务院国资委和各省级国资委相继成立，地市级政府近一半已成立了国资委。国有资产监督管理的一系列法规、规章等陆续出台。面向社会公开招聘经营管理者的改革在加快推进，经营业绩考核制度基本建立，规范经营管理者收入分配在积极探索。新的国有资产监管体制对于促进国有企业改革和发展的作用已经显现。实践表明，党中央、国务院关于建立管资产与管人、管事相结合，权利与义务、责任相统一的新的国有资产监管体制的决定是完全正确的。我们要沿着这个方向，坚定信心，勇于实践，大胆探索，不断完善国有资产监管体制。

各级国有资产监管机构履行出资人职责可分为两个方面。一方面是把监管（和指导）范围内的全部国有资产作为一个整体，统一进行监督管理，可以说是宏观职责，如制定规范国有企业改制和产权转让的规定并对其执行进行监督管理，推进国有经济布局和结构的调整等；另一方面是以一户户国有企业为对象，分别行使该企业股东的权力，可以说是微观职责，履行好这方面的职责，对建立健全公司法人治理结构有重要的意义和作用。

（一）股东在各国的公司治理中扮演着重要角色

由于股东不愿意或不能够直接经营管理企业，才需要建立公司法人治理结构的，因而公司法人治理结构是以代表股东利益、体现股东意志

为基石的。世界各国公司治理的历史上，曾出现过管理者导向模式、雇员导向模式、国家导向模式等。尽管各国国情不同尤其是所有制和股权结构不同，股东的职权和发挥作用的方式也不尽相同，但当前公司治理的主流模式是股东导向，宗旨是维护股东的利益、体现股东的意志。例如：在美国、英国等，法律法规对保护股东利益有很多具体的可操作的规定，尤其是要求公司的运作包括高管人员的薪酬对股东高度透明；当公司股东发现高管人员没有尽职导致股东利益受损或者高管人员的行为违法违规，股东可以比较方便地起诉高管人员并可得到应得的赔偿。安然公司等出现财务丑闻后，股东遭受巨大损失，导致美国国会于 2002 年 6 月通过了《萨班斯－奥克斯利法案》，规定因故意欺诈或出现疏忽导致公司会计报表失真的，对有关高管人员将处以高额罚款和监禁。由于美英公司的股权非常分散且是个人持股，股东参与公司治理的成本很高，公司的投资与并购、挑选和解聘董事等都是由董事会包括其下设的专门委员会来决定的，当股东对公司的经营管理不满意时，主要通过"用脚投票"来表达，这会导致公司股票价格下跌，到一定程度时会引发被并购和高管人员的更换。20 世纪 80 年代以来，美英公司的个人持股比例大幅下降，机构投资者持股比例大幅上升，占美国上市公司股份的 1/10，大公司的 40%；占英国上市公司的 58%。机构投资者经常通过"用手投票"来表达自己的意志。如要求增加分红、增加外部董事和独立董事的数量以及表达对公司拟投资项目的评价等等。由"用脚投票"变为"用手投票"，被国际上的权威人士称为公司治理上的"看不见的革命"。

在瑞典，国有企业数量很少，只有 59 家，但其提供的增加值约占全国的 1/4。在作为所有者的瑞典议会和行使股东职责的政府及其有关部门的努力下，瑞典国有企业都建立了董事会，其中除首席执行官和职工董事外，其他都是外部董事；瑞典国有企业像上市公司那样提高了透明度；通过出售非核心业务（占全国国有资产的 1/8）克服了盲目多元化扩张的倾向，而进入新的业务领域需履行国有股东职责的政府有关部门批准，议会有权决定国有股权的转让和国有企业的主业；大幅更换了董事、首席执行官、首席财务官以提高公司治理的水平；履行国有股东职责的政府有关部门，每年都对国有企业董事会的业绩和董事的能力、表现进行分析、评价。

在新加坡，由于推动经济发展的历史需要以及国有企业数量很少等原因，绝大多数国有企业的股东职责专门由国有独资的淡马锡控股公司行使。淡马锡一方面通过持股或出售股权来体现自己的经营方向和领域；另一方面作为积极的股东参与其全资、控股企业的公司治理，包括派淡马锡的高管人员进入旗下公司的董事会，为旗下的成长型公司提供经营管理经验，确定“经济附加值”（EVA）作为旗下公司的统一的业绩考核指标，旗下公司的董事既可以由淡马锡挑选，也可以由旗下公司的董事会包括其提名委员会自己挑选，等等。经过长时间的努力，淡马锡旗下公司治理水平显著提高，其中董事会的人员结构由过去大部分是内部董事转变为目前除 CEO 外基本上都是外部董事（主要指淡马锡公司员工出任的董事）和独立董事。

总之，无论是国有企业还是非国有企业，股东在公司治理中都扮演着重要角色：

一是从总体上看，股东是推动公司治理发展的主要力量，尤其是公司治理有缺陷导致损害股东利益时，股东的行为直接决定或间接影响着公司治理的改进与完善。

二是由于各国情况不同、同一国家的各公司情况千差万别，法律法规不可能对公司的所有权与控制权的具体配置，包括股东的权利和股东大会的职权、董事会的职权等，作出统一、完整的规定，其具体规定首先取决于股东的行为能力与意愿。

三是董事会、经理层在公司治理中发挥着非常重要的作用，但董事与经理人员的诚实守信、勤勉尽责不能依赖于其自觉、自发，而选聘、激励、约束董事的制度依托和动力源泉在于股东尤其是“用手投票”的积极股东。

（二）国有资产监管机构应成为真正的股东

从我国国有企业改革的历程看，依法设立的公司制企业已有十多年的历史了，其公司法人治理结构的有效性至今未得到普遍认可有不少原因，其中一个重要原因，就是国有资产监管“五龙治水”，国有企业没有一个管资产与管人、管事相结合，权利与义务、责任相统一的股东。目前，新的国有资产监管体制框架已经建立，为了维护出资人的权益，追求国有资产保值增值，国有资产监管机构必须承担起建立健全公司法人治理结构的历史重任。这一方面要求我们从整体上制定建立健全公司法人治理结构的战略性措施，设计重大制度安排；另一方面要求国有资产监管机构真正成为一户户国有企业的股东，通过履行股东职责，提高公司治理水平。

第一，关于国有资产监管机构作为投资主体多元化公司的国有股东的重要意义和作用。目前，国有资产监管机构直接履行出资人职责的企业中，也有投资主体多元化的企业，但企业的数量少，而且企业设立在前，国有资产监管机构成立在后，故企业工商登记时的股东不是国有资产监管机构，即从法律上讲，我们并没有“持股”。因此，国有资产监管机构作为投资主体多元化公司的股东问题，需要引起我们的足够重视。大家知道，企业法是没有“股东”这个概念的，故严谨地讲，按该法设立的国有独资企业是没有“股东”的，只能笼统地说国有资产监管机构是这些国有企业的“出资人”。但按《公司法》和《中外合资经营企业法》等法律设立的投资主体多元化的公司则有“股东”概念，并称“股东”是“出资者”。这些法律明确规定了股东的权利和股东会的职权，股东的合法权益和地位是受法律保护的。公司设立时进行工商注册，必须明确登记每一个股东，将来股东变动还必须履行法定程序。因此，国有资产监管机构不能仅作国有企业的“出资人”，还要成为受法律保护的投资主体多元化公司的股东。这对于巩固国有资产监管体制的基础，具有重要意义。另一方面，这也是深化国有企业改革的现实需要。大家知道，党的十六届三中全会已明确，要使股份制成为公有制的主要实现形式，对此，社会方方面面的认识高度一致，也高度关注这项改革的进展，以此评论我们工作的效果。这就要求我们直接履行出资人职责的企业整体改制，整体上市，或者将其不良资产和非主营业务剥离给国有资产经营公司等其他国有企业，使国有资产监管机构直接持有投资主体多元化公司的股权、成为这些公司的股东。为了推动这方面的工作，国资委打算进行有关探索。

第二，国有资产监管机构作为投资主体多元化公司股东的法律问题。按现行体制，国有资产监管机构是政府的特设机构，我们直接持有投资主体多元化公司的股权，有个适用法律的问题。按道理讲，我们作为股东，应当与其他股东一样，适用于民法，如果这样，后面有一系列问题需要研究、应对。尤其是国有资产监管机构直接持有上市的股份，涉及证券监管的法律法规问题更为复杂。比如同业竞争问题。如果我们直接持有相互竞争的两家或以上公司的股份，在这些公司的发展战略、重大投融资、分红、增减我们所持股份等应由股东决定的重大事项时，我们对各公司的态度稍有不同，就可能影响公司的股价，成为影响其他股东买卖股票的一个不确定因素甚至是炒作题材。又如关联交易问题。如果我们直接持有股份的若干上市公司之间有购销合同，是否认定为关联交易也存在不确定性。再如不同的国有资产监管机构的关系问题。按照《企业国有资产监督管理暂行条例》的规定，“上级政府国有资产监督管理机构依法对下级政府的国有资产监督管理工作进行指导和监督”，国资委还负责批准境内上市公司国有股的转让等。这种指导、监督、审批等职能，有关方面是否会把持有股份的不同国有资产监管机构视为一个主体，从而牵连出同业竞争、关联交易等，也需澄清、排除。上述法律法规问题，在境内外大多没有明确的答案，也无先例。为了使国有资产监管机构真正成为股东，我们还将与有关方面认真协商，密切配合，积极探索妥善解决的办法。

第三，国有资产监管机构作为真正股东应具备的条件和需采取的措施：

一是除完成国家交给的任务外，应具有最大限度地追求投资回报的动力。为此，需要探索建立一套动力与责任机制，进行相应的制度建设，使国有资产监管机构像其他股东一样，能够抵御各种影响，采取一切有利于提高投资回报的措施，严厉、迅速地制止和纠正损害股东利益的行为。

二是严格遵守法律法规。作为股东尤其是上市公司的控股股东，国有资产监管机构在一家企业的行为是否规范，关系到其所持股份的各个公司在资本市场的整体形象，当然，也关系到其他股东的切身利益，关系到境内外有关监管机构能否严格执法等问题。因此，国有资产监管机构要成为真正的股东，必须切实增强法制观念，严格依法履行股东的职权。不符合法律法规的事，再小的一件也不能办；再大的事，该披露的披露，该纠正的纠正，决不能护短或抱有任何侥幸心理。

三是完善工作职能，改进工作方式。作为股东，国有资产监管机构需建立出席股东会、行使表决权的内部决策程序与责任制度，对外产权代表制度，公司红利的收取、建账、使用管理制度，所持股权变动的决策制度，快速应对其他股东股权变动的工作制度，涉及自身法律事务处理的工作体系，等等。作为企业的一个股东，国有资产监管机构不能越过股东会、董事会行使职权，不能像对待国有独资企业那样，给投资主体多元化的公司发指示性和要求性的文件。作为股东，任一国有资产监管机构与其他股东包括下级政府的国有资产监管机构是完全平等的，可以共同签订合同、协议，也可以就涉及股东职权、利益的事项共同制定文件去履行必要的批准程序。国有资产监管机构是由党政机关组建的，有一套适应机关包括对口上下级机关的严谨的工作程序与工作方式。作为股东，第一位的是要适应企业、面向企业，应把严谨与效率结合起来，加快工作节奏，提高工作效率，以便适应企业参与市场竞争的要求。

（三）改进国有资产监管机构履行股东职权的方式

目前，国资委直接履行出资人职责的企业绝大多数是国有独资企业，没有董事会。许多地区国资委直接履行出资人职责的企业中，也有一批这样的企业。对于这样的企业，以及一些建立了董事会的企业，由国有资产监管机构负责选择、考核、奖惩经理人员，企业的重大投资尤其是收购股权等决策，还要报国有资产监管机构同意或批准。这样做的好处是，我们可以直接推动建立经理人员的市场化选聘机制和经营业绩考核制度，推进薪酬制度改革，企业的重大投资决策对国有资产监管机构透明。但也存在不少问题和困难，需要改进国有资产监管机构履行股东职权的方式，建立和完善董事会，把“四项权力”交给完善的董事会行使：

一是选择经理人员。党的十六届三中全会提出：“股东会决定董事会和监事会成员，董事会选择经营管理者，经营管理者行使用人权。”贯彻落实这一精神，就要让董事会自己提出总经理人选，总经理提出副总经理、财务负责人人选，董事会决定经理人员的聘任。

二是考核经理人员。即国有资产监管机构不再对经理人员下达经营业绩考核指标，也不对董事会进行这种指标性的考核，而是由董事会建立健全经营业绩考核体系，严格考核经理人员。

三是决定经理人员的薪酬。这本来就是《公司法》赋予董事会的职权，与对经理人员的业绩考核相配套，经理人员的薪酬必须由董事会来决定。

四是重大投融资决策权。《公司法》规定，股东会行使“决定公司投资计划”的职权。为了落实党的十六届三中全会和国务院发布的《企业国有资产监督管理暂行条例》关于完善授权经营制度的要求，应当把国有资产监管机构的这项职权授给国有独资公司董事会行使。

在董事会研讨班上我们已提出，国资委将把上述“四项权力”交给完善的董事会行使。采取这样的措施，应该说，是建立健全公司法人治理结构的必然要求，是国有资产监管机构及其履行出资人职责的企业现实情况决定的。

第一，国有资产监管机构考核、奖惩经理人员，审核企业的重大投资，就要熟悉和了解各企业的具体情况，区别各企业的不同情况，实施个性化管理；有关工作人员就要具备专业知识和经验，包括行业技术、产品生产、财务会计、投资、金融、人力资源、法律等。当企业数量较多、分布的行业和领域较广时，国有资产监管机构实施个性化管理的难度就会很大甚至难以实现，有关工作人员的专业知识和经验就很难适应。如果各企业设立董事会，并根据各企业的具体情况选聘具有丰富的专业知识和经验的董事，董事会就可以在管理经理人员、决定重大投融资时实施个性化管理，效果就会更好。

第二，国有资产监管机构是在企业外部行使股东职权，其本身定位就是所有权，范围很小，不包括经营管理权。作为政府的特设机构，方方面面都很关注，担心干预企业的经营自主权，成为“婆婆加老板”。而董事会是企业的内设机构，其本身的定位就是行使决策权。把重大投融资决策权授予董事会行使，有利于其更好地发挥决策功能，同时，董事会也必须承担重大决策的全部责任。否则，重大投融资决策成功，一定是董事会的业绩，因为决策的方案是董事会通过并提交给股东会的；决策失败，一定是股东会的责任，因为决定是股东会作出的。

第三，如果建立和完善了董事会，对经理人员的选择、考核、奖惩仍由国有资产监管机构决定而不是董事会决定，经理人员就会对国有资产监管机构负责而不对董事会负责，而董事会也无法就决策的实施结果对国有资产监管机构负责。这就背离了对公司法人治理的组织机构分层授权、一层对一层负责的原则。

（四）国有资产监管机构履行股东职权应到位不越位

把选择、考核、奖惩经理人员和重大投融资决策权交给董事会后，国有资产监管机构履行股东职权仍有大量工作要做，要达到职权到位不越位的要求，具有较强的探索性，需要创造性地工作，下大的功夫。我们初步考虑，至少应做好以下几个方面工作：

第一，评价董事会。做好这项工作，可以使董事会保持责任感、压力感、有利于董事会以此为动力更好地管理经理人员，促进董事会改进工作。在不对董事会进行业绩指标考核的前提下，国有资产监管机构作为积极的股东，评价董事会是一项必不可缺的措施。评价董事会的内容，一是选择经理人员的标准、程序、方法是否完善，聘任的经理人员能力与表现如何；二是对经理人员的经营业绩考核体系与薪酬制度的科学性、合理性，考核的指标与薪酬的水平能否起到有效的激励与约束的作用；三是进行投融资决策董事会能否按制度规定严格履行有关程序与方法，投融资决策的实施效果如何；四是董事会在推动企业改革、加强内部管理方面所作的决定、采取的措施及实际效果；五是董事会所决定的发展战略和董事会对企业发展、运作的总体监控能力；六是董事会的运作，包括召开会议的频率、效率，给董事提供信息的及时性、充分性，董事之间的沟通与董事的发言讨论的充分性；等等。评价董事会的方法可根据评价内容灵活多样，不仅由国有资产监管机构评价，也可聘请中介机构、专家学者等承担或参与，还可由全体董事自己评价。对董事会的工作进行评价，目前国资委正在研究参考国外著名中介机构的经验和做法，准备先探索性地做起来。

第二，建立董事会年度工作报告制度。《公司法》规定，每届董事会的任期不得超过3年，董事会应向股东会报告工作，股东会审议批准董事会的报告。因此董事会每年至少应向股东会报告一次工作。国有资产监管机构作为股东，可通过这项制度了解董事会的工作，与董事会进行直接的沟通，向董事会传递股东的要求和关注的问题，为评价董事会提供一种有效的途径。年度工作报告的内容，应与评价董事会的内容相衔接。听取工作报告的，应是作为国有独资公司股东的国有资产监管机构或投资主体多元化公司的股东会。国资委打算建立这项制度，目前正在做有关准备工作。

第三，建立向股东提供信息的制度。这是股东维护自身的合法权益、履行股东职权的基础，也是一种监督制衡的有效措施。正如上市公司的信息披露制度是由证券监管部门负责建立一样，国有独资公司和非上市的国有控股公司向股东提供信息的制度，应该也只能由国有资产监管机构负责建立，提出具体要求，作出统一规定，由董事会负责落实。对提供信息的要求，应与评价董事会的内容和监事会履行职责的需要相衔接，除了定期的会计报表、生产经营状况、董事会决议与记录外，还要包括给企业带来重大损失和影响的突发事件等不定期的信息。

第四，管理董事。这包括选聘和解聘董事，对董事进行培训、评价，决定董事的报酬等。选聘董事要加快推进市场化的办法，包括公开招聘、竞争上岗等，但并不意味着只有这种方式。聘请猎头公司以及其他有条件的企业推荐和帮助联系那些事业有成、市场认可、具有较高知名度的高级人才，请他们来为国有企业的改革和发展做贡献，这也是市场化的办法，而这些高级人才是不会参加公开招聘、竞争上岗的。目前，国资委已出台了关于试点企业外部董事管理的文件，明确规定各类董事的任职条件、选聘、职责、权利、义务、评价、报酬等。国资委还将大力开展对董事的培训，根据董事会职责的具体内容和董事个人所需的专业技能与经验，分若干专题进行。

第五，《公司法》赋予股东会的其他职权。主要有：选举和更换由股东代表出任的监事并决定其报酬；审议批准公司的年度财务决算方案、利润分配方案和弥补亏损方案；对公司增加或减少注册资本、发行公司债券、股东向股东以外的人转让出资作出决议；制定和修改公司章程；等等。另外，我们考虑，把重大投融资决策权授给董事会行使后，股东会也应当对企业的投资活动作必要的管理，主要是严格限制向非主业投资，控制当年的投资总规模，控制资产负债率。这些做法在一些市场经济国家也常见。

以上概括地提出了履行股东职权应当做的工作和采取的措施。需要指出的是，国有资产监管机构履行股东职权要真正到位，既要明确自己应当做哪些事，又要明确这些事应当做到什么程度，更要下决心把这些事做到位，充分体现出作为股东推进改革、强化管理、追求国有资产保值增值的意志，以此去影响董事会、监事会、经理层，并通过他们去影响企业的各个层面以至于全体职工。

在公司法人治理结构中，董事会具有十分重要的地位和作用。董事会是得到股东信任、受股东委托去管理企业的，可以看作是出资人职责的一种延伸和到位。因此，作为股东的国有资产监管机构，应当充分发挥董事会的作用，赋予董事会足够的权力，包括前面提到的“四项权力”；防止履行股东职权越位，干预甚至代为行使董事会（更不能是经理层）的职权。为了防止出现这方面的问题，我们正在制定规范国资委与国有独资公司董事会关系的指导性文件，出台后双方将共同遵守、相互监督。

三、国有独资、控股大型公司要建立和完善董事会

为贯彻落实党中央、国务院有关精神，解决实际工作中存在的问题，大型国有独资公司、国有控股公司都应建立和完善董事会。国资委提出在中央企业进行国有独资公司建立和完善董事会试点，除了前面提到的促进股份制改革等目的外，还因为建立和完善董事会应当以母公司

为对象，而中央企业的母公司目前绝大多数都是国有独资形式，其进行股份制改革的子企业净资产已占37%，在母公司建立和完善董事会，可以健全整个企业的公司法人治理结构，防止改制子企业的所有权与经营权合一，同时，国资委可以直接设计、直接推进，充分体现出资人的意志。

（一）外部董事（独立董事）制度的作用与弱点

一般地讲，外部董事指不是该企业内部员工、不在该企业担任除董事和董事会专门委员会有关职务外的其他职务的董事。外部董事的特点是不在该企业全日制地上班，属于非执行董事，其劳动关系、党组织关系也不建立在该企业。独立董事是指独立于公司股东尤其是主要股东的外部董事。国有独资公司只有一个股东，没有必要强调董事独立于股东，因此，中央企业进行国有独资公司建立和完善董事会试点时，我们采用了“外部董事”这个称谓。

建立外部董事制度是完善董事会的关键性措施，其作用主要有以下几个方面：

一是实现大企业的决策权与执行权分开。对于大企业来讲，决策层与执行层的运行规则是不一样的，重大决策需要集中集体的智慧，强调制衡，不能搞一个人负责制；执行性事务需要提高效率，令行禁止，下级服从上级，强调个人权威，不能互相掣肘。因此，大企业的决策权应与执行权分开。外部董事进入董事会且占多数时，经理人员进入董事会的必然是少数，这不仅从法人治理结构的组织形式上，而且从人员构成上，实现了决策权与执行权分开。

二是防止重大决策的“内部人控制”。“内部人控制”的权力基础是重大决策权。外部董事进入董事会参加重大决策，能够起到制衡“内部人控制”的作用。当外部董事的人数超过董事会成员的一半时，重大决策的最终决定权就从“内部人”转给了外部董事，从体制上避免了重大决策的“内部人控制”。

三是为实现董事会管理经理人员创造必要条件。外部董事进入董事会且占多数时，能够避免董事与经理人员高度重合，为董事会管理经理人员创造了条件。

四是发挥外部董事的客观、公正作用。外部董事不负责企业的执行性事务，可以说，除了在董事会上的表决权外，没有其他权力，这种权力上的超脱，有利于外部董事更好地代表股东利益，在重大投融资决策、税后利润分配、内部审计、风险管理等方面，外部董事能够发挥客观、公正的作用。

五是通过选聘具有高水准的专业人才担任外部董事，能够为董事会带来更加丰富的专业知识和来自企业外部的专业经验。但外部董事制度也有弱点。一是外部董事在董事会成员中的比例低于一半时，决策权与执行权分开、制衡“内部人控制”等的制度效果不明显；二是外部董事不熟悉任职企业的具体情况，若再无企业工作经历和经验，当需董事会表决的事项涉及的专业技术、知识和企业的实际情况比较复杂时，外部董事很难作出自己的判断，外部董事的比例超过一半时，董事会对企业的熟悉程度可能会降低；三是外部董事不在公司坐班，可在其他单位兼职，若兼职过多，用于履行外部董事职务的时间可能过少；四是从一些上市公司的情况看，独立董事获取有关信息主要依靠董事会办公室等为其提供，渠道单一，信息量有限，缺乏第一手信息，基本上是被动性地等待；五是从我国的一些上市公司的情况看，独立董事的责任与其他董事相同，但基本没有报酬，而这些独立董事通过其他任职获得的总收入水平并不高，我国又未形成独立董事的市场价值和社会价值。

（二）建立健全外部董事制度

为充分发挥外部董事制度的作用，克服其弱点，我们已经采取和打算采取以下措施：

一是外部董事应占董事会成员的半数以上。在推进中央企业建立和完善国有独资公司董事会试点的起步阶段，国资委曾提出建立外部董事制度的初步设想，并征求了部分中央企业的意见，有的企业对外部董事能否发挥作用有些担心。为稳妥起见，去年6月国资委下发有关文件提出，试点起步阶段外部董事不少于2人，而后逐步提高外部董事的比例。此后，经过我们反复研究讨论，考察借鉴新加坡等国家国有企业董事会建设的经验，与试点企业负责同志多次沟通，尤其是通过董事会研讨班，进一步明确了建立健全外部董事制度的思路，包括外部董事的比例超过一半的，把“四项权力”交给董事会行使。一些试点企业的负责同志主动提出，本企业外部董事的比例超过一半一步到位。鉴于试点企业内部对此看法一致，有积极性，国资委打算按超过董事会成员一半来配备这些试点企业的外部董事。

二是从履行董事职责的需要出发，合理选择外部董事。国资委将从中央企业和地方国有大型企业近期退出领导班子的人员中，挑选一批符合条件的同志担任外部董事。他们都有长期的国有企业工作经历和比较丰富的领导岗位工作经验，过去有很好的工作业绩，现在还愿意为中央企业的改革和发展贡献自己的力量。我们打算让这样的人选在外部董事中占多数。国资委还将从境内选聘一批专家学者、资深专业人员作为外部董事。我们非常重视从境外（重点是香港、新加坡等地区、国家）选聘外部董事，条件是担任过或正在担任大公司董事、高级管理人员，企业财务会计、法律、金融等专业人员，有较强的中文听、说、读、写能力。我们选聘外部董事，还注重各董事的专业与经验在董事会的搭配与组合，以便满足董事会下设发展战略、薪酬与考核、提名高级管理人员等专门委员会时对董事专业与经验的要求；试点企业在国外有生产经营活动的，选聘若干具有跨国经营管理经验的人员作为外部董事。

三是对外部董事履行职责提出基本的要求。如履行外部董事职务的时间每年不得少于 30 个工作日、240 小时，而国外要求比较高的才 200 小时；出席董事会会议的次数不得少于召开次数的 3/4；试点企业必须为外部董事履行职务及时提供足够的信息，具备条件的企业要为外部董事提供现代信息技术手段，使其能便捷地获取更多的信息；2 名或 2 名以上外部董事认为资料不充分或论证不明确时，可联名提出缓开董事会会议或缓议议题的建议，董事会应予采纳；拟提交董事会表决的投融资决策方案等，凡聘请咨询机构咨询的，外部董事应当阅研咨询报告，听取有关咨询人员关于决策方案的风险评估，并就该风险在董事会会议上发表意见；通过多种方式对外部董事履行职责进行评价；等等。

四是充分考虑职务、责任等因素，合理确定外部董事的报酬。试点企业外部董事的年度报酬由基本报酬、董事会会议津贴、董事会专门委员会会议津贴构成。年度报酬标准由国资委根据企业规模等情况分为三个档次，统一规定水平。担任董事长、副董事长和董事会专门委员会职务的外部董事，其年度基本报酬标准适当高于其他外部董事。我们拟将年度基本报酬水平控制在中等偏下的位置，但若以 30 个工作日来计算，日平均工资水平是较高的。

（三）组织好董事会的运作

一是组织好董事会会议。从国外大公司董事会的运作看，一年大多要开 8～10 次董事会会议。我国国有大企业处于经济体制转轨过程中，面临的任务和需要解决的问题比国外大公司多，故董事会开会的次数可能要比国外大公司多。要开好董事会会议，应当培育董事会的“民主”意识，使各董事之间完全平等，没有领导与被领导关系，每位董事都独立地发表意见；应鼓励董事充分地发表意见尤其是建设性意见，提倡董事从不同角度发表意见，允许董事发表不同意见。当然，还应当培育董事会的“团队”意识，每一位董事都要维护董事会决议的权威。

二是董事会应下设专门委员会。董事会成员不可能都是“全才”，在专业技能与经验方面可能各有所长。为发挥各自所长，形成优势互补，应当对董事会的工作作适当分工，设立若干专门委员会，由这些委员会做前期的酝酿、制订草案、审议、向董事会报告意见等工作，但不能代替董事会决策。我们提倡董事会下设战略委员会、薪酬与考核委员会、提名委员会，并初步明确了这些专门委员会的主要职责和人员组成。我们还规定，经董事会授权，专门委员会可聘请中介机构为其提供专业意见，费用由企业承担。

三是设立董事会办公室。办公室作为董事会的常设工作机构，负责筹备董事会会议，办理董事会日常事务，向董事提供信息和工作服务。我们要求试点企业都要设董事会秘书，负责董事会办公室的工作，列席董事会会议，负责作会议记录。董事会秘书由董事长提名，董事会决定聘任或解聘。

四是建立健全董事会运作的规章制度。主要包括董事会的具体职责，董事会会议制度，重大事项决策制度，非重大事项授权决策制度，对经理人员的选聘、考核和奖惩制度。我们打算组织一些条件比较具备的企业早日出台这些制度，印发给其他试点企业参考。

五是董事会会议以外的运作。主要是检查董事会决议的执行情况，关注企业重大生产经营运作和财务状况，关注经理人员的表现，组织制订需要董事会表决的方案、规划、计划等。

（四）探索处理好各方面的关系

一是外部董事与非外部董事的关系。非外部董事包括企业内部员工担任的董事长、在董事会任职的党委书记、进入董事会的总经理、职工董事等由企业内部员工担任的董事。前面我们强调了外部董事的重要作用，但并不意味着否定了非外部董事在董事会中的作用。大家知道，决策权如果细分的话，是由决策方案和事项的建议权、同意权、决策权（或批准权）等组成的，而建议权是非常重要的权力，如制定重大投资项目方案并提交董事会讨论、表决，提名某人作为总经理人选并提交董事会表决等。由于外部董事不熟悉企业具体情况等弱点所决定，许多情况下外部董事难以行使重大决策的建议权，建议权只能由非外部董事行使。从这个角度讲，非外部董事在董事会中具有不可替代的作用。另外，非外部董事在董事会的运作、发挥党组织政治核心作用、加强董事会与经理层沟通、贯彻执行董事会的决议、探索现代企业制度下职工民主管理的有效途径等方面，起着十分重要的作用。因此，外部董事与非外部董事的作用是各有侧重、相辅相成的。外部董事与非外部董事之间应精诚团结，各尽所能，相互配合，朝着共同的目标前进。

二是董事会与党委会的关系。发挥国有企业党组织的政治核心作用，是坚持党的领导的一项重大原则，任何时候都不能动摇。鉴于董事会在公司法人治理结构中的重要地位和作用，建立和完善董事会要与发挥企业党组织的政治核心作用相结合。根据党的十五届四中全会精神，企业党委主要负责人要进入董事会，非外部董事中的党员可依照党章有关规定进入党委会，党委书记和董事长可由一人担任，如果分别担任的，党委书记原则上应担任副董事长。企业党组织参与重大决策应把好政治方向关，对不符合党和国家方针政策的要予以否决，董事会必须采纳；但对风险性决策可以不做同意或不同意的结论性决定，从而避免对风险性决策的结果承担责任。要把党管干部原则与董事会选择经理人员结合起来，企业党组织要推进经理人员的市场化配置，管好用人的标准、程序，并对执行情况进行监督，尤其是把好用人的政治关，政治素质不合格的要予以否决。除了这些大的原则外，发挥董事会的作用与发挥企业党组织的政治核心作用还有不少具体的结合点，需要在实践中进一步探索两者结合的程序和办法。

三是董事长与总经理的关系。从职责定位的角度讲，董事长负责组织董事会的运作，如召集、主持董事会会议，检查董事会决议的执行情况；负责组织应提交董事会表决的重大决策的酝酿、分析、论证工作；董事长是非外部董事的，一些重大决策的方案也可由董事长组织制订。但作为董事长，不能履行应由董事会集体履行的职权，不能履行法律赋予总经理的职权。总经理必须对董事会负责，执行董事会决议，向董事会报告工作。由于董事长在董事会中的地位和作用，总经理应主动与董事长沟通。需要说明的是，《公司法》规定董事长是公司的法定代表人，但未规定法定代表人的职权，而国家有关法律法规则规定了企业法定代表人在企业债务、安全生产、产品质量等方面应承担的责任。为解决这种权利与责任不衔接的问题，有的企业的董事长就以法定代表人的身份履行了部分执行性事务的职权，使董事长与总经理的职责定位变得比较模糊，相互关系比较复杂，需要在实践中探索解决这些问题的具体办法。

四、坚持和完善监事会制度

从国有及国有控股企业来看，实际上是有两类监事会。一类是对国有独资企业和国有独资公司外派的监事会，主要依照国务院《国有企业监事会暂行条例》（以下称《监事会条例》）设立和履行职责；另一类是国有控股公司依照《公司法》设立、实际运作中基本上都由企业内部员工组成的监事会，也可以称为内设监事会。前面提到，这类内设监事会是内部人监督内部人、下级监督上级，发挥不了监督董事、经理人员的作用，其监督作用，主要是对全资、控股子企业和其他二级机构、部门的财务会计审计等，这本来就是企业内部审计机构的职责。上市公司建立独立董事制度并在董事会下设审计委员会后，内设监事会的这种作用与董事会与审计委员会的职责是交叉的。鉴于这种情况，有人认为没有必要设监事会，建议在修改《公司法》时取消监事会包括外派监事会。我们认为，从建立健全公司法人治理结构的要求和国有及国有控股企业的实际情况看，应当坚持和完善监事会制度。

（一）外派监事会的作用与体制保障

大家知道，在计划经济体制下，国有企业处于政府的行政附属地位，企业改革的主要任务是政企分开、落实企业自主权，同时进行以市场为取向的宏观经济体制改革，使国有企业置身于市场。这是完全正确的、非常必要的。但是，随着这些改革的深入，发生了另一个方面的问题，就是企业“内部人控制”严重，其中表现尤为突出的是会计报表不能真实地反映企业的财务状况和经营结果。如国家审计署对1290户国有及国有控股大中型重点企业1999年度的资产、负债和损益进行了审计和审计调查，发现其中的882户企业的会计报表不真实，占68.46%；基本真实的296户，占22.94%；完全真实的只有112户，占8.6%。针对这个问题，国务院决定试行稽查特派员制度，并根据党的十五届四中全会精神，过渡为外派监事会制度，省级人民政府也陆续建立了外派监事会制度。经过几年的努力，外派监事会制度取得了比较明显的效果。

一是查出一批企业会计报表造假账、会计核算不规范的问题，初步扭转了会计报表普遍不真实的局面，基本防止了造假账的恶性事件。

二是查出一些企业经营管理者违法违纪、以权谋私的问题，其中有的被绳之以法，对企业经营管理者遵纪守法、用好手中的权力，起到了较好的促进作用。

三是查出企业内部在改制、资金收支、投资、购销等改革和管理工作中存在的一些问题，为改善企业内部管理、堵塞管理漏洞以及评价企业经营管理者的能力与业绩，提供了难得的信息。

同样是监事会，内设的发挥不了什么作用，外派的效果比较明显，原因在于外派监事会的体制、制度的科学、合理性。

一是“外派”。《监事会条例》规定，除职工监事外，监事会主席、监事都由国家工作人员担任，其中中央企业的监事会主席由副部级人员担任，监事由司（局）、处级人员担任，且他们不得在其曾经管辖的行业、曾经工作过的企业或者其近亲属担任高级管理职务的企业的监事会中任职。这就从体制上完全避免了内部人监督内部人、下级监督上级的弊端，为外派监事会发挥作用奠定了基础。

二是“专职”。目前，外派监事会的主席和绝大部分监事都是专职的，这是他们作为国家工作人员的本职工作，他们有足够的工作时间和精力专门从事这项工作。这就从体制上避免了内设监事会主席、监事都是兼职且主要工作时间和精力难以用于履行监督职责的弊端，这也是外派监事会充分发挥作用的十分重要的条件。

三是“廉洁”。《监事会条例》要求监事会成员“廉洁自持”，“不得接受企业的任何馈赠，不得参加由企业安排、组织或者支付费用的宴请、娱乐、旅游、出访等活动，不得在企业中为自己、亲友或者其他人谋取私利”；作为国家工作人员的监事会主席、监事“不得接受企业的任何报酬、福利待遇，不得在企业报销任何费用”；违反这些规定的，将“依法给予行政处分或者纪律处分，直至撤销监事职务；构成犯罪的，依法追究刑事责任”。应该说，这些制度规定都是必需的，也是比较完善的，从实际执行的情况看，也是比较好的，这样才能从制度上保证外派监事会不受利益的驱使而放弃自己的职责。

（二）外部董事与外派监事会的作用

我国建立国有企业的外派监事会制度时还没有建立国有独资公司的外部董事制度和上市公司的独立董事制度。现在的问题是，在建立外部董事（独立董事）制度的同时，是否还要坚持外派监事会制度？这就要分析各自的作用以及相互之间有无重合性和替代性。

第一，外部董事制度的主要作用与外派监事会制度完全不同。前面提到，通过建立外部董事制度，主要是实现大企业的决策权与执行权分开，实现董事会管理经理人员，并在这两个方面防止“内部人控制”。由于许多情况下外部董事难以行使重大决策的建议权，实际上外部董事参与重大决策更多的是发挥监督制衡的作用，通过参加董事会的表决进行妥当不妥当、合理不合理的监督性把关。而外派监事会的主要职责是检查公司的财务和企业的董事、经理人员执行职务时遵纪守法的情况，主要是合法性监督，这与外部董事的上述监督内容、性质、作用完全不同。

第二，在进行财务监督和对企业的董事、经理人员履行职责的监督方面，外部董事难以发挥外派监事会的作用。从《监事会条例》的规定和实际执行情况看，外派监事会检查企业财务会计资料与企业经营管理活动有关的其他资料，以及企业负责人的经营行为和企业贯彻执行有关法律法规的情况，有几个特点：一是监事会主席和监事本人直接检查各有关资料并进行核对、验证；二是需投入较多的时间和精力；三是由于违法违规行为的隐蔽性，发现和核实的难度很大；四是实施监督的人员与被监督的人员不宜有过密交往与接触。而这些措施和要求，对充分发挥监督作用又是十分重要的。由于制度上的限制，外部董事很难采取这些措施、满足这些要求，也就难以发挥外派监事会那样的作用。

第三，将外派监事会的职责交给外部董事现阶段不具备条件。从国外的情况看，除日本等少数国家外，大多数国家的公司法人治理结构中不设监事会，对高管人员的合法性监督与妥当性监督是合一的，在企业内部都由外部董事负责。对于我国国有及国有控股企业来讲，现阶段不具备这样的条件。除了上述原因外，还有一些重要原因：一是国有企业的出资人长期不到位，缺乏来自所有者的约束，决策权与执行权分权制衡、实现董事会管理经理层、对非外部董事和经理人员合法合规履行职务的监督任务都很重，外部董事难以全部承担，只能由其与外派监事会分别承担，以便在不影响合法性监督到位的基础上，实现妥当性监督的到位。二是企业外部条件尚不完全具备，主要是我国的有关法律法规关于追究董事、经理人员违法违规责任的制度及其执行不够完善和严格，而国外公司的合法性监督与妥当性监督合一的重要条件，是国家法律法规对董事、经理人员的有效制约。三是对国有及国有控股企业高管人员的有效激励机制尚未建立起来。董事和经理人员的遵纪守法、尽职尽责，既需要监督制约，更需要有效激励，因为有效的激励如职位和收入等本身也是约束，没有尽职尽责甚至违法违规，就会丧失已经得到的这些利益。国外公司的激励机制比较健全，监督制约的任务比较轻，而我国的国有及国有控股企业与之相反，激励机制不健全，监督制约的任务重，不具备国外公司的条件。

鉴于上述原因，国资委制定的关于中央企业建立和完善国有独资公司董事会的文件中，提出董事会要下设战略委员会、薪酬与考核委员会、提名委员会，但没有提审计委员会，目的是希望外部董事主要在决策权与执行权分权制衡、董事会管理经理人员方面发挥作用。如果董事会拟设立审计委员会的，我们考虑，董事会应与外派监事会协商一致，明确各自的任务和重点，尽量避免职责交叉。

（三）坚持和完善监事会制度的初步考虑

坚持和完善监事会制度，主要是坚持外派监事会的成功制度，同时，要适应大力推进股份制改革的需要，适应建立新的国有资产监管体制的需要，适应建立和完善董事会的需要，进一步完善外派监事会制度，并将其基本原则应用于国有控股公司的内设监事会。

第一，将外派监事会转换到国有资产监管机构直接持股的国有控股公司。国有独资企业改制为国有资产监管机构直接持股的国有控股公司后，国有资产监管机构应通过股东会，提名原国有独资企业的外派监事会成员进入国有控股公司的监事会，并将《监事会条例》关于外派监事会的职责、工作方式等纳入公司章程，其中有些工作方式也可作相应的改进。如监事会的报告，根据其内容需要，可分为监事会主席个人签名、送国有资产监管机构的，以及以监事会名义提交股东会审议的。有关外派监事会的主席、监事的现行管理体制，包括其待遇、经费、编制等应保持不变。这种“转换”，需修改中的《公司法》创造条件，取消关于国家公务员不得兼任有限责任公司、股份有限公司监事的规定，允许新的国有资产监管体制下的监事会主席、监事担任这些公司的监事。

第二，将外派监事会的有关原则纳入国有独资企业的控股子公司。一方面，国有资产监管机构直接履行出资人职责的集团公司的非外部董事和暂无董事会的经理人员，凡在控股子公司兼任董事、经理人员的，集团公司的外派监事会的主席、监事也应进入该子公司的监事会，以使该子公司的内设监事会与外派监事会一样发挥作用，同时使外派监事会对该子公司的监督与多元股东公司的法人治理结构的要求相结合。需要指出的是，集团公司的外部董事也应参照这种做法，进入有关控股子企业的董事会，且集团公司董事会应直接行使对重要子企业的国有股东权利，这样才能有效防止国有控股公司的所有权与经营权合一。另一方面，集团公司负责人在控股子公司中没有兼职的，该子公司的监事会成员不能从该子公司内部人员中产生（除职工代表外），而应由集团公司外派。

第三，加强国有资产监管机构、监事会、外部董事之间的沟通与协调。对于监事会的报告中所反映的问题和监事会发现的需立即应对的问题，国有资产监管机构要及时研究、及时处理，结果应及时反馈给监事会。监事会、外部董事之间，以更好地履行各自的职责为目标，根据需要可相互沟通有关信息和意见，相互配合。当然，从制度上讲，监事会的监督范围也包括外部董事履行职务的情况，这种沟通与配合不能影响监督。

第四，确保监事会尽职尽责。外派监事会是我国独创的制度，没有成功的经验可以借鉴和对比分析，有一定的探索性，其中确保监事会尽职尽责是一个大课题，需根据变化了的情况，不断完善有关制度。各地国资委就这个题目也进行了不少探索，有的地区规定，属于监事会职责范围内的重大问题，监事会因工作未到位而未发现的，监事会应承担监督失职的责任。国有及国有控股大型企业建立健全公司法人治理结构，是深化国有企业改革的一项重大而紧迫的任务，也是改进国有资产监管方式的结合点，有很强的探索性。让我们共同努力，大胆实践，切实做好我们应做的工作。

国有企业改革与国有资产管理体制改革*

非常高兴有机会就国有企业改革问题和大家进行一次交流。国有企业改革一直是整个经济体制改革的中心环节，也是最艰难复杂的一个环节。所谓复杂，是指这项改革是一项没有成功经验的探索。到现在为止，没有一个国家能说自己的国有企业改革是成功的，所以这是非常具有挑战性的一项改革，而且引起的争议会非常多，因为前面没有人真正做成过这件事。所谓艰难，是指国有企业职工在改革初期有将近8000万人，是我国除农民之外最大的社会群体。改革必然涉及许许多多的利益调整，因此这项改革的社会风险非常大，不可避免会引发一些社会问题。所以我们自己说，国有企业改革头顶上顶着意识形态问题，脚底下踩着社会稳定问题，是一项具有高度复杂性、高度挑战性的工作。

这几年国有企业改革和国有资产管理体制改革到底做了什么？到目前为止已经解决了什么问题，还有哪些问题没有解决？下一步整个改革的趋势如何？我希望能够把这几个问题讲清楚。

第一个问题，国有企业改革的基本问题和起步阶段的国有企业改革

国有企业改革是整个经济体制改革的组成部分，所以国有企业改革的目标不是自己定的，是由整个经济体制改革的总体目标所决定的。我

* 本文由作者2006年3月24日在中央党校的报告录音整理而来。

国经济体制改革的总体目标是建立社会主义市场经济体制。由这个总体目标出发，国有企业改革的基本问题大概可以分成四个方面。

第一，体制问题。传统的国有企业是计划经济中的生产主体，是政府职能的延伸；按照市场经济的要求，它需要与政府分离，变成独立的市场竞争主体，而且还应该能够优胜劣汰；如果企业里仍含有国有资产，则还需要与国家形成一种出资的关系，而不是行政的关系。

第二，布局与结构问题。计划经济时期国有经济是一统天下，现在是多种经济成分共同发展，这就需要国有经济在这样一种发展格局中形成合理的布局结构，能够发挥比较优势，能够发展和壮大。同时，企业的组织结构、产品结构还应该适应市场竞争的要求。

第三，社会定位问题。原先国有企业是一层社会组织，因而承担了很多社会职能。社会上有人需要就业，国有企业就得招工，无论你是否需要人；国家要发展教育事业，你就得办学校；要发展卫生事业，你就得办医院；等等。转到市场经济以后，国有企业必须变成一个经济组织，所有这些社会职能都应该从企业分解出去。

第四，职工地位问题。在计划经济时期我们讲职工是企业的主人，到底是不是主人可以有不同的理解，但至少职工是不承担风险的。只要进了国有企业，我不犯错误你就不能解雇我，这个企业不需要了政府还要重新给我安排工作。进入市场经济后，职工作为劳动者也要进入市场参与竞争，也要优胜劣汰，职工的地位要发生变化。从这一条就可以看出，改革是一个非常痛苦的过程。要把近 8000 万名职工从计划经济的“保险箱”送到市场上去参与竞争，这绝对不是一个简单的事情。

从以上四个方面的基本问题可以看出，国有企业改革是一个综合性的问题，不单单是企业改制的问题。这几年的国有企业改革一直围绕这四个基本问题进行。

起步阶段的国有企业改革发生在 1985—1997 年。这是我们的划分，不同的角度划分是不一样的，我们的划分更多的是从政府和企业关系的角度。这个阶段的改革主要解决市场导向和动力机制的问题。我们原先的国有企业是面向计划的，不是面向市场的，按计划生产然后政府收购。传统的国有企业也没有发展的动力源，因为一个企业能不能发展不取决于自身，而取决于计划给你安排多少资源。

在市场导向方面，主要措施是减少并最终取消国家的指令性产品计划，政府逐步地不再收购国有企业的产品，同时开放各类市场，这边在减、那边在开，逼着国有企业向市场上走。这一阶段在企业领导体制上主要实行厂长负责制，目的是理顺领导关系、明确责任主体。在企业管理体制方面，这个阶段几经探索最后定位在承包经营责任制的体制上。企业向政府承包利润指标，如果实现的利润多，企业就可以多分配，大家就可以多发奖金。

这个阶段国有企业改革的特点是产权没有动，仍然是国有的；结构没有动，因为一个一个企业承包实际是把原有的结构包死了，这个时期也没有破产退出的概念，职工的地位也没有动，当然职工贡献多一点会多得一些奖金，但干得不好职工是不会下岗的，仍然是没有风险的。唯一调整的是政府对企业的管理方式。原先是计划管理，现在要求企业面向市场，通过满足市场需求取得利润，利润高则多分配。应该说，这个阶段改革的效果是明显的，经过这十几年的改革，所有的国有企业从面向计划统统转向市场，而且有足够的积极性去发展，因为利益导向的机制形成了。

但是这个阶段的改革也是有局限性的，具体表现在三个方面：

第一，体制上负盈不负亏。赚钱大家都非常高兴，可以多分配；但是亏了怎么办？因为亏损只能由所有者承担，不能由经营者承担。所以，国有企业的亏损只能由政府承担。

第二，结构上难以适应市场的变化。承包经营责任制这种体制，最适应于短缺经济，在原有结构上不断扩大生产规模。但是从 20 世纪 90 年代初开始，我们国家就从短缺经济转向买方市场。市场需求不断在变化，也要求企业的结构相应调整，但是承包经营责任制的体制固化了原有结构，很难适应结构调整的要求。

第三，调动职工积极性的成本越来越高。因为职工是不承担风险的，你要调动他的积极性，只能单向激励，唯一的办法是不断增加奖金，这样成本就越来越高了。

由于这个阶段的改革存在局限性，最后是什么结果呢？就是在市场的竞争之下、在结构的变化之下，形成越来越多的亏损国有企业。这个阶段亏损国有企业的数量及亏损额增长非常之快。1988 年，国有亏损企业的亏损额是 82 亿元，到 1997 年，国有亏损企业的亏损额上升到 831 亿元，9 年的时间上升了 10 倍，年均增长幅度是 29%，这是非常可怕的态势。这个时期企业没有退出机制，职工也没有退出机制，亏损企业越来越多怎么办呢？只能靠输入资金去维持，只能靠政府补贴。政府对国有企业进行补贴主要是两种途径：

——直接的财政补贴。财政对亏损的国有企业的亏损补贴在 20 世纪 90 年代初是最高的，曾经超过财政收入的 20%，最高的年份是 22.5%，这是非常高的一个比重，是政府的一个沉重的负担。

——行政干预下的银行贷款。初期对国有亏损企业主要靠财政补贴，之后财政难以承受了，主要转向银行贷款，因为当时银行还没有改革，国有银行还是政府的出纳。那时非常通行的做法是：如果某地有国有企业出现亏损、发不出工资，那么地方首长想到的第一件事是把当地的银行行长请来，说这个企业亏损发不出工资，职工要上街，怎么办？你得讲政治，给企业贷款让他们发工资。那时候这种情况是非常普遍的，大家称之为“安定团结贷款”。无论是财政补贴还是银行贷款，就是国有企业亏了以后靠政府的“输血”去维持。当时大家讲，国有企业是吃完财政吃银行。这个讲法是非常准确的。

起步阶段的国企改革最后就是这样一个结果。应该说这个改革的阶段是需要的，它是一个浅层次的改革、启动阶段的改革，这一阶段的改革有其必然性，但是其积极意义也有很大的局限性。所以，这一阶段的改革到一定的程度就发现走不下去了、走不通了。

第二个问题，国有企业改革的攻坚阶段

“关键的时期”“攻坚的阶段”是中央文件上的提法，这个阶段是1998—2003年。改革阶段的变化并不是国有企业出现了什么变化，而是外部体制环境的变化、政府和国有企业关系的变化。阶段性变化的起因是朱镕基总理这届政府采取了一系列非常重大的改革措施。

（一）财政体制改革与金融体制改革

上一届政府推行的改革面很宽，有很多方面的改革和国有企业没有直接关系，但是有两项改革和国有企业的关系是非常密切的。

第一是财政体制改革。财政体制改革的方向是建立公共财政体制，财政主要的方向是公共领域的职能。这个改革方向有一个内在的要求，就是要减少和淡化财政在竞争性领域的活动，这是一个必然的推论。财政在竞争性领域的活动很多都与国有企业相关，所以这项改革对国有企业影响非常大。应该说财政体制改革的方向是符合市场经济要求的，因为在市场经济体制下企业是市场竞争的主体，政府不能够直接介入市场竞争，也不能作为某些市场竞争主体的后台间接参与市场竞争。在市场经济体制下，政府的责任是保经济发展的条件、保公平竞争的市场环境，政府应该是裁判员，不能当运动员，否则竞争就不公平了。那么公共财政体制的改革方向，对国有企业的具体影响是什么呢？

一是停止对经营性国有企业的亏损补贴。在20世纪90年代初比重最高的时候，财政收入中对国有企业的亏损补贴曾经超过20%，经营性亏损补贴停止之后，现在不到1%，而且完全在政策性亏损范围内，停得很彻底。

二是财政停止对国有企业注入资本金。一些国有企业一直存在资本金不足的问题，尤其是那些“拨改贷”以后由贷款建成的项目转成的国有企业，负债率都非常高。原先很多国有企业都寄希望于财政给国有企业注入资本金，因为既然是国有企业，国家就得给本钱。财政体制改革之后，向国有企业注入资本金的科目被取消了。

关于财政体制改革对国有企业的影响，我想引用上一届政府财政部部长项怀诚同志给全国人大的报告。这个报告是1999年写的，当时的背景是国有企业非常困难，人大代表谈的都是国有企业问题，很多人大代表提出国有企业这么困难，希望政府和财政给予支持。项怀诚部长报告的一段原话是这样的：“随着我国社会主义市场经济体制和公共财政框架的建立，财政预算中已不再安排用于补充国有企业资本金性质的支出，也不再安排资金来弥补企业的经营性亏损。”财政体制改革从根本上改变了财政和国有企业的关系。大家都认为国有企业后面有政府当靠山，政府这个靠山最实的就是财政这一块，国有企业亏损了财政给支持一下。但是经过财政体制改革以后，财政和国有企业的关系完全变了，财政不再是国有企业的靠山，国有企业资本金不足也好、亏损也好、发不出工资也好，财政已经没有责任再给企业任何资金上的帮助。

第二是金融体制改革。金融体制改革的方向是国有银行的商业化。以前政府对银行的干预是非常之多的，银行实际上不是一个独立的经营主体。国有银行的商业化改革第一位要解决的问题，就是国有商业银行独立的经营主体地位问题，即国有商业银行也是企业，政府不能随意干预。这个方向上采取的措施是多方面的。比如银行垂直管理系统的建立：原来我们的国有商业银行是多级法人制度，现在是一级法人制度，总行是法人，分行没有独立的经营主体地位，这样地方政府对银行的干预能力就被大大弱化了；银行的内部责任约束也大大硬化，现在如果银行贷出去的款再形成坏账的话，从制度上讲要追究责任者的终身责任；同时政府对银行的考核也强化了，更多地考核不良资产的比重。许许多多的措施加在一起，最后综合性的结果是国有商业银行独立经营主体的地位基本形成了，从外部再想干预就很难了。

金融体制的改革措施是 1997 年底决定，1998 年出台的。当时有个非常特殊的背景，就是 1997 年亚洲金融危机开始出现，那时大家都非常担心亚洲金融危机要波及中国。所以 1997 年底的中央金融工作会议明确 1998 年为防范金融风险年，所有长期研究没有出台的金融改革措施在 1998 年统统出台了，主要是为了防范金融危机。金融体制改革的推进从根本上改变了国有商业银行和国有企业的关系，把银行和国有企业的关系变成一个非常简单的、只考察符不符合贷款条件的关系。如果你是一个好企业，信誉非常好、符合贷款条件，那么银行可能追着你贷款，行长要请你吃饭，希望你在他的银行开户贷；但如果你是一个亏损企业，你的资信达不到贷款的条件，那么你找哪一级政府出面，银行也不会再给你贷款了。

财政体制和金融体制改革改变了国有企业与财政系统和金融系统的关系，实际上改变的是国有企业和政府的关系。实质性的变化在于，政府对国有企业的“输血”渠道，由于财政体制改革和金融体制改革被彻底切断了，国有企业的预算约束被硬化了。软的预算约束是 20 世纪 90 年代时很多经济学家研究的一个问题。大家当时研究国有企业，不管是境外的学者还是境内的学者都觉得这样的企业搞不好，因为它的预算约束是软的。这样的企业不怕赔钱，赔钱以后有人给注资、有人给补，这样的企业永远不能成为真正的企业。软的预算约束的注资渠道一般有三个：第一个是直接的财政补贴，第二个是间接的财政让税，第三个是政府干预下的银行贷款。1998 年之前这些渠道对国有企业都存在，1998 年之后这几个渠道都已经被切断了。中国国有企业的预算约束，从 1998 年开始就被硬化了，当然我说的是工商业企业，这样国有企业改革就被推到了一个新的阶段。所以，我们讲 1998 年之后的国有企业改革和 1998 年之前的改革是不一样的，1998 年之后的国有企业改革是国有企业被断掉后路的改革，是国有企业的预算约束被硬化后的改革。在1998年之后，如果一个国有企业搞不好、亏损，你自己不能解决问题，那么最后只有一个结果——破产。没有任何机构、任何系统会再给这样的国有企业“输血”了。这一步是国有企业改革非常关键的一步。这一步迈不出去，国有企业永远不可能变成一个市场竞争主体。当然这又是令人非常痛苦的一步，因为这一步迈出去后会带来许许多多的社会后果。

（二）国企改革攻坚阶段的主要特征

改革进入新的阶段后，表现出一些新的特征，其中有两个方面是最本质的。

第一个特征：改革被推入实质性的阶段，推进的力度空前加大。这个特征我们可以从不同的层面去看。在宏观的层面，我们不能不面对两个最难的问题，就是国有企业到底能不能破产的问题、国有企业的职工到底能不能下岗的问题。以前，很多困难的国有企业、亏损的国有企业，包括企业的职工，一直是靠政府“输血”去维持着的，实际上大家一直在有意无意回避这两个问题。这不是认识方面的原因，认识很容易统一。既然是市场经济，企业优胜劣汰，国有企业就不能被淘汰吗？企业的发展都是有波动的，高峰的时候它要招工，到低谷的时候你能不让它裁员吗？这不是一个认识问题，而是一个社会风险的问题，只要有人给钱谁都不愿意惹这个麻烦，所以大家对这样两个问题一直是回避的、一直是躲着走的。1998年，政府对国有企业的“输血”渠道被切断以后，这两个问题就变得再也绕不开、躲不开了，无法回避，这就逼得我们的政策必须实现突破，而且必须对由此产生的问题做出政策安排。那么，这个政策在什么时候突破的？国有企业三年改革脱困时期，也就是1998—2000年。国有企业三年改革脱困工作有一句最著名的政策概括，这是朱镕基总理自己归纳的，叫作“鼓励兼并，规范破产，下岗分流，减员增效，实施再就业工程”。从这个时候开始，我国国有企业的破产问题、国有企业职工的下岗再就业问题政策上已经突破。这是从宏观层面看。

从地方层面看。刚才我讲了财政体制改革、金融体制改革把国有企业的预算约束硬化了，从客观上讲，改革把地方政府的预算约束也给硬化了。在1998年财政、金融体制改革之后，地方政府处于一个什么样的状况呢？如果某地出现困难的国有企业，地方财政没有钱补。大家知道，我国地方财政一直都比较困难，而且我国在财政体制上还有一个特殊的地方，就是中央财政如果出现赤字的话可以发国债，但是我们始终没有给地方政府发债权，所以地方财政出现赤字没有办法弥补。银行那边有钱，但是金融体制改革之后，银行不会再给亏损企业贷款了。财政没钱，银行有钱但银行不给，这样就把地方政府的预算约束也给硬化了。最后产生什么样的结果呢？如果地方政府不把自己国有企业的问题解决好，职工可能闹事、社会可能不稳定，地方政府自己就不得安宁。这种状态实质上把地方政府保一方平安的政治责任和地方国有企业改革的效果捆在一起了。在这种情况下，地方政府的改革行为完全变化了。所以，1998年之后地方政府所推进的改革，力度非常大，而且是真改革，真要解决问题，不是在做表面文章。这种变化，我们感觉非常明显。比如在1998年之前，我们会感觉改革的内容非常丰富，今天这个报纸说某个地方出了一个模式，明天哪个地方又出一个什么经验，这种事非常多，但1998年之后这种事基本都没有了。以前的做法是地方政府追求政绩的一个表现，只要我这个地方有一种新的办法，短期看来还不错，就请一些专家学者帮助总结一下，请新闻媒体帮助宣传一下，是不是真解决问题以后再说，至少我先出个名。这事情在1998年之后地方政府都不做了，而且走向另一个极端，很多地方政府是只做不说，因为怕引起争议、影响改革的进程，因为是实实在在想解决问题。所以1998年之后，宏观体制环境的变化把地方政府逼到了一个非改革不可的境地，这段时间地方改革的力度非常大，但同时又比较急、做得比较糙，有甩包袱的倾向。

以上就是改革被推入实质性阶段的情况，推进的力度空前加大。从宏观层面上讲，以前不敢碰的问题，政策突破都已经实现了。地方政府被逼得必须推进国有企业改革，因为它需要解决问题。这是第一个特征。

第二个特征是长期积累的问题表面化。国有企业的问题是长期积累的问题，是几十年积累的各种各样的矛盾。这些矛盾在 1998 年之前，由于政府的“输血”，被掩盖了。1998 年之后，突然之间财政补贴没有了，银行贷款也没有了，这些矛盾突然之间就表面化了。这种矛盾的表面化我们也可以从两个层面看出。

——从宏观的层面我们看到下岗的问题。下岗的问题是 1998 年之后突然产生的，1998 年之前基本没有下岗的问题。在 1998 年之后突然之间几百万、上千万职工下岗，直接原因并不是国有企业突然有什么变化，而是金融体制改革。以前银行可以给亏损企业贷款，亏损企业有钱给职工发工资，职工就可以不下岗。金融体制改革后，银行不再给亏损企业贷款了，亏损企业拿不到贷款，没钱给职工发工资，职工就只能下岗。所以，在 1998 年之后国有企业职工大规模下岗，就是矛盾表面化的宏观表现。有一个统计数字看得特别清楚：1995 年底国有企业职工是 7544 万人，1996 年底是 7404 万人，1997 年底是 7131 万人，到 1998 年底突然之间就掉到 5220 万人，这实际是大规模下岗在统计数字上的一个表现。这是从宏观层面我们看到矛盾在激化，下岗问题开始出现。

——从微观层面看，困难企业的矛盾趋于激化，开始在大范围内出现不稳定的情况。一个一个困难企业都是一个一个的实体，其中包含了几百名、上千名甚至几万名职工，突然之间这个实体外面没有资金支持了，这个实体就开始出事了。1998 年之后出的很多重大群体性事件，大部分都是这个背景。比如辽宁杨家杖子矿事件、贵州六枝煤矿事件，都是这种背景。贵州六枝矿 1965 年建矿，但建在了一个资源条件不好的地方，竣工投产以后就一直亏损，没赚过钱，连亏了 30 多年，直到 1999 年破产。这样一个企业为什么建在一个资源条件不好的地方，现在已无从考证，但它 30 多年怎么维持到现在的？都是靠财政的钱、银行的钱。1998 年之后，财政体制改革了，金融体制改革了，钱不可能再给了，那怎么办？六枝矿资源条件不好，不可能扭亏为盈，只能破产。企业做出破产决定后职工不能接受，当时的工作做得也不太及时，最后酿成群体性事件。这种性质的事情在这一阶段发生得非常多，由于外部体制环境的变化，由于政府“输血”渠道的切断，国有企业中长期积累的各种矛盾都开始爆发。

在这种背景下，国有企业改革就进入了一个新的、攻坚的阶段，后路被切断了，没人给你“输血”了，你就必须得攻坚了。应该说，虽然当时的压力非常大，但我们觉得这是一个好事情。一方面如果政府对国有企业不断“输血”，国有企业永远不可能走向市场，永远不可能变成一个真正的市场竞争主体；另一方面政府也背不起，养一个亏损企业、不断地养下去代价非常大，财政负担不了，银行也负担不了。实际上在 1998 年之前，国有商业银行的坏账急剧上升，重要原因之一就是银行不断地在给亏损的国有企业“输血”，银行给亏损的国有企业发工资的贷款、“安定团结贷款”绝对是有去无回的，宏观上的代价是非常大的。所以，切断政府对国有企业的“输血”渠道是国有企业改革非常关键的一步，如果走不出这一步，国有企业改革永远难以迈开实质性的步伐。当然迈出这一步是很难的。

第三个问题，国有企业改革攻坚阶段的主要内容

从最粗的线条讲，攻坚阶段的国有企业改革做了四个方面的工作。其中三个方面的工作我们认为是实现了实质性的突破，还有一个方面的

工作我们认为尚没有实现突破。

第一项工作是国有中小企业改革

国有中小企业改革的方针是多种形式放开搞活，实际上是国有经济从中小企业层面退出的过程。国有中小企业“多种形式放开搞活”是中央在1995年就明确的改革方针，对这个方针曾有很大的争议，而且很多争议是有意识形态色彩的，但实际上中央之所以明确这样的改革方针，是由中小企业的生产力水平和行业特点所决定的，不是一个意识形态问题，而是一个经济规律问题。我们讲的中小企业大概有两种情况。一种是一般性的中小企业，我们在很多乡镇可以看到，这种企业生产力水平很低，所处行业的门槛也很低。这样的企业面对的竞争环境变化是非常快的，面对的市场竞争也是非常残酷的。对这样的企业客观上要求所有者离企业近一点，企业的经营者和职工对企业的关切度要高一点，否则没有办法面对变化这么快的竞争环境和这么残酷的竞争。

还有一种情况是高科技的中小企业，在各地的开发区可以看到。高科技中小企业是知识密集型企业，主要依靠知识资源。知识资源和其他的资源有一个不一样的地方，知识资源都是附着在具体的人身上的，而且只有他自己才能启动。所以，这样的企业也要求有非常高的关切度。

由于这样的生产力水平、这样的行业特点，在中小企业层面国有经济是很难搞好的。因为如果按照规范的国有企业运作，国家所有者离企业太远，经营者和职工对企业的关切度不可能很高。中央明确对国有中小企业采取多种形式放开搞活方针，实际是由中小企业的生产力水平和行业特点所决定的，符合中小企业的特点和经济规律的要求。

国有中小企业改革主要由地方政府推动，这几年推动的力度非常大。地方政府对国有中小企业改革所做的工作，一是产权制度改革，二是身份置换。产权制度改革，就是用其他所有制的产权去置换国有产权。所谓身份置换，实际是一种补偿。因为原先职工在国有企业里是没有风险的，你不能解雇他，但是在其他所有制企业里就有了风险。把职工从一个没有风险的岗位变到一个有风险的岗位，你得给他补偿，要不然他不会接受。产权制度改革加上身份置换这一组改革，方向是正确的，国有经济通过这种方式从中小企业这个层面退出去了。但这一段改革是在一个非常特殊的背景下推进的，地方政府做得很急、做得比较粗，因而留下一些后遗症，需要逐步消化。由于地方政府推进改革的决心很大、力度很大，国有中小企业的改制面，就全国而言，大概是将近90%。相当一部分地区，比如江浙一带比较发达的地区，国有中小企业改革已经完成了。

第二项工作是国有困难企业的关闭破产

这是一项非常艰难的结构调整。大家可能会问，国有企业改革中为什么会有这么多的企业破产？为什么会有这么多职工下岗？这种情况的出现，是转轨国家必然面临的一个非常特殊的问题。所谓转轨国家，就是我国的经济建设是分两段进行的。第一个阶段，从1949年到改革开放之前。我们集中了所有的资源，建成了一个完整的工业体系，但是这个工业体系是按照计划经济的模式建的，是按照计划经济的要求建的。计划经济没有市场竞争的因素，所以这些企业有没有市场竞争力不重要；计划经济的政府和企业是一本账，你完成计划就行，企业赚不赚钱也不重要。整个经济体系转向市场体制以后，要求我们所有的企业也要转向市场，但是转的过程中就发现有的企业转不过去，或者硬转过去在市场竞争中也站不住脚。这种情况比较典型的有以下几种：

第一种典型情况是定位不符合市场竞争要求的企业。这是布局结构的问题。这种情况的例子非常多。比如说最典型的“三线”企业，建在山沟里，当时是想备战、要隐蔽。现在让这些企业转向市场，它的运输成本非常高，信息非常闭塞，山沟留不住人才，离市场太远，企业办社会负担太重，等等，它没有办法进入市场参与竞争，这种定位显然是不符合市场经济要求的。这是单一企业定位不合理的例子。

还有行业性布局不合理的情况，最典型的是钢铁工业。我国钢铁工业的布局是非常分散的。每一个省都有自己的钢厂，很多的县都有钢铁企业。显然不是每个地方都有发展钢铁工业的条件，这种例子非常多。三年改革脱困的时候，我们到一些困难的钢铁企业做脱困调研，发现企业困难的最根本原因是当地不具备搞钢铁工业的条件：没有矿石资源，没有煤炭资源，所有的原材料都要运进来，因而成本降不下来。这种不合理的布局从何而来？可以追溯到 1958 年大炼钢铁时期。这是行业性的问题。

还有一类是区域性的布局问题。比如，前几年青海的破产工作推得非常快，而且破得非常彻底。当时银行的同志向国务院反映，青海的破产不规范，要求纠正，几家银行都把青海列入高风险区。根据国务院要求我们和银行的同志一起去青海调研，到青海以后的确发现破产操作不规范，主要是挪用了政策性破产的政策搞依法破产，这是应该纠正的。但同时在调研中也发现，青海这么彻底地做破产是有道理的。原先青海的产业布局基本是内地产业布局的一个翻版，没有任何的地方特色。比如说青海有很多纺织企业，如果青海的纺织企业是搞毛纺的，还不是问题，但青海有很多棉纺厂，问题是青海并不产棉花。再比如青海有不少机床厂，青海一机床、二机床，问题是青海本地需要多少机床？这批企业主要是从内地搬过去的，跟青海的资源、青海的市场几乎没有关系。资源不在青海，市场也不在青海，所用的原材料要从内地运进去、在西宁生产，生产出的产品再运出去销售，这一进一出的成本有多高！青海这种工业布局是典型的计划经济时期自给自足、自求平衡的布局，与市场经济完全是两回事，遇到市场竞争这些企业全站不住，这就是为什么青海的同志急于把这些企业淘汰掉。把这批企业破产掉之后，青海再发展畜产品加工，再发展盐湖化工，再搞有色金属，这都是青海的强项，都是具有比较优势的。所以，我们可以预见现在新搞的这批企业以后是站得住脚的，是有发展前景的，因为它站在自己的比较优势的基础上。而原先布局的这些企业不具备比较优势，只能通过破产退出市场。这是第一种典型情况。

第二种典型情况是比较优势的变化。原先我们国家的经济发展格局是城乡分割的，城市搞工业，农村搞农业。我们的概念是工业基地的概念，或是依托城市形成工业基地，或是建成工业基地然后形成城市，所以我们的工业基本都配置在城市里面，包括劳动密集型产业。改革开放之后经济发展格局变化了，农村开始工业化，一开始是乡镇企业，后来是民营企业。农村工业化的第一步肯定是劳动密集型产业先发展，这就对城市的劳动密集型产业造成非常直接的竞争压力，这就看谁有优势了。谁有比较优势？显然不是城市企业，因为这种产业投资门槛和技术门槛都很低，关键是人工成本，城市用一个人多少钱，农村用一个人多少钱。这种比较优势变化之后，就要求城市的劳动密集型企业都必须退出去，因为它没有办法和农村的同类企业竞争。上海的纺织工业曾经有光荣的历史，原先产业工人有 55 万人，到现在剩 3 万人；上海的轻工行业原有职工 40 多万人，到现在剩下 2 万人。按说上海的企业管得是非常好的，以前的效益也是非常好的，但是在比较优势变化之后，市场的淘汰是无情的。城市劳动密集型企业大规模破产退出所导致的下岗职工数量是非常大的，但这是城乡分割的经济发展格局变化带来的必然结果。这是第二种典型情况。

第三种典型情况是历史欠账。最典型的是资源枯竭的矿山。资源开采类的企业按照国际通行的方式，开采第一天起就要给它预留一笔钱，一旦资源枯竭的时候这笔钱或是用于转产，或是用于安置职工。我们的矿山长期以来所有的利润都要集中，到现在很多资源枯竭的矿山没有了资源也没有钱，自己完全不可能再解决自己的问题，只能国家帮着它破产安置职工。这些类型的企业由于种种方面的先天不足，无法正常地转入市场经济中发展，形成了一批历史遗留的困难企业。对于这些企业，在 1998 年之前靠政府“输血”维持；1998 年以后，就只能让它退出市场，实现优胜劣汰。但是通过什么方式退，当时实际是一个没有解决的问题。大家讲国有企业有个很大的毛病——只能生不能死，虽然我国的破产法 1986 年就有了，但没有可操作性，因为没有安置职工的办法。到底怎样才能让企业平稳地退出市场、把职工安置好？实践中的突破口就是这几年推进的国有企业关闭破产工作。国有企业的关闭破产工作也称为“政策性破产”，有以下两个特点：

一是政府组织。要破产一个企业，当地政府都要组织几十人、上百人的清算组进入企业去做工作，向职工宣传政策：为什么要破产，破产以后政府如何帮助职工再就业……各种各样的工作要做，而且要维护好企业的稳定。

二是政策上保证安置职工。政策性破产把职工的安置费放在清偿顺序的前面，企业破产剩余资产和土地使用权的转让收入优先安置职工，先把职工的钱留够再清偿债权人。拿债权人的钱去安置职工，这样做银行意见很大，但由于当时财政一下拿不出这么多钱来，银行只能承担责任，如果资产清偿还不够职工安置费则由财政兜底。等于是银行的钱加上财政的钱保职工的安置费，这也是没有办法的办法，因为职工的安置费是一分钱也能少的。

即使如此，政策性关闭破产仍推得非常艰难，是这几年国有企业改革最难的一件事，因为补偿标准偏低。大概情况是这样，1998 年、1999 年，平均一个职工补偿 2 万多元；到现在人均工资水平提高了，大概是 3 万多元。虽然政府还会通过再就业等方面帮助下岗职工，但大家可以理解，在这个补偿水平上工作是非常难做的。补偿标准低主要是企业破产太集中了，政府一下拿不出这么多钱，每个职工钱不多，加到一起可不少。当时我们算过账，破一个万人企业全部成本大概是 7 亿 ~ 8 亿元。这包括好几笔钱：给职工的安置费，水电气设施的移交，离退休人员移交，企业办学校、办医院交到社会上去……这就是改革要付出的成本、结构调整要付出的成本。所以，这几年做企业关闭破产工作的同志是非常辛苦的，我们的要求是钱不够拿工作补、拿感情补。破产企业出现不稳定情况这些同志就得到第一线去，和职工对话、宣传解释政策。有时出现群体性事件，工作人员被职工扣住，几天不让出去，不让喝水不让吃饭。前几年在第一线的经贸委主任，尤其是市一级经贸委主任，大部分都有这个经历，而且不管职工怎么对你，要做到打不还手、骂不还口。这些年国有企业关闭破产工作引发的不稳定事件不少，在某种程度上讲这是难以完全避免的，这反映出改革和结构调整痛苦的一面、风险的一面。无论怎样艰难，这项工作毕竟打通了国有困难企业退出市场的通道，其意义十分重大。只有困难企业能够退出市场了，国有经济的结构才可能优化，市场经济优胜劣汰的机制才能够发挥作用。

国有企业关闭破产工作使大量的历史问题得以解决。2005 年底通过政策性破产退出市场的国有大中型亏损企业 3658 户，涉及职工 719 万人。通过这项工作，沿海地区已经把计划经济遗留的困难企业问题完全解决了。从 2004 年开始，福建、浙江、上海、江苏、北京 5 个省市已经退出政策性破产范围，以后再出现需要退出的困难企业就通过市场的办法解决了。

第三项工作是再就业和社会保障体系建设

无论改革还是结构调整，难点都在人。大家知道，我们国家的社会保障体系建设是比较滞后的。1998 年，我们曾面对着一个非常危险的时期。当时金融体制改革这一刀已经切下去了，这一刀切下去之后国有企业职工就开始大规模下岗，但是企业之外还没有社会保障体系，社会上并没有“安全网”。1998 年初，大家已经感觉到许多地方都有出事的苗头。在这种情况下，党中央、国务院做出了一个重大决策，决定在全国建再就业中心系统。这实际是对社会保障的一个替代物，因为建设一个完善的社会保障体系不是一两年的事，来不及。1998 年 5 月在北京召开第一次全国再就业工作会议，江泽民总书记、朱镕基总理都去讲话，参会人数超过 1000 人，会议决定在全国建再就业中心。从这件事情可以看到我们党和政府的政治动员力。5 月份开的会，到年底再就业中心在全国就形成网络了。再就业中心办四件事：第一，给下岗职发基本生活费；第二，为下岗职工交保险；第三，下岗职工进行就业培训；第四，介绍工作。这样，一个社会保障的替代系统就形成了。职工从企业下岗之后，不是直接到社会上去，而是到再就业中心进行托管，再就业中心给下岗职工做四件事，就保证了当时的社会稳定。这个决策是非常及时的，而且效果也是非常好的。这几年一方面再就业中心作为社会保障的替代物在发挥作用，另一方面我们的社会保障体系也在加快建设。现在我们的社会保障体系已基本形成，所以大家听到一个新的概念叫“并轨”，就是以后再下岗的职工不再进入再就业中心而是直接进入社会保障系统，现在滞留在再就业中心的职工尽快解除劳动关系进入社会保障系统。再就业中心阶段性的历史任务就算完成了，但这一历史任务应该说发挥得非常重要、非常关键。

再就业和社会保障体系建设工作意义非常重大。一是形成了一个社会安全网。这个社会安全网保证了这几年改革和结构调整中的社会稳定，为改革和结构调整创造了关键性条件。二是形成了改革时期的一个特殊的利益补偿机制。因为国有企业改革尤其是困难企业破产，必然导致职工下岗，这是不可避免的。但是，如果我们只做这个方向的工作，仅仅让职工下岗，就靠这样的补偿水平，社会是不可能稳定的。所以，这几年一方面支持国有企业的改革和关闭破产，另一方面通过再就业和社会保障体系给下岗职工以帮助。就是这边下来那边赶快接住，现在劳动社会保障部有一套非常完善的体系，一直到社区建设。这几年由于有这样一个利益补偿机制，改革和结构调整才可以持续推进。要是没有这一手，只做改革方面的事，推进一段时间你就会发现做不下去了，因为对社会的冲击太大了，社会难以承受。这样，我们通过再就业和社会保障体系建设，给下岗职工各种各样的帮助和补偿，形成了一种改革时期非常重要的利益补偿机制。我们也希望进一步加强这种补偿机制，在国家财力比较充裕的时候，更多地增加对再就业工作和社会保障体系建设的投入，给下岗职工、弱势群体和困难群体更多实实在在的帮助，为改革和结构调整创造更好的条件。

这是国有企业改革攻坚阶段做的三件实现了突破的工作。一是国有中小企业改革，二是国有困难企业关闭破产，三是再就业和社会保障体系建设。还有一项重要的改革工作，但在改革攻坚阶段还没有实现实质性突破，就是国有大企业的现代企业制度建设。为什么没有能够实现突破我后面再讲。

那么，怎么评价攻坚阶段的国有企业改革呢？应该说力度是非常大的，四件事有三件事实现了突破，而且取得了实质性的进展。这种实质性的进展表现在这么几个方面：第一，国有中小企业改革已经进入尾声，改制面接近 90%。第二，国有困难企业关闭破产已完成了工作量的 2/3 左右。前面已经讲到了，到 2005 年底破产的大中型国有困难企业 3658 户，涉及职工 719 万人。关闭破产解决的是历史遗留问题，历史遗留问题的特点是解决一户少一户。所以我们从 2004 年开始在全国摸底调查：你这个地区历史遗留的困难企业需要通过关闭破产解决的一共有多少？已经解决了多少？还剩下多少？通过摸底调查我们把底数摸清楚了：已经解决的是 3658 户、719 万人，后面还需要做的是 2116 户、351 万人。这个数说明什么呢？说明历史遗留问题大体上我们已经解决 2/3 了。在这个基础上我们做了一个四年规划，国务院已经同意了，准备最后用四年时间把政策性关闭破产工作做完。做完这项工作的意义是非常深远的。现在回过头去看，所有转轨国家在经济转轨之后，都必然面临着一轮彻底的结构调整。从一个体制转到另外一个体制的过程中，总有一个阶段要调回头去收拾历史遗留问题，而这个阶段是改革过程中最难的阶段、社会风险最大的阶段，因为收拾历史遗留问题涉及很多人的利益调整。中国的国有企业改革现在就处在这个阶段上。这个最困难的阶段从 1998 年开始，我们现在大致可以判定这个阶段还有多长，大概四年的时间，现在过去一年了，应该还有三年的时间。三年以后，中国的国有企业改革肯定还没有结束，还有国有大企业的现代企业制度建设、企业内部机制转换、管理模式的改革完善，等等。但风险最大的时期已经过去了。第三，由于这几年有再就业工作和社会保障系统建设的支持，国有企业在基本平稳的情况下，职工人数在减少。1997 年底我国国有及国有控股工业企业职工 7800 万人，到 2004 年底是 4500 万人，减员的幅度大概是 42%，国有企业大规模减员、国有企业职工大规模下岗的时期也过去了。所以，国有企业改革攻坚阶段的改革力度是很大的，取得的进展是实质性的。

通过这几年的改革攻坚，国有企业改革的前景看得越来越清晰了。这个前景就是党的十六届三中全会《中共中央关于建立社会主义市场经济体制若干问题的决定》所说的，完善国有资本有进有退、合理流动的机制，推动国有资本更多地投向关系国家安全和国民经济命脉的重要行业和关键领域。在不具备比较优势的中小企业领域，国有经济主动退出去了；在一些国有经济配置效益很低的亏损的企业，通过破产退出去了。现在剩下的国有企业主要都是大企业了，主要都配置在关系国计民生的重要领域。这几年国有企业改革的方向和党中央的要求是完全一致的，也是符合中国国有企业实际的，正因为如此改革才能有比较好的经济结果。有些经济学家说国有企业改革是一个可检验的改革，为什么呢？因为企业在市场上会有表现，经济效益是提高了还是亏损增加了，这是可以检验的。1998 年，国有和国有控股工业企业实现利润 525 亿元，去年底是 6447 亿元，经济效果是明显的。虽然国有企业经济效益提高有多种因素，但改革也是重要的基础。

当然，并不是说这一段改革不存在问题。如果对这一段改革进行彻底的检讨，就会发现是存在问题的，最大的问题是改革不同步、不配套，具体地讲就是国有企业改革和国有资产管理体制改革不同步、不配套。

1998—2003 年，国有企业改革推进得非常快，但国有资产管理体制改革没有启动。这就意味着，在五年改革的过程中，国有资产的出资人是不在场的，国有资产的管理主体是不明确的，国有资产的责任主体是不清楚的。这种不同步、不配套对不同层面改革的影响是不一样的。对国有中小企业改革主要影响进程，不影响结果。之所以说不影响结果是因为国有中小企业改完以后不是国有企业了，国有资产出资人到不到位对改制后的企业没有影响；说影响过程是指在企业改制的过程中没有人对国有资产负责任，相关的政策没有人制定，当然也没有人去检查实施，这就造成前一段改革中存在不规范的行为，存在国有资产流失的现象。国有资产出资人不到位对国有大企业的改革则既影响过程又影响结果，因为有些国有大企业改制以后可能还是国有控股的，甚至是国有独资的，出资人到位不到位和改制后的运行结果有直接的关系。

这种改革的不同步、不配套现在回过头去看非常清楚。但是当时大家的认识并不深，看法也并不完全一样。这种情况很难避免，当事后诸葛亮是没有意思的。因为中国的改革前面没有一个成功的经验可以借鉴，我们的改革是在不断的探索之中逐步完善的。改革推进一段出现问题赶快进行调整，该配套的尽快配套。出资人的问题比较特殊，因为国有资产出资人的构造涉及政府的机构改革，所以要等到政府换届。党的十六大决定启动国有资产管理体制改革，现在这个问题已经解决了，这种不同步、不配套的问题已经不存在了。因此，克服前一段改革中存在的问题现在就有了体制的基础。

第四个问题，十六大之后的国有企业改革

党的十六大决定启动国有资产管理体制改革，这是意义非常重大的决定，政府和国有企业关系发生了新的变化，国有企业改革又进入一个

新阶段。国有资产管理体制改革启动之后，国有企业改革外部的配套的体制条件基本完整了。这一点对国有企业改革非常重要，外部配套条件第一是国有资产出资人必须到位，第二是社会保障体系必须到位。外部体制条件具备之后，国有企业改革健康深化就有保证了。

十六大之后的国有企业改革的任务是四项。

第一，以出资人为责任主体，规范面上的国有企业改革。

第二，发挥出资人的作用，加快国有大企业的改革与发展。

第三，进一步推进国有企业的结构调整，减轻国有企业的社会负担，减少国有企业的富余人员。

第四，建设符合市场经济要求的国有资产出资人机构。

由于时间关系，我只讲第一项和第二项任务，这两项是最重要的。第三项任务主要是改革成本的问题，随着改革成本不断到位这个问题会逐步解决。第四项任务主要是国资委系统自身的改革和建设。

第一，以出资人为责任主体，规范面上的国有企业改革

这项任务是补课性质的。因为前一段国有资产出资人不到位，在改革过程中出现了一些不规范的行为，导致国有资产流失。改革中的不规范行为主要是两个方面的问题：第一个是改制主体错位。2003 年以前的改革，基本是以企业为主导，具体地说是企业经营者主导。按说企业改不改制和企业没关系，和经营者没关系，是出资人的事。但是那个时候没有国有资产出资人，所以企业改制一般的都是由企业主导的。企业主导具体地讲是企业自己做改制方案，企业自己请中介机构去审计，这不是必然出问题，但容易出问题，因为经营者和所有者利益并不完全一致。尤其是经营者收购的案例，客观上就形成了自买自卖，往往存在低估贱卖的现象，造成国有资产流失。第二个是国有产权交易需要规范。以前产权交易主要的方式是协议转让。协议转让这种方式不能说它必然有问题，但毕竟是一种不透明、不公开的形式，容易出问题，如果再跟腐败因素搅到一起，就更容易出问题。

国资委2003年5月正式运转之后马上采取了两个方面的措施：第一是完善相关的政策，第二是加快地方国资委的组建。相关政策制定了两个最基本、最基础性的文件。第一个是《关于规范国有企业改制工作的意见》（国办发〔2003〕96号），还有一个是《企业国有产权转让管理暂行办法》（国资委、财政部令第3号）。这两个最基础性的文件一个是管改制的，一个是管产权转让的，以后的文件基本是对这两个文件的补充和细化。这两个文件都是规范程序的，如96号文件是对改制的规范，这个文件把一个国有企业改制拆成9个环节，批准制度、清产核资、财务审计、资产评估、交易管理、定价管理、转让价款管理、债权人权益保护、职工权益保护，一个环节一个环节进行规范。对于管理层收购，明确大企业不行，中小企业可以做但必须规范。除上面9条之外管理层收购还有一些特殊要求：第一是改制方案要由持股单位做，自己不能做，不能自买自卖。第二是审计、清产核资、底价确定经营者不得参与，因为经营者是利益相关者，这里面存在利益冲突。第三是收购资金的来源要合法。第四是对经营业绩下降负有责任的不得参与。这主要是防恶意经营。有的时候企业经营者想收购前先把企业搞亏，亏得一塌糊涂企业就不值钱了，然后再很便宜地收购过来。因此必须把对经营业绩下降负有责任的人排除在外。第五是也要进场交易挂牌，不能拒绝外部投资者。这个规定是比较细的。3号令的主要内容是明确国有产权转让必须进场交易，并规定了转让的程序、批准的程序以及每一个环节的法律责任，目的是使产权交易公开透明而且引入竞争机制，保证是阳光操作。

这两个文件发下去以后反响非常好。因为原先国有资产的管理主体和责任主体不清楚，没有人能制定这样的文件，现在第一次有这样的规范性文件了，规范改制和产权交易就有了明确的政策依据。这里顺便提一下，社会上有一种说法，说国资委之所以关注国有资产流失，是因为郎咸平引发的讨论，实际前后顺序不是这样。郎咸平引发的争论是2004年8月，这两个的文件都是2003年末出台的。实际上国资委作为国有资产的管理主体，只要一到位就必然会关心国有资产的安全问题，防止国有资产流失应该是国有资产出资人机构的“本能”，是无须别人提醒的。

在地方国资委组建方面，前年省一级国资委组建完成了，去年地、市这一级也开始组建——国有企业还比较多的地、市成立国资委，不多的明确一个机构作为出资人代表。地方国资委的组建对规范改制、防止国有资产流失意义重大，其意义在于有明确的责任主体了。以前国有资产出资人职能分散行使的时候，是没有责任主体的。比如说某一个企业改制有很多不规范行为，谁负责？你查不到责任者。当时是经贸委管改制，但经贸委不管资产，资产的事经贸委说了不算；财政管资产，可财政又不管改制；一般来说企业改制有问题根子往往在班子里，班子是组织部门管，但组织部门既不管改制又不管资产。在地方国资委到位之后，改制和产权交易的责任主体就真正明确了。如果某一个地方再出现国有企业改制不规范，造成国有资产流失，打谁的板子，谁是责任主体？地方国资委。它没有办法再把责任推到任何一家。

相关政策的出台和责任主体的到位使地方国有企业改制和产权交易大大规范化了，和前几年完全不一样了。地方国有企业改制中的变化也可以从另外一个渠道反馈出来，就是信访。如果企业改制有不规范行为，如果改制侵犯职工合法权益，造成国有资产流失，职工会来信、上访。近一个时期以来，国资委和全总信访渠道反映的问题，主要都是前几年改制遗留的问题，这几年的改制大家做得比较规范，基本没有什么告状的。所以，面上国有企业改制的规范问题、产权交易的规范问题、国有资产流失问题，在政策和体制方面已经解决了。在这个基础上，国有中小企业放开搞活的方向不会变，国有大企业产权多元化的方向不会变，但过程会更加规范。当然，造成国有资产流失的不规范行为还有另外一种性质的原因，就是腐败的因素，规则虽然是清楚的，但规则需要人去执行。所以，要从根本上杜绝国有资产流失的现象，还要从反腐败的角度做更多的工作。这是第一个任务。

第二，发挥出资人的作用，加快国有大企业的改革与发展

这是下一步国有企业改革的重点。因为国有中小企业改革在攻坚阶段已经到尾声了，现在主要是解决一些后遗症的问题。下一阶段国有企业改革的主要任务是国有大企业的改革。

国有大企业改革的方向是建立现代企业制度，即公司制。在这个方向上我们已经做了很多工作，1994 年百户试点就开始了。这方面工作的内容：一是推进企业改制，实际到 2000 年初，国有重点企业的改制面已经接近 80% 了，国有大企业改成公司制的已经相当多了。二是抓规范运作，企业改制完成以后得依照《中华人民共和国公司法》规范运作，当时朱镕基总理还要求我们写了一本建立现代企业制度和加强企业管理基本规范的书，以便对照操作。虽然十几年前在国有大企业现代制度建设方面做了很多的工作，但是当时大家都感觉，效果好像不像我们预想的那么好，这和中小企业改革完全不一样。国有中小企业改革以后企业脱胎换骨，马上就不一样了，而国有大企业从工厂制改制成公司制，换了一个牌子好像变化不大，而且有些企业明显就是翻牌公司。所以，那时候不少人怀疑现代企业制度到底能不能解决国有大企业的问题。为什么出现这种情况？为什么效果不尽如人意？原因在哪儿？答案是改革不配套、出资人不到位，还是这个问题。

我们的现代企业制度、公司制是从国外引进的。公司制在发达市场经济国家是非常有效的企业制度，这个制度具体地讲起两个作用。第一个作用是使所有权和经营权适度分开。因为发达市场经济国家的投资是多元化、社会化的，所以投资人必然不懂企业经营、不懂企业管理，需要通过股东会、董事会、经理层这样一个层层的委托 - 代理关系把投资人和经营者隔开，使经营者有比较充分的自主权把企业经营好，投资人不能随便干预。第二个作用是保证控制权掌握在所有者手里。因为资产是所有者的，不是经营者的，最后损失由所有者承担，所以，必须保证股东有充分的信息，股东必须监督到位，而且股东必须有权去撤换不称职的经理人。如果再概括一下，公司制及其治理结构实际上是解决所有者与经营者关系的一套制度安排，很微妙的一种关系——要分开但又不能断开。

1994 年引进现代企业制度概念的时候并没有提出所有者的问题，西方对公司制的研究也不涉及所有者的问题，至多是客观描述所有者的形态和行为。西方为什么不研究所有者问题，因为西方是私有制，它的所有者是天然到位的，所有者对自己的资产天然是有关切度的，所以西方对公司制的研究只关心一个问题——委托 - 代理关系的有效性。这套制度引入中国以后，就有一个和中国国情相结合的问题。中国最大的国情是什么？就是我们的现代企业制度是在国有企业里面建，这就会遇到这样一个问题——国家所有者是不是到位，国家所有者对国有资产到底有没有关切度？这可不是天然到位的。所以，中国国有企业的现代企业制度建设实际上是双重任务。第一个是国家所有者的组织问题。你得让它到位，得让它对国有资产有关切度。第二个才是委托 - 代理关系的有效性问题。而且这第一重任务还是一个前提性的问题。

对于出资人到位的问题我想再稍微扩展一下。所有企业发展的动力都是一个，就是出资人要回报。因为出资人投资于一个企业不是捐款，不是做慈善事业，投资于企业是要赚钱的。正因为出资人要回报，所以要选最优秀的经营者；要向这个经营者提出非常明确的经营目标要求；对经营者要监督到位，因为资产是我的不是他的；如果企业经营者不称职，要马上换掉，不能造成更多损失；如果经营者给我赚了很多的钱、给我很多回报，我也不会亏待他，各种各样激励措施要到位，至少不能让他跳槽。所有这一切企业中发生的合理行为，基础只有一个——出资人要回报。如果没有出资人，或者出资人不在乎，根本不想要回报，赔多少都不在乎，这些所有的合理行为就都没有了基础。因此，出资人到位是一切企业发展的前提，出资人不到位，国有企业搞不好，私营企业也搞不好，所以这是一个前提性的问题。

如果我们回过头去再分析一下前一段国有大企业的公司制改革，就会发现问题出在改革不配套、国有资产出资人不到位上。尽管企业改成公司制了，也建立董事会了，但董事会全是内部人，实际是经营者团队，出资人没有代表、没有话语权，这样的改制不会有结果的。这种情况中央企业是最典型的。在国资委成立之前，中央大企业没有人给下达经营指标，利润应该达到多少、销售收入应该达到多少，没有任何人给提出要求；没有人给经营者定薪酬，当然也没有人考核他，薪酬都是经营者自己定的，胆子大的可以定得很高，要求自己严格的就很低。像这种连基本要求都没有的情况，企业改制是不会有效果的。

所以，在国有资产出资人不到位的情况下，国有大企业的现代企业制度建设不会有效果。这并不是说现代企业制度不行，而是不具备条件，不具备出资人到位的条件。现在我们回过头去看，以前我们对现代企业制度的理解是比较窄的，原先我们理解国有企业的现代企业制度建设等于国有企业的公司制改革，现在看不完整。现在的理解应该是，国有企业的现代企业制度建设等于国有资产出资人制度的改革加上国有企业的公司制改革，这可能还比较完整。前一段由于国有资产出资人不到位，公司制改革效果不明显，这一段改革实际是有后遗症的。后遗症是很多方面对现代企业制度没有信心，对搞好国有大企业没有信心。该用的招都用了，大企业该改制的全改制了，改完以后该不行还不行，该出事还出事。到底国有企业有没有搞好的可能性呢，大家信心不足。所以，对国有大企业改革的方向，就出现了非常大的争议，认识差异非常大。

我前面讲了国有企业改革的攻坚阶段有三个方面的突破：国有中小

企业改革、国有困难企业关闭破产退出、再就业社会保障体系建设。如果我们把这三个方面的突破再概括一下，攻坚阶段解决一个什么问题呢？解决了一个“退”的问题。不适应可以退，体制上不适应可以通过改制退出去，结构上不适应可以通过破产退出去，退的过程中最难的是“人”的问题，需要有支撑和保障的条件，就是再就业和社会保障系统建设。国有经济能退了，是一个重大的进步，能退矛盾就可以化解，就不会积累。原先国有经济的难受之处在于固化、僵化，难以调整。体制上退有很多争议，结构上退，人无法安置，所以矛盾一直在积累并激化。现在通过三年改革脱困，通过改革的攻坚阶段，把“退”的问题解决了，但是还没有解决好“进”的问题。所谓“进”的问题是，仍然在国有体制下的企业能不能搞好的问题。对于国有大企业改革不同的认识在于这样一个问题，既然我们可以退了，就应该继续退下去，国有中小企业退完之后，接着退国有大企业，最后的结果是国有经济从一切竞争性领域退出。一部分学者是这样的看法，他们的出发点是：国有企业是特殊企业。因为发达的市场经济国家竞争主体都不是国有企业，如果设立国有企业总是有些特殊的社会目标，因此国有企业是特殊企业。我们一部分地方政府也是这么想的，当然其考虑的角度跟学者不一样，主要是甩包袱。国有企业这几年压得地方政府很难受，给地方政府造成的麻烦非常多，不胜其烦、不堪其扰，赶快脱手算了。国有经济是不是应该从一切竞争领域退出，争议非常大。如果要退，从体制的角度讲简单了，国资委的工作也简单了，就一个“卖”字，把中央企业一户一户卖出去，争取卖一个好价钱，西方国家国有企业的私有化都是这个路子。但是，如果我们这样操作，就会面对一个发展的问题，因为我们的改制和改革都不是目的，发展才是目的。我们希望通过改革，能够促进企业的发展，促进中国经济的发展。

退有一个退给谁的问题，国“退”了谁“进”？国“退”谁“进”无非三个方向：“国退洋进”、“国退民进”、国“退”卖给经营者和职工，但这三个方向对于国有大企业来讲都有问题。

第一个退给外资，“国退洋进”。一些地方政府对于外资去购买国有企业是优先的，只要有世界500强到我这儿收购，什么好企业我都卖给你。对好企业外资肯定是有兴趣的，但现在外资收购都要求控股，不控股是不买的。这很正常，外资不控股、不能控制这个企业，为什么要拿钱出来给企业用？很多同志就讲控股很好啊，它控股这个企业就成跨国公司里的一部分了，就很稳定了。一般来讲，跨国公司在中国收购企业，会把这个企业变成一个制造基地，因为中国制造是有比较优势的。但是作为国外企业的制造基地，就有一个财富分配的问题。作为国外企业的制造基地，资本收益人家要拿走，人家是控股方；技术收益人家要拿走，比如专利费、技术使用费；营销收益人家要拿走，因为制造基地要纳入其全球营销网。最近，有专家学者做了一个研究，对产业链里的收益分配变化归纳出一个“微笑曲线”。就是研发收益非常高，营销收益这一头也非常高，中间加工制造这个环节收益非常低。所以，人家说中国制造是挣钱的，我们是国际民工。这样的利益分配格局对中国的长远经济发展是非常不利的。举个极端的例子：甲是被投入国，乙是投入国，乙给甲投资，乙把资本收益拿走了、技术收益拿走了、营销收益拿走了，给甲剩下加工费，当然甲的就业很稳定，订单也很好。但是经过若干年的发展，你就会发现这两个国家的后劲不一样。乙的人均国民生产总值10000美元甚至15000美元、20000美元都上去了，甲的人均国民生产总值到3000美元、4000美元就再也上不去。一个原因是人家没给你留下这么多财富；第二个原因是一旦你达到3000美元、4000美元人均国民生产总值的时候，就说明你的要素成本比较高了，人家在你这里加工制造不合算了，产业又面临转移了，这和这些国外产业向中国转移是一样的。这样的企业是没根的。目前我国的国有大企业大都是行业的排头兵，是中国产业发展的带头企业。如果把这些企业都卖给国外企业，如果国民经济的命脉都让外资掌握，对中国国民经济的长远发展绝对不是一个好事情。

第二个退给民营，“国退民进”。实际上国有中小企业改制的时候退给民营的不少，但是到退到企业的时候就有一个问题，我们对中国民营企业的状况需要有一个实事求是的估计。我觉得这几年大家对民营经济有一种理想化的倾向，认为只要民营企业一参与，各种问题就都解决了。但实际上，中国的民营经济也有一个发展阶段问题，中国的民营企业也有一个现代企业制度建设的问题。如果拿国外的私营经济去比较，就会发现中国的民营经济还处在发展的初级阶段，还远没有达到发达市场经济国家现代意义上的民营经济的层次。这个初级阶段是家族企业的阶段。家族企业这个体制应该说是个有利有弊的体制。决策效率非常高、忠诚度非常高、管理成本非常低，这种体制做中小企业是没有问题的，但是去经营大企业，是有些问题的。我国家族企业目前的企业文化和诚信、管理水平，与经营大企业的要求相比是有很大差距的。把一个国有大企业交给一个家族、一位老板去经营，风险非常大，其结果很可能是管不好，这种实例并不少见。即使创业一代的民营企业家非常优秀，以后也终究会面临一个非常麻烦的“代际传承”的问题：他们的子女是否也同样优秀？

第三个退给经营者或者职工。这对于大企业来讲既不现实也不合理。不现实是指这么多的资产谁也买不起；不合理是指所有大企业的改革方向、体制构造的方向，都要求所有权与经营权分离，使经营层充分市场化。把大企业卖给经营者，实质上是把经营者变成所有者，同时把经营层给固化住了，这跟大企业的体制要求方向是不一致的，而且对企业的发展也没有好处。

从这样的分析出发，我们的判断是在中国现实的国情条件下，在相当长的一段时间中，竞争性领域的国有大企业还不能完全退出。现在看，中国产业发展的责任，承担在这些企业身上。中央讲要发展 30 户、50 户具有国际竞争力的，能够和国外跨国公司抗衡的大公司和大企业集团，现在真正能够和跨国公司抗衡的还主要是这些企业。所以，我们觉得国有经济从一切竞争性领域退出这个提法是不合适的，至少在目前是不符合中国国情的。在竞争性领域中，国有大企业（不排除体制上的多元化）还需要在相当一段时间内发挥它的主导作用。也许比较合适的提法是，在竞争性领域的国有大企业要加快改革和发展，与其他所有制企业平等竞争、优胜劣汰。

国有大企业的改革和发展，前提是国有资产出资人到位，没有出资人的企业是做不好的。只有出资人到位，才有可能从企业发展的角度，去完善考核、选任、激励、约束等机制。国资委成立之后，在中央企业改革发展方面已经采取了一系列措施，包括法律法规建设、清产核资、业绩考核、薪酬管理、经营者选任、内部改革、分离办社会职能、结构调整等。这些措施是出资人到位的基础性工作，也是补课的性质，因为原先没有出资人，基本的考核指标没有，国有资产的家底也不清楚。这些基础性工作对于中央企业资产的规范化管理和建立激励约束机制，都有重要的积极作用。其中有一个问题社会上比较关注，就是国有企业经营者的薪酬问题。国资委成立之前，薪酬是经营者自己定的，畸高畸低，高的有 100 多万元，低的十万元甚至几万元的都有，关键是没有章法，规模大、效益好的企业不一定高，规模小、效率差的企业未必低。国资委成立之后面对的就是这样一个格局，需要做的事情是对薪酬体系进行规范，并与业绩考核结果挂钩。当然，规范是有一个过程的，在规范过程中有压的，也有涨的。目前是一个什么水平呢？2004 年中央企业一把手，平均年薪税前 39 万元；2006 年大约是税前 50 万元多一点。有人认为国资委定得太高了，问这样定的依据是什么。当时国资委规范中央企业薪酬制度的时候面对的是一个现成的格局，你只能按照这个格局去规范，这是一个因素。同时我们对民营和外资的薪酬水平进行了调查，因为社会上没有这个统计数字，我们请了两家知名的人力资源顾问公司，让它们分别对十几家大的外资企业和十几家大的民营企业去搞统计。最后结果是这样的：外资企业在本地聘中国人当总经理的，低的80多万元，高的400多万元，平均年薪165万元；大的民营企业聘的总经理，低的40多万元，高的200多万元，平均年薪108万元。企业的竞争最终是人才的竞争，这种竞争的格局不去正视肯定是不行的。我们对人才市场流动情况大概是这样一个估计：国有企业不能只讲钱，国有企业是一个非常好的事业平台，也有比较好的企业文化，与给外国人挣钱、给老板打工不是一个概念；但是，收入差距也应有一个限度。我个人估计限度大概是这样的：经营层的老总们，上限大概是多两倍，如果国有企业给40万元，民营企业给120万元，有可能拉不走他；对一般的技术人员、科研人员，大概上限是0.5倍，在国有企业给10万元，外面给15万元，他可能不走，但是要给到20万元就不一定了。所以我们觉得，现在中央企业的薪酬水平从市场的角度判断还是比较合适的，当然还要控制以后的过快增长。有些人讲问题不在于高低，问题是这批人根本没有市场化，这的确说的是对的。但是要使国有企业的经营者市场化，又涉及干部人事制度改革，实际是政治体制改革的一个方面。我们不知道干部人事制度改革什么时候启动、政治体制改革什么时候启动，如果国有企业经营者的薪酬制度必须停在这里等的话，也许等相关改革真正启动的时候，国有企业的人才已经流光了。

这些方面的基础性措施到位之后，效果是很明显的。虽然每一项工作都有需要完善的一个过程，但是导向是非常清楚的。中央企业这几年变化也非常大，最大的变化可能就是大家现在比较认真地在做企业了，希望把企业发展好。所以，这几年整个国有企业包括中央企业，效益的改善程度是非常明显的。这三年中，中央企业每年销售收入增长大概是10000亿元，每年实现的利润增长大概是1000亿元，每年上缴的税收增长也是1000亿元，势头非常好。虽然初步成效很明显，但是国有大企业尤其是中央企业的改革发展任务仍然是非常艰巨的，中央企业许多方面的工作尤其是改革方面是滞后的。任务的艰巨性表现在这么几个方面：

第一个是体制方面。现在中央企业主要还是一把手负责制的领导体制，这不是一个科学、合理的体制。从机制的角度看，市场化程度不高，“大锅饭”仍然存在。中央企业现在高端人才的待遇低于市场水平，低端人才高于市场水平，最后的结果是高端上留不住人才、低端上降不下成本。

第二个是结构布局方面。结构布局仍然不太合理，企业组织结构也有问题。有一些中央企业是原先某一个部门所属的一批工厂、研究机构堆在一起的，上面成立一个集团公司。集团公司实际是空壳，下属企业每年还要交管理费，这样的集团对下面的管理、调控能力都很弱，实际是虚的，需要进行调整。

第三个是社会负担方面。社会负担现在减轻一些了，学校交出去了，公检法交出去了。但很多中央企业还办着社区，管着离退休人员，负担仍然很重。尤其是东北地区的一些企业，办社区的负担非常沉重，整个社区、职工宿舍都是企业在维持，所有的维修、水暖电气的改造，都是企业在负担。

第四个是管理水平方面。中央企业直接的竞争对手是国外的跨国公司，与这些企业相比，我们的管理、技术、营销的差距是非常明显的。与中央要求的成为有知名品牌、有自主知识产权的大公司、大企业集团，还有非常大的距离。尤其是这几年有一个新的动向，就是国外的产业跨国公司和基金联手收购中国的企业，包括国有企业和民营企业。它们收购的目标都是最优秀的排头兵企业，出的价钱非常高。有时候我们都感觉它怎么能出这么高的价钱呢，后来发现产业集团和基金联手以后，盈利模式有变化。联手收购好的企业后，马上运作境外上市，境外上市后基金公司的股权就变现退出了，留下产业集团继续经营这个企业。由于基金的收益主要从资本市场上取得，这样就可以出更高的收购价格。这样的收购对地方政府是有很大吸引力的，因为它出的价钱很高，真金白银地给，地方政府可以收回一大笔钱；对企业经营者也有很高的吸引力，因为这样的收购往往许诺经营团体股份，所以经营者也有积极性。跨国产业公司和基金联手进入中国收购，对国有企业承包的影响和冲击将会是非常之大的。这几年国有企业虽然有了很大的发展，经济效益有了很大的提高，但是在这种局势面前，我们觉得仍然是危机很大，改革还需要加快。

中央企业的改革、国有大企业的改革有许多工作要做，改革、结构调整、加强管理、减轻负担等。由于时间关系我只讲两项主要工作：一是推进体制创新问题，二是推进结构调整问题。

第一，推进体制创新。推进体制创新，就是要把国有企业的发展，建立在一个可靠的制度基础上。国资委成立之后，尤其是基础性的监管工作到位之后，国资委面临着一个选择。因为基础性监管工作到位之后国资委就发现，自己算不过企业，信息不对称，企业说出很多理由、很多情况，国资委的人没话说。所以，一条路就需要不断加强国资委，加强国资委和企业的算账能力，加强国资委跟企业的谈判地位，把国资委进一步做强大。另一条路是体制创新。对这个选择，国资委的班子尤其是李荣融主任认识非常明确。李荣融主任讲，强化国资委的路是一条死胡同，原先各个专业部几百人管几家企业都没管好，我们这些人又不懂专业，去管 100 多户企业怎么可能管好！所以国资委的方向就是体制创新，把市场的机制引进来。

中央企业的体制创新大致是两个方面。

第一个方面，投资主体多元化。投资主体多元化有多种途径，引入战略投资者是一个途径，但是引入战略投资都会有一个控股权的问题，不控股免谈，50% 对 50% 人家也不干。由于中央企业在国民经济中的特殊地位，在控股权的问题上很难退让，所以通过吸引战略投资者实现股权多元化很难。这几年国资委做的主要是改制上市。改制上市对于促进国有大企业改革效果比较好，尤其是境外上市。境外上市本身也存在争议，如境外上市有没有国有资产流失。实际上每个到境外上市的企业都有一个价格底线，价钱不合适可以不卖，所以不会造成国有资产流失。另外，境外上市我们更多地从改革的角度出发。我们理解，公司治理水平和其所依托的资本市场是联系在一起的。比如美国的公司治理一般认为是比较成熟的模式，但仔细想一想，如果没有美国的资本市场，它的公司制根本没法运作。所以，公司治理和资本市场是完全挂在一起的。或者从另外一个角度讲，有什么样水平的资本市场，就有什么样水平的公司治理。国有企业到境外上市，实际上就把境外成熟资本市场的机制引到中国的国有企业里面来了。这个机制是什么？一个是监管的机制，成熟的资本市场监管非常严格，企业的透明度要求非常高。另一个是机构投资者的机制，机构投资者是看业绩的，专门有一批分析师研究企业的状况和发展的趋势，投资者对经营者的压力是非常之大的。通过境外上市，把一个成熟的、国际化的资本市场的机制引入中国的国有企业，保证了改制和经营运作的国际标准和改革的效果。

第二个方面，国有独资公司的现代企业制度建设。目前中央企业的集团公司都是国有独资公司，而且有很多定位比较特殊的国有企业尤其是中央企业，最终也不一定能实现多元化。所以，国有独资公司如何治理也是一个无法回避的问题，在这个问题上认识也不一致。大家知道，国资委在推进国有独资公司董事会试点，对于国有独资公司要不要建董事会、对单一股东要不要建一套复杂的治理结构、是不是多此一举等等，各方面看法还不一样。这个问题需要对现行的体制研究一下，看看目前的体制是不是科学、合理，是不是需要改革。现在中央企业的治理结构是两种情况。一种情况是按企业法注册的国有独资企业，实行总经理负责制，没有董事会。还有一些企业，是按公司法注册的国有独资公司，它是有董事会的，但是它的董事都是内部人，与经理班子高度重合，法人代表是董事长，实际上它是董事长负责制。所以把中央企业的领导体制概括为一把手负责制，应该是非常准确的。一把手负责制在中国有非常广泛的认同感，一把手的概念是深入人心的。一把手负责制这个体制，它的规则是下级服从上级，大家对一把手负责。这个体制的长处是决策非常快，内部应该是高度集中统一的；但它的缺陷是内部难以形成制衡机制，一把手在企业中的权力没有办法受到制约。仅仅从企业经营的角度，一把手负责制对中小企业没有问题，经营环境比较简单，决策难度不高。但是，一把手负责制对大企业是有风险的，因为大企业的决策是高度复杂的、经营环境是高度复杂的。把一个大企业的发展维系在一个人身上，维系在一个人的素质、一个人的状态、一个人的智慧上，无论如何也很难说它是一个科学、合理的体制。一把手负责制加上一个好的经营者，这个企业可能不会出什么问题，但一把手太辛苦了、压力太大了，一切都靠他自己。他不但需要英明，而且需要永远英明、事事英明，因为其他的因素没有办法制衡他。如果一把手负责制遇上一个不好的经营者，出问题就很难制约了。一个人把一企业一度搞得非常红火，然后再把这个企业彻底搞垮，这种教训太多了，大家说这是“马桶效应”——你看他坐在那里挺好，一走开一个大洞。在企业的实际运作中，一把手想做的事，别人是挡不住的，尤其是中国文化有很多封建的色彩、有很多人身依附的因素，一个成功的企业家周围，马上会围上一大批抬轿子的人。当然，一个民主意识较高的一把手，能够更多地听取大家的意见，但这种行为是没有制度保障的。一个大企业的事一个人说了算，大家都觉得不妥当、有风险，权力需要制衡，所以在体制上就需要设计出对一把手负责制的制衡机制，要不然体制就不完善了。由于对一把手的制衡在企业内部没法形成，所以只能从外部设计。外部制衡谁做？只能政府部门或出资人做。政府部门或出资人怎么做？只有行政审批。通过行政审批的办法实现对企业一把手负责制的外部制衡，又会带来行政审批造成的一系列其他问题，如行政干预问题、决策责任问题等等，这实际上是一条死胡同。所以，一把手负责制对国有大企业不是一个科学的体制。后果是什么呢？在中国企业的发展过程中，如果仔细分析一下，有两个如影相随的问题。

第一个问题，对个人的因素依赖过高，制度化的因素过少。中国企业总给人以一种不稳定感，这和国外企业是不一样的。国外有些非常知名的企业，比如说通用、福特、诺基亚、爱立信等等，大家都知道这些企业的名字，但你问它的总裁是谁，可能大家都不知道，我也不知道。它的总裁可能换得很快，但是你感觉企业是稳定的，这个公司是稳定的，它是靠一套制度化的东西在运作。但是中国的企业不一样，中国的企业主要是靠一个优秀的企业家。但一个人再优秀也是人，人有生病的时候，有状态不好的时候，有判断失误的时候，所以中国的企业就给人以不稳定感。我们有些企业家的确是非常出色的，但毕竟企业是靠个人而不是靠制度，所依托的基础是不一样的。对个人因素依赖过高、制度化的因素过少，这种体制特点对中小企业没问题，中小企业靠一个人是可以的，企业的生命周期也很短。但是发展大企业需要几十年的积累，如果没有一个好的制度安排，没有一个保证企业长期稳定发展的制度基础，就靠个人，企业是很难做大的。第二个问题，行政审批的问题总是难以根除。政府不设审批有风险，设出一道审批程序也有问题，总是陷入一放就乱、一管就死的循环。

所以，我们的结论是，一把手负责制对大企业不是一个科学合理的体制，必须进行改革。改革的具体措施就是目前国资委推进的国有独资公司建立董事会的试点，通过改变董事会的构成，加入国资委派出的外部董事，参与决策、形成制衡。试点企业都要求外部董事要占到董事会人数的一半以上，而且选的人都是有决策能力的。由于国内能够做董事工作的人力资源不足，也没有相关的市场，所以我们启用了一批 60 岁刚从一线退下来的原国有企业经营者，当然都是以往业绩很好、目前身体健康且有继续工作愿望的同志。这些同志是有丰富经验和决策能力的，派他们参与决策，可防止决策失误，提高决策的科学性。2005 年 11 月第一家试点企业开始启动，而后七家试点企业规范的董事会陆续到位。现在变化已经产生了，这个变化就是所有试点企业的董事会都不好开了。原先我们国有独资公司的董事会都是形式上的，都是企业内部人组成，而且与经理班子高度重合，这样的董事会很容易开，很多大企业的董事会一个小时就开完了。董事长主持会议，说说自己的想法，大家一致同意就过去了，副手们不会与董事长有很大的不一致，因为董事长是一把手。现在外部董事进去以后，董事会就不好开了，很多企业一天都开不完，每一项决策都要进行细致的研究、讨论，决策质量大大提高，企业出现重大失误的可能性大大降低。这正是我们希望的效果。完善公司法人治理结构是个长期的过程，但通过这项改革，可以使国有大企业的发展更少地依靠个人的因素，更多地加入制度化的因素，因此这项改革的意义是巨大的。

董事会建成之后，国资委的工作将有很大的变化。企业的重大决策要下放、由董事会决定，国资委不能批；对经理层的考核要下放到董事会，经理层的薪酬确定要下放到董事会，经理班子的选任等等也要下放到董事会。这些职能很多是有实权性的，所以外部评价国资委是在革自己的命。我们觉得这几年国资委在依法自律方面是比较自觉的，李荣融主任多次讲行政审批绝对没有好结果，所以国资委有一道红线，绝对不搞项目审批。所依靠的体制就是现代企业制度，就是董事会，用这个体制把国有企业的发展放在一个比较科学的、制度化的基础上，减少个人因素。

第二，加快中央企业的结构调整。布局和结构不尽合理在中央企业仍然很突出。中央企业中有一些并不很大也并不重要的企业；也有一些非常重要的企业，但存在种种问题，我们没有解决问题的资源。国资委成立之后，我们推进了中央企业的合并重组，过度分散的状态有所改变。原来是 196 家，加上铁道部交的 2 家共 198 家，合并重组后现在是 155 家。但合并重组的力度是非常有限的，企业的合并重组仅仅是现有资源的重新组合而已。中央要求我们的国有经济要有进有退，有所为有所不为，向关系国家安全和国民经济命脉的领域集中，我们还远未实现，要实现中央的要求、加快中央国有经济的结构调整，必须要有体制创新，必须要有手段。体制和手段创新有两个方面：

第一，国有资本经营预算。所谓预算就是有收入有支出。国有资本经营预算的收入可能是这样几项：产权多元化企业的分红，小股东要分红，国有股东也要分红；独资企业集中一部分利润，我们以前的企业不向出资人上缴收益，这是不合适的；出售资产的收入。支出主要是两个方面：一是对重要的企业补资本金，这体现出对关系国计民生的关键领域的加强；还有处置困难企业的成本，这是保证平稳退出的条件。国有资本经营预算建立之后，有进有退、有所为有所不为的要求在财务上才可能实现。不重要的企业可以卖出一部分股份，甚至把整个企业卖掉都行；集中一部分资金，该进的该保的国有资本金也能够进去。只有这样，有进有退、有所为有所不为才能做到。

第二，国有资产经营公司。我们现在正在研究，也在进行试点。原先我们的国有企业都是混合体，每个企业都会有一块主业资产，但同时都有一堆包袱，跟主业没关系的辅业、富余人员、不良资产等等。以前的原则是“谁家的孩子谁抱”，自己的问题自己解决。但是后来发现中央企业很多都是产业集团，产业集团在它的本行业是内行、是专家，但它做资产处置、人员安置不内行，推得较慢，做完后也不经济。所以，我们就考虑对中央企业的辅业资产、不良资产进行专业化处置，从2006年开始进行托管公司的试点。你是搞产业的，你就专心搞你的产业发展，你的不良资产、你的包袱交给国资委，国资委委托资产经营公司帮你处理，这样结构调整就能大大加快。

现在回到我在开始讲的四个基本问题上来，看看都解决了多少。第一个基本问题，计划经济的生产主体要与政府分离，变成独立的市场竞争主体，要能够优胜劣汰，如果是国有的还需要与国家形成出资关系。这个问题现在已经基本解决，唯一差距是与国家形成出资关系还需要进一步完善，以及需要相应解决国有企业经营者的市场化问题。第二个问题是布局和结构问题。原先一统天下，现在多种经济成分共同发展的格局中要形成合理的布局结构，企业的结构也要适应市场竞争的要求。合理的布局结构目前基本上形成了，国有中小企业退得差不多了，困难的国有大中型企业退掉2/3。在关系国家安全、国民经济命脉的国有大企业中，虽然它们的定位还需要进一步调整，企业的结构还需要进一步优化，但是基本合理的、大的布局结构已经形成了。第三个社会定位问题。原先的社会组织要变成经济组织，要把社会职能剥离出去。现在应该说就剩下中央企业没剥干净了，因为涉及改革成本问题，当然中央企业办社会职能的大部分，也就是义务教育阶段的学校和公检法机构，已经解决了。第四个职工定位的问题。原先没有风险，现在劳动者要进入市场参与竞争、优胜劣汰。这个问题应该说职工的观念已经和前几年完全不一样了，市场化的大局已经形成了。现在唯一不太到位的可能就是中央企业的职工还没有充分的市场化，还需要中央企业进一步推进内部的改革。

最后谈几点结论。国有企业改革是高度复杂、具高度挑战性的一个世界性的难题，目前我国国有企业改革的深度，已经远远超过其他国家。这是第一个结论。第二个结论，中国的国有企业改革现在还在过程之中，还有很多很重的任务，但是中国国有企业改革最困难的时期已经过去了。第三个结论，中国国有企业改革的推进，与中央对改革的指导和要求是完全一致的，这也证明中央制定的国有企业改革的方针政策是正确的，是符合中国国有企业的实际的。从总的改革推进的进程看，我们对国有企业改革的前景是有信心的，中国有可能把这个世界性的难题解开，这也是中国的经济体制改革必须实现的一个重大目标。

积极探索 勇于创新 不断提高中央企业收入分配管理调控水平*

同志们：

党的十七大报告对深化收入分配制度改革提出了重要指导方针，温家宝总理在十一届全国人大一次会议上作的《政府工作报告》也对理顺社会收入分配关系作出了全面部署。这次中央企业收入分配工作会议的主要任务，是深入贯彻党的十七大、中央经济工作会议及中央企业负责人会议精神，认真总结国资委成立五年来中央企业收入分配工作，部署2008年收入分配管理调控及第二个任期中央企业负责人薪酬管理工作，继续推进中央企业收入分配制度改革，进一步提高中央企业收入分配管理调控水平，把中央企业收入分配工作做得更好，促进企业的和谐稳定与发展。这次会议也是国资委成立以来第一次专题的收入分配工作会议，由于收入分配工作很敏感，很多做法具有探索性，为了避免引起不必要的争论，过去几年我们本着低调行事的原则，没有召开大型的会议。经过近五年的探索和实践，中央企业的收入分配工作取得初步成效，但在新的形势下也面临新的挑战。许多新情况新问题需要进一步研究，以便把我们的工作提高到新的水平，因此召开这次会议是必要的。

目前国有企业特别是中央企业的收入分配问题成为社会各方面高度关注的热点，做好中央企业的收入分配工作实际上成了一项社会责任。

---

* 2008年4月8日在中央企业收入分配工作会议上的讲话。

国资委和国资委党委历来对中央企业的收入分配问题十分重视，凡是重大的、关键的收入分配问题，都要经过反复论证和权衡之后才进行决策。各中央企业认真研究积极推进收入分配制度改革，支持和配合国资委对收入分配的调控，使中央企业的收入分配逐步进入制度化规范化的轨道，成绩来之不易。根据中央关于深化收入分配制度改革、构建和谐社会的要求，下一步做好中央企业的收入分配工作任务更加艰巨，责任更加重大，需要我们更加积极地探索和实践，使我们中央企业的收入分配既能满足企业改革发展的需要，又能为和谐社会的建设发挥示范和带头作用，因此开好这次会议很重要。下面，我讲四个问题。

一、五年来中央企业收入分配工作的回顾

加强中央企业收入分配管理调控、深化中央企业收入分配制度改革，是国资委的一项重要职能。国资委成立五年来，牢牢把握出资人职责定位，在实践中探索，在探索中创新。经过国资委和中央企业的共同努力，中央企业收入分配工作逐步规范，中央企业收入分配制度改革不断深化，取得了积极进展和明显成效。

一是中央企业职工工资稳步增长，总体上符合国家“两低于”原则。2003—2006 年，中央企业职工工资总额年均增幅 15.98%，低于实现利润总额年均增幅 36.6% 水平；职工平均工资年均增幅 15.53%，低于按工业增加值计算的劳动生产率年均增幅 21.37% 水平。中央企业职工收入分配与经济效益紧密联系的分配机制已普遍建立。从增长幅度看，2006 年中央企业职工年均工资水平增幅为 12.65%，分别比全国职工、全国企业职工及全国国有企业职工年均工资水平增幅低 1.71 个、4.25 个和 4.01 个百分点，与 2005 年中央企业自身相比，也回落了 1.61 个百分点。中央企业职工工资增长较为平稳。

二是中央企业之间收入水平分布格局趋向合理。经过几年调控，

到2006年，中央企业行业人均工资水平最高是最低的倍数差距，由2003年和2004年的4.9倍保持在近两年的4.2倍和3.8倍，没有进一步扩大，也低于同期国家统计局统计的大行业间4.75倍的分配差距。目前，中等收入企业户数已占中央企业半数以上，低收入企业户数不断减少，“提低、扩中、限高”的调控效果明显。中央企业各行业内部的企业之间职工收入趋于平衡，明显不合理的分配差距基本消除。

*三是中央企业负责人激励不足和薪酬与业绩贡献不匹配的问题初步解决。*实行年度薪金制之后，中央企业负责人薪酬水平的确定、薪酬的增长及变动有了明确的规则和依据，改变了以往企业负责人薪酬与其承担的责任和经营绩效严重脱节、自定薪酬、高低悬殊、该高不高、该低不低、能升不能降等不合理的状况，初步形成了与企业效益、规模和企业负责人承担的责任相一致的薪酬体系。在遏制少数企业负责人过高收入的同时，多数收入偏低的企业负责人薪酬都随着效益的提高有了较大的增长，重点行业和企业的负责人薪酬增幅较大，薪酬结构和水平趋于合理，激励机制不断增强。中央企业负责人薪酬水平增长与职工工资收入差距基本合理、稳中有降。2004—2006年，中央企业负责人薪酬水平年均增长14.92%，低于同期中央企业职工平均工资年均增长15.28%的增长幅度。在此期间，累计有87户中央企业负责人因年度业绩考核结果下降而降薪。

*四是股权激励等多项改革平稳推进。*股权激励作为中长期激励措施，已经从境外上市公司发展到境内上市公司，许多中央企业控股的上市公司正在积极创造条件实施股权激励。由于在试点办法中明确规定了试点企业的条件和要求，因此试点的进展比较平稳。目前中央企业控股的已有17家境外上市公司和6家境内上市公司批准试行股权激励。配合国资委建立规范董事会试点的改革，正在探索按照现代企业制度和公司法的要求，建立董事报酬管理和董事会决定高管人员薪酬的新机制。

*五是中央企业内部收入分配制度改革不断深化。*多数企业探索建

立起以岗位工资为主的基本工资制度，初步打破了平均主义大锅饭，收入分配进一步向管理、技术等关键岗位和骨干员工倾斜。关键岗位、骨干人才的收入水平与市场价位的差距大大缩小，并逐步与劳动力市场价位接轨，改变了人才进不来、留不住的局面。企业员工收入分配该高不高、该低不低的状况有所扭转。

五年来，按照出资人职责要求，以国家有关政策为指导，紧密结合中央企业实际，在收入分配管理调控上，我们主要做了以下几项工作：

一是切实改进和加强中央企业工资总额的管理调控。结合企业实际，改进完善了工效挂钩和工资总额计划核定办法，将部分企业单一实物量指标挂钩办法改为与实现利润等指标挂钩；严格控制高收入企业挂钩浮动比例，重点对一些高收入行业进行调控，适当降低这些行业的工资增长幅度；实事求是地解决建筑、装备制造、军工等低收入行业工资来源紧张、激励不足等实际困难。同时切实加强人工成本管理，规范工资性收入来源渠道，逐步建立健全收入分配制度。在促进企业建立效益导向的工资增长机制基础上，不断引入市场因素，提倡职工民主参与，引导企业职工收入水平与市场价位逐步接轨。为建立规范的制度，对违反收入分配原则和国家政策规定的做法依法处理，维护了分配政策的严肃性和规范性。

二是初步建立比较规范的中央企业负责人薪酬管理制度。对中央企业负责人普遍实行了以业绩为导向的年度薪金制度。企业负责人基薪根据企业经济规模和收入水平等因素综合确定，绩效薪金与年度经营业绩考核挂钩，并实行部分延期支付。同时严格规定企业负责人在年度薪金以外，不得获取任何其他不合理收入，不得兼职取酬。积极指导和推进中央企业建立健全规范职务消费的各项制度，增强企业负责人职务消费的透明度。目前中央企业规范本企业负责人职务消费的制度框架总体上已初步建立。

三是积极探索建立国有企业中长期激励制度。为落实按生产要素参与收益分配的原则，按照“规范起步、循序渐进、总结完善、逐步到位”的工作思路，逐步探索建立中长期激励机制。2006 年，会同财政部分别印发了《国有控股上市公司（境外）实施股权激励试行办法》和《国有控股上市公司（境内）实施股权激励试行办法》两个政策性文件，标志着在完善薪酬激励体系方面迈出关键一步。

四是不断完善企业职工薪酬福利制度。根据企业实际情况和改革进展，积极推动企业规范建立企业年金制度，制定印发有关中央企业规范实施企业年金制度的政策性文件，促进了企业年金制度在中央企业的规范起步。制定印发《关于中央企业严格执行国家住房制度改革政策有关问题的通知》，明确了发放住房补贴的基本原则和工作程序，严格审批条件，有效遏制了违规和高标准发放住房补贴的行为。

五是配套制定董事会试点企业高管人员薪酬管理办法。按照建设规范的董事会试点工作要求，不断完善试点企业高管人员薪酬管理办法，在调查研究的基础上，研究拟订了《关于董事会试点企业经理人员薪酬管理的指导意见》《董事会试点企业董事报酬管理办法（试行）》，力求从一开始就将董事会试点企业高管人员薪酬管理工作纳入制度化、规范化管理轨道。

总之，经过五年来的探索和实践，已基本建立起中央企业收入分配管理调控工作体系和相应的政策制度，中央企业收入分配激励约束机制不断完善，和谐的中央企业收入分配格局正在形成。这些成绩的取得是国资委和国资委党委正确领导、有关政府部门积极支持配合的结果，同时也是中央企业共同努力、扎实工作并对我们的工作给予理解支持和配合的结果。在这里，我代表国资委，向中央企业辛勤工作在人力资源管理岗位上的各级领导和同志们表示衷心的感谢！

国有企业是社会主义市场经济的主导力量，国有企业的收入分配不仅关系到企业的改革发展稳定，也会对社会各方面的利益平衡产生重要的影响。从过去五年中央企业收入分配工作的实践来看，在复杂的利益关系调整中必须把握好以下几个方面：

一是必须坚持出资人职能定位，依法履行出资人对收入分配的调控职能。国有企业的收入分配实际上是出资人、企业与员工之间的利益分配，出资人对收入分配进行调控是一项重要的职责。但出资人对收入分配的调控必须按照《企业国有资产监督管理暂行条例》和《中华人民共和国公司法》赋予的权利依法进行，关键是要处理好与企业分配自主权的关系，做到不缺位不越位。我们的一条重要体会就是坚持把薪酬分配的制度建设放在首位。企业的薪酬分配既要以市场为导向，根据市场竞争的要求自主进行调节；也要建立必要的制度规则平衡出资人与企业、员工和经营者的利益关系，保证收入分配的规范、公正和公平。5 年来先后出台了 58 项政策规章，内容包括工资总额管理、企业负责人薪酬、股权激励、职务消费、员工福利等有关收入分配的主要方面。这些制度规章的建立为企业在收入分配上的改革探索提供了依据，促进了行业及企业之间、企业负责人与职工之间的分配逐步合理化。

二是必须坚持按劳分配与按要素分配相结合的原则，合理调节收入差距。国资委成立之后实际上面临两种不同性质的收入差距问题。一种是由于过去出资人缺位，国有企业的收入分配各自为政，缺乏统一的制度规则，造成了行业和企业之间收入差距过大、经营者自定薪酬等不合理状况。这方面的收入差距是国资委进行调控的重点。但有些收入差距是收入分配制度改革的必然结果，比如根据经营业绩好坏和个人贡献大小形成的收入差距，国资委的主要做法是完善制度、进行规范。因此在调控收入分配中要把分配制度改革形成的差距与分配制度不完善造成的差距区分开来，既要坚定不移地支持企业进行收入分配制度改革，鼓励合理拉开收入差距，积极引导企业广大员工适应新的分配体制和规则；同时也要积极采取调控措施克服分配体制中的弊端，消除造成不合理收入差距的根源。

三是必须坚持把调动人的积极性作为分配调控的出发点和落脚

点。收入分配关系到每个人的切身利益，是调动人的积极性的最有效的杠杆，但如果运用得不好也最容易挫伤人的积极性。在当前的体制转轨阶段，人们的利益刚性比较强，这就要求运用收入调节杠杆必须慎之又慎。这几年我们的做法是，首先对多年形成的一些不合理的利益格局，采取循序渐进的方式进行调整，避免出现过于剧烈的变动。其次利益的调整坚持以增量调整为主，慎动存量，力求在发展中解决问题。最后注意调动多方面的积极性，收入分配政策的出台既要有利于调动经营者和管理人员、科技骨干的积极性，也要有利于调动广大员工的积极性，在收入分配中片面强调某一部分人的利益和积极性都是不可取的。

*四是必须坚持分配制度改革与其他各项改革相配套，准确把握分配制度改革的力度和进程。*分配制度改革是国有企业改革的重要环节，需要与国有企业改革的整体状况相一致，既要积极推进，又不可孤军深入。一般来说，从企业参与市场竞争的角度，希望薪酬激励制度尽可能市场化，尽快与市场接轨。但根据国有企业改革的进程，又还不具备与市场接轨的条件。无论是公司治理结构还是企业内部的运行机制，国有企业与合格的市场主体还有很大的差距。比如大多数企业还没有建立规范的董事会、企业经理人员还没有做到市场化聘用、员工能进能出的问题在很多企业还没有解决等等。合理的薪酬与分配，应该是规范竞争条件下市场定价的结果，现阶段薪酬与分配的各项政策都只能从国有企业的现实出发，不可能也不应该完全市场化。

国有企业收入分配制度改革取得的成效是初步的，还有很多差距和不足需要进一步解决。主要是：不合理的收入差距尚需进一步控制；企业负责人的薪酬决定机制还没有达到精准化、个性化、市场化的要求；按要素分配的制度有待进一步落实；约束机制不够健全；企业内部三项制度改革不够彻底，大锅饭的分配体制没有完全改变，平均主义的倾向在不同的层面还程度不同地存在；等等。薪酬分配中的这些问题都需要引起我们的高度重视，通过今后不断深化收入分配制度改革，在探索实践中逐一加以解决。

二、认真落实十七大精神，牢牢把握中央企业收入分配制度改革的正确方向

党的十七大报告对深化收入分配制度改革指出了正确方向，做出了一系列重要论断和部署，主要有：一是要坚持和完善按劳分配为主体、多种分配方式并存的分配制度；二是提出初次分配和再分配都要处理好效率和公平的关系，再分配更加注重公平；三是要求逐步提高居民收入在国民收入分配中的比重，提高劳动报酬在初次分配中的比重；四是要求建立企业职工工资正常增长机制和支付保障机制；五是要创造条件让更多群众拥有财产性收入；六是提出逐步扭转收入分配差距扩大趋势。这些重要原则精神是我们推进分配制度改革的根本指导思想，同时也对我们下一步的薪酬分配工作提出了新的更高要求。深刻学习领会十七大关于收入分配制度改革的精神，是做好收入分配调控工作的重要保证。

当前，我国社会发展阶段正处在矛盾多发期，社会成员利益分配格局正在发生前所未有的深刻变化。保持合理适度的收入分配差距，有利于调动各方面积极性，有利于吸引人才、留住人才，是认真贯彻党和国家“尊重劳动、尊重知识、尊重人才、尊重创造”这一重大方针的必然要求，对全面建设小康社会、开创中国特色社会主义事业新局面，具有十分积极的促进作用。但是不可否认，不合理的收入分配差距以及合理但不适度的收入分配差距，对经济社会发展和人们的心理同样具有严重的消极影响。社会成员之间收入差距较大的问题，可能会由于地区发展的不平衡、行业发展的不平衡以及企业之间发展的不平衡被进一步放大，给改革带来负面影响；而收入差距过大和利益格局调整过于剧烈，都不利于和谐社会的建设。这使得国有企业在收入分配制度改革上面临

着双重的压力：一方面作为市场主体必须坚持市场化改革方向，不断深化收入分配制度改革，最大限度调动人的积极性；另一方面作为社会稳定的重要力量，又必须承担起维护企业和社会稳定的政治责任。这无疑对国有企业的收入分配工作提出了新的挑战。

面对新任务新要求，我们一定要认清形势，提高认识，统一思想，积极进取，适应建设社会主义和谐社会和发展壮大国有企业的时代要求，努力推进中央企业收入分配制度改革。在改革中应注意处理好以下关系：

一是正确处理分配制度改革的力度进度与社会和职工可承受的程度之间的关系。推进收入分配制度改革，不能离开中国的国情和现实。首先中国曾经是一个平均主义思想长期盛行的社会，改革前国有企业中大锅饭的分配体制在某种程度上强化了这一思想，因此在观念上接受市场经济的分配制度及其结果不可避免地存在一定的障碍和阻力；其次我国将长期处于社会主义的初级阶段，刚刚从温饱进入小康，还存在大量贫困人口、低收入和困难群体，总体的社会收入水平还不高；最后中国式改革只能是渐进式的，收入分配制度的改革也不可能一步到位，欲速则不达。这些现实的状况决定了社会对收入分配问题不仅敏感，而且承受能力不强，因此收入分配制度改革的力度和进度必须与社会和职工的可承受程度相适应，因势利导、积极稳妥、促进和谐，才能调动大多数人的积极性。

二是正确处理收入分配中公平与效率的关系。党的十六大提出，“初次分配注重效率”，“再分配注重公平”。党的十七大明确指出，“初次分配和再分配都要处理好效率和公平的关系，再分配更加注重公平”。党的十六大、十七大从构建社会主义和谐社会、强调社会公平的战略高度，充分考虑到社会主义初级阶段的特点，反复强调了在收入分配中必须处理好效率和公平的关系。处理效率与公平的关系，不能离开社会主义市场经济的分配原则。国有企业的收入分配属于初次分配，国有企业作为市场主体的地位决定了必须把效率放在突出位置，因为没有效率就没有竞争力。效率来自人的积极性，调动人的积极性就必须解决好收入分配的公平问题，包括企业内部的公平和企业之间的公平，在这个意义上效率与公平是一致的。处理公平与效率的关系很重要的一点是：要引导企业员工树立市场经济下的公平观。社会主义市场经济的分配原则，完全不同于平均主义的大锅饭，甚至也不同于传统意义上单纯的按劳分配原则，因此必然带来利益格局的深刻变化和调整。在新旧两种体制和相应的两种分配原则的转变中，至少有来自三个方面的阻力或制约。一是人们的观念和认识程度的制约。有的人是以个人利益受益或受损来判断改革的成效，也有的以传统体制下的平均主义作为分配合理与否的参照系，这会导致部分人难以正确对待收入分配格局的变动。二是社会主义市场经济的分配制度的基础是市场机制在资源配置中起基础性作用，劳动的价值是在市场竞争中体现的，不能简单等同于个人劳动的直接付出。而多年来人们习惯于同等的劳动具有相同的价值，对同等劳动在市场竞争中形成的差异难以认同。三是市场经济中按要素分配往往大于按劳分配形成的差距，特别是在知识经济越来越发达的情况下，技术、专利和管理等无形资产的作用越来越大，在社会财富的分配中必然占有更大的份额。对这一点社会也需要逐步接受和适应。因此对效率与公平的关系不能简单化地处理，更不能退回到平均主义的分配体制。

三是正确处理按劳分配与按要素分配的关系。从党的十五大开始就明确提出了按劳分配与按生产要素分配相结合的分配制度。党的十六大、十七大进一步明确，要坚持按劳分配为主体、多种分配方式并存的分配制度，健全劳动、资本、技术、管理等生产要素按贡献参与分配的制度。承认各种生产要素与劳动一样参与分配，是建立和完善社会主义市场经济体制的客观要求，是对传统的按劳分配理论的重大突破。中央企业要率先落实按劳分配和按生产要素分配相结合的分配制度。过去我们在分配上的制度办法主要是围绕按劳分配制定的，关于生产要素参与分配还是一个有待探索的新课题，相应的制度办法远没有建立起来。在前期我们做了一些初步的探索，如上市公司试行股权激励、科研院所对科研骨干试行中长期激励办法等，但都只是刚刚起步。由于按要素分配的复杂性，以及对现行分配格局影响的不确定性，难度会更大一些。按劳分配是主体，涉及大多数员工的利益，按要素分配是社会主义分配原则的重要组成部分，关系到各类要素的有效配置，两者不能偏废。

四是正确处理国有企业与社会其他群体的利益关系。随着收入分配制度改革逐步到位，国有企业的激励机制正在不断增强，国有企业员工的积极性正在转化为企业发展的内在动力和活力。由于国有企业的收入分配制度改革步伐相对来说走在社会其他利益群体的前面，与国家公务员、国有事业单位相比，国有企业收入分配的市场化程度更高，因而形成了与其他利益群体在收入分配上的差距，这已成为社会关注的焦点。中央企业在国有企业中处在排头兵的位置，收入分配问题必然受到更多关注。特别是我们根据企业参与市场竞争的要求实行经营者年薪制后，一度出现了一些不同的认识，这是难以避免的。但这也提醒我们，国有企业分配制度改革不是孤立的，不能离开社会大环境，无论是经营者的薪酬还是国有企业员工的收入分配，都不能脱离现实，与其他社会群体相差不能太大。无论是国资委，还是各中央企业，在收入分配上都要从大局出发，统筹兼顾，既要推进改革，又要照顾“左邻右舍”。要采取切实措施控制好收入的水平和增长幅度，不能盲目与外资、民营企业攀比。

五是正确处理企业内部各类人员的收入分配关系。过去国有企业习惯上像是个大家庭，“家庭成员”就应该是处处平等的。改革以来企业员工在收入分配上的差距逐渐在拉大，按劳分配与按要素分配正在得到落实，由此企业员工的积极性大大提高，这无疑是分配制度改革的积极成果。但国有企业内部不同的群体在改革中受益的程度和对改革的接受程度是不平衡的，特别是下岗和内退职工、离退休人员等，他们的收入相对来说处于较低水平，因此收入水平的调控要立足于让全体员工共享改革成果，注意平衡企业内部各类群体的利益关系。比如解决经营者的薪酬必须同时考虑到普通职工的收入水平，提高在职人员的待遇必须兼顾不在职人员的承受能力，等等。同时，在加大对关键岗位、骨干人才激励力度的同时，也要注意避免内部收入差距过大。要通过收入分配制度改革逐步建立合理和谐的企业内部收入分配关系。当然要从根本上理顺企业内部的分配关系，还应着力改革企业劳动用工和内部分配制度，做好教育培训工作，全面提高劳动者素质，积极引进各类人才，为每个人提供平等竞争的机会。要促进收入分配向一线员工倾斜，根据企业的效益状况不断提高一线员工的收入水平。

三、把握工作重点，努力实现中央企业收入分配工作新进展新突破

2008 年和第二任期，中央企业收入分配工作的指导思想是：以中国特色社会主义理论和党的十七大精神为指导，全面贯彻落实科学发展观，紧紧围绕做强做大中央企业这一中心任务，积极稳妥地推进收入分配制度改革，加强和改善收入分配管理调控，建立与现代企业制度相适应，激励与约束相统一，有利于吸引人才、留住人才，充分调动各方面积极性，水平适度、结构合理，具有较强竞争力的收入分配制度，完善国有企业的激励约束机制。

下一阶段的主要工作目标：一是适应国有企业改革发展的需要，建立起比较完善的中央企业收入分配政策法规体系。二是适应新时期国有资产监管的需要，基本建立起国资委依法履行出资人职责、企业自主分配的中央企业收入分配管理调控体制。三是适应提高企业整体素质和市场竞争力的需要，在中央企业内部基本建立起以市场为导向的企业薪酬管理制度。

根据以上工作目标，今后需要重点做好的工作是：

一是改革中央企业工资总额管理办法，积极创造条件从直接管理转向间接调控。已经实行二十多年的工效挂钩办法，在过去工资总额管理中发挥了积极作用，但难以适应企业收入分配制度改革的要求，亟须进行改革。经过前期的调查研究和反复论证，国资委拟从今年开始在部分企业试行工资总额预算管理。这是中央企业收入分配调控方式的重大改革创新，是国资委贯彻落实党的十七大精神的重要举措，有利于实现企业工资分配的效益导向与市场化原则相结合，有利于出资人依法调控与企业自主分配相结合，有利于建立健全企业职工工资收入的正常增长机制。各中央企业要充分认识工资总额预算管理的重要意义，切实组织做好有关工作准备。国资委鼓励具备条件的企业先行试点，将年度工资总额预算纳入企业全面预算管理体系中，建立以工资总额预算目标为中心的管理体系，探索建立适应市场经济和现代企业制度要求的工资总额决定新机制。国资委将根据中央企业改革发展的总体要求，参考国民经济发展宏观指标、社会平均工资和居民消费价格指数变化等情况，分行业制定和发布中央企业年度工资水平增长调控线，依法调控中央企业收入分配总体水平。在总结试点经验的基础上，将进一步完善办法，全面实施，实现新老制度的平稳过渡。

二是进一步加强中央企业负责人薪酬管理，改进完善薪酬调控管理办法。第二任期，各中央企业要进一步树立“业绩升、薪酬升，业绩降、薪酬降”薪酬理念，建立完善的“重业绩、讲回报、强激励、硬约束”的薪酬管理机制，逐步构建企业负责人薪酬增长与经济效益、业绩考核联系密切，与职工收入分配关系协调、差距合理的分配格局。考虑到中央企业负责人的年度薪酬经过第一任期的增长，总体水平已经不低，激励不足的问题初步解决，国资委党委决定适当调控中央企业负责人年度薪酬增长速度，初步确定第二任期内中央企业负责人年均薪酬增幅控制在7%左右，继续保持与职工平均工资水平差距不扩大并适度缩小。进一步完善薪酬调控措施，在保持基薪基本不变的同时，加大效益指标对绩效薪金的权重，强化薪酬与效益的联系。凡是企业当年业绩利润低于上年业绩利润的，企业负责人当年年度薪酬不得超过上年年度薪酬水平；企业负责人年度薪酬增长幅度不得高于本企业业绩利润增长幅度，促进企业负责人薪酬增长与企业效益增长相一致。企业要积极推进建立和完善企业负责人岗位评估和业绩评价体系，切实根据其岗位职责和贡献确定其薪酬水平，合理拉开本企业主要负责人与其他负责人之间，以及其他负责人之间的薪酬差距，并坚持“以岗定薪，岗变薪变”。继续严格规范兼职取酬。不断总结企业在职务消费预算管理、公开透明、内控程序、标准制定等方面的经验做法，通过典型引路，指导中央企业规范职务消费工作逐步规范化、制度化。同时对职务消费的一些共性问题进行研究，适时出台进一步规范企业负责人职务消费的指导意见。

三是规范实施股权激励，不断探索并完善中长期激励机制。在国有企业试行符合国际惯例的中长期激励机制，对深化国有企业改革、提高国有企业的竞争力具有重要的现实意义，是国有企业薪酬制度的重大创新。实施股权激励是一项与国际上通行的激励约束机制接轨的中长期激励方式，相应的就要求企业的治理结构、运行机制、管理体制也必须与国际接轨。在目前阶段，由于我国资本市场还不成熟，企业治理结构不规范、相应的配套改革没有跟上，因此股权激励还不具备普遍推开的条件，只能在有条件的企业逐步试点。从试点中反映的问题来看，存在股权激励实施条件过宽、业绩考核不严、预期收益失控等问题，按照审慎、从严的原则，既考虑调动上市公司高管人员的积极性，又考虑股权激励实施的科学规范性，我们尝试建立了国有控股上市公司股权激励方案公示制度和专家评审制度，同时针对试点中出现的问题，研究拟定了实施股权激励试点的补充意见，加强对国有控股上市公司实施股权激励制度进行指导、规范。

根据建立中长期激励机制的安排部署，国资委将从第二任期开始在非上市中央企业对企业负责人及管理技术骨干探索开展中长期激励试点。初步考虑，按照分类指导、点面结合、试点先行的原则，一方面是结合任期考核结果给予任期奖励，另一方面拟在建立规范董事会试点以及公司治理完善、正在打造具有国际竞争力大企业集团的少数中央企业中，探索非上市公司企业高管人员中长期激励办法。

四是继续加强董事会试点企业董事报酬管理和高管人员薪酬管理的制度建设，促进董事会试点工作不断深入。建立规范的董事会之后，董事会就可以依据《中华人民共和国公司法》赋予的职责决定高管人员薪酬。但在试点初期，董事会刚刚组建，人员和职能还不能完全到位，更重要的是改革不完全配套，经营者的任命权还没有完全落实。在这种情况下，既要充分发挥试点企业薪酬委员会的作用，国资委又要为董事会决定薪酬当好参谋助手，使其薪酬决策符合国资委薪酬管理的基本理念、原则和要求，避免出现在试点中大幅度提高薪酬水平。为此，今年国资委将专门印发《关于董事会试点企业高管人员薪酬管理指导意见》和《董事会试点企业董事报酬管理办法》等配套文件，加强对试点企业薪酬管理工作的指导，科学合理确定企业高管人员薪酬，探索建立符合现代企业制度要求的企业负责人薪酬和董事报酬管理新机制，在实践中逐步落实董事会选聘、考核、奖惩高管人员的职权。为了给董事会更好地履职创造条件，试点企业的人力资源部门要做好与国资委的衔接沟通工作。

五是加快推进中央企业深化“三项制度”改革，逐步建立规范的、符合市场竞争要求的劳动用工制度和分配制度。当前贯彻实施新的劳动合同法，是一次推进劳动用工制度改革的极好机会。要抓住这一有利时机，从根本上改变国有企业多年形成的能进不能出的固化的用工制度，建立真正适应市场竞争要求的劳动合同制，逐步形成统一规范的用工制度，做到人员能进能出。要依法清理和规范劳动用工关系，对多种形式的用工应依法管理，消除身份歧视，避免出现因工作失误导致的劳动纠纷，影响中央企业的社会形象。要不断深化分配制度改革，根据劳动力市场价位，合理拉开收入分配差距，把按劳分配与按生产要素分配落到实处。实行真正的岗位工资制，一岗一薪，岗变薪变。在严格考核的基础上，切实做到有奖有罚，收入能增能减，确保个人收入增长与其业绩和贡献相一致，逐步实现与劳动力市场价位接轨。要建立和完善正常的工资增长机制，落实最低工资制度，拖欠工资的企业应采取切实措施尽快解决并建立长效机制。要进一步完善包括住房、企业年金等在内的薪酬福利制度，构建更加科学合理的职工薪酬福利体系。

六是加快建立健全企业收入分配的监督和约束机制。要积极创造条件将企业负责人的收入公开，将其作为职代会民主监督的重要内容，并纳入监事会的监督检查范围。在条件具备时，也可试行将企业负责人的收入向社会公布。要加强对中央企业收入分配执行情况的监督检查，对违规违纪行为及时查处，维护正常的收入分配秩序。

四、切实加强领导，不断提高中央企业收入分配管理的工作水平

2008 年是贯彻落实科学发展观、推进和谐社会建设的重要一年。第二任期是推进中央企业收入分配制度进一步完善、收入分配格局更加合理的关键阶段。做好今年和整个第二任期的收入分配管理与改革工作，对于实现十七大提出的明确要求，保持中央企业改革发展和经济效益稳步快速增长的良好势头，意义十分重大。但国有企业的收入分配又是一项难度很大的工作，可以说极具挑战性极具探索性，同时也富有建设性，值得我们为之努力奋斗。下面我就做好中央企业收入分配工作，提几点希望：

一是要认真学习党和国家有关收入分配的一系列方针政策。当

前要认真学习十七大报告和温总理《政府工作报告》，深刻领会精神实质，并以两个报告统一我们的思想认识。要从完善社会主义市场经济体制、深化国有企业改革的全局出发，结合贯彻落实科学发展观、建设和谐社会，全面理解收入分配制度改革的重要性，特别是要深刻理解社会主义收入分配原则的本质内涵，在处理任何复杂的利益关系中始终坚持收入分配制度改革的方向不动摇。

二是不断强化收入分配调控的基础工作。企业收入分配管理工作政策性强，涉及面宽，关系到每个职工的切身利益，同时也是一项深入细致、操作性很强的工作。任何政策和调控措施都必须做好深入细致的调查研究，并且以数据为基础，用数据分析说话，因此完整、准确、及时的数据资料是做好这项工作的重要保证。为了搞好对比分析，加强监测调控，提升管理水平，国资委已初步建立了企业收入分配数据库。希望各企业支持和利用好这个平台，也希望各企业积极创造条件，抓紧建立、完善自己的收入分配数据库，充分利用现代科学手段和方法提高本企业收入分配管理水平。

三是不断提高人力资源管理工作队伍的整体素质。知识经济时代，人力资源日益成为企业的战略资源，企业的竞争正从物质资源的竞争转向人力资源的竞争，企业的管理正由以“物”为中心转向以“人”为中心。现在企业的人力资源管理工作显得比任何时候都更加重要。在这种形势下，对企业的人力资源管理工作就提出了新的更高要求。总体来说，我们中央企业的人力资源管理队伍素质是高的，能力是强的。但面临新形势新要求，实事求是地讲我们还有不少不足，还有许多方面需要改进提高。这就需要加强学习培训，抓紧补充新的知识，学习当今人力资源管理的最新理论和方法，了解国内外薪酬管理的最新进展，加快提高业务工作水平。同时也要进一步提高自身的政治素质，培养良好的工作作风，在企业的改革发展中率先垂范，以身作则。

四是切实加强执行收入分配制度政策的自觉性。中央企业的收入分配事关全局，我们每个人责任重大。国资委是依据有关法律法规行使分配调控职能，同样重任在肩。国资委和国资委党委十分重视中央企业的收入分配工作，已于去年专门组成了薪酬管理委员会，荣融主任亲自担任这个委员会的主任，重大收入分配事项和政策措施出台，都是集体决策的结果。国资委成立以来，在收入分配调控方面已经发布了一系列的文件，对有关收入分配做出了相应的政策规定，希望各企业认真执行。总体上各企业对收入分配调控的工作是支持理解的，执行相关的制度规定也是严格的，但也有少数企业或者是因为对政策理解不够，或者是工作疏忽，出现了一些不合规的问题，希望尽快按有关制度规则予以改正。同时我们也诚恳地欢迎大家对国资委在收入分配方面的工作提出意见和建议，我们保证虚心听取大家意见，改进和完善收入分配调控工作，更好地满足企业改革发展的需要。但政策制度一旦确定，就必须严肃执行。希望我们一起努力把这项高难度的工作做好。

同志们，我们正处在改革发展的关键时期，大家肩负着重要的使命，我们一定要积极探索、勇于创新，力争把中央企业收入分配管理工作提高到一个新的水平。让我们在以胡锦涛同志为总书记的党中央的领导下，高举中国特色社会主义伟大旗帜，以邓小平理论和“三个代表”重要思想为指导，深入落实科学发展观，为中央企业创造更加辉煌的业绩做出新的更大贡献！

在中央企业并购重组经验交流与培训班上的讲话*

国资委成立之后，把推动国有资本调整和中央企业重组作为一项重要工作。目前，中央企业已从当时的196户重组调整至132户。中央企业重组已经成为社会普遍关注的热门话题之一。应该说，企业重组涉及重大利益的调整，尤其是中央企业重组情况很复杂，操作不当就会有很多负面反映。到目前为止，中央企业重组工作积极稳妥推进，比较平稳，比较顺利，社会总体反映比较好。这与在座各中央企业的努力是分不开的。同时，中央企业积极参与对一些地方国有企业、民营企业以及境外企业的并购重组，总体上效果比较好，也积累了一定经验。今天我们召开这个会议，一方面希望大家互相交流经验，另外请专家介绍一些操作办法，希望能够给大家一点启发。

一、现阶段我国企业并购重组蓬勃兴起的深刻原因

在市场经济国家，大公司的发展实际上就是一系列的企业并购和重组的过程。为控制市场要做并购，为取得技术要做并购，为转型要做并购，进入新产业或新市场一般也要从并购开始，所以，对于国外的大公司来讲，能够做并购重组，并且能够把并购重组做好，是其发展的一项基本功。国外公司对并购重组特别重视，专门有一批人研究这个问题，包括一些中介机构也在帮助企业操作。当然，大规模的企业并购重组需

---

* 2009年10月29日在中央企业并购重组经验交流与培训班上的讲话。

要一定的条件。这个条件就是市场尤其是要素市场的高度发育。而且，随着并购规模的扩大，市场会不断创造一些新的工具供大家采用，促进企业并购。

以前，中国经济市场化程度不高，行业分割比较厉害，所以做并购重组很困难，尤其是一些国有企业。但是，随着市场经济的发展和改革的深化，这种局面已经发生了很大变化。这几年，我国企业（包括中央企业）的并购重组面临一个大发展的趋势，能做好并购重组也将成为中央企业做强做大应具备的一项基本功。

现阶段企业并购重组的蓬勃兴起，有着深刻的原因。从中央企业角度来讲，主要有以下两方面原因：

第一，重组是进行国有经济布局和结构战略性调整的必然要求。和其他国家的企业不一样，我国的国有企业普遍缺乏一个在市场经济中竞争和发展的过程。国外的大公司都经历过长期的竞争过程和持续不断的调整，为了进入某一个市场或者取得某一项技术，可能进行了并购，同时也不断出售一些不赚钱、没有发展希望的技术和企业。但是，我们的中央企业或者国有企业往往是政府部门的一个决定而组建成的，企业缺乏一个市场优化和塑造的过程，所以往往存在资源配置不合理的问题。这个问题既有企业之间的，也有企业内部的，两个层面都存在。所以，中央企业特别需要通过一系列重组，包括中央企业之间的重组，也包括企业自身内部重组，逐渐把企业的资源根据市场竞争的要求进一步优化配置。

第二，重组是中央企业深化改革、进行自身业务调整的必然选择。中央企业大都是从计划经济时期过来的，当时产业布局和产业分工的特点是搞专业化，并用指令性计划把企业连接在一起。这种分割在中央企业表现得特别明显，比如科研和生产、设计和施工、贸易和生产、内贸和外贸等都是分割的。在计划经济体制下，可以用计划把这些被分割的企业串在一起，但是在市场经济条件下就有问题，这种分割造成了很多企业功能不全。这个问题非常复杂，各个行业不一样。比如设计和施工一体化的问题，冶金行业当时政企脱钩的时候注意到这个问题，施工企业和设计院一块脱钩进行了组合；铁路系统的几家企业，先脱钩的是施工企业，经我们与铁道部不断研究探讨，铁道部又划出四个设计院，解决了中铁工程、中国铁建设计和施工脱节的问题；再如电力行业，把施工企业和设计院分开脱钩，水电建设企业设计能力不足，两个顾问公司是专门做设计的。特殊的形成过程，造成中央企业功能分割这样一个计划经济痕迹的共性问题。解决这种分割、使企业功能完整化是企业之间重组的问题。

从企业内部看，有很多中央企业是“打捆”形成的。当年脱钩的时候，5 亿资产以上的企业可以交中央管理，5 亿资产以下的需交地方管理。很多企业不愿意交地方，就“打捆”组建集团由中央管理。所以，这类企业集团存在内部子企业之间缺乏协同效应甚至互相竞争、内耗大等各种问题，集团公司的管控能力也很薄弱。这些问题都需要通过企业内部的重组整合来解决。

从当前的经济形势看，受金融危机的影响，世界经济已经进入一个调整期。经验表明，经济调整的时候是企业调整和重组的好时机。在当前和今后一段时期，并购是趋热的形势。所以有很多人讲，这次金融危机对中国企业、对中国经济是千载难逢的好时机。从企业外部环境看，世界市场上资产价格都在下降，出现了很多新的并购机会。另一方面，一部分企业由于经营困难需要转型，这种转型也往往伴随着一系列企业并购重组活动。所以，当前企业并购重组在我国蓬勃发展，既有内在的需要，也可以看到外部有很多的机会。

二、中央企业重组的特点、取得的成效和存在的问题

国资委成立以来，本着积极稳妥的精神，开展了一系列探索性的工作，初步形成了一套适合中央企业重组工作的程序，使中央企业重组工

作不断规范化、制度化。2006 年 12 月，国务院办公厅转发了《关于推进国有资本调整和国有企业重组的指导意见》，既是对前几年重组工作的经验总结，也是对下一步重组工作的指导。同时，国资委选择了 21 个行业进行了深入研究。应该说，我们这几年打的基础比较好。回顾这几年的重组工作，有以下几个特点：

第一，注意把握资源优化配置的原则，坚持重组要有利于企业的发展。这几年参与重组的中央企业都有一定的相关性，或者业务相同，或者业务相近，或者是产业有关系，或者是有历史渊源，或者是文化相同，等等；企业的资源具有共享或者互补性。只有这样，企业重组之后才有资源优化配置的可能。这是重组最基本的规律或者说重组合理性的基础。

国资委提出了到 2010 年将中央企业调整至 80 ~ 100 户。很多人认为重组的目的主要是减少企业户数。但是从国资委的角度来讲，最重要的是资源优化配置。如果以减少户数为目的，我们就不会否定一些完全不互补的企业提出的重组要求。

第二，因企制宜，探索创新，多种方式推进重组。中央企业情况很复杂，重组不能搞“一刀切”，要根据企业的规模、实力、所处行业和产业链关系，选择适合企业重组的具体方式。这几年中央企业重组的形式是多样的，既有两家企业之间的重组，也有多家企业共同参与的行业性重组；既有为完善产业链的企业重组，也有以优扶弱的调整。仅就两家企业之间的重组，具体的也有吸收合并、新设合并、新设母公司等等。

同时，针对一些陷入困境或者出现经营危机的企业，探索进行托管的方式，通过先托管解决问题再择期进一步重组，实现平稳过渡。如诚通公司托管中唱、寰岛和中企合作，华润公司托管华源等，效果比较好。

第三，注意充分发挥企业积极性，积极稳妥推进重组。前一段中央企业重组的一个重要特点，就是充分听取企业意见，除了个别个案之外，基本上是在企业自愿基础上进行。比如中种集团并入中化公司，当时中种集团经营已经非常困难，面临破产风险。我们在大量调研基础上，与有关企业多次沟通，将中种集团并入中化公司。这个个案国资委主导的力度大一点。重组过程中各方面也有过不同意见，现在看来效果很好。中种集团不但摆脱了经营困境，还成为中化公司产业链中重要一环。

除了这种极个别的情况，我们基本都尊重企业的意愿。为什么这么做？重组最难的事是做人的工作，如果硬推，虽然从产业角度讲是正确的，但人和人之间有成见，融合就很困难。所以到目前为止，我们更多的是尊重企业的选择，有时候让企业有几种选择。前一段重组工作比较平稳，与此有直接关系。

第四，把重组和改制上市相结合，与规范法人治理结构相结合，推进企业建立完善现代企业制度。重组与改制上市相结合有两个意义：一是根据资本市场要求对企业内部业务板块进行彻底整合，优化业务结构。因为上市是一个足够的推动力，企业为了上市，为了从资本市场融资，会多做工作，如果没有上市这个动力，企业内部对于推进重组就有意见。二是企业上市之后从资本市场融到的资金集中在集团公司，有利于增强集团公司内部的一体化和对子公司的管控能力。

另外，中央企业重组与董事会试点相结合，效果也非常好。因为重组后的企业是由多个主体形成的，尤其是如果多个主体都比较强，由于企业文化、发展思路等不一样，总会有矛盾。董事会试点中选聘的外部董事，尤其是一些德高望重的老同志，由于他们既不是你的人也不是我的人，即使产生一些矛盾，作为外部董事也能够比较公正地解决问题。所以重组跟体制改革方面的工作结合在一起，效果是比较好的。

总的来看，这几年中央企业重组成效是明显的，从宏观层面讲，主要体现在以下两个方面：

一是重组促进了国有经济布局和结构调整，国有资本进一步向重要行业和关键领域集中。中央企业80%以上的资产集中在石油石化、电力、国防、通信、运输、矿业、冶金、机械工业等行业；一般竞争性行业国有企业相对明显减少。

二是促进中央企业做强做大，企业的市场竞争力和实力显著增强。2003—2008年，中央企业资产总额超过1000亿元的从17家增加到45家，营业收入超过1000亿元的从9家增加到33家，利润总额超过100亿元的从6家增加到13家。在《财富》杂志公布的世界500强中，2009年有中央企业24家，比2003年增加了18家。国有经济向具有国际竞争力的大企业集中，整体素质和竞争力不断提高，活力、控制力和影响力大大增强。

从企业的角度来看，有以下几方面成效：第一，推进产业整合，完善企业上下游、产业链。比如邯邢矿山管理局和鲁矿集团并入中国五矿、中谷粮油并入中粮集团、海外工程公司并入中铁工程、土木工程公司并入中国铁建等等。第二，推动优势企业强强联合。最典型的是港湾和路桥重组成立中交集团。第三，引导科研院所进入产业集团，在产研结合上实现新的突破。这方面有很多例子效果非常好。第四，推进优势企业重组困难企业。这解决了一些相对比较困难企业的问题，比如中种集团并入中化公司。

当然，中央企业重组还存在一些不足和问题：一是从效果来看，有一些重组还缺少战略协同效应。二是有些重组尽管在业务、资源等方面存在互补性，但是仅仅把两个集团合在一起，资源整合不到位，重组协同效果没有能够发挥。三是弱弱重组效果不明显。虽然重组双方存在互补性，但由于两家都比较单薄，资源有限，重组效果不是很好。

三、正确认识和把握中央企业重组中几个重要概念

第一个概念，80～100户。外界对于80～100户这个目标，总觉得纯粹是一个数字概念，实际上这80～100户是有研究基础的。国资委

成立之后，对中央企业总体情况进行了研究，主业非常清晰、产业带动力非常强、在行业里边位置靠前的中央企业大约在 90 户左右。80 ~ 100 户的提法是一个导向，不能过于简单化，不能过于强调户数。关键是要把重组做好，让中央企业的资源更有效地发挥作用，这是最主要的。

第二个概念，30 ~ 50 户具有国际竞争力的企业集团。实际上，这是几年前吴邦国同志做国务院副总理时抓企业集团工作提出来的，是针对全国的企业来讲，并不只是针对中央企业。对国资委来讲，希望 80 ~ 100 户中央企业里面有 30 户左右发展成为具有国际竞争力的企业集团，这是一个发展目标，而不是一个重组目标。所以，社会上有些人认为中央企业在调整至 80 ~ 100 户之后，要继续调整到 30 ~ 50 户，这是不准确的。当年吴邦国同志提出发展 30 ~ 50 户有国际竞争力的企业集团时，我们都觉得很遥远。通过这几年的发展，看来是能够做到的，因为现在进入世界 500 强的中国企业已经有 40 多家，中央企业也有 24 家。

第三个概念，培育行业排头兵。这不是指规模大小，不是说销售收入没有排在前 80 ~ 100 户就要被重组，而是指这个企业在行业里的综合实力和对行业发展的引导作用。比如中咨公司，销售收入很少，但在项目咨询这个行业是国内最大最好的，这样的企业本身就是行业排头兵，我们不能由于它的销售收入过低就把它重组掉，相反还要支持其发展，使之能更好地发挥行业带动作用。而且前三名这个概念也不是绝对的，比如某个行业有 5 家企业都在国内最好的水平上，那么即使是保留 5 家也没关系。

为什么要培育行业排头兵？就是要把中央企业资产更多地向行业顶端配置。这是由中央企业自身特点决定的。中央企业如果在行业顶端，自身的发展状态会非常好，对国民经济的带动作用和对行业发展的引领作用也会非常明显。比如，中央企业里的建筑施工企业，包括中建公司、中国铁建和现在的中交集团等，经过多年的调整和发展，设计、建造大型项目和高端项目的能力已经是世界一流，在港口、桥梁、隧道、铁路和水坝建设等方面都是世界上最强的。这些企业现在大规模“走出去”，不断积累国际经营经验，成为走出去的排头兵。这就是中央企业应有的作为。

四、中央企业并购重组应该关注的几个重点问题

第一，要在战略指导下推进企业并购重组。目前，中央企业面临的并购机会特别多，诱惑也特别多。主要原因有两个：一是金融危机使资产估值大幅降低，而中央企业受到冲击相对比较小，资金筹措能力相对较强，相对的并购能力提升了。二是地方政府欢迎中央企业投资。现在地方招商引资时，都找中央企业到地方投资，有些地方政府甚至愿意将地方企业无偿划拨给中央企业。面对这种情况，我们应该保持清醒头脑，必须认识到，中央企业上手容易脱手难，收企业容易卖出去难。这就要求我们中央企业要特别慎重，要在战略指导下去推动并购重组。

从经营风格上讲，企业有两种极端情况，一种是机会导向，另一种是战略导向。一般来讲，有一些中小企业是机会导向的，它们对市场反应快、决策快，特别善于抓市场机会，利用机会赚到钱后，马上去寻找下一个机会。但成功的大企业必然不是机会导向的。如果一个大企业靠抓市场机会去发展，今天抓一个，明天抓一个，自己的主业是什么都不清楚了，必定不可能成功。成功的大企业都是有使命感的，要通过自己的产品和服务控制住某一特定市场。要做到这一点，就必须对市场、技术和竞争对手有非常深刻的了解，必须非常清楚自己到底缺什么，不需要的东西再便宜也不要，需要的东西可以一盯就盯几年。这就是战略研究，是大企业的行为模式。

有些同志可能会说，有些大企业出手也是很快的，但实际上这都不是当期决定的，而是建立在对自身发展战略非常清晰、对并购目标进行

了多年跟踪研究的基础上作出的决定，一旦市场机会出现就迅速出手，绝对不是条件反射。如果大企业的领导人热衷于抓市场机会，对企业长远发展是有害的。

所以对中央企业来说，在战略定位清晰的基础上做企业并购是首先要研究的事情。中央企业必须特别重视战略定位和战略目标，必须得有方向感和使命感，必须清楚我们到底是做什么的，要打哪个市场，控制住哪个市场等，不能走到哪算哪。

第二，要重视重组后的整合。重组是否成功，关键在于重组后能否实施有效整合。整合创造价值，只有在企业重组后对管理、研发、生产、营销、财务等实施有效整合，才能出现协同效应，从而实现兼并重组的目的。有的企业只重视重组过程，不注重整合，管理跟不上，企业文化不能融合，最终导致重组的失败。从实际情况看，尤其是强强联合的重组，整合是个难题。如何通过整合发挥协同效应、实现资源优化配置、达到预期目标，是需要我们的企业很好地研究的问题。

第三，要特别谨慎地从事境外并购。海外并购要求高、风险大，不仅仅要求有资金实力，还要对所在国的文化背景、法律制度与政策环境以及劳动法与劳工政策等有一定了解，目前我国多数企业还不具备这方面的能力。发达国家一些企业即便暂时出现经营困难的企业，其管理水平还是比我国企业高，拿来后能否管得了，对此要有清醒的认识。在当前经济形势下，并购是一个机遇，但是要把机遇变成现实，要根据自己的能力，不能干那些自己能力做不到的事。有必要也有条件从海外获取资源或并购企业的，要对投资对象做非常深入的调查研究，要研究适当的并购策略，决不能以“抄底”的心态一拥而上。

总之，并购重组非常复杂、非常专业，中央企业有不少很好的操作经验值得交流，国际上有很多成熟的做法。希望大家通过这次交流有所收获。

在第二届城市国资委主任联席会议上的讲话*

尊敬的上官秘书长，尊敬的陈市长，大家上午好！

非常欢迎大家参加第二届中国城市国资委主任联席会议，同时也非常感谢沈阳市国资委对会议做出的非常多的精心安排。

一、城市经济是中国经济发展的火车头

城市经济是中国经济发展中最基础也是最具活力的单元。因为城市的功能是完整的，以现代城市为实体和载体，城市中的资本、技术、信息等资源高度聚集。在城市层面，可以产生巨大的规模效应、资源的集聚效应。城市经济是中国经济发展的火车头，它的重要性怎么强调也不过分，这是从发展的层面看。

从改革的层面看，城市是整个改革的基础，因为城市是一个功能完整的实体。就国有企业改革看，改革的突破性推进都是在城市这个层面实现的。我们的一些中央企业很大，一些省属企业很大，但在改革方面，中央企业、省属企业自己有很多问题是解决不了的。前几年经常有这种情况，中央企业困难没办法解决，下放给省里，省里再下放到市里，真正改革难题是在城市这个层面解决的。大家可以回顾一下，我们真正的改革突破是从 18 个优化资本结构试点城市开始的，这 18 个试点城市专门有一套配套的政策，包括破产、改制、职工分流安置

---

* 2010 年 9 月 9 日在第二届城市国资委主任联席会议上的讲话，有删节。

等。所以，城市的国有企业改革、国有资产管理体制改革在整个中国的国企改革和国资改革里，占有不可替代的作用。从事城市国有资产管理工作、国有企业改革工作，在改革探索中是非常重要的，也是大有可为的。

国资委非常重视城市的国有企业改革。如果有时间，我们非常愿意参加像今天这样的研讨活动，有机会能够和大家沟通、交流、对话，听听大家有什么想法、难题。当然大家也要理解我们，120 多家中央企业事情是非常多的，有的时候我们的确是有点顾此失彼。因此经研中心开展这样的活动，能够把市这一层国资委同志聚集在一起，大家有一个学习、沟通、交流的机会，是非常好的事情。

二、国有企业改革大规模退出的阶段已经结束

市一级国有企业改革和全国一样经过了一个非常痛苦的过程。大家都记得，三年改革脱困时期国有企业非常困难，刚才陈市长也讲了。那几年陈市长当省社保厅长，当时，社保厅长可不是一个好干的事。那时朱镕基总理一手抓国有企业改革，另一只手抓社会保障，应该说抓得非常准。这边抓国有企业改革是解放生产力，解决历史遗留问题；那边抓社会保障是社会安全网建设，保证改革能够持续、结构调整能够持续。前几年的工作难度大家记忆犹新，从企业改革的角度，大概做了三件事：

第一，国有中小企业改革退出。在中小企业层面国有经济没有比较优势，我们选择主动退出。退出形式是多样化的，可能是改制，也可能是企业出售。

第二，国有困难企业的政策性关闭破产。这是一项难度非常大的工作。困难企业如果不能退出市场，一方面结构没法优化；另一方面，社会也很难稳定。这项工作到 2008 年已经结束，可以给大家报个账，

通过国有困难企业的政策性关闭破产，这几年一共破掉 4980 户大中型困难企业，涉及职工 968 万人。这是一次非常艰难的、规模巨大的结构调整。

第三，建立一个好的社会保障体系。前些年我们国家社保体系建设滞后，一边推改革、职工会下岗，另一边社会没有安全网。前几年一些城市探索用再就业中心作为社会保障体系的替代物。依靠再就业中心，再加上以后的社会保障体系建设，为企业改革提供了一个安全网，保证了前十几年的改革和结构调整能够持续推进，在改革和结构调整的同时保持了基本的社会稳定。

这几项工作实际上是以退出为主要内容的。中小企业改革是主动退出的，国有困难企业的政策性关闭破产是通过破产方式退出的，再就业工程和社会保障体系建设，是为退出创造条件。这一组改革从全国而言已经基本结束，当然，各个地方的进展并不太平衡。原先大家认为东北老工业基地应该是较慢的，但是沈阳市的这一阶段改革已经完成了，这是很不容易的。这是沈阳市委、市政府历任领导高度重视，非常坚定地支持第一线同志解决问题的结果。

从全国而言，由于各地的进展并不平衡，有些地方还有不少遗留问题。前一段的时间我们去地方调研，和城市的同志接触，感觉大家有两方面困惑：第一方面，对上一阶段改革，即以退出为主的改革阶段没有完成的工作，大家感觉继续推进的难度很大，也普遍感觉我们现在社会承受能力不足。第二方面，下一阶段城市的国有企业改革、国有资产管理体制改革向哪个方向走，大家总觉得不够清晰。尤其是一些规模不是很大的城市，觉得越做事越少，感觉到有一点失落。我觉得这确实是我们需要研究、需要解决的重大问题。我们也希望通过这种性质的会议，大家互相沟通、交流自己对这些问题的看法。回答这些问题可能不能只在原则上说一说而已，特别需要从实际出发，借助现在各个城市的工作实践回答这些问题。

到沈阳之后，了解了沈阳市国有企业改革和国有资产管理体制改革的情况。虽然以前没有到沈阳专门调研过，但感觉沈阳市的做法本身是很有一些借鉴价值的。沈阳市的国有企业改革、国有资产管理体制改革的难度非常大，因为是一个典型的东北老工业基地城市。前几年在历任市委、市政府的支持下，做了大量艰苦的工作。现在最困难的时期已经过去，国有企业大规模退出的工作在沈阳市已经结束，这几年主要解决的是遗留问题，尤其是职工方面的遗留问题，为此花费了很大代价。这个代价是值得的，因为这个问题现在不处理好，将来处理起来会更困难。这个问题躲是躲不过去的，只能正视它、面对它，制定相应政策，依照现行的规定，扎扎实实把职工的政策落实好。沈阳市非常重视这方面的工作，花了很多钱去解决职工的历史遗留问题，这个做法是非常值得肯定的。

三、改革借鉴江西省，发展借鉴重庆市

在大规模退出的阶段之后，城市的国有企业改革到底要做什么？国有资产管理体制改革要做什么？从沈阳的角度看，第一是城市的基础设施建设，比如说地铁。第二就是地方竞争性国有企业的发展。国有企业在沈阳市的经济和社会发展中发挥着日益重要的作用，所以沈阳市国资委在沈阳市非常受重视，各个方面都在支持其工作。为什么支持？我想有两方面的原因：一方面东北老工业基地前几年的困难大家都没有忘记，从那么困难的时候改革到现在相对比较好的状态，让人觉得功不可没；另一方面国有资产、国有企业在沈阳市经济社会发展中仍然发挥着重要的作用。我记得李荣融主任跟地方国资委讲话的时候经常强调一句话：有为才有位。如果大家没有作用，很可能日益被边缘化了；如果国有经济确实有非常大的作用，我想各个方面不会不重视我们。所以沈阳市的做法，我的感觉是比较综合的经验，是值得学习和肯定的。从全国

的角度，借助地方比较有特色的实践，我给大家提这样一个建议，就是改革借鉴江西省，发展借鉴重庆市。

（一）改革借鉴江西省

江西省的国有企业改革，前几年相对比较滞后。从 2008 年 4 月，江西省开始大规模地进行国有企业改革攻坚。经过两年时间，到今年，列入改革范围的 507 户国有工业企业，主要是省属企业，全面改制完成，这是很不容易的事情。

江西的国有企业改革有三个主要特点：

第一，领导重视、政策先行。江西省委、省政府的主要领导亲自调研，调研内容包括资金筹措、债务处置、土地变现、人员安置等重点难点问题。在调研的基础上，省委、省政府成立了高规格的国有企业改革领导小组，省委、省政府的主要领导亲自在第一线指挥，承担责任和风险，这是非常值得肯定和敬佩的。江西省委常委召开专题会议研究国有企业改革的问题，提出促进国有工业企业改革的 22 条意见，省政府根据省委的意见，又出台了 20 多项具体的政策。

第二，多方筹集改革成本。通过资产变现、股权出售、国有资本收益、资本运作、引进外部投资者、财政托底等方式，在 2 年时间里，全省筹集改革资金 194.1 亿元，力度非常大。

第三，善待企业干部职工，充分尊重干部职工的参与权、知情权、表达权和监督权。企业的改制程序透明，资产评估结果、资产处置方式、改革程序均向职工公开、公示；特别注意解决“三险”的接续问题，对职工的经济补偿金就高不就低；维护好企业干部的权益，比如恢复一些企业干部的公务员身份，或者专门从这些企业干部中考录一些公务员，解决其后顾之忧。妥善解决好企业改革中各方面的利益诉求，对改革就不会形成阻力。

针对江西省这两年的改革，我们专门派调查组到江西去调研，调研组回来以后反映非常好。江西省的国有企业改革取得以下几个成果：第一，企业发展。省属国有企业业务收入截至去年底，增长61.2%，实现利润增了2.9倍，增长幅度是比较大的。第二，为招商引资创造了更好的条件，更多的投资者愿意到江西去投资，和江西省原有的国有企业嫁接、合作。如果改革不到位，企业包袱沉重，职工观念陈旧，是不会有人愿意跟企业合作的。第三，职工收入增长。省属国有企业职工收入增长20.8%，是在企业发展的基础上的职工收入增长。第四，稳定没有受影响，信访量尤其国有企业的信访量不但没有增长反而大幅度下降。

江西省国有企业改革的主要措施和政策与前几年是一样的，不太一样的地方，就是更加重视操作的规范和职工权益保护。江西的实践给我们这样一个启发，这几年大家普遍感到社会承受能力不足，所以都不大敢进行改革，而江西省的实践说明，只要地方党委和政府的主要领导同志重视，在一个区域统一行动，形成改革的氛围，整个区域的社会承受能力就可以大大增强，改革就会比较顺利地推动，而且不会影响社会稳定。因为改革从本质上讲是为企业好、为职工好，谋求的是企业的长远发展和职工的长远利益。江西的实践说明，即使在当前的社会环境下，改革也不是不能推动的。

（二）发展借鉴重庆市

重庆作为西部典型的老工业基地城市，国有企业改革的难度非常大。前几年重庆市国有企业改革的力度很大，而且创造了一些在全国都有影响的经验，所以相对而言重庆市国有企业改革推进很快，解决问题比全国其他地区超前。

重庆市在国有企业改革的前一个阶段曾经创造了一个全国有名的经验，就是在全国率先组建并且成功运作了国有资产重组和经营的平台——渝富公司。那时候国资委曾经在全国地方国资改革工作会议上推广过渝富经验。通过渝富公司的平台，重庆市做了这样几件事：

第一，大量处置了企业的不良债权。通过渝富公司，集中跟债权人谈判打折，按谈判结果统一支付现金，单一企业是没有办法做这件事情的。第二，通过土地资产和人员的分离，加快了企业破产和调整的进度。国有企业破产最难的事是安置职工，但如果土地无法立即变现，或者现在变现价格不高，没有足够的钱安置职工，企业就不敢破产。重庆市赋予了渝富公司部分的土地储备功能，待破产企业把土地交给渝富，渝富马上拨钱给企业安置职工，土地放在渝富公司储备，条件成熟再进行变现。第三，具有投资功能。对一些困难的企业和金融机构通过渝富公司的投资使这些企业起死回生。通过渝富公司的上述运作，重庆市加快了改革和结构调整的进度。

重庆市国有企业改革大规模退出的阶段已经结束，结束的标志是国有资产已经完全进入了大型国有企业集团。而这些大型国有企业集团通过这几年的摸索，在重庆市经济和社会发展中发挥了巨大的、不可替代的作用。到重庆市调研，就会感觉到整个重庆市的发展如果没有国有经济，根本不可能取得现在的成就、这样的进展。重庆市的国有经济在以下三个方面发挥了重要作用：

*第一，在基础设施领域发挥了对地方经济发展的保障作用。*基础设施建设，水、供电、供气、道路、通信等是地方经济发展重要的保障条件，是地方发展的硬环境。这些领域的特点是投资巨大、回收期长，有的时候为公众的利益还不一定能够保证合理收益。所以在这些领域目前尚不具备社会资本大规模进入的条件，靠财政投入又不足以支撑这么大的投资规模。重庆市的做法是什么呢？通过组建几大国有投资公司，集中多个渠道分散的资金做资本金。这一点很重要。投资公司必须有资本金，重庆市把中央政府各个渠道下去的资金，比如交通系统给各个省市的资金、水利系统下拨的资金等（这些钱以前都是当财政拨款用，花完了就完了）全部集中到几大投资公司里，作为投资公司的资本金。投资公司有资本金了，再到银行融资，就可以把投资规模放大。

所以，重庆市的基础设施建设连续几年超出市政府原先的计划，使全市经济发展的硬环境大大改善，它的投资主体就是这几个政府投资公司。

第二，优化投资的软环境。现在各方面都在扶持中小企业，但是中小企业发展有很多瓶颈和难处，其中融资难是最大的问题。为解决中小企业的融资问题，重庆市的地方国有银行专门扩大对中小企业的贷款，为中小企业服务；另一方面，重庆市的国有资本发起组建了专门针对中小企业的担保公司和租赁公司，为中小企业贷款提供担保、开辟新的融资渠道。通过这两方面的工作，重庆市的国有经济承担了为广大中小企业服务、改善中小企业发展环境和发展条件的功能。

第三，在竞争性领域，重庆市大型国有企业集团不断进行自身的调整、改造，提升了地方经济的竞争力。地方经济的发展，除了要通过改善投资的软硬环境吸引外部投资者之外，本地企业的市场竞争力也是一个重要的方面。比如说这几年沈阳市的发展，没有沈阳机床、北方重工这些地方企业的经济实力和市场竞争力的增长，光靠外部投资是不行的。重庆市的大型国有产业集团，经过这几年改革和改造，产品档次明显提升，市场竞争力大大提高，带动了本地经济的发展。而且这几年重庆市国有大型产业集团的跨国并购非常活跃，通过跨国并购，不断提升自己的技术层次和发展空间。比如重庆机电控股集团收购了英国精密技术集团下属 6 家子公司的全部股权，由此我们获得了技术、品牌。重钢集团入股了澳大利亚的亚洲钢铁，获得了铁矿石的开采权。重庆市的粮食集团在巴西建设了 300 万亩优质大豆生产基地，这一个项目相当于为重庆市增加了 10% 的耕地。这些并购大大拓展了重庆市的经济发展的空间。

三、国有经济、国有企业在城市经济中应发挥的作用

重庆市的实践说明国有经济和国有企业在一个城市的经济发展中应该发挥的两方面作用。一方面，改善本地区经济发展的条件和投资环

境。一要发挥在基础设施建设方面的保障作用，这个领域的特点是投资规模很大，而且并不一定赚钱，因此社会资本不可能大量进入，而仅依靠财政投入又是不够的，这是国有经济应该进入并保障的领域，可以通过在这一领域的投入改善地方投资的硬环境；二要通过建设服务机构改善其他企业发展的软环境。通过本地区投资环境在软硬两方面的改善，为本地区经济发展服务，这就是国有经济应该做出的一项贡献，重庆市的实践证明是可以做得很好的。另一方面，在竞争性领域，提升大型的国有产业集团的市场竞争力，进而直接提升国家或本地经济的市场竞争力。从重庆的实践可以看出，如果我们发挥好这两方面的作用，国有经济在这个城市、这个区域的作用将会是非常重要的。

对于在改善投资环境和在竞争性领域这两个方向上发挥作用的国有企业，从体制的角度、发展目标的角度是不太一样的。

对于改善投资环境这个方向上的企业，它的目标是地方发展环境的优化。对于国资监管部门来说，要解决的主要是以下两个方面问题：第一，要解决相关企业和地方政府的关系及持续发展的问题。因为地方政府对地方投资环境改善的需求是无限的，投多少钱进去都不为过。以修地铁而言，修 15 公里可以，修 200 公里更好。但是，做这个事情的是企业，需要持续发展，不能把企业资金全部贴光、破产倒闭了。这本身也是一种制衡，是城市发展需要和企业能力之间的制衡。从国有企业发展、国资监督管理的角度我们要解决好相关企业的持续发展问题以及企业与政府的关系问题，作为一个企业，要企业化经营，企业化经营比政府行政机构花钱肯定效率要高，但是它的资金也是有限的，不能点石成金，所以解决这一问题的关键就是要控制好投资限度。第二，要解决对这类企业的考核、监管和激励约束、制度建设问题。这类企业不是竞争性的企业，对它考核利润没有意义。它所提供的产品和服务都是政府定价，考核它的利润实际等于考核政府。这是国有经济里面必然会存在的一类非常特殊的企业，而且这类企业在城市国资层面是最多的。对这样的企业解决的问题是社会监管问题，因为这类企业所处的地位往往是垄断性的，这里存在一个独占资源的问题。由于是企业，就会有一种追逐利益最大化的动机，有时候这种动机可能会使企业利用它的垄断身份去做一些损害公众利益的事情，所以需要有效的社会监管。所有发达国家对这类企业都有一套完整的社会监管的办法：第一，管成本，成本必须透明；第二，管价格，价格很自然是政府控制的；第三，管分配，包括收入分配、利润分配、资源配置；第四，管服务标准。

对于竞争性领域的地方企业，其发展目标应该是所有者权益的最大化，实际上就是国资委持股价值的最大化。现在很多地方都在吸引中央企业去投资，那么如何判断某一个企业是交出去好还是自己做好，实际一个标准就是所有者权益的最大化。就是如果这个企业在自己手上可以做得很好，则完全没有必要交出去；但是如果这个企业做不太好，做起来感觉很吃力，企业竞争力总是无法提升，这时候出手就要快一点。竞争性国有大企业具体的改革模式，这几年国资委一直在强调这一点，就是竞争性领域的国有企业的最终的体制模式，就是一个干干净净的上市公司，就是对国有企业进行公众公司改革。

我们感觉城市国有经济、城市国有企业，下一步发展的方向就是这样两个方向。一个方向是基础设施、经济发展条件和投资环境的改善。作为城市的管理者总希望招商引资多一点，本地经济能够发展快一点。能不能招商引资、快速发展，跟经济发展环境有直接的关系，包括硬环境和软环境。我们的国有经济是可以做这个事情的，重庆市的实践就说明了这一点。另一个方向是竞争性领域，就是促进企业发展，增强竞争力。通过地方国有企业竞争力的增强，地方经济发展的竞争力提高了，所有者权益也最大化了。

国务院新闻办公室新闻发布会答记者问*

华清：女士们、先生们，记者朋友们上午好，欢迎大家出席国务院新闻办新闻发布会。今天上午我们请来了国务院国有资产监督管理委员会副主任邵宁先生，国务院国有资产监督管理委员会副秘书长、新闻发言人杜渊泉先生，请他们向大家介绍“十一五”时期中央企业改革发展情况和“十二五”的总体思路，并回答大家感兴趣的问题。现在先请邵宁先生介绍情况。

邵宁：新闻界的朋友们，女士们、先生们，大家上午好。非常高兴参加今天的新闻发布会，有机会和各位新闻媒体的朋友们见面，回答大家关注的问题。在这里，我首先代表国资委对各新闻媒体、各位记者朋友长期以来对我们的工作以及国有企业改革发展事业所给予的关心、支持和帮助表示衷心的感谢。

这次新闻发布会的主题是，中央企业“十一五”发展成就及“十二五”前景。就这个题目，我们给大家提供了一份背景材料，供各位参考。下面，作为开场白，我向各位谈一点我个人对国有企业问题的看法。

应该说，在“十一五”期间，中国国有企业的发展状态是比较好的。概括地讲，发展质量和经济效益大幅度提升，自主创新能力有所增强，在重大活动和抢险救灾中都发挥了重要作用。主要原因在于改革在前些年的基础上又有了新的推进。比如国有资产监管体系的建立，对企

---

* 2011 年 2 月 22 日在国务院新闻发布会上答记者问。

业经营者的考核评价和激励约束制度初步形成，企业改制上市、引入了市场的资金和约束，企业重组优化了资源配置等等。对于国有企业来说，改革是一个核心性的命题。不进行市场化方向的改革，国有企业生存都难，更谈不上有所发展。

为什么这样讲？因为中国的国有企业当初是作为计划经济的一个组成部分而建立的，这些企业的结构特征、管理体制、社会定位、职工观念与市场经济和市场竞争完全没有关系。改造这样一个庞大的国有经济系统，使之能够适应市场经济，需要一个相当长期的过程。到目前为止，中国的国有企业改革已经进行了二十多年的时间了。

所以，研究中国的国有企业问题、观察中国国有企业的状态，是需要一种历史感的。这是一个改革的过程，是一个不断变化的过程。在 20 年前，我们还在推行企业承包制，产权当时还不敢碰。在 10 年前，三年改革脱困还没有完全结束，当时做的事是企业改制和企业破产。到今天，改革的实践以及我们对改革的认识已经完全不一样了。同样的，目前国有企业的状态并不是改革的终点，而是下一阶段改革的起点。我相信，随着改革的进一步推进，中国国有企业还将出现许多新的变化。我们可以预见的是，国有企业在体制上会与市场经济进一步融合，竞争性的国有企业会进一步提高国际竞争力，公益性国有企业会更好地为社会和公众提供服务。同时，在发展过程中履行好自己的社会责任。

讲这样一些内容的开场白，是想强调一种历史的、过程的观察方法。对于处于改革过程中的事物，只有这样看才能看得准、看得客观，并且具有建设性。同时，我也想为下面回答问题埋一个伏笔，有些问题我们可能需要往后看看、向前看看，这样才能看得清楚，才能讲得清楚，才能更好地和大家沟通和交流。

下面，我愿回答各位提出的问题。

华清：谢谢邵主任把时间留给记者提问。下面请大家提问，像以往一样，报一下所代表的新闻机构。

中央电视台记者：刚才邵主任也谈到国有企业改革经历了二十多年，我想问一下到目前为止都解决了哪些问题，还有哪些问题没有解决？

邵宁：中国的国有企业改革进行了二十多年，付出了艰苦的努力。前一段的改革已经解决的主要问题大概是这样几个方面：第一，国有经济的布局结构实质性的变化，这主要是通过国有中小企业改革，我们的国有经济从中小企业层面实现了退出。第二，国有企业和政府的关系彻底改变了，有一些财政、银行对国有企业的输血渠道都被彻底切断，这样就迫使国有企业走向市场，变成一个独立的市场竞争主体。第三，国有企业优胜劣汰机制初步形成，前一段大量的国有企业退出市场，实现了优胜劣汰。第四，国有资产监管体系初步建成，企业经营责任制度和激励约束机制初步建立。第五，企业内部机制有所改变，“大锅饭”“铁交椅”的情况有所变化，当然这方面进展还不平衡。这是前一段改革已经解决的问题。

目前我们正处在以国有大企业改革为中心的阶段上，这个阶段的核心问题就是要找到国有大企业与市场经济最终融合的方式。我们判断，依托资本市场实行公众公司改革、实现企业的多元化和国有资产的资本化，是未来国有大企业和市场经济最终结合的具体形式。围绕这一关键环节，还需要做一系列的工作，比如：第一，进一步收缩战线，集中资源于重要的行业和关键领域。第二，进一步推动企业重组优化、资源配置。第三，完善公司治理结构，就是现在我们所推动的董事会制度。第四，进一步完善国有资产监管系统，保证透明度，更有效、更科学地考核和评价。第五，进一步推动企业内部改革，使内部机制进一步市场化，同时进一步减轻国有企业的各种负担。所以，国有企业改革还远远没有结束，任务量还是非常大的。

彭博新闻社记者：一年前，中央政府要求国企把与它们非核心业务相干的房地产业务和资产卖掉，请问在一年后进展如何？

邵宁：到目前为止进展还是比较顺利的。突出主业，把主业做强，是国资委这些年对中央企业的一个基本要求，所以，主业不是房地产的中央企业，需要逐步从房地产业退出，这是突出主业的一个必然要求和方向。中央企业有一些介入了房地产业，实际有非常复杂的历史方面的原因，我们有一些中央企业尤其是独立工矿区，职工宿舍都没有交出去，所以职工宿舍是自己建造、自己维修、自己管理，这样的企业要真正退出房地产就需要一个过程。还有一些企业，比如原先在城市中心，现在要搬到开发区，原先占的地自己开发去安置职工，企业要退出需要把这个项目做完。所以国资委对房地产业的政策非常明确，有房地产为主业的可以参加商业性竞标，没有主业的只能从事自有土地的开发，你开发完逐渐地退出。去年已经退出副业是房地产业的企业有 14 家，今年估计有二十多家可以退出。其他的企业把手头的事儿做完，把现有的项目做完，逐渐退出，集中资源经营主业。

中国国际广播电台记者：有两个问题。第一，请问您刚才提到的央企社会服务和履行社会责任的问题，公众有很多疑问，央企里有很多公司每年都上缴那么多的利润，但是国资委有没有一套评估机制，让其更好地履行社会责任，并且对效果进行完善的评估。第二，和央企“走出去”有关，“十二五”期间央企到国外投资的状况会不会比“十一五”时期有比较大的提升？另外，这些年北非的局势不是特别稳定，我们很关心央企在那边投资的状况和工人安全的情况，这个过程会不会影响未来的“走出去”计划？

邵宁：国资委一直非常重视中央企业的社会责任问题，我们对中央企业发了文件，提出了具体要求。这些要求的重要方面：第一，模范遵守法律法规和商业道德，要依法纳税，要合法经营，不能生产假冒伪劣商品，而且不能做不正当竞争。第二，要加强对资源和环境的保护，防止对环境的污染，做好节能减排工作，保护和利用好资源，推进清洁生产。第三，要善待职工，维护好职工的合法权益，搞好安全生产，关心职工的职业发展和生活。第四，要积极参加社会的公益事业，在重大自然灾害和国家需要的时候，我们能发挥自己的作用。第五，跟“走出去”有关系，“走出去”的企业要遵守所在国的法律，保护当地的环境，维护当地员工的利益，为当地经济和社会发展作贡献。总的要求是，在企业发展的同时，要善待社会，善待消费者，善待员工，善待环境。我想，国有企业是国家的企业，是人民的企业，所以国有企业要做一个负责任的企业。应该说，这几年中央企业在社会责任方面履行得不错，社会责任越来越成为企业经营中的一种理念，到去年底，有 52 家中央企业发布了《社会责任报告》或者《可持续发展报告》，当然这方面我们还要继续推动工作进一步开展。

关于“走出去”的问题。这几年，应该说中央企业“走出去”的步伐还是比较大的。总体上讲，这几年中央企业“走出去”的效益是不错的，但是同时风险也非常大。这个风险有的是我们主观方面的，有的是客观方面的。主观方面，我们企业的国际化经营能力普遍不足，国际化的人才短缺。此外，我们企业的经营层对国外的法律环境、经营环境往往不熟悉。客观方面，现在中国企业“走出去”的地方很多是社会风险、政治风险很大的区域。总的看，国际化经营是整个国有企业包括中央企业现在的一个“短板”。所以，现在我们对中央企业在这方面的要求是：第一，高度重视，谨慎经营，严防风险。尤其是在境外遇到社会风险、政治风险的时候，要多多依靠我们外交机构去给予帮助。第二，高度重视企业国际化经营能力的培养，切实提升国际化经营水平。刚才这位记者问到的我们一些在北非的企业，的确我们听到有些企业的营地受到冲击，我们有一些职工受伤，我们企业现在正在积极地采取措施，在驻当地使馆的支持和帮助下，保护好营地，保护好职工。

21 世纪经济报道记者：第一，现在社会各界对于国有企业上缴红利存在（是否）过低的质疑，他们认为这与国有企业占有的社会经济资源以及突飞猛进的经济规模相比不相符合，请国资委回应一下该质疑，认为该比喻是否合理？第二，今年以及“十二五”期间对国资委国资预算体系改革的重点是什么？第三，现在有的央企正在进行一些产融结合，比如与银行合作成立财务公司，甚至开始进入金融领域等，国资委对这些监管目前有哪些新的研究？

邵宁：我们也注意到，最近网上对国资委经营预算问题有些说法，而且有一些数字，这个数字和我们掌握的不太一样，我估计可能是口径不同。国资委监管的中央企业，2010 年大概是这样一个数字的情况，利润总额是 1. 1315 万亿元，归属于母公司的净利润是 5621 亿元。我们测算的去年的国有资本收益测算值是 600 亿出头，大概是这样一个数字。2009 年，我们同口径中央企业国有资本经营收益是 315 亿元，去年大概 600 亿元出头，增长幅度将近一倍，因为上缴的比率提高了。国有企业上缴利润这个事儿有一个很大的变化过程，因为在计划经济时期，国有企业的利润全额上缴，严格地讲，实际是收支两条线。这边利润全额上缴，那边你需要钱用的时候，比如你亏损了，政府再给你补贴。改革以后一段时间就发现这个政策执行不下去了，主要是随着改革后市场竞争的加剧，亏损的国有企业越来越多，而盈利的企业很少，能上缴的非常有限，但是伸手跟你要钱、要求补亏的太多，这就补不起。所以，到 1994 年前后就做了一个很大的政策调整，停止国有企业利润上缴，但是同时你有亏损我也不补。所以，前一段国有企业不上缴利润就是这样一个背景，就是当时国有企业太困难了，亏损太多了。这几年随着国有企业经营状况好转，从 2007 年开始上缴国有资本的经营收益，一开始的时候是比较低的，是 5% 和 10% 两档。

当时考虑一个比较低的比例去征收，主要是两个方面的考虑：第一，国有企业的包袱还很重，需要很多钱去卸包袱，比如国有企业办社会问题、富余人员的安置问题、副业改制的问题、厂办大集体企业的问题，很多方面需要投入。第二，企业也需要有一个适应的过程，今年上缴的比例提高到 10% 和 15% 两档。咱们往前看，随着以后国有企业经营状态进一步改善，尤其是国有企业包袱基本上化解掉以后，我觉得，这个上缴比例应该是进一步提升的趋势。最终提到一个什么水平呢？我们感觉，对于竞争性的国有企业，提到国内上市公司分红的平均水平是一个比较合理的状态。有一些网上的朋友也问，国有企业这么多利润都哪儿去了？实际很清楚，通过投资形成了新的净资产。在“十一五”期间，中央企业的净资产平均每年增长 15.6%，基本是五年翻了一倍。这个净资产的增长很大程度上是利润转化，因为国有企业是属于国家的、属于人民的，它的利润内部人是不可能分掉拿走的。有些人在网上也问，你们是国有企业，我可能没有享受到你们什么资产，对我没有什么好处。我做一个比喻，这好像是家里有一笔储蓄，平常是不用的，存在银行里，一旦需要的时候，我可以取出来，是可以使用的。国有企业的资产实际上是属于国家、属于全体人民的一笔储蓄，一旦以后国家需要钱，完全可以动用。这几年我们国家处于高增长时期，财政增收还很大，但是我想往前看，我们的速度不可能永远这么高，而且我们中国还会进入一个老年社会的问题，到那个时候，需要钱的时候，我相信这笔资产可以发挥很大的作用。

至于产融结合的问题，我们感觉是一个需要深入研究的问题。这几年产融结合，很多专家学者认为是企业经营的方向，我们也觉得，在某种程度上是有这个必要的。比如说大型企业集团有一个财务公司，有利于集团内部资金的集中管理和资金的有效运用，这往往是非常有好处的。这个大型企业集团办财务公司是产融结合最浅的一个层面，往下走还有不同的深度，比如说有些大企业集团参股金融结构，这就比较深了，还有一些企业集团做金融是为主业服务，还有一些是真正做金融。国资委现在研究的问题是：国有企业大的企业集团走到哪一步比较合适？同时要注意防范哪些风险？

中国石油报记者：我有两个问题。第一，中共中央关于制定国民经济和社会发展十二个五年规划的建议，在加强现代能源产业和综合运输体系建设部分，提出了构建安全、稳定、经济、清洁的现代能源产业体系，加快新能源开发，推进传统能源清洁高效利用，请问“十二五”国资委在这些方面将会出台哪些具体的政策和措施来落实。另外，天然气是目前普遍认为比较清洁高效的能源，您认为“十二五”天然气产业发展应该如何适应这些方面的要求？第二，“十二五”建议还提出，加快实施“走出去”战略，深化国际能源资源互利合作，请问“十二五”，除了您刚才提到的，国资委在支持能源企业“走出去”方面，还会采取哪些具体措施和政策？

邵宁：你这个问题我的回答可能会让你失望。因为国资委是出资人机构，我们没有行业职能，所以我们内部也没有行业人才。国资委不可能去制定针对某一个行业的政策，比如说建立安全稳定的能源体系，比如天然气的问题，这似乎都不在国资委的职责范围之内，这可能需要行业的管理部门去做。对于“走出去”来说，我们对于中央企业也是一视同仁的，不可能对某一个行业采取什么样的政策，所以在行业方面的问题，可能国资委都很难回答，因为我们纯粹就是一个资产管理、出资人的机构。

北京新京报记者：我想追问一个问题，讲到央企海外投资的问题。其实我们看到，有些央企在海外投资可能会出现一些亏损，就像您刚才说的一样，不了解当地的法律等各方面的情况，国资委在这方面的监管会出台哪些新的机制？因为毕竟是国有资产，如果出现国有资产流失的话，对于高管或者管理层有没有相应的处罚措施？另外，如果真的是很严厉的处罚措施，会不会也担心这些高管会畏首畏尾，今后在开拓方面不会尽心尽力？另外，刚才您讲到国有资本收益，也算是给公众一个交代了，还是请教一下邵主任，就您自身来看，目前央企的社会舆论环境如何？您感觉现在公众对央企的不理解主要原因是什么？为什么赚钱多了大家的议论还很多？

邵宁：这几年中央企业的境外经营总体上效益是比较好的，大概的数字是这样的，中央企业境外资产总额占中央企业总资产的 19%，当年实现的利润占中央企业利润总额 37%，这是 2009 年的数字。这个数字说明效益整体上还是不错的，说明我们“走出去”的战略是对的，也说明中国企业在很多方面有比较优势。我们也注意到，比如国外报道有些海外的项目出现亏损，当然有各种各样的原因，从我们国资委的角度，它的性质和境内亏损是一样的，是企业就要挣钱，就要对股东负责，海外不能亏，境内也不能亏。像这种出现的重大亏损，实际是国有资产的重大损失，从制度上讲，我们要查明原因，明确并且追究责任。随着中央企业境外资产的增长，境外资产的监管实际上对国资委来说是一个新课题，我们目前正在研究。据我所知，我们的业务局正在研究两个文件，一个是《中央企业境外资产监督管理暂行办法》，一个是《中央企业境外国有产权管理暂行办法》。这两个文件的名称都是暂行办法，说明这个问题还没有完全研究明白。有不同的建议，有不同的选项，比如说有的建议监事会把监督范围延伸到境外去，还有的建议委托境外中介机构统一进行审计，等等，这都是可以研究的可能性。无论怎样提高监督的有效性，首先责任主体必须明确，因为中央企业境外资产一般都是二级企业的资产，监督责任首先在集团公司。

刚才还有一个问题，就是央企的舆论环境问题。我的感觉，现在的问题是沟通得不够，大家对中央企业的情况、对这几年国有企业改革的情况、对中央企业这几年的变化，了解得还是不多，这个责任主要是在我。应该说，经过这二十年艰难的改革，中国国有企业的变化是很大的，中国的国有企业跟若干年前是完全不一样的。

香港南华早报记者：请教一个问题，关于央企的高管层薪酬，是不是有一个具体的规定？而且薪酬标准是不是已经对社会公开？因为是全中国人民的公司。还有，薪酬的标准，现在据国资委掌握的整体情况怎么样？与全社会的一般从事管理的人员平均收入相比大致是怎么样的水平？再问一下对于铁路部门今后的国有资产改革，国资委是不是在

“十二五”期间将会介入？

邵宁：高管的薪酬，国资委成立之后，就建立了一套薪酬的管理办法。因为国资委成立之前，高管薪酬是自己给自己定的。国资委这套管理办法是依据考核结果，同时也参照社会上的水平。但是参照实际是这样，现在对中央企业的高管是半市场化的办法，明显的比社会上同类岗位要低，而且低得比较多。之所以是这样一种折中的办法，是因为这些企业需要参与竞争，你的岗位需要有一点市场竞争力，你要承认这个岗位的价值，但是同时他们又不是完全的市场人，我们对他们的管理还有很重的行政色彩，所以采取了一种半市场化的办法，这也是改革过程中的一种折中的措施。我们想，这个措施的效果还是比较好的。具体的标准，实际上我们以前在不同的场合都跟社会说过，领导人的收入对于国资委、对于监事会来说是非常透明的，是没有问题的，需要的话可以向社会公开。

铁路部门的改革，从性质上讲，它是一种行业改革。行业改革的职能也不在国资委。但是如果通过行业改革之后，比如说原先的铁路系统改革之后，它的一些企业可能会交给国资委改革，比如说原先的中铁工、中铁建，比如南车、北车都是前一段铁路改革之后、与铁道部脱钩之后交给国资委管理。所以，后续铁路部门如何改革，首先还是一个行业改革的问题。

大力提升企业管理现代化水平 建设具有国际竞争力的世界一流企业*

在“十二五”开局之年，在国资委党委提出培育一批具有国际竞争力的世界一流企业的背景下，召开这次企业管理创新暨全面风险管理经验交流会，具有重要意义。会议给大家印发了一些非常有价值的典型经验材料，这些经验都是中央企业自己创造、实践的成果，操作性非常好，值得深入地学习和借鉴。这次会议的中心任务，是深入贯彻落实党的十七届五中全会精神，总结“十一五”期间国有企业特别是中央企业管理工作取得的进展和成效，交流管理创新及全面风险管理经验，探讨与培育具有国际竞争力的世界一流企业相适应的科学管理体系，研究部署在“十二五”期间推进国有企业管理再上新台阶的具体措施。今天上午和下午，听了四个典型经验介绍和麦肯锡专家所作国际化专题讲座，感到深受启发。就今天会议主题，我讲三点意见：

一、国有企业管理工作实现了重大转型和升级，企业的市场适应能力和竞争力显著提升

经过三十余年的改革开放和国内外市场竞争的磨炼，特别是前几年全球金融风暴的洗礼，国有企业的管理工作已实现了从计划经济向市场

---

* 2011 年 2 月 28 日在中央企业管理创新暨全面风险管理经验交流会议上的讲话。

经济、从卖方市场向买方市场、从国内竞争到实施“走出去”战略、从国外管理方法的学习模仿到消化吸收、融合提炼、自我创新的重大转变。具体表现在这样几个方面：一是经营管理理念发生深刻变化。绝大多数企业牢固树立起市场、效益、质量、成本、品牌、营销、全球化、以人为本等适应市场经济要求的理念和社会责任意识。二是极大地丰富、拓展了企业管理的领域。战略管控、购并整合、流程再造、精益生产、虚拟联盟、扁平化组织、供应链管理等新的管理思想和管理组织已经进入企业管理的视野和范畴。前些年我们还在引进这些概念，现在不少企业已经比较深入地在实践了。三是越来越多的先进管理方法和手段被广大企业所应用。企业资源计划（ERP）、经济增加值（EVA）、平衡计分卡、六西格玛、5S 管理等国际流行的管理方法和手段都在国有企业得到广泛应用。四是经营管理人员与职工素质不断提高。涌现出一批批适应市场竞争的企业家和职业经理人，职工使命感、归属感不断增强。五是“软实力”培育越来越受到企业重视。通过构建企业文化、建立学习型组织、加强知识管理、推进管理创新、实施名牌战略、履行社会责任、塑造企业形象等培育企业核心能力，努力保持竞争优势。

国有企业管理工作的转变，对国有企业来讲意义重大而深远。国有企业这几年发展状态较好，应该说与管理水平的提升有直接关系，管理工作的转型、升级对促进企业发展起到了重大作用。外部人士可能很难理解，国有企业怎么会在几年之间突然就变好了？除改革的因素之外，如果深入企业管理领域就会发现，国有企业一直在学习、在不断地改善自己的管理水平。所以，国有企业现在状态好不是偶然的，有着内在的原因。

随着国有资产监管体制的改革，各级国资委肩负起指导企业管理工作的责任。通过认真履行出资人职责，采取有效监管措施，推动企业加强管理和管理创新，取得显著成效。追溯改革开放 30 年的历史，我国负责企业工作的政府部门一直延续着高度重视指导、推进企业加强管理和管理创新的传统，从国家经委时期吕东同志、袁宝华同志重视推进企业管理工作一直延续到现在。国资委承担着国有资产保值增值的责任，从出资人的角度指导、推进企业加强管理和管理创新，以实现国有资产保值增值，应该说利益更加直接、效果更大。近几年来，各地国资委为推进国有企业管理做了大量工作，国务院国资委着重在以下几个方面推动中央企业管理升级：

一是充分发挥战略管理的统领作用，引导企业突出主业，提升核心竞争力。正确定位是企业战略管理的核心。国资委根据中央企业的资源、能力和比较优势，分期、分批地明确了企业的主业，严格控制非主业投资，这成为企业制订发展战略和规划的基石。战略管理是企业长远性、根本性的重大管理，战略决策失误会给企业带来非常严重的后果，有些更具有不可逆性，会给企业带来灾难。在突出主业的基础上，近年来国资委还注重在体制上为有效战略管理建立制度保障，其中最重要的就是推进规范的董事会建设。董事会最重要的职责是把住企业的战略方向，到目前为止 30 家董事会试点企业董事会在企业战略管理上都倾注了巨大精力，并取得了很好的成效。

同时，国资委也在努力和企业决策层一起研究企业的战略问题，使国资委对企业的主业管理能够适应企业发展的需要。中铝公司的发展战略调整就是一个典型例子。国资委成立后中铝公司连续多年经济效益很好，2008 年受外部环境影响成为央企中的亏损大户。这几年其他中央企业在发展，中铝却在努力脱困。脱困工作第一个方向是彻底改变内部机制，危机实际上对改革是一个机会。企业莺歌燕舞的时候改革是比较难的，真正陷入困境，职工知道亏损了，自己的饭碗有危险了，企业内部对改革的承受力会明显增强。中铝抓住亏损的“机会”，彻底地把内部机制改变了，这对中铝今后的发展将大有裨益。今天上午中铝股份罗建川总裁讲了这么一句话，过去只有民营企业能做到收入能升能降，现在中铝公司也做到了。我想中央企业中敢说这句话的可能不太多。第二个方向是战略转型。中铝原先的主业是单一金属，即铝的冶炼和加工。中铝公司的领导认为有问题，与国资委一起研究，到底单一金属还是多金属是行业发展的国际趋势？什么样的主业配置更符合中铝的实际及发展的要求？经过多方论证，认为多金属是方向，于是国资委将中铝的主业从单一金属调整为多金属。这里面还有一个战略问题，即向下游发展还是向上游发展？往下游发展是深加工，往上游发展是矿产资源。中铝的领导和国资委一起研究达成共识，我国矿产资源相对不足而控制资源需要很大投资，往上游发展能对国家资源战略起到支撑作用，也可以更充分地发挥中央企业的规模优势；如果往下游发展，竞争对手将是一些民营企业，而有些民营企业在深加工做得很好又有成本优势。于是，中铝的主业又一次进行了调整，定位为国际化多金属矿业公司。企业战略的适时调整优化很重要，如果中铝的主业还是当时很窄的范围内，可能现在仍然会很困难。

二是加强内部的整合，提高集团的管控能力，促进资源优化配置。国外企业内部整合问题不是很多，除非在并购之后有整合、融合的问题。但是中央企业中有一批企业是在非常特殊的历史背景下脱钩、打捆组建的，这样形成的集团一方面先有“儿子”后有“老子”，集团管控能力往往比较弱，另一方面内部缺乏协同效应，有时候内部子企业间还是互相竞争的。如何通过内部整合提高集团管控能力，优化资源配置，是许多中央企业面临的一项任务。

前几年改革局经过调查研究，总结了中材集团等一些企业的典型经验。中材集团起初也是典型的“归大堆”“装麻袋”形成的集团，由原国家建材局所属的工厂、研究机构、贸易公司组成，内部缺乏协同效应。集团领导班子在这个问题上头脑比较清晰，首先明确企业的核心业务和发展战略，然后抓住上市这个重要的机会，以上市标准为准绳大力度推进内部整合，收到了非常好的效果。推动内部整合是需要削山头的，会触及一些人的既得利益，需要有足够的推动力。上市往往可以变成这样的推动力，因为上市可以融资，企业职工会很支持；上市要聘中介机构进入企业，提出专业化的内部重组方案，集团借中介机构提出的要求在内部推起来相对容易一些。通过上市重组组建的中材国际股份很快成为国际一流水泥技术装备工程公司，到目前已连续三年居国际同行业市场份额第一名。原先中材的子公司都是各自为政、分散运作，没有人能做总承包，各自给跨国公司打工。通过上市之前的整合，整合出一个集成能力很强，可以做总承包、做交钥匙工程的大的承包商，竞争力就变得非常强。去年，中材集团海外销售收入已经占到全集团的 50% 以上，而中材国际占到其中的 80% 以上。中材集团的经验是前几年总结的，实际上到现在仍然有借鉴意义，对于内部仍然没有整合到位的企业来说，仍然有其价值。这几年央企推动内部整合的成功案例很多，通过整合集团管控能力明显提升。

三是推动企业建立风险管理体系，促进企业稳健发展。2006 年，针对经济全球化、信息化程度加深，企业面临的市场环境不确定因素日益增多的形势，国资委印发了《中央企业全面风险管理指引》。这个文件制定得比较超前，集成了国内外包括很多中介机构对风险管理研究的成果，水平是比较高的。这个文件的性质是一个指引，一个指导性文件，并没有强制约束力，目的是给中央企业一个导向和促进的作用。国资委这些年一直要求中央企业强化风险管理意识，主要领导要重视风险管理和风险防控，企业内部要健全风险管理制度与组织体系，重点加强“三重一大”事项的风险管理。同时，多次举办中央企业董事经理人员及职能部门负责人、业务管理骨干的风险管理培训班，办班的层次一直到具体操作者，所以前一段的工作推得比较实。金融危机爆发后，很多潜在的风险变成了现实的风险，使得中央企业更加重视全面风险管理，工作深度和广度在不断拓展。这次会上介绍的典型经验，如宝钢的经验，就非常有操作性、非常具体，值得其他企业借鉴学习。

近几年一些中央企业主动向国资委提交全面风险管理年度报告，改革局每年汇总分析后再给企业一个反馈，中央企业中也涌现出不少好的经验和做法。对编制企业全面风险管理年度报告，我们一直坚持企业自愿原则，不要求企业必须编报。实际情况是企业的积极性还是比较高的，效果还是比较好的。在全面风险管理方面今天有宝钢的介绍，明天中国五矿还要介绍市场风险量化管理模型，这些很具体的风险控制办法和风险控制制度体系建设实践，会给大家很多启发。

四是通过推进企业信息化，提高现代化管理水平。传统的管理方式和手段已经不适应当前市场竞争和国际化经营的需要，只有借助于现代的信息技术手段，才可能实现管理的精细化和现代化，对大型企业更是如此。这几年，许多中央企业实施了大型管理软件，推进业务流程再造和管理变革，付出了相当大的努力，促使企业在市场反应速度与能力、集中统一管控、降本增效、服务质量水平和用户满意度等关键绩效指标方面都得到了显著的提升。

今天通过中石油的经验介绍可以看出一个趋势，我们以往强调信息化是企业管理的基础，中石油的信息化确实已经成为企业管理工作的基础，但同时也是企业经营和研发工作的基础，信息化有可能改变企业各项工作的基础和面貌，使企业的经营发展整体上依托于信息系统平台基础之上。这对于中央企业来说是一个台阶，一旦跃升到这个台阶之上，不但企业管理，各项工作效率可能都会有一种飞跃式提高。这种企业整体上的提升会让那些没有实现信息化的企业完全没办法与之竞争，好像用冷兵器的军队遇上了用热兵器的军队。所以，中央企业必须要上这一个台阶，你上不去别人上去了，你的劣势就不单单是一个企业管理的问题了。

国务院领导同志在有关材料上作出重要批示，充分肯定了中石油十年来信息化建设取得的成绩和经验，并要求国资委进一步加强中央企业信息化建设，提高中央企业的管理水平和竞争能力。国务院领导同志的批示给国资委提出了一个课题，下一步怎么样学习和推广的问题，我们正在研究落实。

五是支持企业积极稳妥开展国际化经营，不断提高国际竞争力。开发国内国际“两个市场”，利用“两种资源”，是中央企业持续发展的必然要求，也是中央企业的使命和责任。这几年中央企业走出去的步伐很大，但国际市场比国内有更多的政治风险、文化风险、汇率风险甚至社会动荡的风险，如何积极地实施“走出去”战略，强化风险管控，是国际化经营成败的关键。近年来，根据中央的要求，中央企业积极研究制定国际化经营战略，加强国际化专业人才培养，建立健全国际化风险管控体系，海外市场开拓、参与国际分工与合作的深度和广度日益发展，通过海外并购，尤其是资源的并购，增强了企业乃至国民经济持续发展的保障能力，不仅中石油、中石化海外并购取得重大成果，中交、水电建设、中国建筑等施工企业海外市场开拓取得重要进展，而且像国家电网公司、华能等企业也在国际化经营方面取得了实效。但总体而言，中央企业在还处于“走出去”战略和国际化经营的初级阶段，这个阶段的国际化主要看国际上销售收入达到多少，取得的利润是多少。中央企业或者说中国企业国际化的道路还很漫长，离真正国际化的目标还比较远。

除了以上五个方面，中央企业在加强和改进各项基础工作，培养造就与市场竞争和现代化管理相适应的经营管理者队伍和员工队伍，以及加强经营管理、培育品牌商誉、开发核心技术、建设企业文化、树立良好的企业社会形象等方面均取得了很大进展和显著成效，竞争“软实力”不断增强。这几年中央企业管理水平确实有了很大的提高、很大的变化，这种变化是持续不断发生的，中央企业管理意识在增强，自身状态在改善。

二、新的环境和挑战对加强企业管理工作提出了更高的要求，研究提升世界级管理水平成为国有企业尤其是中央企业一项重要而紧迫的任务

改革、管理和发展是相辅相成、相互促进的关系，加强企业管理、推动管理创新，是促进国有企业改革发展的重要基础和保障。在“十二五”期间，国有企业将面对更加复杂多变的外部环境和诸多新的挑战，对企业改革、管理和发展都将产生重大影响。其中，来自日益加深的全球化市场环境，对国有企业履行社会责任更高的要求，转变经济发展方式的低碳、环保要求，以及国际竞争、科技发展和信息技术更深更广的应用等诸多方面的挑战，将对企业管理产生深刻影响。因此“十二五”期间，管理工作必须进一步加强、改进和创新，才能适应国有企业改革发展的要求，提高市场竞争力。

就中央企业而言，在去年底召开的中央企业负责人会议上，王勇主任代表国资委党委提出在“十二五”期间中央企业改革发展的核心目标是做强做优中央企业，培育具有国际竞争力的世界一流企业，为此要实施转型升级、自主创新、人才强企、国际化经营、和谐发展等“五大战略”。应该说这个目标是很高的。对于中国企业来说，平着铺摊子做大是相对容易的，因为我国有一个非常大的国内市场，但是我们向上提升、向高端走并不容易，因此王勇同志提出的这个目标是不容易达到的。用这个目标去衡量，我们有 30 家企业进入世界 500 强就不值得我们过于兴奋了。而这一目标的提出对中央企业又是非常及时、非常有意义的，因为“十二五”期间的国际国内市场环境将使横向扩张的余地越来越小。通过实施“五大战略”，实现这一核心目标要做的工作很多，但是特别需要强调的是，没有一流的管理就不可能有效地实施“五大战略”，没有世界级的管理水平，就不可能造就世界一流的企业。管理是基础，如果我们不能把企业管理好，要想成为世界一流是不可能的，或者说某个时间进去了，可能过一段时间还得出去。

尽管这些年中央企业在诸多方面都有长足的进步，而且大多数已经成为各自所在行业的国内排头兵，但是当我们站在全球的视野审视中央企业，就会看到很多差距和不足，除了在规模、装备水平等硬实力方面，软实力方面也有明显的差距。实际上中央企业现在在规模、装备水平、硬实力方面和一些国外大企业相比，可能差距并不是很大；但是在软的方面，尤其在管理方面、在信息化方面、在国际化经营能力方面，我们的差距比在硬的方面所显示出的差距要大得多。就中央企业培育具有国际竞争力的世界一流企业的基础和条件，以及与世界一流企业的差距，前一段改革局做了专题调研。目前来看，中央企业在经营管理方面与世界一流企业的差距突出表现在以下几个方面：

第一个差距是国际化经营方面。世界一流企业大多数是国际化指数很高的跨国公司，财富500强中除中国企业之外，大多数企业本国之外的营业收入、利润、资产和员工要占到一半以上。它们超越国籍而存在，产业链和触角延伸到世界各个角落，在成本最低的地方采购，在融资成本最低的地方融资，在人才最密集的地方研发，具有很强的全球资源配置能力；它们掌控着行业的核心技术、知名品牌和市场网络，始终占据“微笑曲线”的两端，具有很强的全球价值创造能力；它们能够吸引和留住全球顶尖人才，擅长并购整合，产融紧密结合，具有很强的全球资本运作能力。相比而言，中央企业包括进入世界500强的30家企业，离成为真正意义上的全球性跨国公司尚有很大差距。许多中央企业规模很大，但仔细分析一下，很大程度上是由于我国有很大的市场规模，并不一定意味着国际竞争力很强。那些小国进入世界500强的公司，无一例外是全球化的跨国公司，因为它们没有一个大的国内市场可以依赖。国际化经营能力的差距表现在多个方面：国际化经营人才不足是一个重要方面，真正能用几种语言去谈判的人才匮乏；经营层对国外法律环境尤其职工保护法律不熟悉；对海外员工的聘用主要是当地的工人，经营管理层聘用得还很少。

第二个差距是管理信息化方面。世界一流的企业都拥有很高的信息化水平，并借助信息化平台，建立起卓越的运营、管控能力和精细化管理。著名的沃尔玛低成本供应链管理，戴尔的电脑直销模式，都是借助信息化平台通过管理创新实现的，其整个商业模式和以前都不一样了。思科公司的管理信息化已经完全成为国际化经营的基础性支撑，员工在网上办公，公司90%的销售业务在网上完成。台塑的信息化管理能够实现数据一次性就源输入，全球范围内多次有效使用，十年前就实现了每月一日全球财务结算。信息化水平高低是能否达到世界一流管理水平的重要标志。近几年，中央企业信息化应用有了很大进步，但与世界一流企业比仍有很大差距，这将影响企业管理现代化水平的进一步提升。

第三个差距是管理创新能力方面。世界一流企业无一例外高度重视管理创新尤其是商业模式的创新和新的管理方法的应用，丰田的精益生产、GE六西格玛管理、苹果公司商业模式创新等成为创新者取得并保持竞争优势的锐利武器。从计划经济向市场经济转轨以来，企业管理创新取得显著成效，但与世界一流企业相比，基础管理与管理创新能力仍然有待提高。比如，制度建设是企业健康稳定运行的基础，在这方面，台塑2715项制度从设计、运行到监督、改善，整个流程都实行电脑化管理，管理的信息化和精细化程度令前往学习交流的中央企业负责人由衷感到佩服。台塑这套体系也是根据台塑的管理文化，根据王永庆老先生的管理理念，通过信息化的工具实现的。这些需要我们创造性地应用，而不是简单地学习和模仿。

在重大开创性管理创新成果方面，我们的差距更加明显，总体上还处于学习、模仿、改善、应用的阶段。管理就是生产力，管理创新就是竞争力，而重大开创性的商业模式的创新，可以成为引领竞争优势的核心竞争力。我国经济融入全球化的程度越来越深，我国企业与跨国公司在一个平台上竞争，人家重视管理创新，通过管理创新创造出更为有效的资源整合方式或商业模式，我们这方面的差距也需要改变。这些年国际上企业管理的新成果很丰富，中国人的学习能力非常强，国外创造出来我们马上引进，但自己的创新还是不够的。

第四个差距是风险管理方面。世界一流企业往往都有健全的内部控制体系，建有比较完善的风险预警指标系统，备有全套的应急预案，建起统一的风险管理文化，从战略决策层面到具体业务层面都严格执行风险管理流程，利用信息化手段将风险管理固化于业务流程，并与日常经营管理融为一体。如果把风险管理和日常经营管理弄成两张皮，肯定不会成功。风险管理应该是一种理念和要求，融化在日常管理之中，风险管理和日常经营管理绝对不是两个东西，应该是一个东西。《全面风险管理指引》发布之后大家很重视，但风险管理不是几年就可以解决的，它需要逐渐深化，逐渐和日常经营管理融为一体。这几年世界经济竞争表明，如果不重视加强风险管理，即使是世界著名企业甚或百年老店，也会由于各种各样的因素，包括市场的和内部的因素，瞬间被摧毁。

尽管近几年中央企业在全面加强风险管理方面下了很大功夫，进步很快，但基础还比较薄弱，还需要进一步巩固提高。尤其是这几年中央企业国际化运作、并购日益活跃，使我们面对的风险更大了。例如，利比亚不是商业风险，而属于政治风险，我们“走出去”不得不考虑这方面的风险。国资委真正提出全面风险管理只有短短四年多时间，目前的工作广度和深度还远远不够。中央企业要实现王勇主任提出的培育世界一流企业目标，就要从经营管理的角度，从软的方面逐渐缩小与世界先进水平的差距，特别是在国际化经营、信息化管理方面的差距，这是我们下一步需要非常重视的工作。

三、围绕提升企业现代化管理水平与国际竞争力，需要着力加强的几项重点工作

“十二五”期间，我国仍将处于经济发展的重要战略机遇期，这也是国有企业进一步做强做优的关键时期。但我们也需要清醒地看到，“十二五”期间我国经济发展的市场环境与“十一五”期间相比将是偏紧的。“十一五”期间尤其是“十五”和“十一五”上半段，我们面对的国际市场是扩张型的市场，而大家分析，这个扩张型的市场在“十二五”期间很难再现了。金融衍生品是此次金融危机的直接原因，美国金融衍生品的坏账仍需要一个继续消化的过程，创造金融衍生品是增加需求的因素，消化这些坏账是减少需求的因素。很多分析认为此次金融危机的深层次原因是美国过度消费的发展模式，危机后不得不进行调整，最近一两年美国的居民储蓄率在上升，这意味着居民消费在减少。所以，无论从金融危机的直接导火索还是更深层次原因来分析，未来我们所面对的国际市场与前一个时期相比将是比较紧的。另一方面，国内扩张需求的余地越来越小。经过几次运用扩张性的政策，包括财政政策和货币政策刺激内需，我国基础设施领域有回报的投资机会越来越少，一些重要终端产品的社会需求已被透支，再进一步扩大内需的难度越来越大，潜力越来越小。所以，无论从国外还是国内来看，“十二五”期间我们所面对的经济环境肯定偏紧，因此需要及时调整和改变发展方式。

在这样的环境下，更需要我们抓住机遇，树立信心，坚持以深化改革为动力，以加强管理和管理创新为基础，以提升产业层次、提高技术含量为中心，促进企业持续健康发展。就中央企业而言，发展要有新思路，改革要有新突破，管理要上新台阶，要在更大范围、更广领域、更高层次上参与国际竞争与全球分工，在这个过程中打造具有国际竞争力的世界一流的企业。这个方向上需要做的工作很多，就企业管理而言，需要重点做好以下几个方面的工作：

（一）加强企业战略管理，明确正确发展方向

企业要对自己所处的外部环境经常进行科学的分析，充分研究市场和竞争对手，研究科技及产业格局的发展变化，在此基础上制订并且动态调整优化发展战略。我们的企业的预见性与国际先进企业比是有差距的，世界一流企业往往能够洞悉产业发展的趋势和前景，经审慎研究确定发展战略及目标之后，就坚持不懈地为之奋斗，即使经理人变更也不会改变。中央企业也有这样的案例，像新兴铸管集团（即新兴际华集团），发展铸管是20世纪90年代定的，现在回过头来看，当时进行的战略转型是非常正确的。我们几家专业外贸公司的实业化转型，军工企业的民品发展，战略性因素的把握、掌控非常重要，如果转不好，风险是非常大的，应该说这方面我们有非常成功的案例。但是也有一些中央企业贸然进入一些不熟悉的产业领域，搞了一些并没有把握但投资非常大的项目，没有技术也没有队伍，现在非常被动，这样的教训也就在我们身边。所以，中央企业下一步仍然须高度重视战略管理，防范战略性风险，促进企业可持续发展。在今后外部环境比较紧的情况下，如果战略发生了问题，一个重大投资出现失误，可能就会把一个大集团给拖下去。

（二）进一步推进企业的信息化建设，提升现代化的管理水平

充分发挥信息技术对提升企业技术能力和管理效率的重要作用，加快企业主要领域的信息系统建设，促进信息技术与经营管理、产品研发、供应链优化、战略联盟等深度整合。实际上就是把经营管理和发展真正实实在在地放在信息化的平台上。必须清醒地看到，信息化本身是非常好的事情，但它也有风险，信息化也不是“免费的午餐”。一方面信息化需要很多软硬件投资，同时又会因为业务流程的再造、组织管理的变革对企业内部的状态提出要求，而内部的要求达不到、阻力太大，会导致信息化的失败。中央企业里面有非常成功的典型，也有不太成功

的典型。前几年有些部门对中央企业进行检查，也反映某些企业信息化方面投入很大，但是效果不够好，引入的系统与内部的流程和组织系统不匹配，但是调整内部的问题又缺乏足够的力度和信心。我们要特别学习借鉴中石油“八个坚持”的经验，坚持总体规划、项目管理、业务主导、先试点后推广、系统集中架构、精选服务商、选用成熟的软件和国际合作，避免走弯路，提高一次成功率。

（三）进一步加强风险管理，增强企业风险管控能力

随着国际化经营和全球化竞争的发展，企业面对的经营形势将更趋严峻和复杂，必须从战略高度重视风险管理工作，建立全面风险管控体系和工作机制，强化全员风险管理意识，建设统一高效的风险管理文化，完善重大决策、投资、购并、财务、购销、金融衍生品等高风险领域的内控制度和工作流程，健全中央企业重大风险监控机制。对于董事会试点企业，董事会要高度关注企业的风险防控体系建设，这是董事会的职能所在。所有企业都要深入分析经营中面临的风险因素，制定风险防控的措施和应对预案，实现风险管控目标和管控能力、风险预防和抓住机遇之间的平衡；加强企业日常风险评估工作，切实把风险管理与各项经营管理活动特别是关键业务环节紧密结合，探索适合本企业特点的风险量化分析和风险监测预警的技术手段和实现方式，借助信息化促进内控管理的升级，提高风险预警、反应能力和管理水平。在借助信息化加强风险管理方面一些企业有自身的特色，如中石化组织一批熟悉业务、廉洁自律的老职工在信息系统上搞“网上巡视”，抽查跟踪关键业务流程，收到了比较好的效果。国资委将加强对央企风险管理共性问题的研究，在企业自愿基础上继续组织做好年度风险管理报告的编报及反馈工作，适时研究出台进一步指导企业加强风险管理的指导性文件。

（四）积极稳妥推进国际化经营，提高企业全球配置资源的能力

国际化是做强做优企业极为重要的环节，也是培育具有国际竞争力的世界一流企业绕不过去的一个过程。亚洲企业与欧洲企业不同，可能是文化差异过大，国际化都很难，日本企业实现国际化用了几十年的时间。为了促进中央企业持续发展，肩负起国家赋予的责任和使命，中央企业应当尽量缩短这一过程。我们对国际化也要有正确的认识，努力做国际化经营的高端，做价值链的组织者，而不应该是单纯的工厂或卖低附加值的产品，这就要求企业必须具有核心竞争力，包括以一流的研发掌控核心技术，一流的产品做好市场的定位，一流的营销能力创造国际知名品牌，一流的整合促进资源优化配置，一流的员工队伍提高顾客的忠诚度，一流的文化建设增强企业的凝聚力。在这些方面，人才是最关键的，我们要进一步加强适应国际竞争需要的企业领导力建设，建立具有全球化的战略思维和宽阔视野的领导班子，培养满足国际化经营需要的人才队伍，逐步做到全球配置资本、人才、研发等各类资源。我们既要重视海外并购，加快企业国际化进程，又要注重加强并购专业团队建设，完善并购工作流程，做好尽职调查审慎决策，增强对并购项目的管理能力。

（五）围绕做强做优、建设世界一流企业加强对标工作

通过与国际同行业一流企业对标，能够为我们找到管理实践中可以比较的参照系，传导一种间接的市场竞争机制和压力，加上配套的考核、管理措施，确实是促进企业改善管理的有效手段。中央企业对标工作前几年就开始了，荣融主任在任的时候，就号召中央企业每家都要选择一个同行业国际先进企业进行对标，这项工作近年来取得了非常好的进展和收获。前几年很多中央企业发展态势不错，但是大家的精神状态很实际，主要是因为通过对标知道自己的差距，我们和自己的过去比确感到很欣慰，但和世界一流企业比，我们的差距是普遍性的。建设世界

一流企业的工作，仍然要从对标开始。我们也在研究建设世界一流企业的工作要不要具体化、程序化。如果要具体化、程序化，可能第一步要做的就是对标，只有和国际先进企业对标，才会知道我们和世界一流企业到底还差多少。

近年来的对标工作对中央企业发展的直接作用是非常大的。大家知道中国移动效益很好，多年利润水平都排在中央企业前列。一提中国移动就有人说是垄断，实际上中国移动的内部工作基础是非常扎实的。中国移动十年来分两个阶段坚持与世界一流对标：第一个阶段从 2001 年开始，与世界同行业综合指标前 4 位的企业以平衡计分卡为工具进行对标，结果到 2005 年大多数指标达到了这些企业的水平；从 2006 年开始，中国移动提出“从优秀到卓越”的跨越，与世界同行业一流指标对标，结果到去年大多数指标处于世界领先水平。中国移动的实践说明，实现做强做优中央企业、培育具有国际竞争力的世界一流企业的目标要求，开展对标特别是与世界一流企业对标，是一项重要而有效的举措。中央企业不仅要与国际先进企业对标，凡是比我们强的，都应该成为我们的学习标杆。中铝的对标就选择了民营企业，因为民营企业的成本比中铝低，在这方面与世界一流企业对没有意义，和民营企业对反而会比较出自身的差距。中铝这样的大公司，放下身段和民营企业对标，结果促进了各项指标的改善。对标不仅要注重硬实力的对比，也要注重对比软实力，不仅要注意指标的量化比较，而且要比较蕴藏在指标背后的理念、方法、组织流程的差距，通过加强管理或制度创新、技术创新，尽快缩小差距，最终达到世界一流水平。

企业是企业管理工作的主体。作为国有资产出资人代表的国资委可以也应当有所作为，但这里有一个准确定位的问题。我们要推动工作，但手不能伸得太长，管得不能太细，要求不能过于具体。国资委的定位应该在推动和服务方面。所谓推动，应该从国资委一系列相关工作，如业绩考核、确立主业、审计监督、财务评价等多个角度引导和促进企业加强管理，条件成熟时，也可以组织管理评价，使企业领导人能够对本企业的管理状态有一个比较客观的了解。服务是国资委推进企业管理工作的重点。目前中央企业管理工作有这样两个现实的情况：

第一个现实情况是中央企业的管理水平总体上与国际先进企业水平还有很大差距，需要我们进一步加强与国际先进企业的学习交流，在这方面国资委可以起到很好的组织作用。目前国资委企业改革局正在组织的，是与台塑和思科的交流培训项目。台塑的培训项目是王永庆老先生在过世之前和李荣融主任商谈确定的，老先生一直有一个愿望，希望台塑的管理经验能够惠及祖国大陆的企业。所以，台塑完全敞开大门，我们企业的人去学习，他们给我们进行系统培训，效果是非常好的。中石化的管理水平不错，还是比较精细的，但第一期去的中石化的同志回来跟我讲，到了台塑，感到“震撼”，发现差距仍然很大。台塑项目我们将继续执行下去。第二个项目是国资委、思科、北大光华管理学院共同组织的项目，组织中央企业的高管到思科学习交流，思科内部由各方面的高管出面讲课，这使得我们央企的负责同志有机会深入一个世界一流跨国公司，对其进行了解。思科还请了一些非常知名的人士，比如说GE的CEO伊梅尔特先生，来给我们上课。在这两个培训项目基础上，我们计划再开拓一些新的培训领域。随着中国经济地位提高，中国企业竞争力增强，尤其是中央企业状态不断改善，很多非常优秀的跨国公司非常希望与中央企业高管接触，建立工作关系，培训是可以达到这一目的具体方式之一。我们将利用各种各样的机会创造条件，让我们的企业更多地了解国外先进企业的经营管理，使我们的企业学得更加深入。

第二个现实情况是中央企业之间的管理水平参差不齐，有很多企业管理水平很好，或者某一项管理水平很好，但也有一些企业管理水平并不好，包括监事会的同志也跟我们讲，某某企业管理水平实在不敢恭维。水平参差不齐就有可能取长补短。我们需要及时总结先进企业的实践和典型经验，然后组织交流推广，发挥典型的示范和引导作用。由于这些经验都是企业自己创造的，更符合企业的实际，更容易学。在这方面企业改革局是有传统优势的，希望改革局发挥优势，总结中央企业有普遍可推广价值的经验，通过企业间横向交流、学习，使管理水平共同提高到一个新的层次。

加强企业管理是企业永恒的主题，也是企业核心竞争力之所在。今后要进一步发挥国资监管这个大系统的优势，这次会议就有很多地方国资委主任参加。加强央企之间、央企与地方企业之间的学习交流，推动国有企业管理水平不断提升，促进国有经济持续健康发展，实现王勇主任在前一段中央企业负责人会议上提出的做强做优国有企业、培育世界一流企业的目标，让我们大家共同为这个目标而努力！

在中央企业分红权激励试点工作启动会上的讲话*

今天这个会，标志着中央企业分红权激励试点工作正式启动。会议目的有两个：一个是督促首批试点企业认真贯彻国务院及有关部门文件精神和国资委批复，严格按照激励方案抓好工作落实；另一个是进一步宣讲有关分红权激励的政策要点和操作办法，指导中央企业做好试点的准备和激励方案的制订、实施工作。下面就中央企业分红权激励试点工作，我讲三点意见：

一、分红权激励政策对中央企业科技创新工作有重要作用

今年是“十二五”规划的开局之年，也是国资委实施“做强做优中央企业、培育世界一流企业”的起步之年，加快转变发展方式的要求更加紧迫。党中央和国务院领导同志多次强调，中央企业要在建设创新型国家中发挥更突出的引领作用。国资委的重要工作内容之一，就是要通过建立鼓励科技创新的政策体系和激励机制，为做强做优中央企业、培育具有国际竞争力的世界一流企业提供制度保证。

近年来，中央企业改革发展取得显著成绩，国有资本的影响力、控制力和竞争力进一步增强。但在消除体制机制束缚、激发企业活力方面，仍有很多工作要做。特别像院所转制企业，沿袭原有科研事业单位的体制，非常不适应市场化经营的需要。存在的主要问题，一是管理基

* 2011 年 7 月 7 日在中央企业分红权激励试点工作启动会上的讲话，有删节。

础比较薄弱。许多企业的组织机构设置不够科学合理，适应市场要求的管控体系没有建立，定岗、定编、定责工作没有很好开展。二是运行机制不够科学。缺乏有效规章制度，缺乏岗位意识与概念，内部运行机制不能与外部市场有效对接。三是市场化用人机制尚未建立。对员工管理仍以身份管理为主，竞争上岗没有真正推行，员工队伍特别是人才机制缺乏活力。四是分配结构不够合理。绩效工作体系没有建立或不够完善，员工的贡献不能与员工的薪酬有效关联，“该高不高，该低不低”仍然是一些企业内部分配方面的突出问题，这也是一个涉及企业管理、分配机制的综合性问题。对此，加快深化中央企业内部体制机制改革，建立长效激励约束机制，进而促进企业可持续发展是十分迫切十分必要的。

实施股权和分红权激励，是国务院支持中关村建设国家自主创新示范区的一项重大政策。这项政策，对于推进中央企业特别是高新技术企业和院所转制企业进一步深化内部改革，对于促进技术创新和科技成果产业化，意义都是非常重大的。但如何具体落实这项工作，我们还是进行了一番研究。

中央企业情况复杂，基础也不一样，特别是转制院所企业，是否愿意打破原有平衡、建立新的分配机制，是否愿意改变原有管理模式、探索适应市场化经营的科技型企业管理体制，对企业来说是需要下很大决心的。另外，实施股权激励，大家意见还不统一，因为现阶段在非上市企业实施股权激励，涉及国有股权转让定价、股权分配等敏感问题，以及多年积累的科研成果产权归属问题、激励对象固化后带来的问题等，需要进一步研究。由于之前做过的股权激励效果不好，因此我们退而研究考虑分红权激励。从前一阶段与企业的交流情况来看，企业对于分红权激励的认识比较一致，认为分红权激励是一种利益分享制，与岗位挂钩，可以把激励对象的利益和股东的利益有机结合起来，能够实现有效激励，开展分红权激励的积极性也很高。大家认为，分红权激励可能是一种比较好的起步方式。

据此，我们将分红权激励作为改革的突破口，决定在部分中央企业先实施分红权激励的试点。希望通过试点，既建立一种适应高新技术企业和院所转制企业的长效激励机制，又确保改革平稳推进；既能调动广大科技人员积极性，又要保持企业和谐发展。

在这次激励试点工作中，我们试图设计一种更加适合中央企业的激励模式。这就是，选择了分红权激励而不是股权激励，选择了激励对象是岗位而不是具体员工，选择了业绩增量而不是业绩存量。我们感觉，这种激励方式应该能够促进深化内部机制改革、规范企业管理、推进人才市场化、优化分配结构，可能更加适合于中央企业所属的科技创新型企业、事业单位以及直接面对市场的转制院所企业的情况。

二、两家试点企业激励方案充分体现了改革导向

去年10月国资委《关于在部分中央企业开展分红权激励试点工作的通知》印发后，我们和中智公司组织中央企业开展了试点企业政策培训、方案制订等工作。这段时间，重点探索研究并不断完善了航天恒星和有研稀土的激励方案。制订方案过程本身就是一个加深认识、推进改革的过程，引导试点企业不断规范内部管理、大力转变经营机制、积极优化分配结构，这不仅仅解决分配激励问题，还是一个提升管理、推动内部改革的机会，有助于逐步建立起鼓励创新和科技成果转化的体制机制。

两家企业的试点方案总体上说比较科学合理：既体现了企业内部制度创新，又能促进企业解决各自突出问题；既符合试点的政策要求，又有较强的操作性。方案中尤其是结合企业改革发展的实际，做了很多创新的制度设计。从方案制订过程来看，企业实施了梳理战略、分析岗位、竞争上岗等一系列配套改革工作，对企业原有的经营机制、用人机

制、管理方式都产生了很大的触动，某些方面改革已初步显现效果。具体来讲，我认为有以下三个突出特点：

一是着力抓好基础管理，内部管理进一步规范。岗位分红权的特点是，激励对象是岗位而不是具体的人，这样做不会影响人员流动。事实上由身份管理变为岗位管理本身就是一项重大改革，而实行岗位管理就成了实施分红权激励的关键。这两家试点企业在激励方案制订过程中，通过中智公司的专业指导，根据企业发展特点，把岗位规范作为前提，大刀阔斧改革企业组织架构，重新梳理岗位序列，明确岗位职责、任职标准，科学评估岗位价值，大力强化基础管理，企业科学管理水平有了新的提高。同时企业抓住实施分红权激励的契机，进一步加强了考核评估工作，建立和完善了与分红权激励挂钩的考核评价体系和考核办法，效果是非常好的。这一套岗位设计、描述、定责，是所有中央企业都该做的，转制院所之前在这方面的差距比较大，实施分红权激励是一次有效的提升。

二是有效强化竞争上岗，用人机制进一步市场化。两家企业在方案指标设计上，比国资委要求更加严格，更加注重效率增长，激励额度与业绩增长相挂钩。如航天恒星的激励总额与企业当年的经济增加值和经济增加值改善值挂钩，且与增加值改善值挂钩的激励额度占总额度的50%以上。这就推动了员工关注企业资本成本的控制，更加注重企业经济效益的改善。有研稀土采用了当年净利润额与净利润增加额作为计提总额，且当年净利润增加额比例超过计提总额的一半，这都体现了激励政策的导向。

按照企业从业绩增量中分红、员工从绩效增量中分享的原则，通过严格对岗位价值的考核与评价，建立和完善岗位绩效工资体系，为企业推进以竞聘上岗为标志的市场化改革提供了动力。航天恒星确立了“岗位靠竞争、薪酬靠贡献、升职靠本领”的选人用人方式。有研稀土进一步完善了人员能力素质评价体系，增强人员的合理流动，达到人岗匹配。通过这些制度设计，企业初步形成了岗位竞争、人员竞聘的用人机制，员工工作积极性大大增强。

三是激励对象向科技人员倾斜，分配结构进一步优化。当前国有科技型企业收入分配结构不尽合理，该高的岗位不高，该低的岗位不低，往往是核心科研人员的收入低于市场平均水平，没有体现要素参与分配的内在要求，对调动科技人员积极性和留住、吸引人才极为不利。

两家试点企业的方案充分体现了向核心科研技术岗位倾斜的导向。航天恒星和有研稀土的科研类岗位和激励额度占比均达到90%以上，其余岗位也均为与科研成果转化密切相关的经营管理岗位。这种比例对其他企业是不是合适，之后试点过程中可以根据实际情况调整。企业的发展需要多种要素合力作用，仅靠研发一种要素是不行的。企业行业特点不同，所需的要素组合也不同，每个企业的激励比重和构成也应该有所差异，例如做卫星的企业，客户主要是政府，营销的要素贡献相对就低，如果企业是做消费品的，营销的要素需要激励的比例就高。

两家企业的方案设计，拉开了核心岗位与一般岗位的差距，优化了企业收入分配结构，与企业要素贡献组合更加匹配。据测算，两家企业的激励方案实施后，核心岗位的科研人员收入水平平均可提高30%以上，能够实现有效激励，同时一般员工也不会出现大的不平衡，符合中央企业实际和接受水平。总的说，让生产要素真正参与分配，拉开合理的收入差距，坚持薪酬水平由市场价位决定，是我们近几年非常想做的事情，现在通过这项工作，已在试点企业中有了实质性的开端和落地，这一点对中央企业很重要，中央企业激励机制不足一直是我们非常担心的，其直接的后果是中央企业在高新技术产业发展中不太顺，我们真正发展好的是那种成熟、具有很大规模和很大团队的产业，这与现在激励机制有很大关系。我们一直想在高科技企业激励方面迈出一点步子，但又受制于社会舆论非常大的压力。这次非常感谢中关村科技园区的分红权激励政策和赵凤桐同志的一再推动，给了我们一个机会。

三、积极稳妥推进分红权激励试点工作

实施分红权激励，对试点企业来说是转换体制机制的难得机遇，对有关中央企业来说，也是促进改革发展的一种有效方式。但由于它的政策性很强，操作也比较复杂，特别是涉及多方面利益，需要各中央企业认真学习有关政策，深刻领会文件精神，做好各方面基础性工作，按专业化要求进行方案设计，采取有效措施确保方案实施。为顺利推进这项工作，下面我提几点要求：

一是已经批准的两家企业，要认真抓好方案落实，真正起到试点示范作用。实施过程中特别要注意出现的各种新的问题，深入总结经验，有关情况请及时与国资委沟通，我们与企业、中智公司一起研究办法，确保取得预期效果。

二是其他试点企业要结合企业改革发展实际，围绕深化企业内部改革，建立激励约束机制，抓紧做好激励方案的设计与制订。既然是探索和试点，那么方案可以是多样性的，但总的要求要体现改革导向，有效转换机制，并要处理好改革、发展与稳定的关系。制订方案时，应与国资委进行沟通，并应借助专业机构，提高方案的科学性、系统性、专业性和操作性。

三是激励方案制订要做到公平、公正、公开。在方案制订前，要加强政策宣传，做好说明解释工作；在方案制订过程中，要规范履行有关程序，及时向职工通报情况；在方案制订后，要充分听取职工意见和建议，及时公示激励对象、激励水平和考核结果，接受职工群众监督。前期把该做的都做到位，以后就少后遗症。

四是激励方案实施中，要严格考核制度，加强考核管理，强化期中和期末的考核。企业或个人达不到考核要求的，应按有关政策规定取消激励。另外，分红权激励涉及方方面面，包括薪酬管理、财务管理、业绩认定、兑现分配、税收政策，以及后续考核管理等一系列问题，应抓紧研究制定有关办法，建立相应制度，确保规范运作。

中央企业集团总部是落实分红权激励工作的责任主体。要高度重视、精心组织，支持所属企业开展试点工作，密切关注试点企业的实施情况，总结实施过程中的经验和问题，加强考核评价等工作。

国资委机关要做好组织协调工作。要加强指导，及时跟踪，特别注意总结分析各中央企业各试点单位反映的共性问题，帮助企业解决好这些问题。前一阶段改革局牵头负责分红权激励工作，在有关厅局的配合下，出台了试点政策，选择确定了试点企业，指导企业制订激励方案，开展了政策宣讲和培训，取得了很好的成绩。由于分红权激励在性质上属于企业内部分配制度改革，启动会后此项工作转由分配局负责。今后各厅局要加强沟通，密切配合，积极主动地为企业做好服务工作。启动会之后，要加快推进试点工作，并逐步扩大分红权激励的试点范围；关于股权激励问题，在分红权激励试点的基础上，待条件成熟后，再适时探索，研究在哪类企业适合实施股权激励。

为协助企业开展分红权激励工作，中智公司前一段专门成立了项目组，运用多项专业咨询技能，帮助企业制订激励方案，助推企业内部改革，体现了较高的专业水平，发挥了很好的支持、支撑作用。中智公司是性质比较特殊的中央企业，可以协助国资委和中央企业在人力资源管理方面做很多工作，希望今后继续协助国资委，从专业的角度做好有关工作，为在中央企业有效落实分红权激励政策做出更大贡献。

实施分红权激励事关中央企业改革发展的全局，事关试点企业转型升级和创新发展，对于促进中央企业又好又快发展，对于培育具有国际竞争力的世界一流企业，具有十分重要的意义。希望大家以高度的责任感和使命感，扎实做好各方面工作，保证试点工作顺利开展，为加快推动中央企业科技创新和科技成果产业化、使中央企业逐步走上创新驱动的发展轨道，做出我们的贡献。

深入推进内部资源整合 不断提升中央企业发展质量*

同志们：

在去年底召开的中央企业负责人会议上，王勇主任提出，要深入推进中央企业布局结构调整，加大企业内部资源整合力度。我们组织召开这次中央企业内部资源整合经验交流与培训会议，就是为了贯彻落实这一重要精神。一天半的会议内容丰富，安排紧凑。改革局白英姿局长作了很好的专题讲座，中航工业和中国建材 2 家企业作了精彩的发言，知名的跨国公司宝洁公司介绍了全球配置和整合资源的实践。另外，会议印发了 10 家中央企业的书面材料。相信这次会议会给大家带来很好的启发和帮助。这两年来，我们在重组整合方面已陆续推出一些典型经验，如中国石油、中国五矿、中粮集团、国机集团、华润集团等，大家反映很好。我想，把中央企业内部各个方向好的做法集中起来，就是很好的系统性、综合性的发展经验。下面我讲几点具体意见：

一、充分认识当前形势下做好内部资源整合工作的必要性和紧迫性

在国资委的积极推动和中央企业的共同努力下，“十一五”期间，中央企业重组整合取得了显著成效。总的看，中央企业布局结构得到优

* 2011 年 7 月 19 日在中央企业内部资源整合经验交流与培训会上的讲话。

化，规模实力和市场竞争力显著增强，运营质量和效益明显提升。尤其是中央企业之间的重组，力度比较大，基本实现了预期效果。一些被体制人为割断的产业链通过重组完整化了；一些资源配置效率不高、发展前景不好的企业进入了有实力的大集团，实现了资源向优势企业、行业排头兵企业集中的目标。但中央企业在布局结构和资源配置方面，仍然存在一些需要解决的问题。主要是国有资本分布仍然过宽，资源比较分散，相当一部分中央企业核心竞争力不强、企业管控能力弱。

“十二五”是我国经济社会发展的关键时期。国资委明确提出，中央企业“十二五”时期改革发展的核心目标是“做强做优中央企业、培育具有国际竞争力的世界一流企业”。这一目标要求中央企业进一步提升高度，而不是横向扩大规模。中央企业要加快转变发展方式，更加重视企业内部资源整合工作，不断提升企业发展质量和效益。做强做优的前提是要先做实，中央企业内部资源整合还有很多工作要做。从根本上说，加强内部资源整合是中央企业自身改革发展的需要。

第一，从历史形成看，相当一批中央企业是在特殊的历史背景下脱钩、打捆组建形成的，大多数子企业先于集团公司成立。因此，这些企业集团的内部资源配置从一开始就是行政操作的结果，而不是市场竞争的结果，缺少在市场竞争中梳理和塑造的过程。这导致集团内部存在企业数量多、资源分散，子企业间业务交叉重叠、互相竞争，集团管控能力弱等问题。这种情况在中央企业相当普遍。近年来，有些企业开展了一系列整合工作，取得了一些进展，但不少企业的问题并没有得到根本解决。

第二，从发展现状看，今天的中央企业与十年甚至五年前的情况相比，已经大不一样。“十一五”期间，中央企业快速发展，但主要是通过投资新建和并购重组等方式实现的外延式扩张。2006—2010 年，中央企业固定资产投资总额近 10 万亿元，并购重组各类企业达 2200 多家。通过这些投资和并购，中央企业不仅规模大了，更为重要的是内部资源结构和经营形态发生了重大变化。一是业务结构从单一向多元转变。以前大多数企业的业务相对单一，要么是生产企业，如钢铁厂、发电厂，要么是单纯的贸易公司或科研单位。现在不少企业则是多元化经营，涉足很多新的业务领域，甚至包括金融。二是业务链条从产业链的某个环节向上下游延伸。比如原来的销售企业，现在向上游的研发设计、生产制造延伸。原来的科研单位向产业化发展，而且有的企业产业化规模已经不小。三是业务布局从局限于一个区域向全国乃至全球拓展。很多企业实施“走出去”战略，开展跨国经营，子公司已遍布许多国家。四是业务模式实现转型。典型的是一批贸易企业实现了比较成功的实业化转型，军工企业向军民融合发展转型，这几年发展也不错。因此，中央企业内部资源的构成情况已经高度复杂化，这就要求我们根据实际情况和市场竞争要求，不断对内部资源进行梳理。这是摆在我们面前的非常重要的工作任务。

第三，从并购重组后的情况看，有些重组效果并不好，没有实现协同效应。原因是没有深入推进实质性整合。有的企业在并购中存在重并购、轻整合的倾向，或者一段时间内只顾把外部资源归集进来，但整合顾不过来。还有少数企业并购时战略不清晰，很多是机会导向，或者选择目标时偏离发展战略，或者操作中对市场形势、产业发展前景、目标企业调查分析不深入、不充分，导致并购后背上大包袱。目前，一些中央企业正在处理前一阶段由于并购不成功造成的大包袱，消化成本有的在几十亿元以上。这方面的教训非常深刻。

此外，在一些行业和领域，中央企业之间存在同质化竞争、重复建设现象，造成一定的资源浪费。实际上，有些业务对某个企业来说是辅业或非优势业务，但对其他企业来说则可能是主业，相比之下更有竞争优势。这几年，中央企业之间的资源流动还不够充分。如在航运行业，除中远集团、中国海运等专业化航运企业外，近年来，货主企业特别是电力、煤炭、钢铁、石油石化行业的企业，投资设立的航运企业发展迅速，市场份额很大。虽然货主企业为保证运力、降低成本发展航运业务有一定的合理性，但一般来说，由于货主多为非航运主业的企业，没有自己的专业人才和航运管理经验，在航运安全管理、运营方面不具有优势，从长远看，这样做不利于企业提高生产效率。

总之，中央企业发展到目前这个阶段，确实应该好好将内部资源进行有效梳理和整合，把重点真正放到内部资源的优化配置上来。

当前，全球经济竞争格局正在发生深刻变化，中央企业面临更高层次、更加激烈的竞争。现在可以看清楚的是，今后一段时期，国际、国内市场进一步扩张的余地有限。国际上，发达国家的债务和金融风险问题还没有得到彻底解决。在国内，经过前几年的扩张，“十二五”期间的增长规模将会明显低于“十一五”期间。另一方面，相对于市场规模和容量，我国大多数产品的生产能力过剩，绝大多数制造企业始终面临供过于求、过度竞争的压力。而同时，几乎所有的生产要素都表现出非常明显的成本推动特征，能源、资源、人工、资金和环境成本，无一例外都在上升。这样，上端是成本推动，下端存在过度竞争，这种形势迫使我们必须加快转变经济发展方式。中央企业今后不能再像以往那样主要靠资源投入、扩大规模来保持发展速度，而要真正从追求规模扩张向注重提升质量效益转变，从粗放经营向集约经营转变，从占有更多资源向更好地优化配置资源转变。

所以，我们在这个时候强调内部资源整合，既是中央企业自身改革发展的客观需要，也是加快转变发展方式，做强做优、加快培育世界一流企业的迫切要求。

二、中央企业内部资源整合的主要做法和经验

几年来，国资委积极引导、推动企业内部资源整合。通过确定和公布中央企业主业，引导企业资源向主业集中，严格控制非主业投资；要

求减少管理层次、清理低效无效投资等，增强企业管控能力，提高资产运营质量。一些中央企业积极探索，采取多种方式推进内部资源整合，形成了一些很好的做法，积累了一些经验。主要表现在以下几个方面：

（一）积极开展专业化整合，提高企业内部业务集中度

针对内部资源分散、相互竞争、产研脱节等问题，有些中央企业将相同或类似业务整合到同一业务板块，组建专业化子集团，实施统一管理，推进专业化整合，从而提高企业内部的业务集中度，消除内部竞争，提升行业影响力。这是一些行政打捆形成的集团走向真正的集团化必须过的一关。

中航工业由原两大航空工业集团重组而成，资源整合任务之艰巨可想而知。这几年他们充分利用上市公司资源，通过资本市场大力推进专业化整合，成效明显。这次专门请他们作了经验介绍。兵器工业集团从2009年开始，按照分层分类开展“专业化、区域化、产研结合”的结构调整总体思路，提出用3年时间将直接管理的130多家企事业单位整合为30个专业化子集团，目前已完成18个子集团的组建和运转。中国石油围绕建设综合性国际能源公司的目标，持续推进工程技术、工程建设、装备制造业务的专业化重组，初步打破了企业“大而全、小而全”的业务结构。前几年我们总结的中材的经验也属于这种情况。这种做法虽然难度很大，但中航工业等企业的实践证明是可以做到的，前提是要下决心克服各种阻力，要求集团公司有非常大的决心和非常强的执行力，因为这要“削”很多“山头”。

（二）大力清理整顿低效无效投资，压缩管理层级，提高集团管控能力

由于历史原因，中央企业内部形成了一批长期资不抵债、亏损严重以及资产规模小、股权比例低、不具备成长性的企业，而且，由于以前对子公司管控不力，子、孙公司也在自我发展，投资搞企业，致使母子公司链条过度延伸。这也是中央企业的一个共性问题。针对这个问题，过去几年，很多中央企业下大力气通过实施破产、转让、关闭清算或合并等方式清理退出，同时压缩企业管理层，一些潜在的经营管理风险和隐患得到妥善处置，优化了组织结构，为企业的健康发展发挥了重要作用。这方面例子很多。

中国石化从2006年开始，清查出集团公司所属企业对外投资和兴办多种经营单位8421项，清理退出了6600多项，保留了符合石油石化主业发展方向的1610项，工作力度非常大。中国电子坚持“精减数量层级、优化布局结构、提升管控能力”的宗旨，把企业内部清理整合作为集团公司的重点专项工作来抓，列为董事会对经理班子、经理班子对部门及所属企业的年度考核指标之一，强力推进企业内部清理整合。“十一五”期间，累计完成对34家二级企业、510家三级及以下企业的清理整合。

（三）积极推进并购重组后的整合，注重发挥协同效应

“十一五”期间，一部分中央企业积极有效实施并购重组战略，重视并认真开展了并购后的整合，建立更加适应市场竞争要求的产业链和价值链，规模实力和市场竞争力显著增强，促进了企业跨越式发展。从实践看，由于并购重组方式不同，并购后整合的难度也有差别。

优势企业重组弱势企业的整合相对容易。一般由重组方强力主导，被重组方从战略、管理、市场以及文化等方面融入重组方，从而实现一体化。但如果被重组企业很多，对重组方的战略导向和整合能力要求会非常高。中国建材是这方面的一个成功典型。这几年，中国建材扩张非常快，2006年以来重组了几百家水泥企业，但其战略非常清晰，不是盲目扩张。这是其并购重组取得成功的一个重要因素。中国建材根据水泥有合理运距的特殊属性，以区域市场控制为战略目标推进并购重组，

避免区域内过度竞争，所以有经济效果。还有一点，就是整合非常到位。中国建材采用了“三五”模式、辅导员制等一套办法对被重组企业进行深度整合，实现集团的有力管控。实际上，这种扩张风险非常大，对企业的整合能力和管控能力要求很高，因为这要证明“合作社”比单干好。如果整合能力不强，重组后整合不了、控制不了，这些企业不按你的规则去运行，会导致严重后果。

强强联合式重组的整合相对较难。因为重组双方实力相近，难以用一家企业的管理、文化去整合另一家；而且，往往还涉及集团总部调整、品牌保护等多种复杂因素。这几年有些企业整合不太好，有客观原因，企业文化差异太大可能是一个重要因素。但也有企业做得比较好，如中国联通和中国网通重组后，确立了“充分整合资源，发挥整体优势，理顺业务体系，减少协调障碍，精简职能部门，提高管理效率”的原则，积极对组织机构和管理体制进行优化，总部职能部门数量压缩了 40%，初步实现由“简单整合”走向“全面融合”。

相对于国内并购，跨国并购更不容易，整合更难，其中文化整合是关键。凡成功的跨国并购都高度重视文化整合。中国石油并购哈萨克斯坦 PK 公司、中国五矿收购澳大利亚 OZ 公司主要资产后，都以多元文化整合为主线，采取“求同存异、兼收并蓄”的办法开展文化融合，同时推进管理、资产、技术、人力资源等方面的整合，从而实现了很好的融合。

（四）积极推进主业资产整体上市，提升企业市场价值

改制上市是实施内部资源整合的一个重要推动力，也是推动内部资源重组的一个重要机会。首先，为推进上市，企业要对内部各类资产和业务进行认真的梳理和重组，组建主业突出、资产优良的股份公司。其次，为实现主业资产整体上市，通过对未上市部分进行持续整合，把宜于上市的资产和业务通过定向增发、资产收购等多种方式，不断注入上

市公司，这又促进了企业对内部资源的重新梳理。而且，上市公司在重组整合方面，操作方式更加灵活、监管更加严格、运作更加市场化和规范化，有利于促进资源的优化配置，提高资源使用效率。还有，非常重要的一点是，上市后的资金集中到股份公司层面，改变了以往资源都在下面，上层手中没有资源、难以调控的状态。截至目前，已经有40多家中央企业实现了主业资产整体上市，有力促进了内部资源整合，提升了公司市场价值。

如中国海油将企业按油公司、专业技术服务、化学化工等专业板块进行持续整合，在先后实现了中海油、海油工程、中海油服、中海化学等公司上市之后，又进一步将后勤服务系统的基地公司改制为股份公司，拟进一步推进上市，形成各板块之间良性互动、协调发展的局面。中国船舶在2010年中国重工跌破发行价时，将下属大连船舶重工等4家主要民船造修企业注入中国重工，成为当年资本市场最大规模的资产注入，形成船舶修造和舰船配套业务的统一格局，实现上市公司业务范围和结构的优化。应该说，资本运作和资源整合存在良性互动关系。我们要利用好资本市场，使企业资源配置不断合理化，同时更好实现资源的市场价值。这种方式是我们要注意掌握的。

尽管中央企业近年来采取一系列措施推进内部资源整合，收到了初步成效，但在实践中，各中央企业内部资源整合工作进展很不平衡，有的已经取得明显成效，有的刚开始初步实践，有的正准备开展。同时，我们应当看到，中央企业在资源配置方面仍然存在一系列问题。一批企业在转型过程中，出现业务范围过宽、核心主业不突出、相关业务在行业细分领域没有话语权等问题。一批企业专业化整合虽已取得一些进展，但工作深度还不够，未能有效发挥协同效应。一批企业组织架构和职能设置不合理，降低了管理效率。还有一批企业改制上市后，存续企业发展困难，或者同一业务板块内拥有多家上市公司，资源分散。这些问题都需要通过深入推进资源整合来解决。

三、突出重点，深入推进中央企业内部资源整合工作

应该说，经过多年改革发展，一部分中央企业已具备发展成为具有国际竞争力的世界一流企业的基础和条件。但从整体看，与世界一流企业相比，仍然存在明显差距。除了我们经常讲的自主创新能力、国际化经营、知名品牌以及高端人才等方面的差距外，资源整合能力也是一个重要差距。下一步，不仅要继续总结和推广中央企业好的做法和经验，还要广泛借鉴世界先进企业的经验，持续提升资源整合能力，解决资源配置中深层次问题。下面，我们先来看看世界一流企业资源整合有什么特点：

一是持续性的资源整合。世界一流企业始终围绕发展战略，开展持续性的资源整合，专注于企业核心竞争力的提升。从国际经验看，跨国企业的发展历程不但是一个不断并购做大的过程，也是根据发展战略，通过对非优势、不具发展潜力业务剥离出售等手段不断调整优化的过程。IBM 在明确向 IT 服务业转型后，将经营多年的个人电脑业务出售给联想，为实现由 PC 制造商到 IT 信息服务提供商迈出了决定性的一步。宝洁公司在近 30 多年内，总共开展了近 300 次重组整合，其中 200 多次是业务剥离，而且很多是盈利业务。最近还剥离了薯片业务，这项业务全球年营业收入超过 10 亿美元。所有的跨国公司在发展过程中，都在不断出售自己的原有业务、收购新的业务，不断对业务进行调整和优化。

二是持续性的组织变革。竞争优势的来源不仅要靠能够适应竞争环境的发展战略，而且还要有能够最大限度调动资源的灵活高效的组织方式，以保障战略成功实施。20 世纪 90 年代以来，随着信息技术与网络技术的兴起和发展，世界一流企业普遍更加重视企业管控模式与组织架构调整、流程再造等组织变革。通过持续性的组织变革，灵活响应外部环境的快速变化，实现资源配置和使用效率的最大化，保持和创造企业竞争优势。

三是全球化的资源配置。世界一流企业的资源整合早已不局限于某个区域和国家，而是在全球范围内有效配置资源，实现从跨国公司到

全球化公司的转变。在资源最便宜的地方开采资源，在制造成本最低的地方生产加工，在融资成本最低的地方进行融资，在市场最大的地方卖产品，在研发能力最强的地方搞研发，实现在全球最适合的地方运营，最有效利用全球资源和能力。这已成为世界一流企业必备的一种能力。如 IBM 在全球范围内有 61 个开发实验室分设在 15 个国家/地区，有 9 个生产制造中心、3 个采购中心，IT、人力资源等企业支持功能都在全球布局。

相比之下，中央企业在以上几个方面与跨国公司之间还有很大差距，需要继续努力。前年的会议上我说过，能够做好并购重组是中央企业做强做大、迅速发展应当具备的一项基本功。现在看，还要加一句话，资源整合能力是中央企业做强做优应当具备的一项核心能力。我们不仅要会做并购重组，占有资源，还要会整合资源，包括对现有资源的整合，也包括对重组进来的资源和现有资源进行调整与融合。只有具备一流的资源整合能力，有效推动资源优化配置，才能做强做优、争创世界一流企业。内部资源整合是一个很大的课题，结合中央企业实际，着重讲以下四点：

（一）要围绕提升核心竞争力，推进业务结构调整与优化

在这方面，我想强调要主动做业务剥离。所有的跨国公司都有并购和剥离的经验。并购重组是企业跨越式发展的重要途径，业务剥离是另一个方向上的资源整合。剥离做得好，将企业的有限资源集中发展优势业务，同样能够增强企业市场竞争力。剥离与并购同等重要。

第一，剥离什么？前几年做的剥离，主要是清理无效低效投资。这是一个方面，也是首先需要做到的。但从跨国公司全球战略角度来看，更为重要的是将非主业、非战略性业务剥离出去。即使是盈利的业务，如果不符合公司发展战略，也要坚决退出。这是主动的战略撤离。对具体的企业而言，资源永远是有限的，必须集中资源，把好钢用在刀

刃上。尤其是处于转型中的企业，主动剥离更为必要。

第二，怎么剥离？操作途径很多。前几年，不少中央企业成立资产经营公司或专门机构处理无效低效投资，效果良好。现在，可以进一步赋予这个机构操作剥离非主业和非优势业务的功能。另外，也可以探索通过国新公司实施剥离重组，以及对主业资产整体上市后存续企业的改革重组，发挥资产经营公司的平台功能。

在具体方式上，可以将非主业和非优势业务通过产权交易市场转让，或者先上市后通过资本市场卖出股票等方式退出。根据当前企业实际，尤其是应当探索通过多种方式推进在中央企业之间开展重组整合。中央企业的业务领域非常宽，这方面有很大余地。如某企业的非主业资产符合另一企业的主业发展需要，或者在某企业属于非优势业务而另一企业可能具备竞争优势的，双方可以采取收购、资产（股权）置换、相互持股甚至产权无偿划转等方式进行重组。如中航工业的汽车业务重组整合就是成功例子。目前正在开展的中央企业非主业宾馆酒店和房地产业务的剥离重组，也是一种尝试。我们积极支持、鼓励并将进一步推动中央企业之间开展这类资源整合。

应该说，与跨国公司相比，国有企业剥离的难度更大。这主要有一些非经济性因素，如职工情感方面的原因等。实践中，在顾及职工切身利益的前提下，需要切实做好职工和企业的稳定工作。这次电网主辅分离改革，组建两家新的企业，按说风险很大，因为电网的职工可能不愿走，但由于我们高度重视职工的思想工作，解释到位，政策宣传到位，到目前为止非常平稳。我们感觉，中央企业之间的资源整合，把有关工作做好了，职工是可以理解的。

从外部看，国资委近年来实施了一些有利于企业开展剥离与整合的政策。去年开始，国资委对中央企业实施 EVA 考核办法。这意味着规模大小对企业业绩的影响可能不像以前考核销售收入那么重要，而且盈利状况不好的企业，很可能会成为包袱。另外，国有资本经营预算资金支出的重点和方向之一就是支持中央企业重组。这些政策对企业做重组剥离工作都非常有利。

（二）要持续深入开展资源整合，发挥内部协同效应

第一，对于专业化板块的整合，要深入挖掘内部协同效应。不能只归堆，不融合。在前一阶段，不少企业已经把相似或同类业务进行整合，一定程度上减少了内部竞争。但多数基本上只是初步归到一起，形成一个业务板块。但各板块内部的产品和产业结构、市场结构和区域布局如何进一步优化，如何建立统一管理平台，做到资源共享，真正发挥规模优势，还需要在实践中很好地研究和探索。

第二，沿产业链方向的整合，要推动资源向产业链的关键环节和高端布局。产业链不是越全越好，要突出关键环节。有的企业按照产业上下游关系进行整合，形成内部配套协作关系，这是很必要的，但也要具体分析，不是什么业务都要形成全产业链。为了所谓完善产业链，什么事情都自己做，肯定是不合理的。对于中央企业来说，关键是要对内部资源从产业链角度进行梳理，从自身资源和技术条件出发，突出企业内部关键资源和核心业务的优势。一般来说，中央企业相对比较适合发展产业链中某些进入门槛和技术要求较高、规模效应较明显的业务。对于一般性、没有优势的业务，外包出去可能效果更好。资源要向产业链的关键环节和高端布局，向战略性新兴产业发展。

第三，要切实推进重组后整合，实现 1 + 1 > 2。对于并购重组，不能只吃进，不消化。并购重组的作用，决不能停留在把企业收进来，扩大了企业资产与收入规模，而是要切实把收进来的生产要素与企业现有的相匹配、融合，发挥协同效应，形成新的竞争优势。并购重组一定要给企业带来新的技术或者市场，或者在某些方面降低成本、提高产出与收入。只有对战略、管理、品牌、业务、文化等各个因素实施有效整合，才能出现重组协同效应，实现并购重组的目的。

具体怎么做并购重组后的整合，这次会议推出了一些具体的、生动的经验，以及一些书面材料，大家可以互相学习借鉴。要强调的一点是，在并购重组的开始，做前期尽职调查的时候，就要及时筹划将来的整合，如果发现目标企业整合难度太大，或者无法整合，那就应当尽早决定放弃或者改变重组方式，实在不能整合的就不要重组。在某种意义上说，整合能力的强弱决定了是否开展并购重组和如何实施并购重组。

（三）要切实加强集团公司总部建设，增强管控能力

资源整合是基础工作，要真正发挥长期效应，还需要企业体制机制创新作保障。前一阶段由于企业规模扩张较快，管理幅度扩大，业务形态也更加复杂，相应地管理难度加大，这对集团总部的管控能力提出了更高的要求。现在我们比较担心的是，很多企业集团总部往往是行政化管理，在组织构架、人员素质、考核激励机制、分配等方面与市场化要求都还有很大差距。强化集团的管控能力，需要对总部重新进行审视，对总部资源进行整合。

首先，要建立与业务整合相适应的管控模式和组织架构。关键是明确集团与子公司的管理关系，也就是母子公司体制或者是事业部体制等。选择什么样的管控模式，无非有战略管控、财务管控、运营管控模式，或者混合式的，核心是设定适当的集权与分权关系。管理关系明确后，相应的组织机构与职能设置就应该配上。再次，要通过优化机构职能、管理流程、加强培训提高人员素质等措施，切实提高总部的管理能力和水平。不断完善集团在战略、投资、风险、考核等重要方面的制度建设，真正把企业长久发展建立在体系能力建设和软实力提升的基础之上。

（四）稳步开展国际化经营，锻炼和提升全球资源配置和整合能力

在经济全球化的背景下，对大部分中央企业来说，加快“走出去”步伐、实施跨国经营已经是大势所趋。应该说，经过这些年深化改革和市场竞争的锻炼，中央企业经营管理水平有了很大提升，在一些领域具备世界一流的基础条件，但开展国际化经营的经验和能力明显不足。在这方面，需要在实践中努力探索，多向先进企业尤其是跨国公司学习，不断提升全球配置和整合资源的能力。

总之，企业内部资源整合是一项长期工作，我们要高度重视，要有专人不断研究、持续性推动。就像跨国公司一样，不断地进行组织结构调整和创新，不断地优化资源配置。这次会议，中央企业总结了一些很好的经验，而且是实战经验，希望各中央企业今后在各自的发展方向上，多多创造这样的经验，并相互交流，共同提升中央企业的资源整合能力和管理水平。

加强组织领导 周密安排部署 积极稳妥地推进厂办大集体改革*

同志们：

今年4月，在总结前期东北地区部分城市和中央企业厂办大集体改革试点经验的基础上，国务院办公厅印发了《关于在全国范围内开展厂办大集体改革工作的指导意见》（国办发〔2011〕18号，以下简称《指导意见》），提出用3～5年的时间，通过制度创新、体制创新和机制创新，在全国范围内推进厂办大集体改革，使厂办大集体与主办国有企业彻底分离，使职工得到妥善安置，职工合法权益得到切实维护。最近，国务院办公厅印发的《研究从政策层面推动解决有关信访突出问题的会议纪要》（国阅〔2011〕76号）又强调，各地区和国有企业要按照18号文件的要求，抓紧成立改革工作领导小组，明确职责分工，在确保稳定的前提下，积极稳妥地完成改革工作。这次会议的主要任务，就是贯彻落实18号文件和国阅76号文件的精神，部署在全国范围内开展厂办大集体改革的工作。

为了开好这次会，我们分别召开了东北三省地方座谈会和部分中央企业厂办大集体改革座谈会，并到东北地区试点城市调研，深入了解前期厂办大集体改革的成效和经验，并出台了中央企业厂办大集体改革的相关配套政策。

今天，各地国资委和有关中央企业负责厂办大集体改革的领导同志

---

* 2011年8月31日在厂办大集体改革工作视频会上的讲话。

和相关工作人员在各个分会场参加了本次会议。一会儿，财政部和人力资源社会保障部的领导同志还将就这项工作进行布置。下面，我就贯彻落实《指导意见》，做好厂办大集体改革工作讲三点意见：

一、统一思想，提高认识，认真贯彻落实中央重大决策

20世纪七八十年代，一些国有企业举办的向主办企业提供配套产品或劳务服务的厂办大集体企业，曾经为我国经济发展和安置回城知识青年、职工子女就业发挥了重要作用。但是，随着市场竞争不断加剧和国有企业改革不断深化，厂办大集体先天不足、体制性矛盾等问题越来越突出，越来越多的企业陷入困境，大量集体职工离岗失业，生活困难，成为城市中的特困群体和不稳定因素。

（一）在全国范围内开展厂办大集体改革，是党中央国务院的一项重大决策

党中央国务院对厂办大集体改革十分重视，温家宝总理2005年曾批示强调，“厂办大集体要寻求彻底解决的办法，不宜久拖”。为了积极稳妥地解决厂办大集体问题，2005年国务院确定厂办大集体改革采取先试点，取得经验后再全面推开的方式，并批准东北地区部分城市和一些中央企业进行改革试点。几年来，经过各方努力，试点工作取得了一定成绩，但总体进展缓慢。主要原因是厂办大集体资产质量差、改革成本超出预期、地方财政承受能力有限等。根据试点的进展情况和反映出的问题，张德江副总理批示，“要根据试点中反映出来的问题，进一步完善厂办大集体改革试点政策”。

2010年底，由财政部牵头，国资委、人力资源社会保障部等三部委在全面总结试点经验的基础上，联合向国务院上报请示，提出在全国范围内开展厂办大集体改革的政策建议。主要是针对试点中反映出来的

问题，进一步加大了中央财政对地方厂办大集体改革的支持力度，提高补助比例，同时明确中央财政补助资金可以统筹用于安置厂办大集体职工，支持地方政府加大解决厂办大集体职工社会保障问题的力度。今年3月，国务院148次常务会议决定，在全国范围内推开厂办大集体改革，随后下发了有关政策。最近，国务委员兼国务院秘书长马凯同志在专题研究信访突出问题时，进一步明确了部门分工和责任，强调加快推进厂办大集体改革。

在全国范围内开展厂办大集体改革，是党中央国务院落实科学发展观、保障民生、促进社会和谐的一项重大决策。我们一定要认真学习有关政策，坚决贯彻落实，积极稳妥地推进厂办大集体改革工作。

（二）在全国范围内推进厂办大集体改革，是深化国有企业改革、提高国有企业市场竞争力的重要内容

近年来，国有企业在深化改革与结构调整中不断发展壮大，为国民经济持续快速健康发展和社会全面进步做出了贡献。2010年，国务院国资委监管的中央企业有38家入围世界500强，地方国资委监管的国有企业也有6家入围。按照做优做强中央企业、培育具有国际竞争力的世界一流企业和地方国企发展上新台阶的目标要求，我们的企业与世界一流企业相比仍存在多方面的差距。如中国石化、中国石油的营业收入、利润不及壳牌石油公司，但职工人数却分别是壳牌的6倍和16倍，人均指标的差距就更大了。其中一个重要原因，就是国有企业仍然背负着沉重的历史负担。经过多年的改革攻坚，国有企业的历史负担得到了很大程度上的解决，但厂办大集体仍是国有企业尚未卸下的主要负担之一。在全国范围内推进厂办大集体改革，有利于减轻国有企业负担，促进国有企业的改革发展。

在前期试点中，少数地方和国有企业认为，厂办大集体与主办国有企业之间没有产权和管理关系，对推动厂办大集体改革不积极，存在畏难情绪。但是，厂办大集体与主办国有企业之间无法割断的历史和现实联系，使得厂办大集体成为主办企业事实上的辅业企业。根据我们对中央企业的调查，有些企业将厂办大集体纳入了考核管理体系；有些企业形式上分开了，但实际上也在面对和处理厂办大集体带来的各种问题，包括维护稳定等政治责任。因此，国有企业不能以旁观者的态度对待厂办大集体改革，要将其作为解决自身改革和发展的重要措施来看待。部分厂办大集体规模较大的国有企业，要将这项工作作为一项事关自身长远发展的战略性任务，紧紧抓住这次政策机遇，充分利用当前有利的形势，使厂办大集体与主办国有企业彻底分离，消化这一体制原因形成的历史负担。

（三）在全国范围内推进厂办大集体改革，是保障民生、促进社会和谐的重要举措

据对东北地区厂办大集体的不完全统计，离岗失业的职工约占总数的2/3。大量集体职工离岗失业后，相应的生活、社会保障和再就业问题难以解决，矛盾十分突出。主要表现在：一是厂办大集体离岗失业职工生活没有来源，有的仅能从企业领到少量生活费，厂办大集体企业也无力向他们支付解除劳动关系的经济补偿；二是相当数量的厂办大集体企业没有参保或欠缴保险费，许多集体职工失业后享受不到失业保险，退休后无法领取养老金。近年来我国经济社会的快速发展与集体职工的境况形成很大反差，集体职工的心理非常不平衡，成为目前社会和国有企业一个很大的不稳定群体。《指导意见》加大了中央财政补助力度，着重解决集体职工最为关心的经济补偿和养老保障问题，基本消除了这个困难群体的后顾之忧，使其在一定程度上能够分享改革和发展的成果。各地国资委及中央企业在推进厂办大集体改革过程中，在中央加大财政补贴的基础上，要按照政策要求，千方百计筹集改革成本，最大限度地解决集体职工的实际困难，将这样一个好的保障民生的惠民政策落实好。

（四）在全国范围内推进厂办大集体改革，是转变厂办大集体企业体制机制的必然要求

国有企业近年来的快速发展，与多年来国有企业的不断改革是分不开的。在市场竞争日趋激烈的情况下，厂办大集体出现的严重困难，与厂办大集体产权不清、机制不活、管理不善等体制机制问题紧密相关。在市场经济条件下，集体企业资产虽然名义上属于企业全体职工所有，但实际上职工难以享有相应的权益，也很难形成有效的法人治理，因而普遍缺乏市场竞争力。少数状况尚好的厂办大集体企业，也是由于能够为主办企业提供配套产品或劳务服务，主办企业将其视为辅业企业进行管理，或完全依附于主办国有企业而生存。彻底转变厂办大集体的体制机制，建立起一套符合市场经济要求的产权关系和现代企业制度是保证厂办大集体长远发展根本途径。这次厂办大集体改革的政策主要是借鉴了国有企业主辅分离辅业改制的政策。从前期主辅分离辅业改制政策的执行情况看，大多数辅业企业改制以后，通过明晰产权关系，转变经营机制，积极参与市场竞争，取得较好的发展，也极大地激发了经营者和职工的积极性。前期试点中，中国石化、一汽集团等中央企业厂办大集体改制后，多数企业发展比较稳定，甚至有的还成功上市。

二、总结经验，梳理问题，在试点的基础上进一步做好厂办大集体改革

厂办大集体问题积累多年，情况十分复杂，不少企业长期处于无序管理、停产歇业的状态。因此，厂办大集体改革是一项难度很大的工作，我们必须有充分的思想准备和工作准备。为此，国务院决定在全国

范围内推进厂办大集体改革之前，先行在东北地区进行了试点。根据初步统计，全国厂办大集体职工总数约 500 万人，其中东北三省近 300 万人。从整体情况上看，东北地区厂办大集体职工人数占全国 60% 左右，企业资产和经营状况都较差，部分主办国有企业已关闭破产，加上地方财政的负担能力有限，东北三省在推进试点城市改革中付出了巨大努力。在此期间，部分中央企业根据自身实际情况，申请进行厂办大集体改革试点，也圆满完成了所属企业的厂办大集体改革。

（一）厂办大集体改革试点取得初步成效，为在全国范围内开展厂办大集体改革提供了经验

东北地区厂办大集体改革试点主要在吉林、黑龙江两省试点城市开展。吉林省在前几年国有企业改革的基础上，沿用国有企业改革的组织形式和相关政策推进厂办大集体改革，成立了以主管省长为组长的改革试点领导小组全面负责试点工作，组建了专门工作机构，明确了国资委、财政厅、人社厅、社保局等各有关部门的职责分工。按照“积极推进、稳步操作、先易后难、分批实施”的原则，于 2006 年率先启动了长春、四平、白山三个城市的改革试点。先后出台了《吉林省厂办大集体改革试点工作实施意见》，明确了厂办大集体的改革方式、资产和债权债务处理、职工安置和劳动关系处理、组织实施等具有操作性的配套政策；尤其是明确提出除中央财政补助之外，省财政和试点城市财政也给予一定比例的补助。长春市和白山市在试点中，由中央、省、市三级财政全额负担了经济补偿金。2010 年，印发了《吉林省厂办大集体职工接续基本养老保险关系试点工作方案的通知》，对于欠缴基本养老保险费的企业和职工补缴和接续办法等政策进行了明确规定。这些配套性政策有力地推进了吉林省厂办大集体改革试点工作。经过各方面共同努力，吉林省厂办大集体改革试点取得了积极进展和良好成效，目前四平、白山两市已基本完成了厂办大集体改革任务，长春市也取得了积极进展。

黑龙江省在对厂办大集体情况作全面调查摸底的基础上，于2007年启动了哈尔滨市厂办大集体改革试点，并将哈尔滨市的改革试点连年列为全省重点工作任务。针对职工最关心的劳动关系处理和养老保险等问题，出台了《关于对哈尔滨市厂办大集体改革试点工作中解除劳动关系人员养老保险关系接续问题的处理意见》。哈尔滨市成立了以主管市长为组长、各部门主要领导参加的领导小组，出台了《关于进一步落实厂办大集体企业改革职工安置政策和操作办法等》等一系列配套文件，并编发了具有很强操作性的《厂办大集体企业改革工作指导手册》，采取改制、破产关闭等多种方式推进厂办大集体改革，将厂办大集体职工全部纳入基本养老保险范围，并将全部退休人员纳入了住院医疗统筹范围。由于政策措施到位，哈尔滨市厂办大集体改革进展较快，预计在今年年底前将全面完成厂办大集体改革任务。

中国石化、一汽集团、东方电气集团、葛洲坝集团和攀钢等5家中央企业在前期国企改革和结构调整的基础上，将厂办大集体改革作为实现企业战略性结构调整的重要措施，利用试点政策顺利地完成了厂办大集体改革。据统计，这5家中央企业厂办大集体改革共涉及厂办大集体企业632户，安置职工共计8.9万人。5家中央企业厂办大集体的情况各具特点，有的资产质量较好，有的非常差；有的企业停产多年，职工长期上访；有的集体企业较为集中，有的分散在全国各地。因此，各企业根据实际情况，有的在集团统一领导下完成改革，有的移交给地方政府实施改革，有的将两种方式有效地结合起来。无论何种方式，各中央企业都是按照试点政策的精神，主动承担起主办国有企业应该承担的责任，成立由主要领导负责的组织机构，抓好组织实施；积极筹措改革成本，充分利用支持政策和企业当前具备的较强承受能力，对于资产质量较差的厂办大集体，主办国有企业承担必要的改革成本；主动与所在地人民政府沟通，积极争取地方政府的支持；努力做好职工的思想政治工作，确保稳定；立足于长远，主办国有企业对改制企业“扶上马、送一程”，切实解除职工后顾之忧。

从前期厂办大集体改革试点看，虽然工作进展不是很快，试点范围也没有进一步扩大，但还是取得了十分积极的成效，一些做法值得借鉴。归纳起来，主要是：试点地方政府高度重视，加强组织领导；地方各部门有效配合，采取强有力的措施组织实施；认真摸清厂办大集体企业和职工底数，针对职工安置和劳动关系处理、社会保障等突出问题，研究出台配套性政策措施；重视解决涉及职工切身利益的问题，千方百计做好职工思想政治工作，确保社会和企业稳定；主办国有企业主动承担责任和必要的改革成本，积极推进厂办大集体改革。以上做法为全面推开厂办大集体改革提供了可借鉴的宝贵经验。

（二）梳理厂办大集体改革试点中的重点问题，采取切实措施妥善解决

前期厂办大集体改革试点中，有关地方和中央企业面对改革过程中遇到的一些难点问题，立足于企业和地方实际，探索了一些解决问题的办法，积累了很好的经验，梳理起来有以下几个主要问题：

一是改革成本缺口问题。有关政策中已经明确了中央财政对厂办大集体改革中支付解除职工劳动关系的经济补偿金给予一定比例的补贴，但各地和中央企业普遍反映厂办大集体改革仍存在一定的改革成本缺口。这个问题在试点中反映得比较充分，除经济补偿金外，还有一块较大的改革成本是厂办大集体拖欠的社保欠费。因此，这次国办下发的《指导意见》提高了中央财政对经济补偿金的补贴比例，其中，对中央下放地方的煤炭、有色、军工等企业兴办的厂办大集体补助100%；对地方国有企业兴办的厂办大集体补助50%，并对提前完成改革的地区给予一定比例奖励。同时，允许地方统筹使用中央财政的补贴。这些政策基本兼顾了厂办大集体改革中经济补偿金和社保欠费两项主要成本。

同时，《指导意见》中还明确主办国有企业可以利用厂办大集体占有的固定资产、土地、债权债务轧差等资产用于支付改革成本。最近，国资委印发了《关于推动中央企业规范做好厂办大集体改革有关事项的通知》，主要是明确支持中央企业厂办大集体改革的政策，包括国资委层面对中央企业的支持，如可以对中央企业支付的有关费用予以核销国有权益或进入损益后核增业绩利润；同时也明确了中央企业对其厂办大集体改革的政策支持。建议各地国资委可以参照这一文件出台类似政策，这样可以提高主办国有企业实施厂办大集体改革的积极性。

二是职工的身份认定问题。厂办大集体的劳动用工情况比较复杂，很多厂办大集体停产歇业多年，相当一部分职工已经离开企业去自谋职业，有的还存在“五七”家属工等一些身份难以认定的群体。另外，部分集体职工的劳动关系复杂，与国有混岗等情况普遍存在。各地和各企业对职工身份要认真进行梳理，根据不同情况，妥善处理，并注意尽量不要引起攀比。在前期试点中，吉林省制定了《试点范围界定办法》《职工身份认定办法》等配套文件，较好地解决了职工身份认定问题。中央企业在这方面要与所在地人民政府充分沟通，制定具体办法要注意与所在地方政府的相关政策规定基本保持一致，以免由此引起攀比等问题。

三是集体资产界定与处置问题。由于历史原因，部分厂办大集体与主办国有企业之间存在资产相互占用、土地房产等资产产权不清等情况。对此，政策已经明确可以将厂办大集体占用的主办国有企业的国有资产用于改制和安置集体职工。主办国有企业应当本着实事求是的态度，不纠缠历史旧账，着眼于企业长远发展和问题的解决。操作中要把握几个要点：一是主办国有企业用于厂办大集体改革的资产应当确实是占用的资产，划转资产要主要用于补足改革成本缺口；二是主办国有企业要主导划转资产和集体资产的评估，不能因此造成国有资产损失；三是集体企业要按照现代企业制度的要求进行规范改制，做到产权清晰，权责明确。

四是厂办大集体拖欠职工工资、集资款等债务问题。化解职工债务问题是一个难点问题，也是集体职工十分关注的问题。除用集体资产偿还外，政策中没有其他专门的成本来源用于解决这一问题。在实际操作中，首先要认真核实、合理界定拖欠职工的工资等职工债务。其次，集体资产可以优先用于偿还职工债务。在厂办大集体资产不足的情况下，不一定能完全满足职工债务清偿要求，要争取职工的理解，立足于解决职工更加关心的经济补偿、社会保险等主要问题，争取最终与职工签订债务和解协议，得到职工对改革的理解和支持。

五是拖欠职工社保费用问题。前期改革试点中遇到的一个比较普遍的问题是，厂办大集体需补缴的社保欠费较多，职工对此关注程度甚至超过了经济补偿金。对于比较困难的厂办大集体来说，安置好职工是工作重点，而安置好职工关键在于接续好养老保险等社会保障关系。对此，一方面，有条件的企业必须下大决心多渠道筹措资金，想尽办法补上职工的社会保险欠费，接续社保关系；另一方面，地方人力资源和社会保障部门对企业确实无力补缴的部分要按政策予以核销。同时，《指导意见》中明确规定，地方政府可以将中央财政补助资金统筹用于安置厂办大集体职工，主要就是要用于接续职工社保关系。

六是厂办大集体改制后的发展问题。由于许多厂办大集体资产质量较差，管理水平低，即使实施企业改制，今后的持续发展也很艰难。中国石化等中央企业针对厂办大集体改制后的企业制定了“长期合同、同等优先”等扶持政策，确保一定时期内改制企业的稳定发展。根据试点经验，改制企业能不能真正发展主要取决于两条：一是企业自身资源配置的合理性，要能够适应市场竞争的要求；二是企业产权结构、治理结构一定要完善。改制前主办国有企业要给厂办大集体配个好班子，选个好带头人，这是非常重要的。只有让改制企业真正发展起来，才可能真正脱离主办企业走向市场。

七是部分目前状况很好的厂办大集体是否要实施改革问题。据了解，有一些中央企业的厂办大集体目前状况不错，能够生存，部分中央企业对是否实施改革存在疑虑。我们对这部分厂办大集体的情况进行了分析，应该说，这些厂办大集体实际上仍是依赖于主办国有企业生存，集体企业本身的诸多矛盾和体制问题并没有解决。如果这些企业仍维持现状，长远看很难健康、稳定地发展下去。只有按照现代企业制度和市场经济要求，将厂办大集体规范改制，才能为其长远发展奠定良好的基础。这样做，也有利于国有企业本身的改革和长远发展。前期试点中，中国石化和一汽集团都有一些经营状况不错的厂办大集体，还是痛下决心，实施彻底改革，不遗后患。如果职工一时还不能接受，也可以分步走，逐步离开主办企业，走向市场，最终成为产权清晰、面向市场、自负盈亏的独立法人实体和市场竞争主体。

三、把握重点，周密部署，积极稳妥地推进厂办大集体改革

按照《指导意见》的要求，地方厂办大集体改革方案由相关省（区、市）人民政府审批，报财政部、国资委、人力资源社会保障部备案；中央企业厂办大集体改革方案由国资委、人力资源社会保障部联合审批，报财政部备案。中央企业厂办大集体改革方案的制订，应当与所在地人民政府充分协商，妥善衔接，慎重决策。这种组织实施方式，主要是落实地方政府在推动厂办大集体改革中的组织领导责任，有利于加快改革步伐，有利于地方根据实际情况统筹协调。中央企业在组织实施中，也要在所在地方政府的领导下，积极稳妥推进。具体工作中，把握以下几点：

一是切实加强组织领导，扎实稳妥推进改革。厂办大集体改革涉及范围广、政策性强、矛盾积累多年，是一项工作难度很大的系统性工程。没有强有力的领导和组织保证，许多矛盾和问题不可能得到真正的

解决。各地和中央企业都要按照《指导意见》的要求，成立由主要领导牵头负责的改革工作领导小组，抽调得力人员组建专门工作机构，落实工作责任。各省（区、市）及兵团国资委要在省级人民政府的统一领导下，做好组织实施的各项工作，切实加强协调、密切配合，推动所监管企业做好厂办大集体改革工作。同时要指导当地中央企业和省属以下各级国资委做好厂办大集体改革工作。中央企业集团公司也要成立由主要领导牵头负责的改革领导小组，落实工作责任。在一些厂办大集体比较集中的城市，中央企业要与所在地人民政府组成联合领导小组或工作机构，确保改革工作顺利进行。

二是周密制订改革方案，认真做好组织实施。各地国资委和中央企业要结合本地及本企业实际制订周密细致的改革方案，充分调动各方积极性，认真做好组织实施工作。各地国资委要对改革中涉及的集体资产清查、审计、评估、处置和职工安置、劳动关系处理、社会保障关系接续等问题进行研究并出台相应的配套政策。国资委要积极配合财政部门，筹措改革成本；国资委要积极配合人力资源社会保障部门，做好厂办大集体职工劳动关系处理和接续社会保险政策制订和相关组织工作。各地及中央企业在研究制订改革方案过程中，要认真做好调查研究，逐户摸清所属厂办大集体的资产、人员等情况，梳理出各种难点问题并周密细致制订解决方案。

三是抓住改革重点，务求工作取得实效。做好厂办大集体改革工作要坚持从实际出发，着力化解主要矛盾，解决重点问题。首先，对于长期困难的厂办大集体，妥善安置集体职工，处理好劳动关系和社会保险关系是改革的重点。从目前情况看，很多厂办大集体企业的集体职工面临退休和已经到达退休年龄，将集体职工接续好各项社会保险关系并纳入基本养老险范围，是集体职工的主要诉求。对于已经到达法定退休年龄但没有纳入基本养老保险的集体职工，应当按照人力资源社会保障部《关于解决未参保集体企业退休人员基本养老保障等遗留问题的通知》（人社部发〔2010〕107 号）要求，依据政策将其纳入基本养老保险统筹，具备条件的国有企业可以对由退休人员个人负担的补缴费用给予适当补助。对在职在册的集体职工，要依法妥善处理好劳动关系，解除劳动合同的，要依法支付经济补偿金。其次，对于资产质量较好的厂办大集体，做好改制重组、谋求长远发展是改革的重点。主办国有企业要立足长远，积极推动厂办大集体的改制，使其成为适应市场经济要求的、面向市场、独立自主的、能长远发展的公司制企业。

四是切实维护职工合法权益，确保社会和企业稳定。发展是硬道理，稳定是硬任务。各地国资委及中央企业在组织实施厂办大集体改革中，要把切实维护职工合法权益、确保企业和社会的稳定放在突出位置。在制订职工安置方案时，要注意充分听取厂办大集体职工的意见，重大事项要向广大职工公开，接受职工民主监督。重视发挥厂办大集体党、团、工会组织的作用，做好政策宣传解释工作。拟订处理突发事件的预案，消除不稳定隐患。要严格执行国家有关规定，依法合规地做好改制方案制订和组织实施工作，凡是未按程序批准或决定的，一律不得实施改革改制。中央企业集团公司制订改革方案时，要充分听取主办企业、厂办大集体及职工等各方面意见，尤其是主办企业要切实负起责任。

五是努力做好配合与衔接，协调好地方政府与中央企业的改革工作。从前期试点经验看，中央企业在推进厂办大集体改革中，社会保障、退休人员移交、劳动关系处理、企业改制、资产处置、维稳等各方面都需要在地方政府的统一领导下推进，需要得到地方政府的支持和配合。试点以城市为单位进行，主要也是出于这种考虑。希望各地切实落实地方政府的责任，发挥地方政府的主导作用，继续给予中央企业包括厂办大集体改革工作大力的支持。中央企业所属企业要自觉接受所在地人民政府的领导，主动与当地政府建立工作联系，全面配合地方政府推进厂办大集体改革。一些厂办大集体比较集中的城市，建议中央企业能够与地方人民政府组成联合领导小组或工作机构，切实加强组织领导和协调。中央企业的改革也要把握好节奏，尽量与地方改革同步，防止政策不平衡、不协调出现的攀比和不稳定。

同志们，妥善地解决厂办大集体这一历史遗留问题，是党中央国务院对厂办大集体职工的深切关怀，是历史赋予我们的一项重大使命。在深化国有企业改革进程中，厂办大集体改革将是一个重要的组成部分，写下浓重的一笔。将厂办大集体企业改革好，使厂办大集体职工这样一个困难群体妥善安置好，使其分享改革发展成果，正是坚持以人为本、坚持科学发展观、促进社会公平正义的具体体现。各地国资委和中央企业要切实把思想统一到党中央国务院的重要决策上来，按照《指导意见》的要求，以对厂办大集体企业和职工负责、对国有企业的长远发展负责、对社会和谐稳定负责的态度，通过艰苦细致的努力工作，积极稳妥地推进厂办大集体改革，圆满完成厂办大集体改革的任务。

在驻黑龙江省中央企业分离移交“三供一业”工作会议上的讲话*

今天，国务院国资委和黑龙江省人民政府共同组织召开驻黑龙江省中央企业分离移交“三供一业”工作会议。黑龙江省委、省政府一直非常关心支持驻黑央企的改革发展，多次与国务院国资委就中央企业分离办社会职能等工作进行沟通协商，有关地市积极采取具体措施予以支持。昨天上午，王宪魁同志还亲自对工作协议进行修改完善。在此，我代表国务院国资委和王勇同志对黑龙江省及有关地市表示衷心的感谢！这项工作的启动本身就是对黑龙江省投资、发展环境的最好宣传。

刚才哈尔滨市介绍了分离移交“三供一业”有关政策和经验做法，哈电集团、中航工业所属东安发动机公司、兵器工业集团和国家电网分别作了发言。国务院国资委和黑龙江省政府签订了工作协议，有关企业签订了分离移交协议。这标志着驻黑央企分离移交“三供一业”工作进入了重要的实施阶段。下面，我代表国务院国资委讲三点意见：

一、抓住有利时机，加快推进国有企业分离办社会职能

在党中央、国务院的正确领导下，面对复杂多变的国际政治经济形势，我国经济朝着宏观调控预期方向发展。国有企业今年面临着一些困

* 2012 年 6 月 28 日在驻黑龙江省中央企业分离移交“三供一业”工作会议上的讲话。

难，总体上仍保持平稳较快增长，企业活力、控制力和影响力进一步增强，但改革发展的任务依然繁重，很多问题还没解决，其中就包括分离国有企业办社会职能。这个难题企业自身解决不了，需要地方政府的支持。

近一段时期，党中央、国务院领导同志多次作出重要批示，要求进一步推进国有企业分离办社会职能。张德江副总理专门批示要求国务院国资委有关部门对国有企业分离办社会职能进行全面调研，提出总体解决方案和具体措施。国务院国资委高度重视，认真贯彻落实中央领导同志的要求，会同有关部门积极研究分离企业办社会职能的具体政策措施。这是进一步推进分离企业办社会职能难得的有利时机，我们一定要增强工作的紧迫感，注意把握工作的时效性，争取尽快取得突破性进展。

“十二五”时期，中央企业实施“做强做优，世界一流”战略，一方面要加快发展，转方式调结构，实现企业转型升级；另一方面也要深化改革，进一步分离企业办社会职能，消除影响企业改革发展的体制机制障碍。在做强做优、争创世界一流的过程中，一些中央企业深深感受到加快分离办社会职能的紧迫性。许多同志提出，现在是背着包袱同别人赛跑；不分离企业办社会职能，企业就难以集中精力从事主营业务，就难以增强国际竞争能力。分离企业办社会职能已成为中央企业改革发展的内在要求。我们一定要立足当前，谋划长远，抓紧推进分离企业办社会职能，为中央企业进一步改革发展奠定良好基础。

二、开展驻黑中央企业分离移交“三供一业”工作，具有重要的示范作用

20 世纪 90 年代中期以来，我们一直探索推进分离国有企业办社会职能的具体途径。企业办中小学、公检法等社会职能已基本移交当地政

府管理，部分医疗卫生机构、市政机构进行了分离移交或改制，还有的采取了内部独立核算、市场化改革等措施。

地方国有企业分离办社会职能工作起步早，进展较快。特别是哈尔滨市在分离移交企业“三供一业”工作上有明确的机构、接收单位和移交费用标准，积累了丰富的实践经验。重庆、湖南、湖北等地区在国有企业分离办社会职能的一些方面也进行了大量的实践探索，取得了一定成效。

刚才，哈尔滨市介绍的经验做法：一是建立了政策体系，二是建立了工作协调机制，三是加大了支持力度。哈尔滨市的成功实践表明，分离移交“三供一业”有利于企业进一步精干主业，减轻负担，提高核心竞争能力，促进企业发展；有利于改善企业家属区居民生活条件，改善民生，维护企业和社会稳定；有利于资源整合，建立环境友好型、资源节约型社会，改善投资环境，促进地方经济社会全面发展。而且，只要政府重视，组织和政策到位，这项非常复杂的工作是完全可以顺利推进到位的。

黑龙江省及各地市政府一直关心支持中央企业的改革发展。在分离移交“三供一业”工作中，对中央企业和省市属企业执行同一标准、同一政策，一视同仁。省国资委多次与国务院国资委进行沟通衔接。国务院国资委和黑龙江省政府印发了《关于驻黑龙江省中央企业分离“三供”和物业管理等办社会职能工作专题会议纪要》，今天又签订了工作协议。黑龙江省及各地市政府的大力支持是开展驻黑中央企业分离移交工作的重要保障。

开展驻黑中央企业分离移交“三供一业”工作，就是要总结推广黑龙江省、哈尔滨市积累的宝贵经验，为中央企业分离“三供一业”等办社会职能工作起到重要示范效应，同时探索国有企业分离办社会职能可操作性的办法。

三、做好驻黑中央企业分离移交“三供一业”工作的几点要求

去年以来，在黑龙江省及哈尔滨市的大力支持下，有关中央企业积极行动，分离移交工作取得积极进展。中航工业、兵器工业集团、一汽集团、哈电集团、中铝公司等中央企业已经先期完成了部分项目的分离移交工作。有接收任务的国家电网和中国华电积极配合，统筹研究接收方案。刚才，有关中央企业介绍了下一步工作安排。这些都为做好驻黑央企分离移交工作奠定了基础。下一步，任务还十分繁重，工作量较大，一定要精心组织，认真做好各项工作。这里我再提几点要求：

（一）加强组织领导，扎实做好具体实施工作

分离移交工作的责任主体是企业。有分离移交任务的各中央企业集团公司要切实负起责任，组织专门人员，明确责任分工，统筹协调，有序稳步推进所属驻黑企业分离移交工作。集团公司要积极支持移交企业筹措分离移交所需资金。中央企业集团公司及移交企业的主管单位筹措资金原则上应不低于分离移交改造费用的 30%（管理型集团公司不低于 10%）。

有接收任务的国家电网和中国华电要按照统一工作部署，树立大局意识，积极做好接收工作，在分离移交改造标准和费用等方面，要服从市政府有关部门组织的专家组的裁定。国家电网和中国华电驻黑企业目前改革调整任务较重，在做好自身改革调整工作的同时，要保证分离移交工作进度。国家电网要指定专门机构具体负责，所属省市公司（电业局）要与移交企业建立工作协调机制，共同协商分离移交事项，明确改造及具体组织实施方案，加快实施方案的审核和费用测算进度，确保分离移交工作的有效衔接和供电设施改造后顺利移交。

（二）加强工作衔接，确保分离移交设施的正常运转

有关中央企业要加强与省市政府及有关部门的工作衔接，主动接受省市政府及有关部门的领导，认真执行各项政策规定，及时汇报有关工作情况。

要加强移交企业和接收单位的工作衔接。双方要就分离移交的各个环节进行认真研究，共同协商分离移交协议，明确责任分工，确保分离移交设施的正常运转。特别要重视做好分离移交过渡阶段的工作安排，确保平稳过渡，不能因为分离移交工作影响职工群众及家属的正常生活秩序。

（三）加强政策规范，保障国有资产安全

“三供一业”设施的分离移交要按照有关法律法规履行资产移交相关程序，做好移交资产的财务清理、资产清查、产权变更等工作。多元股东的企业，应当经企业董事会或股东会同意后，按照持有股权的比例核减国有权益。

要根据分离移交工作进度和实际情况，据实申请国有资本经营预算专项资金。中央企业集团公司要及时将专项资金拨付到移交企业。移交企业要严格按照有关规定使用专项资金，规范进行相应的账务处理。企业违规使用预算资金的，国务院国资委将按照相关规定给予通报批评、收回预算资金等处罚，并追究相关人员的责任。

分离移交工作如对企业当期利润、经济增加值或对所在任期内的国有资本保值增值率等考核指标产生较大影响，中央企业集团公司可提出申请，经国务院国资委审核确认后在业绩考核时给予适当考虑。

（四）加强思想政治工作，维护企业和社会稳定

党的十八大召开在即，做好稳定工作尤其重要。分离移交“三供一业”工作，涉及千家万户的切身利益，还涉及少数从业人员的岗位变化。要通过各种方式，深入开展宣传解释工作，及时掌握职工的思想

动态，做好深入细致的思想政治工作，认真听取职工意见，切实研究解决职工关心的实际问题，维护职工的合法权益，妥善安置转岗职工，确保企业和社会稳定。一定要把工作做细，把好事做好，工作进度要服从稳定的要求。这是我们对地方政府必须履行的承诺。

（五）加强指导协调，及时解决有关问题

国务院国资委有关厅局要跟踪了解工作进展情况，建立工作沟通协调机制，密切配合，积极协调解决有关具体问题，指导推进分离移交工作。中央企业集团公司要全面掌握有关情况，协调处理好集团内部有关问题，并及时与国务院国资委有关厅局进行沟通。

同志们，驻黑央企分离移交“三供一业”是一项具有重要意义的探索性工作，我们要增强责任意识，坚定信心，扎实工作，为进一步推进分离国有企业办社会职能积累宝贵经验，促进国有企业改革发展，为国民经济平稳较快发展做出新的贡献，以优异成绩迎接党的十八大胜利召开。

中国经济发展的阶段性变化及企业的应对*

最近一段时间，国内企业界对中国经济发展的走势非常关注：一方面，国际金融危机之后，国外各种负面消息很多，尤其是欧洲；另一方面，国内经济下行的压力很大，一些行业和企业感觉非常困难。今后若干年，中国经济发展的走势将怎样，会遇到什么样的矛盾和问题，我想就此谈一下个人的看法，供大家参考。

一、国际经济环境：中期不看好

（一）美国经济

美国作为世界经济和科技发展最前沿的国家，其经济发展的状态与科技革命的长周期相关。如果科技发展出现革命性变化，美国经济会有一段较长时间的繁荣期，如电力的应用和计算机的发明催生出一代全新的产业，否则只能保持比较低水平的增长。目前，世界科技创新还没有出现革命性变化的迹象，所以美国经济保持低增长应该是一种正常的现象。

美国是2008年国际金融危机的肇端，原因是金融创新泡沫破灭造成大量财富损失，很多美国的公司和个人购买了金融衍生产品，最后造成了坏账。这导致了两方面的问题：一是信用危机，由于对公司和个人的信用不能进行准确评估，所以银行不敢贷款；二是需求萎缩，公司投

* 2012年8月6日在中航工业党组中心组学习会上的讲话。

资和消费者开支都会减少。但是这些问题对美国来说只是短期问题：信用危机可以重建，现在这个问题已经得到解决；财富损失也是一次性的。特别是由于美国特殊的国际地位，国际资本不断通过购买美国国债回流到美国，而且美元是国际性货币，美国拥有铸币权。虽然美国债务比重也相当高，但不会出现债务危机。

美国经济中期真正的问题是：金融创新做过了头，导致了泡沫和危机。那么今后美国靠什么产业带动经济增长？近几十年来，美国的产业发展一直受到后发国家的挤压，美国的钢铁工业基本已经退出，汽车工业受到日本、韩国、德国的挤压，日子也很不好过，通用汽车已经重整过一次。后发国家的挤压迫使美国在产业前沿进行创新，但是这种创新一直不太顺利，互联网和金融衍生产品的创新都造成了泡沫，说明对这些新产业的预期和估值过高。奥巴马上台之后提出重振美国制造业，英国和法国也都有重振制造业的规划，但是实施起来很难。因为美国现在的制造业只占到 GDP 的 17%，主要是高科技产业和军工产业，其他产业因为没有成本优势基本都转移出去了，这种状况并没有实质性改变。总之，美国经济中期发展不会很好也不会出大的问题，主要是没有明显的优势产业带动，传统产业又受到其他国家挤压发展，空间有限。

（二）欧洲经济

欧洲国家面临的主权债务危机和美国经济的问题完全不一样，实质是欧元区一些国家的劳动生产率不足以维持其过高的社会福利水平。在欧洲一体化的背景下，这个矛盾表面化了。这是为了实现欧洲一体化的政治抱负所付出的经济代价。

欧元区国家的经济发展水平差别很大，但是其人均收入水平和福利水平差别并不太大。大约是 2008 年的数据，欧洲国家人均月收入折合人民币：法国 2.2 万元、德国 2 万元、意大利 1.7 万元、西班牙 1.6 万元、希腊 1.2 万元。除此之外还有福利因素，比如希腊的基本养老保险替代率（退休金占原工资的比重）居然达到了95.7%，排名全球第三（第一是沙特、第二是冰岛），而美国只有40%。一些国家经济发展水平不高，但是收入和福利高，结果必然是本国企业成本高、产品没有竞争力。这是一个本质性的矛盾，没有高的生产率却要维持一个高的生活水平，从长期角度看是无法持续的。

对于一个主权完整的国家，遇到这种矛盾可以用货币贬值来调节。货币贬值后，企业的成本降低，当然国民财富也会缩水。但是进入欧元区后，货币手段只能由欧洲央行来使用，任何一个单一国家已经无法运用了，因而所有矛盾都集中到财政的方向上。首先，高福利需要财政补贴支持，财政压力会非常大；其次，为避免经济衰退，政府需要扩大财政支出刺激经济增长。财政没有钱只能借债，借债还不了就出现了主权债务危机。为防止欧元区解体，欧盟不断采取各种救助措施，前提都是要减少财政赤字，这意味着相关国家政府开支要减少、社会福利水平要降低，这也导致了欧洲一些国家国内的各种抗议。

不管救助的结果如何，在一段时期内，欧洲各国的政府开支和居民消费都会下降。希腊如果退出欧元区，其本币会大幅贬值，购买力将下降；如果不退出，则必须接受欧盟规定的财政纪律，也意味着财政支出减少、社会福利减少。所以在一段时间内，欧洲市场的购买力会降低，而且这个趋势可能要维持若干年，也许会伴随欧洲一体化的整个过程，其间这个国家或那个国家会不断出现各种各样的问题。欧盟是中国的第一大贸易伙伴，我国对欧盟的出口占我国出口总额的20%，欧盟经济不景气对我国会造成很大影响。

（三）日本经济

日本经济和美国经济有相似的情况，日本的产业发展和科技水平已经到了世界的前沿，没有新的技术突破很难有大的发展。日本在20世纪90年代经济泡沫后进入“失去的十年”，进入本世纪后略有好转，

2000—2007 年 GDP 年均增长 1.7%，但是到了 2008 年金融危机之后又进入负增长，接下来的地震、海啸、核事故对日本经济造成很大打击。

日本中期经济发展的前景可能比美国还要差一些。第一，日本是外向型经济，国际市场不好对日本影响比较大。第二，日本经济的调整余地很小，财政和金融手段已经基本用尽。财政方面日本国债占 GDP 比重为 185%，是所有发达国家中最高的，日本的国债是内债，与欧洲不同，不会出现债务危机，但是进一步借债的余地已经很小。金融方面日元的利息基本为零，已经没有降息空间了。

美国、欧洲、日本都属发达国家，经济发展水平、企业的国际竞争力和人民生活水平都很高。这些国家经济增长的前景不看好，只是说今后一段时间能够实现的经济增量有限。发达国家的经济体量大约占世界经济的 60%，所以世界经济中期也不看好。这种外部环境对中国经济的影响会很大，因为中国经济的对外依存度很高，国际市场对中国产品的需求减少，会导致中国的出口增长下降，并将面临更多的贸易摩擦。

二、中国经济发展：面临重大阶段性转折

中国经济连续高速增长已经有 30 年。1979—2009 年中国的年均 GDP 增长率为 10%，这是世界经济发展史上的奇迹。是什么因素支撑了中国经济的高速增长？中国经济未来能否继续维持高增长？这是值得深入研究的问题。

中国经济持续高速增长的支撑性因素

中国经济能够连续 30 年高速增长主要有以下四个支撑性因素：

第一，相对较低的要素成本，尤其是人工成本和环保成本。长期以来，低的人工成本是我们的传统优势，我们的环境成本相当部分没有计入生产成本之中，因为污染没有治理。低的要素成本对于经济增长

的贡献在于：一是我们的企业有低成本优势，竞争力很强；二是对外资吸引力大，跨国公司是全球配置资源，要选择在成本最低的地方生产，外资来投资建厂，当地就有 GDP、就业、税收。

第二，高的储蓄率。这是华人的特点，中国人不愿意借债，无债一身轻，储蓄倾向很强。即使在美国，储蓄率很低的地方，华人也是有存款的。在改革开放初期，我国就有 30% 的储蓄率，随着居民收入水平的提高，储蓄率一直超过 40% 。这个特点对经济发展非常重要，储蓄是一个国家资本积累的主要来源。

第三，国外有技术来源。产业发展光有钱不行，技术和资本结合在一起才能形成产业。前些年中国经济发展的技术起点很低，我们需要的技术都是国外成熟的技术甚至是过时的技术，所以买技术很容易。能很方便地从外部得到技术对经济增长和产业结构升级是极大的促进，使投资和产业的形成非常快，完全跨越了自主研发的过程。

第四，较大的国内市场。我国从短缺经济起步。以前许多商品是凭票的，随着居民收入的增长，一个消费热点接着一个热点，消费呈排浪式，市场是现成的。而且在基础设施领域存在大量有回报的投资机会，这一点很重要，基础设施领域的投资需求是无限的，但在一定收入水平上有回报的投资机会是有限的。中国巨大的国内市场可以把企业培育得很大，并使之经受国内市场竞争的锻炼；国内市场饱和后企业会转向外向型发展，并依托成本优势实现海外扩张。

上述四个因素中，除了高储蓄率之外，都是“穷”的因素，或者说是后发的因素。这四个因素结合在一起，恰恰构成了有利于制造业发展的条件，所以中国成为制造业大国不是偶然的。

这 30 年，我国主导产业发展的基本逻辑基本都是：收入提高、市场形成；国内储蓄与国外技术相结合，马上形成投资和产业；依托广大的国内市场，企业可以发展得很大；国内市场饱和后开始外向型发展，利用低成本优势占领国际市场。具体来说，大致是这样的情况：

第一波，1979—1984 年，以轻纺工业为终端的产业群。改革开放是启动性因素。当时农产品收购价格提高，城市职工工资上涨，但有钱买不到东西，说明市场形成了。这期间我国轻工业年均增长 12.8%、重工业年均增长 7%，轻重工业增速差别是我国历史上最大的。1984 年前后，中国日用消费品的市场短缺消除，轻纺工业的国内市场饱和，开始外向型发展，利用低成本进入国际市场，挤垮了其他国家的同类产业，使中国成为轻纺工业的出口大国。

第二波，1985—1990 年，以家电产业为终端的产业群。日用消费品需求满足后，居民消费结构开始升级，家电成为消费热点，家电产业发展的市场形成。这段时间是中国家电产业从无到有大发展的黄金时期，依靠引进技术和生产线，彩电、冰箱、洗衣机产销量都是十倍甚至十几倍的增长。20 世纪 90 年代初，国内城镇家电市场普及率已很高而农村市场跟不上，国内家电市场饱和，国内家电企业开始外向型发展，使中国成为家电出口大国。因此欧盟从 1991 年开始，正式对中国彩电实施反倾销措施。

第三波，1990—2000 年，基础设施产业群。进入 90 年代后，我国居民家电需求基本满足，而汽车和住房的市场还没有形成，居民消费热点趋于分散化。但当时基础设施的瓶颈问题非常突出，交通、能源、通信、原材料都很紧张，这为多个产业的发展创造了市场条件。整个 90 年代是中国基础设施大发展的时期，通信热、电厂热、港口热、公路热，带动了机械、石化、电子、原材料、建筑建材等产业的发展。以通信为例，90 年代初我国通信条件还较差，交了初装费依然装电话难。1990—2000 年是我国通信业发展最快的时期，这期间我国长途电话交换机容量增长了 34 倍，局用交换机容量增长了 14 倍，移动电话交换机容量增长了 2700 倍，技术都是国外引进的。到 2000 年左右，国内通信业增长开始趋缓，像华为、中兴这样的企业转而开始外向发展，依靠低成本优势占据了相当大的国际市场份额。

第四波，2000 年至今，以住房和汽车为终端的产业群。随着居民收入水平的进一步提高，进入新世纪后几十万元级的消费开始启动，我国住房和汽车市场开始形成。这十几年中，汽车工业和房地产业是发展最快的产业，现在中国已经成为世界第一大汽车市场，也是世界上最大的建筑工地。汽车技术同样也是引进的。值得注意的是，我国引进汽车技术已经是附带条件的了：知识产权和核心技术只转让给了合资企业，并由外方控制；外方的技术只能用于外方的品牌，而且产品不能出口。同时，信息产品市场，金融、保险、媒体、娱乐、教育等新一代第三产业，环保、节能等产业的市场也在形成。

住房和汽车市场的形成，说明中国和世界产业的前沿已经比较接近了。在发达国家，住房和汽车依然是主要的实物消费品，汽车、住房的销售量仍然是其判断消费者信心的重要指标。

在这 30 年的高增长中，我国曾经有 3 次因为经济增长速度偏低，政府不得不采取扩大内需的政策。第一次是 1989 年，当时家电消费热点过后，没有其他消费热点，国内需求不足；第二次是 1998 年，亚洲金融危机，加上住房、汽车市场还没有形成，也是一个消费空档；第三次是 2008 年，全球金融危机。这几次都是政府运用财政和货币政策，加大基础设施投资启动内需。可见，这 30 年我国经济的高增长也是有周期、有波动的。

对中国经济持续高速增长的几个判断

简单回顾一下我国经济 30 年的高增长，大致可以得出这样几个结论：

第一，经济增长的内涵是产业结构的升级。30 年的高增长，中国经济并不是在一个产业平面上，而是一个台阶一个台阶升级上来的，30 年来我国的主导产业已经上了几个台阶。结构升级是原因，经济增长是结果。如果主导产业不升级，30 年的高增长是不能维持的。为什么发达国家经济增长速度偏低？主要是它们的主导产业已经到了最前沿，没有新的科技革命很难上新的台阶。这个结论也可以换而言之，我们要想保持中国经济在今后若干年的持续增长，只能靠主导产业的进一步升级。

第二，对于发展中大国，国内市场升级是产业升级的基础。在某种程度上讲，国内市场也是一种资源，规模越大、层次越高的国内市场，它的价值越高。我们可以靠国内市场养大产业做大企业，也可以靠国内市场换取技术、吸引外部投资。所以，大国一定要尽可能保护和利用好国内市场，尽可能让本国市场哺育本国企业的发展。但这不一定能做到，比如巴西是金砖四国之一，它的国内市场很大，其汽车市场是世界第八大汽车市场，但巴西的汽车工业完全由外资控制，而且都是独资，巴西本国没有自己的汽车品牌，因此，巴西巨大的汽车市场带动的是国外汽车企业的发展。

这里，我想顺便讲一下大国经济和小国经济的区别。首先，大国和小国的发展模式不一样。小国可以靠国际分工，如瑞士主要靠手表、制药、金融、精密机械等几个产业，其他全靠进口。但是大国不能这样，大国经济规模太大，大国如果靠国际分工，国际市场无法承受，其他国家也无法承受。大国过度依靠国际分工，最终只能是卖什么什么便宜，买什么什么贵。大国的优势在于国内市场大，只能立足于国内市场均衡发展。其次，大国与小国企业发展的条件也不同。近几年不少央企热衷于进入世界500强，这不是坏事，进入世界500强可以提升企业形象。但是其中含金量有多大，我们自己应该心里有数。中国是一个大国，我们仅靠国内市场就可以把企业做得很大，甚至完全不参与国际竞争也可以达到世界500强的规模。对于一个大国的企业来说，进入世界500强并不必然说明国际竞争力的高低，这和小国完全不同。如果一个小国有一家世界500强企业，其必然是非常值得尊重的，因为它每走一步都要面对国际竞争。

第三，中国经济30年持续高增长有其必然性和合理性。一是市场的因素。我们的国内市场很大，起点又低，什么都缺。随着居民收入水平的提高，消费热点一个接一个。“排浪式”的消费引起市场“排浪式”的扩张，带动整个经济“排浪式”的增长。二是资金和技术的因素。国内储蓄加上国外技术，可以很快形成投资项目和产业，市场形成后，国内产业跟进非常快，形成新产业不断出现、产业结构不断升级的局面。三是成本因素。低成本使得国内企业的竞争力强，对外资的吸引力强，这种优势在企业外向型发展的过程中表现得更加明显。

从另一个角度讲，前30年我国经济发展相对是比较容易的，因为我们的市场是现成的（市场从短缺起步），技术是现成的（直接从国外购买），企业的竞争力是现成的（成本低是天然优势）。但这种发展模式是有缺陷的：第一，过度依靠低成本，第二，过度依靠国外技术。这种模式的发展在特定的经济发展阶段上是可以的，但不可能长期如此。因为我们不可能永远这么穷，因而我们不可能永远拥有低成本优势；而且作为一个大国，也不可能靠别人的技术实现自己的现代化。

中国经济持续高速增长的支撑性因素正在发生变化

在中国经济持续30年高增长之后，目前我国经济发展的几个重要的支撑性因素已经在发生变化：

第一，要素成本在快速上升。我们30年维持低的人工成本是不太正常的。一个较小的国家，其低成本、高增长期一般是10～15年。中国能够持续维持30年的低成本主要原因是国家太大，经济发展不平衡，农村剩余劳动力过多。广东和浙江的人工成本上升之后，中西部地区的劳动力千里迢迢去沿海打工，把人工成本压住了。劳动力价格变化有个特点，供过于求的时候可以长时间压住不动，但是一旦供求平衡或供不应求，劳动力价格就会快速上升，这就是所谓的“刘易斯拐点”。现在我们已经到了这个拐点。其标志是，近两年各省最低工资标准大概提高了 50%，但很多地方仍然招工困难。同时，近几年能源、原材料、农产品、土地、环保成本都在上升，我们的成本优势已被大大削弱。成本优势下降对经济发展的影响：一是所有靠成本取得优势的企业和产业的竞争力都在下降，有些产业还要退出，转移到人工成本更低的地方；二是对外资的吸引力下降，追求低生产成本的外资不会再有很高的积极性了。

第二，技术来源将会出现问题。前 30 年，我们国家产业升级主要靠引进技术。那个时期我们和国外产业的差距很大，国外企业把成熟的甚至是过时的技术卖给我们，对它们自己没有什么影响。但是经过 30 年的高增长，中外的产业差距大大缩小。我们现在需要买的技术往往是国外企业正在使用的技术。国外企业要是把自己正在用的技术卖出去，自己就很难生存了。这个问题在中央企业表现得很突出，因为很多央企是行业的排头兵，与国外企业的技术差距最小。这几年很多央企反映购买国外技术越来越困难，对方往往很坦率：技术卖给你，我怎么办？尤其是一些战略性的新技术。比如液晶面板，中国平板电视的市场很大，但面板生产技术我们不掌握，国外企业也不愿意转让，我们巨大的平板电视市场带动的基本是日本、韩国和我国台湾地区的产业。国外技术来源出现问题对我们的影响是：我国产业结构的进一步升级将会遇到困难，国内市场形成，但是国内产业跟不上去了。现在国内资金很多，但大家普遍反映没有好项目，没好项目的后面是没有新技术。

第三，市场方向也出现了变化。在消费品市场方面，在消费结构达到汽车和住房这个层次之后，后面实物性的消费热点已经没有了，以后中国似乎不会再出现“排浪式”消费的现象了。在基础设施投资领域，有回报的投资机会已经很少了。前 30 年我们曾有三次政府投资基础设施去拉动经济增长，但这三次遇到的问题不一样。前两次，1989 年和 1998 年，有项目，也有回报，但是融资存在问题。基础设施投资是长期性投资，当时的融资渠道基本都是短期性的，短期性的融资渠道和基础设施长期性的资金需求如何衔接是主要问题。但是最近这一次的问题完全不一样了。2008 年的 4 万亿投资主要是两个方向：一是中央政府层面的铁路建设，二是地方政府层面由地方投融资平台进行的地方基础设施建设。最后两个方向出现的是同一个问题——偿债风险。这说明目前在基础设施投资领域，有回报的投资机会已经很少了。市场方向出现的变化对经济增长的影响可能是两个方面：一是消费热点的缺失会使消费增长的动力减弱，一波接一波“排浪式”消费带动国民经济“排浪式”增长的情况不大可能再出现了。二是政府启动内需、调节经济增长速度的政策空间变小。基础设施领域有回报的项目可以用银行资金支持，没有回报的项目只能用财政性资金，而财政性资金是有限的。

这些变化如果再概括一下，可能会得出这样一个结论：中国经济高增长的时代即将结束了。中国经济将从一种短缺的、赶超式的经济形态逐渐转变为一种过剩的、成熟的经济形态，经济增长的合理区间将从10% 左右逐渐下降。这将是中国经济发展一个重大的阶段性变化，其影响可能比国际金融危机还要大。

这同样可能意味着，中国经济发展将从一个比较容易的阶段进入一个不太容易的阶段。以前我们的企业发展主要靠成本优势，成本优势被削弱之后，必须重新构造中国企业的竞争力基础，把成本优势逐步转移到技术优势和品牌优势上来，但构建企业的技术优势和品牌优势都不是容易的事。以前我们很容易买到国外技术，所以国内产业升级很快、很便捷。今后购买国外技术越来越困难，要保持国民经济的持续增长、实现新的产业升级，我们只能越来越多地依靠自主创新，但自主创新也不是一件容易的事。这种经济发展的阶段性转换对于一个国家来说，是一个关键性的挑战。正因为如此，中央一直要求加快转变经济发展方式。如果我们转变得好，中国经济能够保持一个不太低的增长速度，若干年之后我国将进入发达国家行列；如果转不好，中国的产业结构升级会停滞，经济增长会停滞，从而进入所谓的“中等收入陷阱”。所谓“中等收入陷阱”的产业内涵应该是：产业结构升级的停滞导致经济增长的停滞。

三、关于中国企业的应对问题

当前国际经济形势不好我们难以左右，只能正视并妥善应对。中国经济发展出现阶段性变化实际是好事情。我们过去的高增长靠的是“穷”的优势，现在这个优势被削弱了，说明我们的经济发展了，中国人不太“穷”了。这种阶段性变化是发展过程中的一个转折，是迟早要到来的。我们以往为中国经济发展所做的一切努力，都是为了这个转折能够尽快到来。在新的经济发展阶段上，中国经济仍然具有一些重要的优势，这是我们应该看到的。

（一）新经济发展阶段中国企业具备的优势

一是中国的资金充裕。储蓄率高虽然会引起消费不足的问题，但毕竟积累了大量的资金，尤其是外汇储备。就资金总量而言，中国自己积累的资金足以支撑自身的发展，可以完全不依赖外部资金。在今后的发展中，中国可能缺技术、缺项目，但不会缺资金。相对于其他国家而言，中国是有钱的。

二是中国巨大的国内市场仍然是产业发展重要的有利条件。中国巨大的国内市场仍然是国内企业发展的重要依托。如果我们把国内市场的筹码运用好，也仍然有换取技术的机会，如三峡发电机组和高铁技术等。另外中国的主体经济和世界经济的前沿仍有不小的差距，我们仍有很大的学习、模仿和赶超的空间。

三是中国企业的成本优势被削弱是相对而言的。中国企业的成本优势被削弱是与更不发达的国家相比，是在劳动密集型产业的层次上去比。如果我们能够实现产业结构的进一步升级，在劳动密集型产业的层次之上，我们的竞争对手将是发达国家企业。与这些企业相比，中国企业的成本仍然是有优势的。

四是中国经济发展的阶段性变化是在国际经济形势不好的大背景下开始的。我们困难，国外企业也困难。这对中国企业来说也许是个非常重要的机遇。我们可以通过国际并购取得技术、品牌和渠道，从而促进国家产业结构和企业产品结构的升级。

即使从短期调控的角度讲，中国和其他国家相比仍然有比较大的调控空间。一方面，我们的财政、金融方面的政策余地还较大，财政方面发债、减税，金融方面降息，都还有一定空间。另一方面，仅仅从短期刺激增长的角度，中国地方政府的作用不可小视，这与国外有很大不同。国外的基本经济主体是中央政府和企业。企业是发展主体，中央政府是调控主体，我们中间夹着一层地方政府，是三层结构。中国地方政府在行为上都已经公司化了，经济能量非常大、投资欲望非常强。所以，想要提高经济增长速度，只要让地方政府能接触到钱，马上就可以见效。当然，这种方式刺激出的增长往往是有代价的。

（二）新经济发展阶段中国企业面临的挑战

但对于习惯高增长环境的中国企业来说，以后一段时间会感到很不适应，压力会非常大，尤其是制造业企业。制造业企业是中国经济的主体部分。前些年由于有成本优势，我国的制造业规模发展得非常大，而且原先就存在非常突出的重复建设问题。中国的重复建设和国外的生产能力过剩还不太一样，有体制方面的原因。这包括好几个层面：一是中国企业的负担完全不一样。所以以前有人说，只要某企业还能活着，我投资就能赚钱，虽然从全社会的角度市场已经饱和了。二是地方政府对招商引资的优惠。我们的各个地方政府在招商引资的优惠政策方面是相互较劲的。为吸引一个投资项目，我可以给你减税、免税；不够？土地、厂房不要钱；还不行？不要钱的土地再加一块地，你去开发补项目；再不行？我拿钱和你一块儿投资。这种多重的优惠之下，已经过剩的行业也能优惠出可以挣钱的项目。三是过剩的生产能力退出困难。我们人的市场化程度不够、社会保障体系还不很完善、社会稳定的压力大等，使得关闭企业困难重重，这对国有企业尤其突出。

所以，制造业企业今后几年会面对这样的形势：我们的后面是成本上升，人工、原材料、能源、环保成本都在上升，企业根本无法阻挡，只能接受；而在企业的前面，生产能力过剩又会引发过度竞争，产品价格仍在下降，企业想通过产品价格把生产成本上升转移出去根本不可能。最后的结果往往是，企业的利润空间被大幅度压缩，甚至出现全行业性的亏损。这种由于过度竞争引发的行业性亏损对产业发展的损害非常大，足以把一个行业的投入能力和发展后劲都消耗掉。以往，中国经济总体上处于高增长的扩张期，而且是一波接一波的，前期过剩的生产能力会被随后的经济扩张所消化掉。所以前几年的重复建设、生产能力过剩并没有造成非常严重的、持久的后果。如果后面没有新的经济扩张了，这个问题会变得很尖锐、拖的时间会很长，我们的企业会面临非常大的考验。

面对这样一种经济发展的阶段性变化，中国经济整体和中国企业面临两个重大挑战。第一个，发展的核心问题是产业升级问题。在外部技术来源越来越少的情况下，需重点关注我们能不能通过自主的技术创新、产品创新和商业模式创新实现我国进一步的产业升级，从而保证国民经济的持续稳定发展，尽管速度会低一些。第二个，眼前的挑战主要是制造业在目前产业层次上生产能力过剩的问题。即过剩的生产能力如何处置？如何缓解行业性的恶性竞争，以减少其对经济生活的损害？

从国民经济整体讲，产业进一步升级就可以获得新的增长空间，就可以实现可持续的发展；升级不利，国民经济就可能出现停滞。当然在这个过程中，政府在经济增长速度偏低时，会一次、再次地去刺激、提升经济增长速度，但是扩大内需不能代替产业升级。从企业的角度讲，升级就会进入新的市场，从而避开现有产业层次上的恶性竞争，获得新的发展空间；如果突不出去，停留在现有的产业层次上，就会长时间地被过度竞争所煎熬。

（三）新经济发展阶段的应对

在政府层面上的应对，主要是三个问题：第一是运用好财政、金融杠杆和基础设施投资手段，稳定经济发展，防止过度减速，实现稳中求进；第二是动用一切资源和手段，促进产业升级，促进自主创新；第三是妥善处理好制造业过剩的生产能力，让该退出的生产能力尽快稳妥地退出。

要解决好这三个方面的重大问题，涉及很多具体的工作，需要进行系统研究和规划，这里只强调两个问题：

一是政府要从政策上优化产业升级过程，而不是直接去实现产业升级。产业结构的升级具体来说是由三个过程组成的：一是新兴产业抓住市场形成和扩大的机遇加快成长的过程；二是成熟产业在竞争中进行重组、调整，扩大规模、提升竞争力的过程；三是衰退产业和低效企业加快淘汰和转移的过程。政府的责任应该是通过制定政策去优化这三个过程，促进产业升级。通过新产业扶持政策，让新兴产业成长得快一些；通过支持企业重组的政策，让企业之间的重组顺畅一些；通过产业退出政策，使衰退产业和困难企业的退出更容易一些。这三方面政策中，产业退出政策更加重要，因为困难产业和企业的退出比新产业的发展难度更大。在产业结构升级的过程中，企业是升级的主体，政府应该通过制定政策优化升级过程，而不是直接投资上项目去实现产业升级。政府的定位要准，不能越位。

二是要重点促进我国装备制造业的发展升级。装备制造业是中国产业升级的核心部分。前 30 年，中国的产业升级不但主要靠引进技术，而且主要靠引进国外装备。目前，我国进口设备占设备总投资的比重已超过60%，有些行业完全靠进口设备。这种局面造成两个后果。第一，中国每一轮产业升级都要带动一轮装备进口，我们丢掉了一块技术含量和附加值都非常高的国内市场。第二，我们会失去产业升级的主动权，如果装备制造业跟不上，即使我们的新产品能研发出来，也不一定能制造出来。按说在计划经济时期，我国装备制造业铺的摊子很大，基础比较好。问题可能出在机械工业企业的组织结构上。我国机械行业的企业基本都是专业生产工厂的模式，产品是单一的，工艺是大而全、小而全的，是典型的计划经济的企业模式。这种企业组织结构造成两方面的问题：一是产品过度专业化，企业的自我调整能力非常差。二是集成能力弱，难以适应当前成套设备、交钥匙工程、系统解决方案之类的需求。中国的装备制造业特别需要几家大型综合性的装备制造企业，需要中国的GE、三菱重工、阿尔斯通。培育这样一些大型装备制造企业应作为国家层面的战略来实施。

在我们国家新的经济发展阶段上，企业面临的首要问题是市场问题，而不是资金问题。市场问题的后面仍然是自主创新问题。要通过技术创新、产品创新、商业模式创新突破目前的产业层次，进入新的市场，进入新的产业层级。在这方面中央企业的责任重大，因为中央企业都是大企业，在技术进步、自主创新方面应该率先突破。当前，对企业来讲，有三个方面的工作需要注意。

第一个方面，就短期而言，要防范风险，提高企业的抗市场冲击能力。具体措施应包括这样几个方面：

一是及时调整经营策略，强化投资和并购管理。在全社会生产能力过剩的背景下，企业的生产能力有多大、规模有多大已没有意义，以扩大规模为目的的投资和并购都应该停止。所有的投资和并购都应该转向技术升级、产业升级和商业模式升级。同时要控制好企业的资产负债率，在财务上留出大一点的空间。

二是加强现金管理，巩固资金链条。要细化资金预算管理，量入为出，留足资金头寸。强化存货和应收账款管理，减少占压和拖欠。经济形势不好的时候，各类企业的风险都会上升，这个时候我们不但要关注自己的风险，还要关注客户及供应商的风险。

三是严格各项管理，努力降低成本。一些企业在困难的时候下决心改机制、抓管理、降成本，取得了很明显的效果。一般来说企业困难的时候往往是职工承受力最强的时候，此时下决心推动企业机制的转换和管理的到位既可以有效提升企业抗市场冲击的能力，也可以为企业的长期发展打好机制和管理的基础。

第二个方面，就中期而言，要通过技术、产品和商业模式的创新，重塑企业竞争力的基础，通过升级进入新的市场。具体的措施包括：

第一，全力促进企业自主创新。目前，我们也许还可以通过某些机会购买到一些国外技术，但必须心中有数，这条路走不长。从现在起就必须下大的决心建立一套自主研发体系，恶补自主创新这堂课，使自己在技术上真正强大起来，对大企业尤其如此。通过产业、产品升级，不断提高产业层次，需要一定的战略眼光。这里我举一个例子。中集（中国海运集装箱有限公司）是中远集团和招商局集团控股的上市公司，在 20 世纪 90 年代是国内非常成功的集装箱生产企业。当时中集通过严格管理和技术创新，完整地掌握了集装箱的设计和生产技术，成为世界集装箱第一大供应商，有接近 50% 的全球市场份额。中集的可贵之处在于，它没有停留在集装箱这个产业的成功上，而是在巩固集装箱地位的同时，规划发展了第二代、第三代、第四代产品。第二代产品是机场登机桥，第三代产品是半挂车，第四代产品是钻井船。目前，登机桥、半挂车都已形成规模并已盈利；前三条钻井船已在英国北海油田使用，仍处于产业培育期。通过这种产业升级，中集已经从劳动密集型产业进入资金技术密集型产业，从一个低层次产业的企业变成一个高层次产业的企业。如果中集停在集装箱这个领域不动，其竞争对手将主要是国内企业，甚至以后是越南等国家的企业，竞争将非常激烈，价格战很难避免。但通过产业升级，中集主要的竞争对手已是西方跨国公司，竞争格局就完全不一样了。企业自主创新除了战略定位之外，还有三个方面的工作。一是要下决心增加研发投入；二是要完善研发管理体系，提高研发经费的使用效率；三是改革体制机制，尤其是分配制度，提高研发人员的积极性和效率。

由于目前发达国家经济困难，通过对外并购取得技术，是中国企业一个非常重要的现实机遇。尤其是美国、欧洲一批专业化的中小型制造公司，技术好、品牌好、渠道好，但目前发展比较困难，特别适合中国企业收购。这类企业有这样几个特点：一是这些企业不像跨国公司，国际化程度不高、生产基地往往在本国，所以成本更高，经营更加困难。二是这些企业一般都是非上市的家族企业，收购比较容易。三是这些企业职工人数不多、工会力量不强，一般不会碰到非常棘手的裁员问题。

第二，努力提升商业模式。中国企业制造能力很强，但多数是给别人做配套，利润非常薄。如果我们能从产品制造商转型为项目承包商，既提供产品又提供服务，商业模式就可转变，利润空间会大大提升。举个中央企业的例子。中材集团原先是国家建材局所属的一些研究院所、公司、工厂脱钩后“打包”成立的。成立初期集团内部非常分散，各个成员单位各自为政，独自向市场提供各种各样的产品，主要是水泥装备，子公司之间有时还是竞争对手。2003 年中材集团启动上市，内部重组力度非常大，原先的格局全部打乱，完全按业务板块重组，实现了集团公司一体化经营。整合的结果出乎大家意料，整出了一个集成能力，集团不仅能生产各种水泥装备，而且有能力做项目总承包。沿着项目总承包的方向努力了 7 年的时间，中材集团的国际市场占有率从 0 上升到 37%，现在成为全球最大的水泥技术装备与工程供应商。此时企业商业模式的层次就不一样了。以前生产单件水泥装备时，中材和其他国内企业处在一个层面上，突破了这个产业层面成为项目总承包商之后，竞争对手就都是国际知名的跨国公司了，如法国的拉法基、德国的海德堡、爱尔兰的老城堡等。中国企业与这些老牌跨国公司相比，成本和效率都有优势，只要能做得和它们一样好，竞争的结果是有利于中国企业的。目前，中材集团与这些跨国公司既竞争又合作，成为完全平等的商业伙伴。

从制造企业向项目承包商转变，是中国企业提升商业模式的重要方向。但这种提升对企业素质的要求很高，一是要适应并符合国际标准，二是要有国际化的经营能力，三是要有很高的企业管理水平。如中材集团就有一支300多人的项目经理队伍，每一位项目经理外语都很好，都能独立进行商务谈判，都能独立进行项目管理。中国企业要和跨国公司同台竞技，在企业素质上也要达到相当的水平。

*第三，加强品牌建设。*这些年很多中国企业是给国外公司做代工的，没有自己的品牌，本身利润很薄，成本一上升，利润就被吃光了。这样的企业要长期生存和发展，唯一的办法是品牌建设。品牌和附加值是连在一起的，品牌越好附加值越高；品牌好到一定程度，成本高低就不重要了。这几年，我们一些有远见的企业在这个方向上进行了有价值的探索，如雅戈尔、七匹狼等，这些企业已没有自己的生产工厂，制造环节完全外包出去，自己专注于设计、营销和品牌管理。类似的业务结构调整在中央企业中也有中丝集团等。当然，企业的品牌建设和培育需要一个相当长的过程。

第三个方面，就体制方面而言，要加强企业的战略和决策体制建设。今后几年可能不太好的外部经济环境，会给我们的企业带来另外一个问题，就是企业面临的风险会增加。经济扩张时期市场可以看得很清楚，经济紧缩时期市场特别不容易看得清，有很多陷阱；经济扩张时期企业出现失误有时还能挽回，经济紧缩时期出现了失误往往很难翻身。在这种经济环境下，从体制的角度我们特别需要强调企业的战略问题和决策体制建设问题。

战略问题不是仅仅制订一个战略规划，而是企业发展必须有战略方向和战略意识。前几年，我们发现一些企业不愿意受战略和规划的约束，总是希望在市场上抓机会，放手一搏。实际上这种思维方式对大企业非常不利，因为大企业一定要靠战略去导向，一定不能靠抓市场机会去发展。如果大企业靠抓市场机会去发展，今天抓一个，明天抓一个，几年之后企业的定位是什么、发展方向是什么就都不清楚了。

科学决策的体制具体地讲就是国资委目前在推动的董事会建设。这几年中央企业的董事会建设比较有成效，尤其在科学决策方面。在建立规范的董事会之前，中央企业的领导体制都是一把手负责制。在一把手负责制的体制下，企业重大决策是靠内部团队去作。企业内部团队决策存在两个很难解决的问题：一是内部团队有上下级关系，一把手想做的事情，副手即使有不同意见，也不好反对；二是内部团队有分工关系，你分管的事我不好过问，我分管的事你也不好过问。由于内部团队有错综复杂的利益关系、人际关系，重大决策的时候很难做到民主决策、科学决策，很多人有不同意见也不敢提、不便提、不想提。大家都不好讲话怎么能谈得上科学决策呢？因此国资委推进规范的董事会建设，派外部董事进入董事会并占到全体成员的一半以上。选聘的外部董事都是老资格的专家和企业家，他们与企业内部人没有利益的和人际的关系，决策时就能够比较坦率、客观地发表自己的意见。一个决策团队中大部分人能够讲真话了，决策的科学性必然提高，出现重大决策失误的可能性必然会降低。

总之，今后一个时期，国际经济环境将会比较严峻，中国经济发展也会出现重大的阶段性变化。中国企业将面临考验和挑战。面对这样的形势，我们的企业需要在三个层面做好准备工作。从短期看，要管好投资和并购，不能再盲目扩大规模；要控制好现金流、关注风险，严格管理、努力降低成本。从中期看，要通过技术创新、产品创新、商业模式创新重塑企业竞争力的基础，努力进入新的市场、进入更高的产业层次。从体制方面看，在复杂的市场环境下，自己不犯错误、不出现重大失误是首先要做到的，因此特别需要强调战略意识和科学的决策体制建设，这也是大企业强根固本的基础。

以上是对中国未来经济走势的一些分析和看法，观点都是探讨性的，谨供大家参考。

国有企业改革形势、争论及未来发展方向*

国有企业改革是整个经济体制改革的中心环节，也是最关键、最艰难的环节。经过30多年改革，今天我国国有企业的管理体制和经营机制发生很大变化，极大地激发了企业活力和竞争力。当前，国有企业改革仍处于过程之中，仍有很多需要进一步解决的体制、机制、结构和历史遗留问题，我们要坚持基本经济制度，坚持市场化改革方向，坚持和完善国有资产监管体制，坚定不移地走中国特色国有企业改革发展道路。

一、我们已经进行的改革及当时出现的争论

1998年之前国有企业改革做了很多的工作，基本处于起步和探索阶段，真正动真格的、攻坚碰硬是从1998年三年改革脱困开始的。到目前为止，我们已经推动的改革是两组：第一组改革包括国有中小企业改革和国有困难企业的关闭破产；第二组改革是国有资产管理体制改革和针对国有大企业的特定改革。

（一）第一组改革主要操作时间是1998—2003年

第一项是国有中小企业改革。放开搞活国有中小企业，抓大放小，这是这项改革方针的标准说法。实际操作过程中是国有经济从中小

---

* 2013年6月在大连高级经理学院央企高管培训班上的讲话。

企业层面全面退出。这种退出曾引发很大争议，被指搞私有化。

实际上，这个问题不是一个意识形态问题，而是一个企业发展规律的问题。为什么国有经济要从中小企业层面退出去，是因为国有经济在这个层面没有比较优势，不具备竞争力。从企业治理的角度，世界上所有的企业可以分为两类：第一类是股东直接经营管理的企业；第二类是股东不直接经营管理的企业，通过委托－代理关系进行管理。从治理的效率上讲，肯定是前者要高，因为它的利益很直接、关切度非常高；而委托－代理是有成本的，多一层代理就多一层成本，效率也会降低。所以，企业治理首选的应该是股东直接经营管理的模式，只有当企业大到一定程度、单一股东难以筹资、股东个人的能力也不足以把企业管好的时候，才开始出现依靠委托－代理关系进行管理的企业，就是股权比较分散的公众公司。公司发展史大概就是这样一个逻辑：能直接管理的都是直接管，所以世界各国中小企业都是股东进行直接管理的个体企业、家族企业、家庭企业、合伙企业等，只有极少数大公司才采取股权分散的、委托－代理的模式进行管理。

我们的国有企业可以理解成为一种特殊形态的公众公司，股东不可能直接经营管理，客观上存在着多层次的委托－代理关系。所以国有企业即使改革得好，也只适合大企业而不适合中小企业。因此，中央采取多种形式放开搞活、抓大放小的方针，是符合企业发展规律的。

国有中小企业改革的过程，实际就是一个国有经济从中小企业层面主动退出的过程。前些年这项改革的力度很大，主要由地方政府推动，具体形式是产权制度改革加上身份置换。产权制度改革可能表现为企业改制，也可能表现为企业的出售；所谓身份置换是一种补偿，以减少改革的阻力。这项改革在操作过程中也是争议不断。一般地讲，如果改制后效益不好，最后的结果往往是不稳定，因为职工权益受影响；如果改制后效益很好，就会有国有资产流失的质疑了。到目前为止，从全国角度来看这项改革已基本结束，国有经济基本上从中小企业的层面实现了退出，我国国有经济的战线大大收缩。国有经济的布局从一个面状布局变成块状布局，国有企业主要布局在大企业这个层面。国有中小企业改革从根本上改变了国有经济的布局结构。

第二项改革是国有困难企业的政策性关闭破产，是这一阶段最困难的一项工作。前些年为什么有那么多的国有企业破产？为什么有那么多国有企业职工由于企业破产而下岗？各个方面有不同的解读。有人说是机制问题，国有企业机制陈旧，没法和民营企业竞争；也有人说国有企业的问题主要是管理问题。机制问题、管理问题都存在，但是这几年我们感受最深切的是一个结构性的问题，是转轨国家所面对的一个非常特殊的结构性问题。所谓转轨国家，即该国经济建设是分成两个阶段的。我们国家就是一个典型的转轨国家。新中国成立后到改革开放之前，我们开展了大规模的经济建设，建成了一个完整的、门类齐全的工业体系，但这个工业体系是按照计划经济的模式建立起来的；改革开放之后，我们转向市场经济，以后的发展模式就完全不一样了：我们的经济体制改革是从计划经济转向市场经济。这个转的过程中，既要求宏观管理体制的转变，同时也要求经济主体要从计划的轨道转向市场轨道。

但是转的过程就发现，由于种种的先天不足，有一些企业转不过去，或者是转过去以后没法生存，形成一批由于转轨造成的困难企业。我们当时分析具有普遍性的有三种情况。第一种情况是企业布局定位不合理，其中最典型的是20世纪60年代建的那批三线企业。第二种情况是经济发展格局的变化造成了比较优势的变化。在计划经济时期，我们的经济发展格局是城乡分割的，城市搞工业，农村搞农业。改革开放之后，农村开始工业化。农村的工业化是从劳动密集型产业起步的，因为它资金门槛最低，技术要求也比较低。开始是乡镇企业，后期是民营企业。当农村的劳动力密集型企业形成规模之后，它要跟城市的同类企业形成竞争关系。而这种竞争中的比较优势不在城市工业，而是在农村企业。因为劳动密集型企业资金技术门槛很低，基本的竞争基础是人工成本，而这一优势显然不在城市。一旦农村的劳动密集型企业形成规模、竞争力，最后的结果就是把城市的同类企业统统逼垮，这些城市企业就必须退出市场。这种类型造成的企业破产和职工下岗规模是最大的。比如说上海的纺织工业原先是最好的，职工曾有 55 万人，现在只剩 1 万多人；上海的轻工也曾是最好的，原先有 40 万人，现在剩下的也是 1 万多人。这意味着上海的纺织行业、上海的轻工行业 95% 以上的职工都下岗了。第三种情况是历史欠账太多，如资源枯竭的矿山、改造不足的老企业等。

这一批由于经济转轨造成的困难企业，在 20 世纪 90 年代初开始出现，并随着市场竞争的加剧迅速增加，成为政府的包袱和社会稳定的隐患。而且 1998 年进行了财政体制改革，对竞争性国有企业经营性亏损的补贴“断奶”，问题就变得更加尖锐。这些企业怎么办？按说在市场经济条件下，这样的企业只能破产，而我们国家第一部破产法 1986 年就颁布了，但问题是没法操作，因为没有讲清楚安置职工的问题，破一个企业是容易的，问题是职工怎么办。

对于这批困难企业，解决问题的突破口是国有企业的政策性关闭破产，这项工作是 1994 年开始试点，1998 年全面铺开的。政策性关闭破产工作的特点大概是两个。第一是完全由政府操作。每破一户企业都由政府组织清算组进入企业，做职工的工作，保持企业的稳定。第二是保证安置职工。所谓保证安置职工在政策上就是保证每一个破产企业职工下岗以后可以拿到一笔安置费。当时由于财政困难，一时拿不出来那么多钱，所以规定破产企业的剩余资产和土地使用权的转让收入优先安置职工，剩下的钱再还债权人，如果安置职工的钱不够，由财政兜底。这实际上是用债权人的钱安置职工，是一个无奈的政策选择。即使是政府组织，即使是政策上保证安置职工，这项工作也做得非常艰苦，是这几年做得最难的一项工作。企业破产对职工的利益冲击非常大，而且安置费标准不高。当然另外一方面，我们还有一套再就业系统，还可以帮助下岗职工再就业，但是失去岗位、失去国有身份，对职工来说是一个很难接受的事情。所以这项工作在推进过程中经常会出现不稳定的问题，各级地方政府尤其是第一线的同志为此付出了艰苦的努力。

尽管这项工作非常艰难，但是它的意义非常重大。通过这种方式，大量困难国有企业退出了市场。这项工作2008年已经结束，现在可以报一个总账：政策性关闭破产，一共关掉了5010户国有大中型困难企业，涉及职工984万人。这是一次空前规模的结构调整。国有困难企业政策性破产工作的意义是什么？第一，困难企业退出市场的通道被打开，只有困难企业能够退出市场，市场经济优胜劣汰的机制才能发挥作用，结构才能优化；第二，大量化解了经济转轨造成的结构性矛盾。对国有困难企业的关闭破产，当时也有很大争议。典型的一种说法是世界上所有政府都强调扩大就业，只有中国改革号召职工下岗。从中国经济转轨的特殊国情出发，这种说法显然过于肤浅了。

这是第一组改革的两项主要工作。这一组改革是非常关键的，一方面根本性地改变了国有经济的布局结构，同时通过优胜劣汰的机制大量化解了结构性问题，没有这一组改革的攻坚就没有今天国有经济相对比较好的局面。同时这组改革也是社会风险最大的改革，对社会的冲击是很大的。破产会造成职工下岗，企业改制使职工从国有企业转到非国有企业，这也是职工不情愿的。现在回过头去看，幸亏当时的社会承受能力强，三年改革脱困虽然有很强的行政色彩，但形成了一个大家能够支持改革、理解改革甚至能够承担一些改革所造成的个人损失的社会氛围，否则改革是难以推进的。

（二）第二组改革是2003年之后针对国有大企业的改革

首先是国有资产管理体制改革。党的十六大决定启动国有资产管理体制改革，是一个意义非常重大的决定。严格地讲国有资产管理体制改革不属于国有企业改革的范围，是政府层面的改革，但是它是国有企业改革一项重要的配套改革。有人讲国有企业搞不好是因为国有资产是无主资产、无人负责的。国有资产管理体制改革就是为了改变这一状态，使这笔资产能够有人关心、有人负责。

国有资产管理体制改革之前，国有企业的管理体制是多头管理。从政府的角度讲，管人、管事、管资产若干条线，许多部门都可以指挥国有企业，都可以直接介入企业的经营和决策。实际情况是，企业好的时候多头插手，企业困难了大家都躲得远远的。企业出现重大问题，在政府层面找不到责任机构，没有明确的责任者。从企业的角度讲，受到的指挥、干预很多，但真正应该做的事情没有人做，没有经营指标、没有业绩考核、没有激励和约束。中央企业以前就是这种状态。对这种情况的一个基本判断是，委托－代理关系完全没有建立，国有资产的确处于无人负责的状态。这种状况不改变，国有企业是不可能搞好的。

国有资产管理体制改革初步改变了这种状况。国资委的成立初步实现了出资人职能的一体化和集中化，隔开了其他政府部门对企业的直接干预。最重要的一点是，在政府的层面责任清晰了，如果现在中央企业发展不好，国资委已经没有办法把责任再推卸到任何一个方向上去了。责任到位、责任主体明确，对政府运作来讲是最重要的。国资委成立之后，就开始建立委托－代理关系和激励约束机制，这包括一系列的工作和制度建设。比如，清产核资、摸清家底，这是建立责任制度的基础；建立企业年度和任期经营目标制度，企业要和国资委签责任书；依据经营目标对企业进行考核和评价，有年度考核、有任期考核；依据考核结果确定经营者的薪酬，建立规范的薪酬制度；国有产权的管理强调阳光、透明、进场交易；强化审计和外部监督，保证透明度；改革经营者选任制度，向社会公开招聘；等等。这一系列的制度建设实际就是要建立委托－代理关系，建立对企业经营者的激励和约束机制。

其次是针对国有大企业一些特定问题的专项改革。比如针对富余人员问题，专门有一套减员增效的政策，以前的方式主要是有偿解除劳动关系，逐渐转成主辅分离辅业改制。针对国有企业办社会负担的问题，专门有一套分离国有企业办社会职能的政策，现在已完全解决的是企业办中小学和公检法机构的分离问题。针对国有企业内部僵化的用人体制和大锅饭的分配制度，专门有一套企业内部的三项制度改革，即干部人事制度改革、用工制度改革、分配制度改革，方向是能上能下、能进能出、能高能低，引入市场的机制。针对国有企业资源配置不合理的问题，专门有一套推动企业重组的工作。

第二组改革是针对国有大企业的。目的是完善外部管理系统、转换企业内部机制、解决特定问题。到这里我们就可以理解，为什么这几年国有企业改革能够使国有企业的经济效益有非常明显的改善。我们通过国有中小企业改革把国有经济集中到大企业层面了，通过政策性关闭破产把国有大企业中资不抵债、扭亏无望的劣势企业淘汰掉了，剩下都是好企业。对这些好企业，我们通过国有资产管理体制改革优化了它的外部管理体系，而且不同程度地解决了其内部机制问题和历史遗留的特定问题，促使这些好企业向好的方向发展，所以经济效益的改善是必然的结果。

二、关于下一步国有企业改革方向的讨论

经过这几年的改革和调整，国有经济的布局结构已经发生了根本性变化。中小企业层面基本没有国有企业了，主要靠民营企业，国有经济主要布局在大企业层面，所以下一阶段的改革是以国有大企业为主要内容的改革。

目前国有大企业大体上可以分为两种情况：

第一种情况是承担保障责任或公共服务的功能性的国有大企业。主要是这样三种类型：

一是基础设施和公共产品的供给。如供水、供电、供油、供气、公

共交通等。这个领域公益色彩很重，企业的社会责任和企业自身的经济利益有时候是冲突的，尤其是当市场信号波动很剧烈的时候。为减少对社会的冲击，这样的企业在某种特定的阶段要承受亏损。比如中石油、中石化在2008年国际金融危机时成品油价格严重倒挂的情况下保证市场的供应，其他所有制企业可能很难接受也很难承受这一点。

二是重要资源的开发。企业的经济利益和资源环境目标有时是不一致的，而我们现实的情况是企业自律不足、政府监管能力不足。我看到一个煤炭行业的数字：全国煤炭回采率小型煤矿15%～20%，大型煤矿45%；国外发达国家是60%～80%；目前中央企业有两家，都在70%左右。很多小型煤矿基本上采一吨浪费两吨资源，造成非常大的资源浪费。如果企业缺乏自律、政府监管能力不足的状况没有实质性的改变，重要资源开发由国有企业控制，可能会更好地平衡企业的经济利益与资源环境的目标。

三是关系国计民生的重要企业。比如军工企业、大飞机等战略性产业，带有特殊社会功能或者经济功能，需要承担特定的社会、产业目标，国有经济需要继续保持控制力。

对这类国有企业下一步怎样改革，我们认为主要是市场化的内部改革加上完善出资人管理，再加上行业性的社会监督。行业性的社会监督包括价格控制、服务标准、收入分配、资源配置的安排等，以保证这类企业服务好社会和公众。这个方向可能不会有很多的争议，争议在于竞争性的国有大企业。

第二种情况是竞争性国有大企业。对竞争性的国有大企业应该怎样改革有很大争议。有很多人认为，应该继续退，退完国有中小企业之后，应该继续退国有大企业，最后使国有经济从一切竞争性领域退出。这个概念直到现在还有很多人在讲。我们非常理解这种观点的出发点。他们的出发点是美国、英国的模式，这些国家在竞争性领域确实没有国有企业。但是我们认为，在中国现实的国情条件下，国有竞争性大企业的存在与发展有着充分的必要性。为什么？核心问题是你要退给谁。第一个方向是退给国外的跨国公司，确实有不少跨国公司对优质国有大企业有兴趣，但前提是要控股。问题是这些国有大企业大都关系国民经济的命脉，如果都被国外公司控制了，由国外公司控制中国的经济命脉，对中国的长期经济发展不是好事情，对国民财富的分配也不是好事情。前一个时期我国面临的铁矿石贸易问题很有代表性，一旦国外公司能够控制你了，一旦你手中无牌可打了，这些公司下手是一点不含糊的。

卖给国外公司不行，应该可以卖给民营企业，因为民营企业是我们自己的企业。问题是，这又受制于我国民营企业的发展阶段。我国的民营企业也有一个发展阶段问题，也有一个现代企业制度建设的问题。我国民营企业目前总体上还处于一个创业者个人的、家族企业的阶段。这不是说家族企业不好，只是说明一种状态。家族企业有长处，它是血缘纽带，企业内部的忠诚度很高，管理成本非常低，决策效率非常高。但是它也有缺陷：制度化建设比较差、随意性比较大；内部形不成制衡机制、决策风险大；企业文化是以家族关系为中心，家族以外的人难以受到信任，存在某种程度排外的情况；等等。所以，家族企业的形态经营中小企业没有问题，效率非常高，但是不太适合于大企业的管理和治理的要求。

下一步国有大企业怎样改革？

退给国外企业不行，不能让国外企业控制中国的经济命脉；退给处于家族企业阶段的民营企业，不但有一个职工能不能接受的问题，而且企业的治理、管理、文化很可能出现倒退，对大企业的健康发展不利。所以我们认为在中国现实的国情条件下、在国有大企业改革的现阶段上，已经不能够沿用前些年国有中小企业改革的办法，把这些大企业简单地退给别人。改革的方式需要一个转变，这就是依托资本市场在国有体制下对这些企业直接进行市场化改造，通过上市实现公众公司改革。

具体地讲，直接依托资本市场对国有大企业进行公众公司改革，就是国资委这几年在积极推进的整体上市工作。整体上市工作的要点是：

第一，上市的模式。这几年国有大企业上市的模式和前几年不一样了。国资委成立之前，很多企业上市是拿出一块优良资产进行包装，是部分上市。现在的方向是整体上市，至少要做到主营业务整体上市，所以现在上市公司整体的业务链是完整的，具备独立经营的能力。现在主营业务整体上市的集团公司，逐步将存续企业消化之后再实现整体上市。

第二，依托的资本市场。这几年中央大企业相当一部分是在境外上市，这也引起了很多争议。我们的出发点是这样一种理解，企业的治理水平和所依托的资本市场是直接相关的：如果所依托的资本市场是成熟的、规范的，企业的治理水平也必然是好的，否则资本市场会纠正你；如果所依托的资本市场是不太成熟、不太规范的，那么公司治理水平就主要靠自觉了。所以推动中央企业到境外上市，就是希望把境外成熟、规范的资本市场机制直接引入企业内部，保证上市之前的重组和上市之后的运作能够达到国际资本市场的要求。现在看，境外上市对企业规范的效果是非常明显的，不太可能再做假账，透明度明显提高，运作也比较规范，其他方面也很难干预。当然，我们也理解境内资本市场也需要有一批优质的、规范的上市公司，所以我们的市场选择是境外加境内，就是 A + H 的模式。

第三，最终的体制构造。我们预计，竞争性国有大企业最终的体制模式很可能就是一个干干净净的上市公司，没有集团公司、不背存续企业，完全按照资本市场的要求进行运营。如果改到这样一个状态，还可以为下一步的改革和调整创造非常好的条件，因为调整到这种状态就彻底实现了国有资产的资本化，流动性非常好，随时可以调整，也很容易调整。一旦国家需要钱，通过资本市场可以非常顺畅地变现。现在大家对国有经济在不同行业作用的认识还不太一致，以后也还会有变化，认为需要控制的国有股可以不动，需要减少一些控制的就可以通过资本市场调整。

三、当前涉及国有企业的重大争议

第一，国有企业与政府的关系问题。有人讲国有企业主要依靠政府支持，用的是纳税人的钱，甚至是官商勾结。改革前的国有企业与政府在财务上是连在一起的，改革的重要目标之一就是切断国有企业与政府之间的财务关系。一是与财政的关系。有两个重要的时间点：20世纪80年代中期，我们实行“拨改贷”，停止了财政向国有企业注入资本金；1998年以后的财政体制改革，对经营性国有企业财政不再给予补贴亏损。这两步改革后，财政对国有企业的输血渠道完全被切断了。二是与银行的关系。国有银行改制上市以后，有了一套完善的公司治理结构和考核体系，对企业贷款只有好企业、坏企业之分，而没有国有企业、民营企业之分，好的民营企业到银行不愁贷不到款，困难的国有企业银行一样不给贷款。而人们议论较多的中小企业贷款难则是个世界性的问题，而不是所有制问题。三是政府的其他资源，如矿产资源、土地等。这要分为两种情况：如果交易过程没有腐败，那么国有企业也要按照市场规则取得，“地王”就是这么产生的，国有企业没有任何优先权；如果交易过程有腐败，那么国有企业恰恰拿不到资源，因为有监事会、审计署、纪检部门层层监督，国有企业不能行贿。因此，能官商勾结的恰恰不是国有企业。总之，国有企业经过几年改革，实现了政企分开、政资分开，国有企业独立市场主体的地位已经确立，优胜劣汰的体制基础已经形成。国有企业如果经营不好，也只能依法破产或重组，如果国有企业能从政府得到额外关照，怎么会有那么多企业破产呢？

第二，中央企业的垄断问题。垄断问题大家比较关注，也是外部对中央企业责难较多的问题。有人说，中央企业靠垄断赚钱，形成了一个特殊的利益集团。实际上破除垄断、引入竞争，是国有企业改革另外一条主线，这条主线从来没有逆转过。从目前的情况看，中央企业中确实存在一些特殊企业，其经营含有垄断的因素。第一种情况是独家垄断的企业，如国家电网、南方电网；第二种情况是寡头竞争的企业，如中国石油、中国石化、中国海油，中国电信、中国移动、中国联通。这八家企业的共同特点是，其经营的领域存在市场禁入，且价格由政府控制。这八家企业规模很大，但在数量上是中央企业中的少数，垄断性不是中央企业的普遍特征，只是部分企业的特征。同样需要说明的是，某一领域是开放还是禁入，并非由企业决定，而是政府的产业政策安排。从八家企业自身的情况看，其市场禁入都是有一定道理的。两家电网公司实际上是自然垄断，不可能再建设新的电网。石油和石化行业的销售环节实际上已经放开，炼油环节现在也有很多生产者，包括外资炼厂、地方炼厂；唯一没有放开的是石油开采。石油是不可再生的短缺资源，世界上除美国之外都采取国家石油公司体制，由政府直接控制，我国可能也只能如此。电信是基础电信网没有放开，增值服务已经放开了。建设一个基础电信网需要巨额投资，现在三家已经不少了，再增加基础运营商可能也不现实，而且基础电信网涉及国家安全。

企业并不是市场开放与否的决策者，某一特定领域是不是应该继续开放，是可以研究和讨论的问题，但指责企业毫无意义。由于这些领域的市场禁入都不是没有道理的，在现阶段继续放开或拆分都存在这样或那样的问题。对这样的企业重要的是加强社会监管，监管价格水平、服务标准、成本控制、收入水平、资源分配等，这是其他国家普遍性的做法。因此，对目前具有垄断经营因素的企业，重要的是建立一套完善的社会监管体系，设立行业监管机构，防止企业利用垄断地位损害社会利益和公众利益。现在的问题是，对垄断的责难很多，而研究和建立监管体系做得太少。

第三，收入分配问题。目前我们国家财富分配严重分化，引起了社会的不满。分化到什么程度，最近一年胡润排行榜的数字是，亿元富翁大概有5.5万人，10亿元的富翁大概有1900人，100亿元的富翁大概有140人。市场经济必然引起社会分化，我国实行市场经济才有多少年，而且遗产税、馈赠税都没有开征，财富调节手段非常有限的情况下，这种分化是不是快了一些、大了一些，是值得我们深入研究的。这些占有大量社会财富的富人显然都不是国有经济创造出来的，但是目前国内不少研究收入分配的文章，对这种明显分化的社会趋势视而不见，反而指责国有企业的垄断造成了社会分化，这是非常让人担心的。我们担心的不是央企由此受到更多的批评，而是在这样的判断之下所出的政策能不能解决中国的分化问题。从分配角度看，不同所有制企业的分配是完全不同的，民营企业的利润属于个人，国有企业的利润属于国家，经营者只是拿年薪。因此，从共产党的执政理念和社会主义制度的性质出发，在分配问题上，国有企业应当被肯定而不是被指责。国资委成立以来，对企业领导人员的薪酬作了改革，逐步与市场接轨，同时考虑社会方面的平衡，一把手平均税前70万元的年薪与市场相比是不高的。如果不这么做，估计大部分企业的经营人才和技术人才早已流失了。国有企业原先就是其他所有制企业的培训基地，这其实是最大的资产流失。对于职工收入，确实存在部分垄断性企业职工收入偏高的问题，国资委这几年主要做了限高的工作，缩小了收入差距。垄断行业职工收入偏高是当前我国收入分配中存在的一个问题，但不是社会分化的主要原因。总的来说，国有企业内部收入分配差距小于其他所有制企业，因此不是社会分化的因素，而是减少社会分化的因素。

第四，关于国有企业能否搞好的问题。这个问题我们仍然在探索的过程中。西方经济学认为国有企业不能搞好，原因在于私有制经营的是自己的资产，赚钱是自己的；国有企业经营的是国家的资产，赚钱是国家的，因而缺乏持久的经济动力。这种观点对于股东直接经营的中小企业可以适用，但是对于大型的公众公司，经理人员经营的也不是自己的资产，股东要通过非常复杂的市场机制和法律机制才能发挥作用。中国的市场机制、法律机制还不完备，还不足以把大企业治理好、规范好，把企业完全交给市场，条件还不具备。但西方的职业经理人可以把公众公司经营好，我们也应该可以把国有企业经营好。前提是国家要用市场化的方式选拔、激励、约束经营者，用办企业的方式对待企业，符合企业发展规律。

总的判断，国有企业、中央企业是当前中国经济、社会发展中积极的、健康的因素。我们必须心中有数，坚定自己的信心，把中央企业的改革发展工作做好，进一步提升企业的国际竞争力，为国家和人民做出更大的贡献。中央企业这一段受到的责难较多，除了外部对我们不太了解之外，可能主要有两个方面的原因：一是当前社会矛盾比较尖锐，不满情绪很大，人家需要一个发泄对象。中央企业特殊的经济、社会和政治地位很容易成为这样的对象。二是舆论表达的技术基础发生了变化。以前国有企业改革过程中不同看法的争论就很大，但当时采取不争论的态度，没有产生很大的社会影响。当时不争论还是可以做到的，把主流媒体管住就可以了，我们自己也习惯于只做不说。但是在当今的网络时代，做到不争论很困难了。对于国资委和中央企业来说，我们必须学会在舆论多元化的环境下工作。这是对我们提出的新课题，如何解决需要我们研究。我现在理解为什么国外大公司都有一个非常强大的公共关系部门。我们到国外大公司考察时，接待我们的往往都是公共关系部门，这个部门很强大，主要从事与政府、媒体、公众等方面的沟通交流，维护公司的社会形象和公众形象。所以，如何在现在的舆论环境下加强与各方面的沟通，可能是我们必须考虑的问题，我们可能也需要组织一批精明的、善于沟通的人来做这方面的工作。

四、下一步国有企业改革的主要措施

基于前一段时间国有企业改革的实践和对下一步国有企业改革的认识，关于国有经济的布局结构，我们大致有这样一种判断，即在今后一段时间里，中国经济的所有制格局应该能够稳定一段时间。是什么格局呢？就是在中小企业层面完全依靠民营经济，在这一领域民营企业竞争力非常强，国有企业进去也站不住脚；那些特定功能的经济领域，可能是国有企业为主；竞争性领域中的大企业层面有国有、有民营，平等竞争、优胜劣汰，国有经济和民营经济共同支撑中国经济的发展。

经过前一轮国有经济布局结构调整，目前国有经济和民营经济在层次上逐步错开了，互补性已经出现。以中央建筑施工企业为例，十多年前中央建筑施工企业非常困难，因为拿不到工程。到地方拿工程，地方政府要照顾本地施工企业；到市场上拿工程，中央施工企业在竞争手段上不如民营企业。由于工程拿不到，很多中央施工企业不能按时发工资，并不断出现不稳定事件，以致国务院要求成立一个“中央施工企业改革脱困领导小组”帮助这些企业解决问题。经过这几年的改革、调整、上市，目前这些企业的状态完全不一样了。得益于国内大规模的基础设施建设，这些企业发挥优势往高端发展，现在中央大型施工企业在水电站、高速公路、隧道、桥梁、港口、铁路、高端民用建筑等方面的设计、施工能力已达到世界一流水平，国际竞争力大大提高。近几年，这些企业主动“走出去”，国际化程度越来越高，有的企业境外实现的利润已经超过一半。这些大型央企作为国际市场开拓者，带领大量中小企业发展。这种互补性已经看得很清楚了。以前这些企业困难的根本原因，在于与民营企业重叠在一个市场层次里抢饭吃；现在错开层次，相互补充，各得其所。

从大的布局上，现在国有和民营已经逐步在分开，有互补的一面，也有相互竞争的一面。如何看待这种竞争，我们认为平等竞争、优胜劣汰最重要。这几年中央企业竞争不利而退出的案例不少。如纺织行业的华诚集团竞争不过其他企业，最后的结果是整体破产。所以，进和退是市场竞争的结果，这种竞争完全是正常的，谁胜谁负看具体企业的竞争力，无论结果如何都不值得反应过度。这几年经过改革，国有企业的竞争力有所提高，这在与国外公司的角力中看得很清楚。而且其中相当一部分国有企业已经是股份公司或者上市公司的形态，让这些经过改革的国有企业必须在民营企业面前表现出一触即溃的样子，似乎也是不够合理的。所以，在当前争论谁进谁退没有意义，不如研究一下如何保持和改善平等竞争、优胜劣汰的体制条件和市场环境。这一点对于社会主义市场经济体制建设和国民经济发展可能更有意义，而且我们现在还有很多方面需要改善，比如现在各类企业的税负是一样的吗？我们的市场竞争手段得到规范了吗？如果这些基本条件不能保证，市场竞争的结果出现逆调节也不是不可能的。

对下一步国有企业改革的思考，大致可以得出两个最基本的结论：第一，下一步的改革以国有大企业改革为主要内容。在体制改革方面，对国有大企业不能简单地退给其他所有制企业，比较现实的办法是在国有体制下直接进行市场化改革，依托资本市场改制为公众公司，实现国有企业的多元化、市场化和国有资产的资本化。第二，在前几年大规模的国有经济布局结构调整的基础之上，在中国现实的国情条件下，目前的所有制结构可以稳定一段时期，在这一个时期关键已不是谁进谁退的问题，而要强调平等竞争、优胜劣汰，优化市场竞争环境，尊重市场竞争的结果。

下一步国有企业改革要做的工作大概是两个方面：第一，做好第一组改革的扫尾工作；第二，继续推进和深化第二组的改革。

（一）做好第一组改革的扫尾工作

关于第一组改革的扫尾工作大致是两个方面。一是进一步缩短战线。目前国有经济还没有完全退到位，地方层面市县两级基本上退出了，省一级还没有完全退到位，主要是厅局机关办的一些中小型企业。在中央企业层面，一些不重要的行业和不重要的企业也没有完全退到位。通过从这些领域退出，可以进一步把资源集中到重要的行业和重要的大企业。但是，具体企业退出的进度受制于各个方面因素的制约，有些企业该退但是可能不具备退出的条件。目前社会承受能力不足，进一步退出的工作会很谨慎，推进不会很快，具体的操作必须根据现实的社会环境去安排工作的进度。二是实现退出方式的有效转换。政策性破产在2008年结束了，但今后还会有一些企业需要退出，尤其在一些行业生产能力严重过剩的背景下，包括国有的，也包括民营的，要依据新的破产法依法破产。依法破产和政策性破产的工作能不能衔接好，也是一个非常重要的问题。优胜劣汰、困难企业退出市场是市场经济中的常态，如果政策性破产做完之后，国有企业又不能退出了，将带来很大的麻烦。

（二）继续推进和深化第二组的改革

对于中央企业进一步推进和深化第二组改革，总体方向是进一步推进国有大企业的市场化。党的十八大提出，经济体制改革的核心问题是处理好政府和市场的关系，必须更加尊重市场规律，更好发挥政府作用。国有企业是市场主体，要通过改革调整，使国有企业成为符合市场经济的体制要求的微观主体，实现国有经济和市场经济的最终结合。所以下一阶段的改革，主要就是要探索这个“最终结合”的方式。具体来说，涉及三个方面的工作：

*第一，以分类改革为出发点，明确不同类型国有企业与市场经济结合的最终模式。*前面说到，现在我国国有企业主要为两种类型，一是承担保障责任或公共服务的功能性企业，二是直接面对市场的、参与直接竞争的企业。不进行分类，改革很难推动，监管也很难深化。

承担保障责任或公共服务的国有企业的改革和管理主要包括四个方面内容。①体制改革。包括企业内部改革，劳动人事分配改革，完善公司治理结构，建立符合企业特点、有监管任务的董事会，等等。②有针对性的出资人管理。对不同类别企业的考核评价以及薪酬标准，应该符合其功能定位，考核承担保障责任或公共服务的国有企业，其提供服务的成本、公众满意度都是很重要的考量因素。③强化行业监管。这类企业都有不同程度的垄断因素，需要加强行业监管，管价格、管服务标准、管成本、管收入分配、管资源配置、管产业限制。④明确企业持续发展与政府政策之间的安排。这类企业要求承担社会责任，为了承担社会责任，亏损也是应该的；但是作为企业，本身能够承担的社会责任是有限的，不能让它长期亏下去。国外这类企业跟政府有明确的合同关系，或者是政府购买服务，或者政府对企业亏损进行补贴。现在我们在这些方面还非常不规范。

竞争性国有企业市场化改革思路比较明确，就是依托资本市场直接进行市场化改造和公众公司改革，实现企业的市场化、公众化，目标是成为干干净净的上市公司，使国有企业多元化、国有资产资本化。这实际就是前面提到的国资委在做的整体上市工作，目前中央企业这方面的改革进展比较快，央企68.1%的净资产已经上市。

第二，通过改革调整减负，使国有企业自身更加符合市场经济的要求。这包括几个方面的改革：①改机制。内部体制僵化是国有企业最大的痼疾之一，所以内部机制的进一步市场化是国有企业改革的长期任务。中央企业内部机制的市场化程度参差不齐，有些企业内部市场化做得很好，全员“起立”，竞争上岗然后再“坐下”，坐下时不一定是原先的职务了，末位淘汰。但是大部分企业用工的“大锅饭、铁交椅”依然存在，现在需要进一步改自己的机制。在目前的阶段上，改机制的方向是要建立一套跟现代企业相适应的人力资源管理系统，不仅仅是“砸三铁”的概念。②调结构。当前，中央企业在一些领域并没有完全退到位，一些不适合央企做的业务仍退不出去。坦率地说，主要原因在于社会承受能力不足。调结构，要推动中央企业调整和重组，该退的要退，同时推进企业内部重组和企业之间重组，促进企业资源优化配置。③进一步减轻企业负担。国有企业的社会负担非常重，减了多少年减不下去。最近在国务院领导的关心下，减负有一些新进展。比如，最近哈尔滨全市国有企业进行“三供一业”移交，供水、供电、供热和物业由企业负责移交哈尔滨市管理。“三供一业”移交是一个非常大的改革举措，现在移交的情况还是不错的，企业满意，地方政府满意，职工也满意。这项改革费用很高，国资委和地方有协议，中央企业的改革成本由中央层面出，不给地方添麻烦。改革成本问题明确之后，工作就做得比较顺了。

第三，把对国有企业的管理体制调整到符合市场竞争的方向上。这包括几个方面的内容：①进一步完善出资人对经营者的激励和约束制度。出发点是分类考核和监管。国资委原先没分类，考核中出现一些不够准确、不够公平的情况。②要减少政府部门对国有企业的行政干预和行政审批。③改革企业干部管理体制，建立有别于党政干部的企业领导人员管理制度。这方面改革的关键是人必须市场化，人要不市场化，很多改革根本迈不开步子。分类改革要以竞争性企业为重点，把人的市场化尤其是领导人员的市场化推得快一点。现在国有企业人才的进口越来越多样化和市场化，内部提拔、外部选调、国内外招聘等，但出口没有市场化。此外，要对不利于企业发展的、不顺的用人制度进行调整。

国有企业改革是一个世界性的难题，经过30多年的艰难、痛苦的改革和探索，我国的国有企业一部分退了出去，一部分站住脚了，这是一个巨大的成就，可以说我国已经走出了一条符合中国实际的国有企业改革道路。我们认为，国有企业改革最困难的时候已经过去了，下一步改革方向也非常清楚：公共服务性国有企业，就是“改革+监管”；竞争性的国有大企业，就是公众公司改革。当然这两个方向不是一成不变的，某些领域放开后，没有垄断因素了，可能从公共服务性企业就变成竞争性企业，就可以按照竞争性领域进行改革。

《国有企业改革实录》序*

国有企业改革是一个世界性的难题，对中国来说尤其如此。在改革初期，我们面对的国有和集体企业超过200万户，职工人数达到1.1亿人。这些国有和集体企业都是按计划经济的要求和模式建立的，是计划经济的组成部分，其体制机制、结构布局、社会定位、职工观念都是计划经济的属性，与市场经济、市场竞争完全没有关系。把这样一个庞大的经济体系从计划经济的轨道转到市场经济的轨道，是中国国有企业改革的任务。

在中国改革之前，欧洲一些资本主义国家曾推进过国有企业的改革，最著名的是撒切尔任首相时英国的改革；1989年苏东剧变后，对原有国有企业如何处置也是经济转轨的一大难题。欧洲资本主义国家国有企业的数量很少，大都是二战后为加快恢复本国经济由政府投资建立的一些大企业，加之其经济背景和经济规则都是市场化的，这些国有企业在股份制改革后很容易融入市场体系之中，难度并不很大。中国则完全不是这种情况。苏东原社会主义国家对国有企业的改革方式是在政权更迭背景下的全面私有化，经济效果并不好，社会代价却很大。这条路中国也不能走。国际经验可以借鉴，但不能照搬。中国必须走出一条自己的改革道路。

中国的国有企业改革是一个长期、艰难的探索过程，这个过程大致可以分为几个阶段。从1984年城市经济体制改革启动，到1998年开始改

---

* 原文摘录自作者主编的《国有企业改革实录（1998～2008）》，为该书序言，经济科学出版社，2014年4月出版。

革攻坚，这 14 年应该说是改革的起步阶段。这一时期面上的体制调整止于企业承包经营责任制的全面推行，这是一种以市场导向和调动积极性为目的的、浅层次的改革形式，很难实行长久。但同时，一些重大的改革措施在这期间开始了探索或试点，如国有中小企业改制、公司制股份制改革、企业破产的操作、建立再就业中心托管下岗职工等。这些意义重大的探索性实践虽然还是小范围的试点，但为日后大规模的改革攻坚做好了实践准备。

改革都是逼出来的。当不改革的风险大于改革风险的时候，改革就是必然的选择，1997 年中国的国有企业就是这种情况。由于之前并没有做实质性的退出，1997 年的国有经济仍然维持着一个庞大的摊子。但由于其他所有制企业快速发展和市场竞争日趋激烈，国有企业已在竞争中处于明显下风。1997 年，国有独立核算工业企业中亏损企业的亏损额达到 831 亿元，比 1987 年上升了 12 倍；盈亏相抵后实现的利润只有 428 亿元，比 1987 年下降了 42%。企业的困难是大面积的，相当一部分企业不能正常发放工资和退休金，由此引发的不稳定事件不断发生。按当时的趋势发展下去，中国的国有企业将是一个全面瓦解和溃败的形势。这就是三年改革脱困的背景。

有些同志对国有企业三年改革脱困工作有些微词，认为行政色彩过重。但对于中国这样一个行政力量很强大而市场机制发育不完善的国家，这恰恰是一副对症的良药。三年改革脱困作为党中央提出的一项中心工作，为国有企业改革创造了三个方面的条件：第一，它使国有企业改革从一项由分管领导主持的部门工作，变成各级党委、政府主要负责人必须向中央交账的“一把手工程”，工作位置完全不一样了；第二，各级党政一把手亲临国企改革第一线，各相关部门主动跟进，为中心工作制定配套政策，改革的政策环境大大改善；第三，各级党委、政府的号召和推进，各层级的积极响应，创造出一种理解和支持国企改革的浓厚的社会舆论氛围。这三点对于改革的大规模推进都是必不可少的条件。

三年改革脱困包括其后的两年时间（1998—2002 年），中国的国有企业改革在三个方面实现了重大突破：一是通过国有中小企业改革，上百万家国有、集体中小企业改制退出了公有制序列，涉及职工 4000 多万人，国有经济的战线由此大大收缩，布局结构得到优化。二是通过国有大中型困难企业的政策性关闭破产，5000 多户扭亏无望的困难企业退出了市场，安置职工近千万人，由此化解了大量转轨时期的结构性矛盾，市场经济优胜劣汰的机制开始发挥作用。三是在社会保障制度尚不健全的情况下，通过再就业中心和基本保障线政策，托管、安置了近 3000 万名下岗职工，建立了国有企业职工可以流动的机制，为改革攻坚阶段的社会稳定提供了有力的保障。这一时期的改革，是中国国有企业改革推动力度最大同时也是最艰难、社会风险最大的阶段。这一阶段改革的成功，为下一步中国国有企业改革的深化打下了极其重要的基础。

到 2003 年前后，以解决国有企业突出困难和矛盾为主要内容的各项改革陆续进入尾声，余下的国有企业主要是那些经营状况尚好的大型企业。中国的国有企业改革由此进入了以国有大企业改革为重点的阶段。由于前期改革过程中国有大企业的体制基本没有触动，在迅速发展的市场环境中其扭曲的状态日益暴露。政府对国有大企业的管理依然直接而具体，计划经济时期的政企关系并没有实质性的改变。同时，政府对国有大企业的干预又是多头的，管人、管事、管资产分属于不同的系统，系统内往往也是政出多门，因而有“五龙治水”或“九龙治水”之说。在这种政企关系之下，企业的经营责任是说不清楚的，因为企业的重大经营决策都是由政府决定的；政府部门的管理责任也是说不清楚的，因为企业的事务是由众多的党政部门分别管理的。这是一锅责任粥、一笔糊涂账。如此巨额的国有资产既说不清经营责任也说不清管理责任，其弊端可想而知。

2002 年 11 月召开的党的十六大决定启动国有资产管理体制改革，这是中国国有企业改革进程中又一个里程碑性质的大事。各级国资委的成立，标志着国有资产管理有了明确的责任主体，管资产、管人和管事的结合，初步实现了国有资产所有者权利、义务和责任的统一。在政府层面，国有资产的管理责任趋于清晰，这就从根本上改变了长期以来国有资产多头管理、无人负责的局面。国资委成立之后，抓紧制定和建立企业国有资产管理的法规和制度体系，包括企业清产核资制度、企业发展战略和主业管理制度、企业经营业绩考核制度、经营者薪酬制度、职工收入总水平控制制度、国有产权转让管理制度、国有资本经营预算制度、加强对国有企业的外部监督制度等。这样一套法规和制度建设既为国有资产出资人和国有企业的行为划清了界限，也初步实现了对企业经营者的激励和约束，企业的经营责任也趋于清晰。同时，从国有大企业的实际出发，国资委还推进了一系列有针对性的改革和结构调整措施，如企业内部及企业之间的重组、推动企业内部“三项制度”改革、企业改制上市、建立规范的董事会试点、减轻国有企业的社会负担、解决企业的历史遗留问题，等等。国资委出资人职能的有效发挥，一方面优化了国有企业外部的制度和政策环境，另一方面促进了国有企业内在问题的解决。这些改革举措都具有解放生产力、促进发展的性质。所以，这 10 年来国有企业的经济效益明显改善不是偶然的。

中国的国有企业改革已经进行了近 30 年，改革使国有企业的面貌发生了巨大的变化，这是几代人努力的结果。由于政府机构变动频繁，国有企业改革在不同的时期由不同的部门负责。早期国家经委的吕东、袁宝华、张彦宁同志，国家体改委的高尚全、洪虎、邵秉仁同志，国家经贸委的王忠禹、盛华仁、陈清泰、蒋黔贵同志，国资委时期的李荣融、李毅中同志等，都是不同时期国有企业改革具体的领导者，改革每前进一步，都记录着他们的智慧和努力。中国的国有企业改革又是一项多层次参与和推动的改革。各省、市、县级相关部门的负责同志是实际工作的推动者，大量具体的矛盾、问题甚至冲突都是在他们手中解决的。改革之初，几乎每一位在第一线负责改革的同志都有这样的经历：企业破产或改制经常会引发一些群体性事件，第一批去做工作的工作组往往会被围困，多少小时不能吃饭、不能喝水、不能上厕所，无论职工行为如何过激也不能还嘴、还手。这些第一线的同志数以千计、万计，他们在改革第一线付出的辛劳、受过的委屈、做出的贡献是我们不能忘记的。还需要特别提到和感谢的，是数千万因企业改制、破产、重组、脱困而下岗的职工们，他们在改革的大潮中失去了原来的工作，付出了代价、做出了牺牲，没有他们的付出和牺牲，很难想象国有企业改革能够顺利推进。我们由衷地怀念和感激那些在改革年代为了国家的明天、为了国企的改革做出巨大努力和贡献的每一个人，不论他们地位高低、是否知名，当我们看到改革成果的时候都不应该忘记他们。

中国的国有企业改革还没有结束，还有大量的工作需要推动和完成，还需要继续攻坚克难。但在改革目前的深度上，前景已经可以看得比较清楚了。下一阶段的国有大企业的改革很可能是从分类改革入手，明确不同类型的国有企业的功能定位及与市场经济最终结合的模式，并通过进一步的改革措施创造条件趋近于这种模式。具体地讲，目前少数承担公共服务职能和责任、具有一定资源垄断地位的国有大企业，很可能通过改革加监管的路径，最终成为市场经济中受到专门法律约束和社会监管的特殊企业；那些竞争性的国有大企业，很可能通过资本市场改制成为公众公司的改革方式，实现国有企业的多元化和国有资产的资本化，最终成为市场经济中规范的公众公司。我们离这样的目标模式已经不是很远了。

国有企业改革的确是一个世界性的难题。经过近 30 年不懈的探索、艰难的努力，中国的国有企业一部分退出去了、一部分站住脚了，初步实现了与市场经济的融合，从社会稳定的隐患变成为国家经济发展的重要推动力量，这是一个了不起的成就。中国的国有企业改革完全是从国情出发、从企业的具体情况出发的，而且体制的改革、结构的调整、人员的分流安置是结合在一起进行的，大量丰富的实践筑就成一条具有中国特色的、自己的改革道路。在目前的改革阶段上，我们甚至可以认为，如果下一个阶段的改革举措得当，中国完全有可能成为世界上第一个完整地解出这道难题的国家。

中国的国有企业改革是一场规模宏大的、历史性的社会变革。有上亿人被卷入了这场改革，有千千万万人为这项改革贡献了智慧、做出了努力、付出了代价，从不同的角度推动了这项改革。历史是不应该被忘却的，尤其是这样一段历史。作为这项改革的亲历者，我们觉得有责任尽可能真实地把这段历史记载下来，留给国家、留给后人。这就是我们组织编写本书的初衷。

代后记

邵宁低调卸任　主张国企市场化*

国务院国资委网站上的“领导”一栏显示，监事会工作局局长王文斌已升任国资委副主任，邵宁不再担任副主任职务。

据第一财经日报报道，1952年出生的邵宁已经正常退休，并在今年“两会”后出任全国人大财经委副主任委员。

邵宁是国资委和央企内部公认的学者型官员，也是当前国有企业监管新框架的主要搭建人之一，在整个国资系统和各大央企、研究机构备受尊敬。

邵宁是中国国企市场化的主要设计师和操刀者之一。作为国资改革的“老将”，邵宁认为，中国国有企业改革的一个重要方向是切断政府和国有企业的财务关系，切断补贴渠道；另一方向是国有企业彻底市场化。

在国资委任职前，邵宁一直在经委、计委系统内直接主管企业工作，有着丰富的企业改革经验。2003年国资委成立后，邵宁出任副主任一职。与2010年卸任国资委主任的李荣融一样，邵宁在国资委期间，经历了国企改革最困难、社会风险最大的阶段，也帮助构建了下一步国企继续推进市场化改革的方向。

国资委成立之时，国有企业刚刚经历“三年脱困”，很多企业市

---

* 原文为《香港文汇网》2013年8月19日报道。

场化改革不足，经营业绩不佳，历史遗留问题多，职工生活困难，企业改革首先要解决生存问题。当时邵宁被委以主管国资委的改革局和改组局重任，完成了一系列央企改革重组和解决历史遗留问题的工作，不仅参与构建并执行了将央企从200多家调整到100多家的整合蓝图，同时也直接在一线指导企业转型脱困。

2005年，现在的新兴际华集团下属企业曾因为企业破产接连发生群体性事件，震惊中央，当时邵宁受命亲赴秦皇岛与职工谈判协商，对该事件的解决做出了很大的贡献。

邵宁也是国投、诚通和国新三家资产管理平台的主要设计和组建者之一。通过这三家平台不断对央企低效、无效资产进行剥离、吸纳和整合，使得一大批央企能够“轻装上阵”。其中，被外界称为“中投二号”的国新最为引人注目。国新不仅被赋予资产整合经营的职能，还承担代表国资委直接持有国有企业股权的探索任务，事实上也寄托着国资委监管市场化的目标远景。在国新出炉之前的那几年，央企整合工作备受公众和市场的关注，而当时的邵宁则尽量避开“镁光灯”的聚焦。

随着国新在2010年底成立，央企间的外部重组整合工作告一段落，企业改革进入内部管理阶段。此时邵宁又承担起加快推进央企董事会试点的重任，引导企业在公司治理上深度调整。目前，过半央企完成了董事会试点改革，大部分企业的外部董事达到或超过董事会成员的半数。

随着近两年经济放缓，央企收入增速放缓，邵宁又代表国资委向企业提出了内部资源整合的任务，确保国企在经济放缓的大势下用市场化方法做好快速调整。

在邵宁所参与的诸多国企改革的设想中，或许还有一项任务仍需要破题，那就是国有企业的分类监管。

在邵宁看来，目前国企大致可以分为功能性国企和竞争性国企两种类型。功能性国企包括供水、供电、供油、供气、公交地铁等提供公共服务的企业，从事重要资源开发的企业，以及军工、大飞机等关系国计民生的战略性企业。对这些企业要加强市场化的内部改革、完善出资人管理并加强行业性的社会监督。对竞争性企业则需要依托资本市场进行公众公司改革，其最终体制模式将是干干净净的公众公司。此前在邵宁的主导下，关于分类监管的政策国资委一直在研究之中。

个人简历

邵宁，男，1952 年 7 月出生于上海市。

1969 年，由北京赴陕西省延安县插队。

1974 年，困退回北京，朝阳区汽车配件厂，工人。

1977 年，清华大学机械工程系，本科生、硕士研究生。

1984 年，国家经委办公厅、综合局，干部、副处长。

1988 年，国家计委综合司，副处长。

1989 年，国家计委经济研究中心、宏观经济研究院，副处长、处长、综合研究部副主任。

1996 年，国家经贸委企业局，副局长、局长。

1998 年，国家经贸委企业改革司，司长；兼企业脱困工作办公室，主任。

2001 年，国家经贸委，副秘书长。

2003 年，国务院国有资产监督管理委员会，副主任、党委副书记。

2013 年，全国人大财经委，副主任委员。